検証　国立大学法人化と大学の責任

その制定過程と大学自立への構想

田中弘允・佐藤博明・田原博人

東信堂

はしがき

法人化後十数年を経たいま、国立大学に何が起こっているのか？　国立大学法人はどこに向かうのか？　法人化前から国立大学に籍を置き、法人化をめぐる論議と法人化後の大学運営に関わり、その「今日」に目を凝らしてきた三人が、本書の執筆を思い立った理由である。

二一世紀に入り、世界は政治、経済から文化におよぶ社会のあらゆる領域で、激しい「変化」にさらされ、地球文明と人類社会はいま大きな転換点に立っている。高等教育・学術研究を担う大学もその例外ではなく、「時代の声」に耳を傾け歩度を合わせて、自らをいかに変革しうるのかが問われている。この場合、大学改革の原点は、二一世紀社会の豊かな発展につながる、《知の拠点》にふさわしい教育・研究と社会貢献の一層の発展に資することにあろう。しかし、戦後大学史上、第二の大学改革ともいうべき国立大学の法人化は、その実質において、行政改革の一環として企図されたことから、現実に生起しているのは、むしろ大学本来のあり様とは逆の事態である。

一九九六年一一月に発足した第二次橋本内閣は、行政改革、財政構造改革、社会保障改革、経済構造改革、金融システム改革、教育改革の六つの「改革」を自らの政治課題とし、これを推進した。とりわけ、行政スリム化と国家公務員の定員削減をターゲットに、独立行政法人制度の導入を中心とした行政改革を喫緊の改革課題とした。しかも、規制緩和、自由化を唱導しつつ、行政組織の減量化を図る「行政改革」は、そもそも財政負担の軽減化にあったことから、実質的には、両者一体の「行財政改革」というべきものであった。

もともと国の事業の減量・効率化から発想された独立行政法人制度を、業務の特性を異にする大学に適用すれば、多くの混乱と問題を引き起こすことは目に見えていた。すなわち、競争原理・市場メカニズムを駆動力に、徹底した効率化を求める新自由主義的思考をもとにしたこの制度は、本来、「自由」と「自治」の土壌の上に営まれる教育・研究を基本的業務とする大学とは、存立そのものの「地軸」を異にし、大学の役割・機能の衰退につながりかねない重大な問題を孕んでいるからである。一例をあげれば、教育研究を中心とする国立大学の諸業務について、文科省が向こう六年間の目標を示し、大学がつくり文科省が認めた業務計画によってこれを実行し、その進捗と実績を文科省の評価機関が評価するとする「目標管理システム」は、学問の自由、組織運営の自主・自律性の上に成り立つ大学のあり様とは明らかに相容れない。

事実、そうした認識から、独法化問題の早い時期には、文部省、国大協をはじめ、全国の国立大学、研究機関はこぞってこれに反対の態度を表明した。

それらの重大な懸念・危惧にもかかわらず、結果的には一〇年に近い議論と政策展開の曲折を経て、国立大学制度を廃し、二〇〇四年四月、独立行政法人制度を基本的枠組みとする国立大学法人を発足させたのである。

ともあれ、政府・文部省による法人化の提起から、さまざまな疑念を孕みながらの国大協や各国立大学での錯綜した議論と、国会における法案審議を経て、国立大学法人の発足にいたる過程は、《知の集積体》たる大学の、戦後史を画する重大な歴史的事象というべきである。

まず、国立大学の法人化問題が表面化した一九九七年から、それが現実化した二〇〇四年までの間に一体何が起こったのかである。その場合、法人化に至る、この間のプロセスと設計された制度構造の中に、国立大学の「今日」につながる諸要因をさぐるカギが潜んでいるはずである。今を正しく知り、見極めるためには、過去（歴史）に刻まれた諸事象を検証し、そこに通底する文脈を詳らかにするに如くはない。目の前に立ち現れる、今日のさまざまな事象とその先に広がる将来事象・方向は、歴史的過去と「地続き」の文脈の中で見なければならないからである。

本書は、法人化にいたる経緯を辿り、あわせて法人化後の国立大学の状況の検証を通して、国立大学法人制度のもつ本質と今日的意味を明らかにすることにある。その点で、執筆を分担した三人のベクトルは完全に一致している。とはいえ、執筆の過程では、各自の論稿について、率直な意見交換と時には厳しい議論の応酬、細部にわたる調整と修文、推敲を重ねて正文にいたる、ねばり強い努力が必要であった。

本書の全体は三部からなり、各章・節それぞれの執筆分担は、およそ以下のとおりである。

まず、序章は佐藤が執筆し、つづく第一部の国立大学法人制度の形成過程（第一章〜第四章）は田中が、そして国立大学法人の組織と運営を扱った第二部（第五章〜第九章）は各章・テーマごとに田原と佐藤が分担、さらに法人化後の国立大学の現実と将来に論及した第三部（第一〇章〜終章）は、国立大学を取り巻く厳しい現実の下に大学再生への願いをこめて執筆した三人共同のメッセージである。そして最後に、元福島大学長の吉原泰助先生から寄せられたご論稿・「戦後七〇年の夏に想う」を、【特別寄稿】として掲げさせていただいた。

本書は、全三部を通じ、国立大学法人化の経緯を起点に、法人化後の国立大学の組織・業務運営の諸状況と実相、諸問題を照射し、そこから大学再生にむけた提言を試みようとする構成をとっている。しかし、そこで辿られている展開と論及は重層的かつ多岐、大部にわたるので、本書を手にしたとき、構成に従ってそのまま読み進むことにとらわれず、それぞれの関心にそって、思い思いの部や章、節から「拾い読み」的に読みおこし、読み広げていただきたい。各章末に設けた【コラム・coffee break】も、その一助となればと願っている。また、各部・章・節とも、それぞれが担当したテーマ・論旨にそって三人が書き下したことから、随所に重複があることもご容赦願いたい。

本書は、全体を通して、各執筆者が関わった、法人化の経緯とその後の国立大学の中で得た体験からの知見、関係資料・文献をもとに記述した部分が多い。その意味で、本書はそれぞれの経験に基づく記憶と書き残された記録との「合成物」である。そのため、体験や資料選択の違いによって、各論考での力点の置き方や記述上の濃淡もありうるが、いずれも正文にいたる過程で、能うかぎり正確を期してひんぱんに意見を交わし、互いにチェックと加筆・補訂を重ねてきたことから、ここに記したことのすべては、三人共同の責任に帰している。とはいえ、思わぬ過誤を犯しているかもしれない。その点は、忌憚のないご指摘とご叱正をいただきたい。

これまでも、国立大学法人化とその後の大学「改革」の状況を扱った著書・論考は少なくないが、あえて本書を世に問う理由は、以下の諸点であり、書名を『検証　国立大学法人化と大学の責任―その制定過程と大学自立への構想』とした所以でもある。

第一は、国立大学法人制度の形成過程を通じて、当時、現職として、比較的至近の位置で関わった者の証言や報告は少ないこと、第二に法人化を企図し促した国の政策判断と、当初の「反対」から転じて、その実現に向けて舵を切った文科省と国大協サイドでの対応・推進過程の実相を明らかにすること、そして第三には、法人化からすでに十数年余り過ぎたいま、今日に至る矢継ぎ早の大学「改革」の内実と動向に即して、その歴史的意味を吟味・検証しようとしたことである。あえて言えば、本書は、法人化のプロセスとその後の国立大学の実際を、当事者目線で観察し、あり様を凝視しつつ書き綴った点で類書とは異なると考えている。

執筆者の三人は、この間、一貫して独法制度を枠組みとした国立大学の法人化に懸念を表明し、警鐘を鳴らし続けてきたが、それは国立大学の制度改革そのものに何が何でも反対というのではなく、現在の法人制度とは別の、大学の特性と本来の役割に相応しい制度形態と運営を追求し、創造するためであった。法人化をめぐっては、事態は一方的に進み、法案は成立したが、その過程で学長有志があい集い、「国立大学地域交流ネットワーク構築の提言」を策定・公表してアンチテーゼを提起し、一定の評価と共感を得た。本書「第三部」では、この「提言」をベースに、二一世紀の時代状況と期待される使命に応えうる、国立大学の在り方について、一定の提案を試みたことである。

今日の混沌とした時代状況にあって、いま求められているのは、将来世代に対する責任を視野におさめた、真に《知の拠点》に相応しい、持続可能な大学像を画定し得る、深い省察と地についた国民的議論であろう。大学に蓄積され、発信しうる教育・研究力・ポテンシャルは、まさしくかけがえのない「国力」だからである。

過ぐる日、イラク戦争の正当性に重大な疑義を呈した、かの英国・チルコット委員会の顰に倣えば、本書の試みは、戦後大学史を画する国立大学法人化の成否を問う、歴史的検証たるを期すところにある。しかし、そうした筆者たちの意図が成功したかどうかは、読者の賢明な判断に委ねる他はない。

本書の刊行に当っては、とくに天野郁夫先生の貴重なご助言と多大なお力添えをいただいた。ここに記して、深く謝意を表したい。また、今日の厳しい出版事情の中で、多分に市場性に乏しい本書の刊行を快くお引き受け下さり、終始、的確なご示唆と時には厳しいご指摘・励ましをいただいた下田勝司東信堂社長と製作担当の向井智央氏に心からの感謝を申し上げる。また、国立大学地域交流ネットワーク構築の提言にご尽力いただいた、学長補佐田中邦夫氏（役職は当時）はじめ関係各位にこの場を借りてお礼申し上げる。

このささやかな一書が、国立大学の「現在」と「未来」に多くの皆さんが目を凝らし、この国の豊かな発展に思いと行動を共にしていただくよすがとなることを願っている。

執筆者を代表して　田中弘允

大項目目次『検証 国立大学法人化と大学の責任—その制定過程と大学自立への構想』

詳細目次『検証 国立大学法人化と大学の責任―その制定過程と大学自立への構想』

検証　国立大学法人化と大学の責任―その制定過程と大学自立への構想

序章　国立大学の今日

本書は国立大学法人化の経緯と、法人化後の組織運営の諸状況と問題点、および今後の大学における教育研究の在り方について論じているが、本章ではとくに、法人化後の一連の大学「改革」を主導した要因・推進力とその実相に照らして、それが果たして、わが国の大学が担うべき教育研究等の発展につながるのかを、俯瞰的に論じようとしたものである。

一　二つの文書

国立大学は法人化一三年目、二〇一六年度から第三期中期目標期間に入った。その矢先、文科省から出された、国立大学の組織改革と運営費交付金の配分に関する二つの文書と、それに伴う動きに危うさを感じた。

その一つは、二〇一五年六月八日の文科大臣「通知」（「国立大学法人等の組織及び業務全般の見直しについて」）である。そこでは、「ミッションの再定義」（各大学の強み・特色・社会的役割等の明確化）と、一八歳人口の減少や人材需要、教育研究水準の確保、国立大学としての役割等を踏まえ、とくに教員養成系や人文社会科学系の学部・大学院については、「組織の廃止や社会的要請が高い分野への転換」を求めるとした。大学・学術界はもとより、マスメディア、産業界にまで衝撃を与えた、いわゆる「文系学部・大学院の廃止、転換」論のそれである。当然、こうした「文系廃止」論に対しては、大学や日本学術会議をはじめ各界から反発や疑義、異論がわき起こった（例えば、経団連・「国立大学改革に関する考え方」二〇一五年九月九日）。これらを受けて、下村文科大臣は、記者会見（九月一一日）で「たしかに誤解を与える文章だった」と釈明にまわった。しかし一方で、文科省・高等教育局は、別途、文書「新時代を見据えた国立大学改革」（九月一八日付）において、「六・八通知」の背景や真意について縷々説明した上で、「これまでの人文社会科学系の教育研究については、専門分野が過度に細分化されているのではないか（たこつぼ化）、学生に社会を生き抜く力を身につけさせる教育が不十分（学修時間の短さ、リベラルアーツ教育が不十分）なのではないか、養成する人材像の明確化や、それとの関連性を踏まえた教育に基づいた人材育成が行われていないのではないか」と断じ、大学に改めて学部・大学院の再編成を通じて、「社会的要請の高い分野への転換」に積極的に取り組むよう求めている。文系教育研究に対して、事実に即した説得的な検証を抜きに「レッドカード」を突きつける式の、一方的な見方に目を疑うばかりである。

もう一つは、「第3期中期目標期間における国立大学法人運営費交付金の在り方について・審議まとめ」（二〇一五年六月一五日）である。そこではまず、少子高齢化やグローバル化、国際的競争関係の激化など、社会と時代が急激に変化する中で、国立大学は、「日本や世界が直面する課題解決やイノベーションの創出に最大限貢献する組織となることがこれまで以上に求められている」とし、そのための財政基盤の充実・強化が求められているものの、国の厳しい財政事情の下で、運営費交付金の減少や大学ごとの財政構造の違いが顕著になるなど、デュアルサポートシステムの機能不全が明らかになっているとした。その上で、第三期の運営費交付金では、国立大学の規模、分野、ミッションや財政構造等を踏まえ、機能強化の方向性に応じて重点配分する仕組みを導入するというものである。要するに、「イノベーション創出」を大学の最重要課題とし、その面で貢献力の高い分野・大学に、重点的に資源を投入することを表明したのである。

そのため文科省は、それぞれの機能強化に取り組む大学に対して〝きめ細かく〟支援する枠組みとして、運営費交付金の配分にからめて、八六の国立大学を機能別に三つのグループにくった、いわゆる「重点支援枠」を提示したのである。それは、枠組みごとの〝競争性〟を重視した、運営費交付金配分の三類型化であり、中期目標・計画の策定（国立大学法人法第三〇条1項）・認可（第三一条1項）と交付金の重点配分を結びつけて、大学を機能別に分化した新しい枠組みに誘導し、はめ込むこもうとしたものに他ならない。大学群の類型別分化と結びつけた交付金の三つの配分枠組みは次のようである。

重点支援　①（「地域貢献」型──地域活性化の中核拠点──）

主として、地域に貢献する取り組みとともに、専門分野の特性に配慮しつつ、強み・特色のある分野で世界・全国的な教育研究を推進する取り組みを中核とする国立大学：〔北海道教育、小樽商科、旭川医科、弘前、福島、宇都宮、横浜国立、新潟、岐阜、静岡、名古屋工業、三重、滋賀、鳥取、山口、徳島、愛媛、熊本、鹿児島、琉球など五五大学〕

重点支援　②（「全国教育研究」型──全国的な教育研究拠点──）

主として、専門分野の特性に配慮しつつ、強み・特色のある分野で世界・全国的な教育研究を推進する取組を中核とする国立大学：〔筑波技術、東京医科歯科、東京学芸、お茶の水女子、電気通信、九州工業、政策

研究大学院、北陸先端・奈良先端科学技術大学院など一五大学〕

重点支援　③（「世界卓越」型―世界最高の教育研究の展開拠点―）

主として、卓越した成果を創出している海外大学と伍して、全学的に卓越した教育研究、社会実装を推進する取組を中核とする国立大学：〔東京、京都など旧七帝大をはじめ、筑波、千葉、東京工業、東京農工、一橋、金沢、神戸、岡山、広島など一六大学〕

〔文科省・「第3期運営費交付金の在り方・審議まとめ」ほか〕

この場合、重要なのは、各大学は中期目標の策定に当たって、自らこの三つの枠組みのいずれか一つを〝選択〟し、文科省がその取組内容を〝評価〟した上で、運営費交付金を重点配分するとした点である。しかも、中期目標を通じて、年度ごとに取組構想の進捗状況を確認しつつ、各種の評価指標を用いて向上度を評価し、それを次の運営費交付金の配分に反映させるという。そのために、各大学は自らのビジョンに基づき、機能強化の方向性に応じた取組構想を、地域教育や学生の就職状況、地域の政策課題の解決、国際共著論文の数や被引用数、大学発ベンチャーの設立など、達成状況を確認・判定できる一定の評価指標を設けて中期目標・計画に書き込まなければならないとされている。

ここでは、それぞれの大学が、「ミッションの再定義」として自らが掲げた教育研究目標に沿って、どの類型に属するかを自主的に選択し、そこから、各大学は三つの枠組みごとに互いに競い合い、評価を通じて交付金の傾斜的・重点配分を受ける関係に立つことになる。こうした、いわゆる「自主的選択」による機能別類型化を、そのまま重点支援枠とした、交付金の配分システムによる〝選別と淘汰〟の仕組みが新たに動き出したのである。

併せて、教育研究組織の改革や学内資源配分の見直しを促進するため、学長が予算面でリーダーシップを発揮できるよう、新たな「学長裁量経費」枠を設け、しかも、この経費を活用した業務運営の改善実績や教育研究活動の状況を三年目・五年目ごとに確認し、その結果を予算配分に反映させるともしている。ここで期待されているのは、財政の裁量権限を手にした学長が、学内組織の改編など大学「改革」でリーダーシップを発揮することだが、それは、とりもなおさず、大学に対する文科省の間接統治機能をより強化する道に他ならない。

こうして、国立大学は、法令上策定・認可を要する中期目標・計画において、自らが選んだ三つの枠組みの中で、機能強化にむけた取組内容と業務運営の進捗状況が、文科省によって定常的に確認・評価され、それに応じて次期以降の運営費交付金が傾斜的に重点配分されていくことになる。運営費交付金の算定・配分方式の変革が、いわば〝通奏低音〟のように大学「改革」を推し進める駆動力として働く仕掛けである。

大学はいまや、文科省による中期目標の策定と計画における認可権限とともに、財政権を自在に駆使して指示・認定する諸業務の枠内でのみ、教育研究機関としての存在が許されるかのようである。しかも、中期目標期間終了時に、文科大臣は、評価委員会による当該期間の業務評価に基づき、その業務の継続の必要性や組織の在り方等を検討し、当該の国立大学に「所要の措置」を講じることができるのである（第31条の四、1項）。その上で、文科大臣から「構ずべき措置」の通知を受けた総務省・評価制度委員会は、当該大学の主要な事務・事業の「改廃」に関して勧告できるともある（第31条の四、4項）。こうして、大学の業務と組織の在り方について、改廃を含めた「所要の措置」を可能とする法的規定が周到に用意され、大学の「生殺与奪」の権はいまや文科省および総務省の掌中に握られているのである。

とくに第三期目標期間での扱いで注目すべきは、文科省が、各大学から提出された中期目標・計画の内容が先の「通知」や「審議まとめ」の方向に沿っているか否かを〝評価〟し、これに〝認可〟を与えるとしていることである。大学はもはや、文科省の評価と認可をクリアしうる範囲でしか業務を行えないのである。そこに、自由な発想にもとづく研究の営みや、教育の豊かな展開を可能にする、自律的で自在な大学の組織運営が望めるであろうか、疑問である。

現に、「各国立大学の第3期中期目標・中期計画の素案」（文科省二〇一五年一〇月二〇日）では、一六年度以降、学部再編を計画している大学は、山形、千葉、神戸など四三校で、うち二六校が人文社会科学系学部の見直しである。例えば、愛媛大学が二〇一六年度に法文学部を廃止し、社会共創学部を設置することや、神戸大学が一七年度に国際文化・発達科学の二学部を統合し新学部を設けるなどである。

同様に、教員養成系学部では、茨城、新潟、静岡、鹿児島など九校が「ゼロ免課程」の廃止や募集停止を明記している。例えば、静岡大学はゼロ免三課程の募集を停止し、教員養成課程の中に小学校免許プログラムの充実を図る「初等学習開発専攻」を新設し、人文社会科学部と教育学部の定員を割いて、新たに地域経営・共生・環境・防災等から成る、文理融合・学部横断の教育プログラム「地域創造学環」（定員五〇人）の設置を予定している（旺文社・教育情報センター「28年国立大学改組情報」二〇一五年一〇月）。そこにあるのは、各大学の「生存」をかけた懸命な、しかも苦渋にみちた選択と模索の姿である。

各国立大学はいま、自らの「ミッションの再定義」に沿って、教育・研究、地域貢献などで国民の負託に応え、多岐にわたる個性的な機能と役割を果たすべく、第三期の目標・計画に従った業務運営を進めようとしている。とはいえ現実には、文科省は「国立大学改革プラン」（二〇一三年一一月）に沿った前述の二つの「文書」を手に、大学の機能を、規模や組織形態、特定分野のパフォーマンスなどで類型化した枠組みの中で、交付金の差別的配分を図ろうとしている。それは結局、大学の財政基盤と教育機能を衰退させ、多様な発展可能性を摘み取る、知の複合的・長期的な視点を欠く、硬直したやり方という他はない。大学の自由な意思と判断・選択を封じる、こうした文科省の誘導的な振る舞いと、異常なまでに肥大化した行政権の在りように、強い違和感を覚える。

二　運営費交付金「配分係数」の見直し

法人化以降、国立大学の運営費交付金は、毎年ほぼ一％ずつ削減され、法人化初年度（二〇〇四年）の一兆二、四〇〇億円余りから、この一二年間で総額一、四七〇億円（△一一・八％）もが減額された。しかも第三期では、「機能強化促進係数」を用いた重点配分方式によって、これまで第一期の「効率化促進」や「経営改革係数」、第二期の「大学改革促進」といった競争的「配分係数」のもとで、すでに基盤的経費を賄うべき一般運営費交付金が先細りした大学の財政的困難と格差拡大をさらに加速させることになる。加えて、第三期目標期間が始まる二〇一六年度の運営費交付金について、文科省は、総額（一兆九四五億円）の約一％に当たる一〇一億円をあらかじめ減額し、それを財源として当該大学の「機能強化促進係数」による影響額をおおむね一二〇％～七五％の範囲で、三類型の枠組みごとに傾斜的に再配分することとした。つまり、基盤的財源たる一般運営費交付金は、すでに当初額から一％相当額が天引きされた上での残額であり、この天引き分を財源に、類型別に傾斜的・重点的に配分されるとした仕組みである（配分結果の詳細は、第七章第五節参照）。この再配分システムは一七年度以降も引き継がれ、機能強化を促す重点支援枠組での運営費交付金の傾斜的再配分を通じて、さらなる「改革」を誘導するテコともなる。

ここではまた、第三期以降、従来の一般運営費交付金に当たる「一般経費」が新たに「基幹経費」（学長裁量経費を含む）とされ、また機能強化促進向けに捻出された部分を財源に、それまで「特別経費」とされていたものが、評価に基づき配分される「機能強化重点配分」部分と「高等教育共通政策課題対応」（入試改革や大学間連携・協力支援）部分とに、経費区分と科目名そのものが変更されている。業務運営のミニマム財源としての基盤的経費が、機能強化促進等の財源捻出で減額された上で、そこからさらに学長裁量部分を割くなど、より政策誘導的な経費配分の手法が多彩かつよりキメ細かになったのである。

問題は、こうした交付金の配分方式で、各大学が「ミッションの再定義」で打ち出した、それぞれの強みや特色、社会的役割を存分に発揮すべく、大学の財政基盤がより安定的で、より強固なものとなりうるのかである。

これまでもすでに、人件費をはじめ、業務の効率化でギリギリの節減に努め、外部資金獲得に奔走して凌いできた大学は、常に綱渡り的な財政運営を余儀なくされている。それは小規模・地方大学ほど深刻である。とりわけ、「機能強化の方向性に応じた重点配分」は、実質的には大学間の格差をさらに拡大し、財政基盤を不安定にすることで、大学の業務運営における多様なポテンシャルを減殺させることになる。それでも、大学の多くは、文科省主導の「改革」路線の下、予算配分を通じた同調圧力の〝金縛り状態〟の中で、身を削って学内再編や改組に取り組み、機能別類型の取組構想にそった、中期目標・計画の策定と、その効果的な実施に知恵を絞り、力を注がざるをえない状況におかれている。

国・文科省が許認可や予算配分などでの権限を盾に、大学業務の方向性や内容を短絡的に律することは、結果として、大学の主体的な改革意欲を殺ぎ落とし、大学間や社会との連携・協働の多様な展開に水を差すことになり、真の「知識基盤社会」の形成を支える《知の創出拠点》たる機能と活力を弱めるだけである。まして、大学の機能を分化・類型化し、その枠組み内に役割分担を固定化することは、国立大学のもつ多様で豊かな個性と知の総合力を殺ぐことであり、〝角を矯めて牛を殺す〟の愚という他はない。

三　この道はどこから来たのか

こうした、あからさまな「改革」圧力と格差拡大の大学政策はどこから来たのかである。それは、国立大学法人化の文脈の中で読み取らなければならない。

国立大学の法人化に向けた現実的な動きは、小渕内閣の下で、当時の経済財政諮問会議を発信源とした新自由主義的経済運営の政策パッケージとして提示された、「遠山プラン」（「大学（国立大学）の構造改革の方針」）と「大学を起点とする日本経済活性化のための構造改革プラン」に胚胎する。この二つの「プラン」の表題そのものに、大学「改革」に込めた国策的意図が端的に示されている。九〇年代後半、減速期に入った日本経済の再浮上と、不況脱出の手懸かりとして産業界が着目したのが、科学技術研究の成果とポテンシャルなど、大学に集積された膨大な「知的資源」であり、これを最大限に動員し活用することであった。事実、一九九五年の「科学技術基本法」を受けて策定された一連の「科学技術基本計画」（九六年の第一期から二〇一六年の第五期まで）は、産学官連携のもとに、産業競争力強化につながる、ライフサイエンス・情報通信・環境・ナノテク・材料などを重点分野とした、科学技術イノベーションの推進・展開であり、その拠点としての大学の先端的研究と人材育成への期待であった。

一九九〇年代後半、第二次橋本内閣は、「中央省庁等改革基本法」（一九九八年六月）に基づく、行財政改革・中央省庁の再編・統合の流れの中で、国家公務員の定員削減を重要な政策課題とし、当時、一二万五、〇〇〇人を擁した国立大学が格好のターゲットとされた。国立大学を削減の枠組みに引き込むことで、当初一〇％とされた削減目標が、一気に二五％に引き上げられたのである。文科省は、こうした非公務員化の受け皿として用意された「独立行政法人通則法」（一九九九年七月）に拠り、有識者懇談会の答申や「行政改革大綱」（閣議決定）などの〝官製世論〟の上に、二〇〇一年六月、「遠山プラン」を提示したのである。

「遠山プラン」は、大学の「トップ30」の育成を旗じるしに、次の三つの枠組みで構想された、大学の再編・構造改革路線である。（詳細は第一章第四節参照）

①国立大学の再編・統合―スクラップ・アンド・ビルドの大胆な推進
②民間的発想の経営手法の導入による国立大学法人への早期移行
③第三者評価による競争原理の導入と評価結果に応じた資金の重点配分

ここで明らかなように、①は国家公務員二五％削減策に沿った、大学の選別と淘汰であり、後の医科・単科大学と地域総合大学との統合につながり、今日の教員養成系・文系廃止、機能別分化への道もその延長線上にある。②は大学役員や運営組織に企業経営者など外部者を登用し、学長に権限を集中して強固なガバナンス体制を構築し、効率優先の成果主義に徹した機動的・戦略的大学運営を可能にする道である。③は第三者評価システムによる業績「評価」と、その結果に基づく資源の傾斜的・重点配分と競争的資金の拡充を通じた、効率優先の大学業務・教育研究にむけた競争原理の導入であり、第三期中期目標期間での、新たな「配分係数」による交付金の〝類型別重点支援〟につながる。

上記②に関連してとくに注目すべきは、中教審・大学分科会の「大学のガバナンス改革の推進について」（二〇一四年二月一二日）と「学校教育法および国立大学法人法・同施行規則」の一部改正（二〇一五年四月一日施行）である。そこで強調されているのは、学長のリーダーシップによるガバナンス改革や機動的な大学運営、評価にもとづく資源配分の最適化、学長選考会議と選考基準の明確化であり、その対極としての教授会権限の縮小・形骸化である。改正前の学校教育法で、「重要事項を審議する」機関として、大学に教授会の必置を義務づけていた同法第九三条1項は削除され、教授会はいまや「学長が決定を行うに当たって意見」を述べ、学部の教育研究に関する事項についても「審議し、求めに応じて意見を述べることができる」だけとされた。

教授会は、大学業務にとって最「重要事項」たる教育研究に関しても自ら判断し、必要な意思決定を行う権限を奪われ、わずかに学長等の求めに応じて「意見」を述べるだけの存在となったのである。法令上、教授会はいまや、カリキュラムなど教育課程の編成をはじめ、入学や学位授与など学生の身分、教員人事などについても〈審議〉するだけで、自らこれを決定する〈権限〉を持たない。こうして、教育研究の現場に責任を負うべき教授会は、いまや大学運営の埒外におかれ、大学自治の直接の担い手・当事者としての座を失ったのである。

他方、強固なリーダーシップを手にした学長もまた、たえず組織の見直しと改革を迫られる中で、経営と教学の両立という困難な舵とりを求められ、「評価」に耐えうるパフォーマンスの成否に、日夜エネルギーを費やすことになる。そこには、年々、先細りする基盤的経費・研究費不足を補うため、産学連携・協力にシフトし、ついには軍事研究への応募も容認して外部資金の獲得に奔走する、経営体としての大学運営に苦しむ学長の姿がある。

いわゆる「遠山プラン」は、手続的には経済財政諮問会議に提出し承認を得た国立大学の「改革」構想であり、外形的には「経営」と「教学」の分離論に立つ、経営主導型の大学組織論である。

それにしても、法人化後、文科省主導の大学「改革」路線は、前のめりかつ矢継ぎ早である。その流れは、とくに第三期中期目標期間に向け、次のように加速度的な展開を辿っている。

二〇一二年六月 「大学改革実行プラン」／「ミッションの再定義」開始
二〇一三年五月 教育再生実行会議・第三次提言「これからの大学教育等の在り方について」（スーパーグローバル大学／理工系分野の強化など）
　　　　一一月 「国立大学改革プラン」
二〇一四年二月 中教審・大学分科会「大学のガバナンス改革の推進について」
　　　　二月 「学校教育法および国立大学法人法」一部改正（二〇一五年四月一日施行）
　　　　七月 「今後の国立大学の機能強化に向けての考え方」（一三年六月版の改訂）
　　　　九月 国立大学法人評価委員会・「国立大学法人の組織及び業務全般の見直しに関する視点」
二〇一五年六月 文科省・通知「国立大学法人等の組織及び業務全般の見直しについて」（教員養成系・文系学部・大学院の廃止、転換）
　　　　六月 「第三期中期目標期間における国立大学法人運営費交付金の在り方について」（機能別分化・三類型―重点支援枠）
　　　　六月 「国立大学経営力戦略」
　　　　七月 「日本再興戦略（改訂二〇一五）」骨太方針／「科学技術イノベーション総合戦略」（特定研究大学）
二〇一六年二月 閣議決定・「国立大学法人法の一部を改正する法律案」―指定国立大学法制度（二〇一七年四月一日施行）

三月　中教審・特別部会「社会・経済の変化に伴う人材需要に即した質の高い専門職業人養成のための新たな高等教育機関の制度化について（審議経過報告）」（専門職業大学の創設）

こうした文科省の姿勢や、一連の構造改革プランに通底する大学政策から容易に想像できるのは、産業界のニーズに直結する研究分野・理工系シフトの大学づくりであり、財政誘導を通じたアベノミクス型「成長戦略」に沿った大学の改変である。その点、二〇一五年七月の「日本再興戦略（改訂二〇一五）」はあからさまである。そこでは、アベノミクス第二ステージでの成長戦略の推進にとって、イノベーション創出のための「ナショナルシステム」の構築とその本格稼動には国立大学改革が不可欠であるとし、そのための施策の鍵として、運営費交付金の重点配分による大学間競争の促進と研究成果最大化に向けた、競争的研究費中心の戦略的資源配分の必要が強調されている。現に、その意を受けて下村文科大臣は、自ら「新産業の創出と科学技術イノベーションをアベノミクスの三本目の矢」とし、学長の強いリーダーシップの下でガバナンス体制を構築し、戦略的に大学を運営できる大学のために、必要な法令改正や財政支援を惜しまないとしている（「インタビュー・護送船団方式では世界に負ける」『中央公論』二〇一四年二月号）。そこで語られているのは、大学を「社会変革のエンジン」に見立てて、イノベーション・グローバル人材の育成と《知の創出機能》の最大化に向けて、大学の資源を丸ごと動員しようとする国家戦略・「一億総活躍」の大学バージョンへの期待である。文科省が繰り返し強調してやまない「社会的要請の高い」分野での「人材需要」の狙い目は、もはや明らかである。

四　大学「改革」の発信源と司令塔

すでに見たように「遠山プラン」の出自は、橋本行革による二〇〇一年一月の中央省庁再編で生まれた内閣府の「経済財政諮問会議」であった。以後、同会議は、経済全般・財政運営・予算編成など、この国の経済財政政策に関する重要課題の展開拠点・発信源としての役割を担ってきた。

一方、日本経済再生本部の下に置かれた「産業競争力会議」（第一回二〇一三年一月二三日）は、競争力強化につながるイノベーション創出機能をアベノミクス成長戦略の主柱と位置づけ、そのための具体的な施策を検討する政策会議として「新陳代謝・イノベーションWG」（主査・橋本和仁東京大学大学院教授）を設けた。WGは、二〇一四年一〇月二一日の第一回を皮切りに、一五年五月二一日まで九回にわたって開かれたが、そのほとんどで、「大学改革・イノベーション」がテーマとされた。例えば、第三回WG（二〇一四年一一月一九日）では、「大学改革・イノベーションにかかる制度設計上の方向性・留意点について」をテーマに、①大学の機能強化、②目標及び諸評価指標の設定、③評価及び評価結果の資源配分への反映など、今日すでに大学「改革」の核心部とされている課題を論点とし、文科省が大学の機能強化の方向性として示した三つの機能別類型の下で、それら類型固有の機能や役割を最大化すべく、中期目標・計画、運営費交付金や競争的資金での重点支援のあり方、さらには評価結果に基づく資源配分の方向などについて議論を集中している。引き続く第四回WG（一二月一七日）では、「イノベーションの観点からの大学改革の基本的な考え方」をテーマに、大学の知の創出機能・イノベーション創出力・人材育成機能の強化に向けて、大学改革のさらなる加速を求めている。

また、一九九五年制定の「科学技術基本法」の下で、科学技術政策のマスタープランとして策定されてきた一連の「科学技術基本計画」を、第四次までの経過を経て改定し、第五期科学技術基本計画が二〇一六年一月閣議決定された。そこでは、科学技術イノベーション政策を、大変革時代の経済、社会および公共のための主要政策と位置づけ、これまでの「総合科学技術会議」（二〇〇一年）に代って、新たな成長戦略としての「科学技術イノベーション総合戦略」推進の、司令塔的機能を担う機関として「総合科学技術・イノベーション会議」を設置した（二〇一四年）。当「会議」は、権限・予算の両面で、企業や大学、研究機関や関係府省など機関の枠を超えて、俯瞰的に政策誘導していく機能を与えられている。

注目すべきは、一連の「科学技術イノベーション総合戦略」である。例えば、二〇一五年版では、まず「大学改革と資金改革の一体的推進」を掲げ、「・運営費交付金、大学の経営力強化等、国立大学の機能強化の推進／・競争的資金の対象再整理、間接経費の導入等研究力強化に資する研究資金改革／・財源の多様化を通じた国立大学法人の自律的な経営の促進」などを謳っている。つづく二〇一六年版では、科学技術イノベーションの基盤的な力を強化するとして、指定国立大学法人の創設とともに、世界最高水準の教育力・研究力を備えた「卓越大学院」や「卓越研究員制度」構想を、また科学研究費助成事業の改革や、各国立大学の強み・特色を生かした機能強化の取り組みの促進、学長のリーダーシップによる改革を推進するとしている。いずれも、この間、文科省が繰り出してきた、一連の大学「改革」構想での既視感あるメニューとレシピの数々である。

しかも、これら政策課題ごとに、経済・財政再生計画の進捗を管理する「改革工程表」が策定されている。例えば、国立大学の第三期中期目標・計画の達成状況について、国立大学法人評価委員会による二〇一九年度暫定評価および二一年度確定評価に加えて、年度評価により、各大学の業務運営の改善・効率化等について毎年度の進捗状況を確認するとしている。その上で、こうした段階的・継続的な評価結果を、運営費交付金の重点配分に反映させ、さらには計画の達成見込みを確認しつつ、民間資金獲得に向けた一層の努力を促す方策を講じるともしている。

同様に、大学間の連携や学部等の再編・統合の促進についても、類型別・重点支援枠と結びつけて、きめ細かな工程管理が示されている。すなわち、各大学の機能強化に関する「取組構想」の進捗状況を、一定の評価指標に基づいて評価し、その結果を各大学の予算配分に反映させることによって、産業構造の変化等に応じた人材育成を行なう組織への転換を促すというものである。期待する人材育成像と、そのための財政誘導の手法があからさまに語られている。

それだけではない。工程表では、学部・学科の改組を含む改革構想を提案した国立大学のうち当該構想を実現させたものの割合を、二〇一八年度五〇％、二〇二〇年度九〇％とし、また大学間連携を含む改革構想のそれを、一八年度六〇％、二〇年九〇％などとしている（内閣府作成資料）。大学を、再編・統合など組織改革に向けて駆り立てる工程表が、すでに用意されているのである。まるで、大学行政を司る《本丸》であるかの振舞いである。

一連の大学「改革」はこうして、経済財政諮問会議と後続の産業競争力会議を一体的な発信源とし、総合科学技術・イノベーション会議やそのWGを司令塔として推し進められてきた、アベノミクス「成長戦略」の一環とみなければならない。外形上、文科省ルートで伝えられ提示される、一連の大学「改革」のシナリオライターとプロデューサーはもはや明らかである。いま、われわれの前に表れている大学「改革」の諸相は、これら諸組織・機関による政策展開の今日的到達点である。

五　大学改革の現在

二〇一二年六月の「大学改革実行プラン」以来、大学「改革」を牽引するキーワードとされた〈グローバル化〉と〈イノベーション創出〉は、日本企業がグローバル市場での熾烈な競争にうち克つため、イノベーションを通じて新産業を創出し、産業競争力を強化することを必須とする、経済界の意思と願望を象徴したワードに他ならない。

とくに、グローバル化を前面に押し立てた改革構想の凝縮版が、二〇一三年五月の教育再生実行会議・第三次提言である。「提言」(「グローバル化に対応した教育環境づくりを進める」)では、徹底した国際化の断行と世界に伍して競う大学の環境づくりとして、世界トップクラス大学の教育ユニットの誘致や海外キャンパスの設置促進と並んで、スーパーグローバル大学(SGU)構想が打ち上げられた。SGUは、日本の大学の国際競争力を高め、グローバルな舞台で活躍できる人材を育てることを目的に、今後一〇年で世界ランキングトップ一〇〇に一〇校以上のランクインを目指すとしている。

これを受けて、文科省は、二〇一四年四月、世界レベルの教育研究を行うトップ大学(タイプA・トップ型)と、先導的試行に挑戦してわが国の大学の国際化を牽引する大学(タイプB・グローバル牽引型)を今後一〇年間継続して支援する、新たな構想・スーパーグローバル大学創成事業を打ち出した。これには一〇四校(一〇九件)の応募があり、九月末、そこから国公私立合わせて、タイプA・一三校、タイプB・二四校の計三七大学が採択された。採択三七校の合計では、全国の大学の学生・教職員数の約二〇%に当たる、学生数約五五万人・教職員数約八万人が対象になるという。そして、タイプAには、先の機能別類型の「世界卓越」型に属する旧七帝大など国立大学の他、早稲田、慶応の二つの私立大学が、またタイプBには、同じく「全国教育研究」型に属する東京医科歯科・東京外国語・東京芸術大学など国立の他、国際教養、会津など公立大学や上智、法政、明治、立命館など大手私立大学が選定された。国立大学では、機能別類型での「世界卓越」大学への重点配分に、さらに上乗せされる手厚い財政支援となる。二〇一五年度の予算は総額七七億円とされ、タイプAには一大学当たり最高で年四億二、〇〇〇万円、タイプBには同じく一億七、〇〇〇万円が一〇年間にわたって支援される。

ところが、構想初年度が経過して、SGUの選定要件や実際の支援額に対して、採択校からさまざまな不満や疑問が噴出しているという（二〇一六年四月二六日付『朝日新聞』）。すなわち、SGUには学生や教員の外国人比率の向上をはじめ、英語による授業の拡大、留学生の受入れ増、学生寮海外オフィスの整備など、かなり高いハードルが設けられており、それをクリアするには相当の資源の投入と新たな経済的負担を必要とする。大学によっては、申請時に実現が難しい計画を立てて応募し、採択後、要件を充たすための対応に四苦八苦するケースや、国の厳しい財政事情から財源確保に難渋し、実際には支援額が、タイプAで平均二億八、八〇〇万円、タイプBで一億三、一〇〇万円など、当初の想定よりかなり少なく抑えられていたことなどである。このため、選定校の間では、支援額が「びっくりするほど値切られた」ことで、「まるで『SGU詐欺』だ」と不満を募らせているともいう。

それだけではない。前記の「日本再興戦略」／「科学技術イノベーション総合戦略２０１５」で重点的取り組みの一つとして浮上した、グローバル競争力強化を目指した「特定研究大学」構想である。その制度設計を検討した有識者会議の審議を経て、政府は呼称を「指定国立大学法人」と改め、二〇一六年五月一二日、その創設に係る国立大学法人法改正法（指定国立大学法人 第三四条の四～八）を成立させた。それは、ハーバード大学など世界の有力大学に伍して国際競争力をもち、わが国の高等教育をリードする国立大学を国際的な研究・人材育成に資する《知の協創拠点》とする、先の機能別類型でのトップ大学やSGUをさらに特化した国立大学法人制度の最新型スキームである。指定国立大学法人は、〈研究力〉、〈国際協働〉、〈社会との連携〉において国内トップレベルであることを申請の条件とし、学長のリーダーシップによる戦略的資源配分などでの〈ガバナンスの強化〉と自由度の高い収益事業の拡大など〈財政基盤の強化〉によって、それら諸要素の好循環を作りだすことを設置認可の条件としている。

改正法の成立を受けて、指定国立大学法人に応募したのは東北大学など七大学だが、選考の有識者会議を経て指定されたのは、東北、東京、京都の三大学である。なお、残りの東工大、一橋、名古屋、大阪の四大学は「指定候補」大学とされ、また新法人の体制整備のための財政支援として、一校当たり一〇億円の学長裁量経費が措置されるという。

とくに指定国立大学法人の持続的発展に必須の〈財政基盤の強化〉では、収益を伴う事業範囲を明確化し、寄付金収入や民間との共同研究・受託研究の拡大による民間資金獲得のマネジメント強化を図り、財源確保のため、大学の保有資産（知財・ノウハウや不動産等）の活用や、寄付金等の自己収入をより収益性の高い金融商品で運用することも可能としている（改正法人法第三四条の2、3）。そこで強調されているのは、「稼ぐ力」を高める企業行動と「財テク」奨励の大学運営である。いまや、先端分野での《知財》を蓄積・保有する国立大学は、企業の魅力的な投資対象とされ、グローバル競争場裏で世界企業に立ち向かう有力な兵站として期待されている。「民間的発想の経営手法」を忠実に受け継いだ、その意味で最も〈進化〉した国立大学を創りだすこと、これが国と産業界が強く求める「社会と時代の要請」の真意とみる。そこにあるのは、むきだしの「大学の企業化」である。そこから、果たして将来にわたる日本社会の、均衡ある持続的発展に資する大学の方向が開かれるのだろうか、疑問はつきない。

新しい類型の大学制度創設の流れはさらにつづく。二〇一六年三月の中教審特別委員会での、いわゆる「専門職大学・専門職業大学」構想である。この職業教育に特化した高等教育機関の創設は、二〇一四年七月の教育再生実行会議・第五次提言（「実践的な職業教育を行う高等教育機関の制度化」）を受け、有識者会議での審議を経て、一五年四月、当時の下村文科大臣が中教審にその制度設計を諮問したものである。それは、「ＩＴや観光、農業など成長分野での即戦力・現場リーダーとなる人材育成を目指し、実践的な職業教育を行う」ため、全体の四割以上を実務家教員とし、インターンシップなど徹底した実践重視の新しい高等教育機関とされている。要するに、グローバル市場での競争に対応しうる「即戦力」・マンパワーとして、一定分野での先端的スキルを身につけた人材の組織的養成を求める、産業界の要請に応えた高等教育機関の創設である。

そこでは、大学・短大の一部学部や学科の転換、専門学校からの移行・参入が想定され、次の通常国会で学校教育法等の改正を行い、これを公費助成の対象ともして、一九年度の開設を目指すという。専門職大学は、かねて各種専門学校が強く求めていたものだが、それは大学の機能別類型化のさらなる派生・重層化に向けた、大学改革プランの〈異次元〉の推進に他ならない。とくに、地元私立大学と競合関係にある、小規模・弱小の地方国立大学はこれに巻き込まれかねず、大学の二極化はいよいよ加速されていく。そこには、新類型の大学機関の許認可と助成金交付をめぐる、文科省の権域拡大も透けて見える。

問題は、ＳＧＵや指定国立大学法人にしろ、専門職（業）大学にしろ、グローバル化やイノベーション創出などを建前として、大学をプロトタイプ化する硬直した改革構想である。それは、自由な発想から独創的な知を生み出し、その成果を学生教育や地域連携に還元させる、大学本来の瑞々しい活力と多様な発展可能性を殺ぎとる道でしかない。

際立つのは、その過程で許認可権と財政権を手に、ガバナンス改革などを通じて、大学の組織運営を誘導・コントロールする文科省の行政権の肥大化である。〝釈迦の手のひら〟は日増しに握力を強め、〝緊箍児（きんこじ）〟の金輪はいよいよ念力を増しているかのように見える。

六　国立大学はどこにいくのか

すでに見たように、少子高齢化や社会・経済のグローバル化、新興国の台頭による国際競争の激化などを大状況として、文科省は大学「改革」の差し迫った必要を語り、大学が社会と時代の要請にいかに応えるべきかを迫ってきた。しかしそれは、実のところ先端技術の開発や新産業の創出など、国際競争力の確保を狙うグローバル企業からの強い要請を受け、それを最大・優先の政策課題とする政府主導の国家戦略に沿った大学「改革」に他ならない。

大学が、人類史の長い射程に立って、社会と時代の要請に応えるのはけだし当然である。その場合、将来の持続可能な社会を生きる世代に対して、大学が真に責任を負うべき改革と発展の方向は、いま進められている文科省流の枠組みや手法で実現しようとする方向と同じ道なのか、である。

人類社会がいま解決を迫られているのは、近代工業化社会の発展がもたらした深刻な地球環境問題や異常気象がひき起こす大規模な自然災害、とりわけ新自由主義的経済秩序のもとでの効率性と成果至上主義からの、世界規模で進む格差と貧困、社会不安など、文字通りグローバルな規模での複雑・多岐なリスク要因の除去とその解決方向であろう。これらはいずれも、人類社会と地球の存亡に関わる、深刻かつ不可避の解決課題である。この地球的規模での人類史的課題にどう立ち向かい、これを解決して、持続可能な生存への道をどう切り拓いていくかである。人類社会にとって、その克服の道こそ根源的で、今日的な「共通価値」であり、教育研究から紡ぎ出された大学の《知》が責任を負うべき王道であろう。競争原理に鎧われた経済中心主義の採算と効率、近視眼的成果に価値をおく、あれこれの技術革新・開発や新ビジネスの創出に奉仕することではない。

近代科学の飛躍的な発展が、イノベーションや新産業の創出に大きく寄与したことは確かである。この場合、まず正視すべきは、市場原理を〝善〟とする、新自由主義経済の駆動のままに、グローバル市場を舞台とした経済のカジノ化と、深刻化する格差と貧困、資源をめぐる大国的覇権主義からの地域紛争、不可逆的な環境破壊、制御不能な原子力発電など、肥大化した科学技術と経済運営がもたらした諸結果を、適切に制御できない現実であろう。それだけに、いま求められるのは、科学技術の在り方と適否を検証して、持続可能な社会の形成に資する《知の集積》と、長期的視野からの俯瞰力と汎用性を備えた《英知・人材》を育くむことであり、それを担う大学の存在と価値ある営みである。

心すべきは、大学を国の「成長戦略」に奉仕する即効性ある技術開発や「稼ぐ力」、「実学」優先の即戦力の養成に偏したグローバル企業の請負機関に仕立て上げることではない。社会の豊かな発展を可能にするのは、人々の思考と行動領域の広がりにつながる知の多様性と、それを保障する大学の《自主性・自律性》であって、大学を貶める、偏狭な改革政策とそのための財政誘導ではない。

そう考えたとき、もっぱら目先の短期的成果と徹底した効率化を求める「民間的発想の経営手法」は、教育研究を主業務とする大学の「特性」とは相容れず、構成員の「現場感」とは明らかに異質のものである。スピードや効率性、成果主義を行動規範とする競争原理は、営利優先の民間企業には適合的であっても、その効果において、長いスパンでの多分に潜在的で複合的な、かつ数値化や定量的把握が困難な、大学の教育研究活動には相応しくない。

こうした時代状況の中でこそ、事物を関係性において俯瞰的、根底的にとらえる思考力や洞察力、磨き抜かれた知性と感性に裏打ちされた、文・理にまたがる《知の総合力》を育むこと、これが大学の教育研究に寄せられた社会の期待であろう。大学の価値は、自然界、人間界を問わず、生起する多様で複雑な事象を科学の透徹した眼で究め、社会の持続的発展につながる《知の力》を創りだし、次代を担いうる思慮に富んだ人材を世に送りだすことにある。とくに教育に求められるのは、明確な解が得られ難い、予測困難な時代を生き抜く、柔軟で汎用性に富んだ知恵と意志力を鍛えることであろう。その意味で、自然科学と人文社会科学はともに、人々が豊かで持続可能な社会を生きる上で必要な、不可分かつ相互補完的な知の営みであり、その価値において同じ平面に立つ。人文・社会科学的「知」を欠いた社会は、方向舵の利かない片肺航行の漂流船でしかない。肝心なのは、科学研究の成果を、特定の経済的利益や時の政権の政策課題に奉仕させることではなく、人類社会の持続的発展に資する、公正で共同の普遍的利益に供することであろう。《知の創出・集積・継承・発信》を担う大学が果たすべき社会的使命と責任は、まさにその点にこそある。

〝文科省は国立大学をどこに持っていくのか…〟、本章冒頭の「二つの文書」に寄せたメディアの反応である（二〇一五年一二月二七日付『日本経済新聞』）。それは、国立大学がいま、改革をめぐる文科省の相次ぐ指示への対応に追われ、教育・研究にじっくり取り組む環境が損なわれている状況を報じたものである。そして、六月の文科省「通知」については、その後、下村文科大臣の「釈明」にもかかわらず、いまだ撤回しないのは、やはり本音は「文系つぶし」にあるのではとの疑問である。また大学を三つの類型に分け、その枠組みごとに取り組みを評価して運営費交付金を傾斜配分する仕組みは、効果よりむしろ弊害が大きくならないか、とした疑問でもある。その上で、「すべての国立大学を単純に類型化するのでは大学の持つさまざまな可能性を摘み、序列化を進めかねない」との懸念である。そこにあるのは、ジャーナリズムの真っ当な見識である。

この国に、大学版《ラストベルト（さびついた大学群）》をつくってはならない。市場原理に駆動されるグローバル資本主義は、いよいよ格差と貧困を拡大させ、深刻な行き詰まりと矛盾に直面し、政治の世界では倫理観を欠いた反知性主義の言説と行動が蔓延している。これが、われわれが生きる今日の社会と時代の現実である。そうした時代状況の中でこそ、目の前にある現実を歴史的文脈の中で捉え、われわれはどこに向かうべきかの道筋を的確に指し示す、透徹した知性が求められる。そうした知性の創出と発信の拠点は、大学を措いて他にない。それだけに、国立大学への期待と責任は重く、その真価が問われている。

いま国立大学は、囲繞する時代の潮流と文科省主導の大学「改革」とのせめぎ合いの中で、直面する財政的困難にあえぎながら、それぞれがもつ特色を深化させつつ、厳しい現実条件をいかに乗り越え、変革への道を自らどう切り拓いていくのか、その知恵と意志力が試されている。

こうしたとき、大学は、「短期的な視野とは別の可能性をいまの時代に示せるよう準備しておく。それが学問の役割です」とした、鷲田清一氏の指摘は銘すべきである（二〇一六年四月七日付『朝日新聞』）。

国立大学の現実は、まさに〝冬の時代〟というべきである。それだけに、大学人はこぞって、「国立大学はどこへ行くのか」を自らの問題とし、大学版ＳＤＧｓ（持続可能な開発目標）を明確化し、達成すべく、叡知を傾けなければならない。

第一部　国立大学法人制度はいかに形成されたか

第一章　国立大学法人法の制定過程

一九九六年一一月に発足した第二次橋本内閣は、六つの改革を自らの政策課題とし、その一つの行政改革では、中央省庁の再編とともに公務員定員の削減を掲げ、その受け皿として、独立行政法人制度が構想された。すなわち、政府の所掌業務のうち、必ず実施しなければならないが、外部化できるものは政府の外に出して、これに法人格を与え、企画・立案機能は政府に残したまま、実施機能を法人が担うというものである。いわゆる「規制緩和」を旗じるしとした、行政機関・業務の市場・競争原理への投入・放出であり、行政サービスの効率化、成果主義的運営を狙う、新自由主義的構造改革への道である。

本来、政府業務の減量・効率化を狙ったこの制度を国立大学に適用した場合、さまざまな問題が発生することは明らかであった。文部省は、当初、独法化に反対の姿勢を示したが、行革推進の強い政治的圧力の下で、ある時期から文部大臣が態度を軟化させ、国立大学法人の制度設計に係る調査検討会議などを経て、ついには独立行政法人法を基本的な枠組みとする国立大学法人法成立へと導いたのである。また、当初は反対の態度を表明した国大協も、文部大臣の姿勢が軟化した後は次第に、法人化に同調し、これを容認する方向に傾いていった。こうした経過からも、国立大学の法人化は二五％の公務員定員削減のために、「行政スリム化」を名分として強行された政治的所産ということができる。

第一節　独法化の潮流

一　国立大学独法化の発端

第二次橋本内閣以降取組まれた一連の行政改革と、その一環として実現が図られた国立大学の法人化への道は、およそ次のように辿られた。

橋本内閣は、発足（一九九六年一一月七日）間もなく「少子高齢化と世界の一体化が急速に進む中で、現在の仕組みを根本から見直し改革しなければ、我が国の活力ある発展が遂げられない」として、行政改革、財政構造改革、社会保障構造改革、経済構造改革、金融システム改革、教育改革の六つを掲げ、これを推進した。うち、行政改革に関しては、九六年一一月設置の行政改革会議において、国立大学の独法化も含めて、精力的に審議が進められ、翌九七年九月の中間報告を経て、同年一二月三日、「最終報告」が提出された。

(一)　国立大学の対応

国大協は、当時、国立大学の民営化が行政改革委員会や財政制度審議会などでの議論だけでなく、新たに設置された首相直属の行政改革会議でも検討の対象とされようとしたことから、九六年三月三日に「国立大学の在り方と使命に関する特別委員会」を立ち上げ、六月七日には「行財政改革の課題と国立大学の在り方（報告）」を取りまとめ、六月三〇日に文部大臣等と面談し、提出した。

「報告」は、行財政改革のための定員削減や経済界からの国際競争力強化の要請に応じて、国立大学の設置形態を変更することは、大学本来の使命である高等教育・学術研究を崩壊させ、この国の将来を危うくすることにつながると言明した。同時に、国立大学の組織運営の改革とともに、わが国の高等教育・学術研究のあるべき姿について国民的合意を形成する必要があると述べている。このことからも、本報告は、国大協の見識を示したものということができるが、自ら改革に取り組む姿勢は明確ではなかった。

行財政・構造改革をめぐる動きの中で、九七年三月のある日、東大医学部の有志が、行政改革会議事務局長あてに、国立大学病院の改革案を提出し、予算、定員の弾力的運用を理由に国家公務員からの離脱を要請したとのニュースが報じられた。これが、国立大学独法化の流れに水を引くきっかけになったといわれている。

そうした動きの背景には、大学附属病院の機器や備品の購入、さらに人事の案件などについて、文部省に逐一了解を取り付けなければならないことに強い不満があったとされている。この問題について、東大内部では、国立大学の独法化に影響を与えるかもしれないと考えたのか、火消しに躍起となった。そのこともあって、一時検討されかけた、国立大学附属病院だけを切り離して独法化すべしとする考えは、実際には陽の目をみなかったが、臨床医学教育の上で必要な附属病院の役割に、関係者の理解が得られたという効果はあった。

(二) 行政改革会議「中間報告」

行政改革会議は、九七年九月三日、前年一一月以来の検討内容を中間報告として発表した。それは、肥大化した政府組織を改革し、規制緩和を断行するため、独立行政法人を設立するというものであった。後に、国立大学に独法制度を適用する際に大問題となった、中期目標・中期計画・評価の仕組みが、この時すでに組み込まれていたことに注目しなければならない。後述するように、国立大学を独法化する際、通則法に含まれる「中期目標・中期計画・評価の仕組み」を削除することが独法化を容認する人たちにとっても前提になっていたからである。しかし、行政改革会議の最終報告や九八年六月の中央省庁等改革基本法においてもこれが厳然と存在していることから、この仕組みは、独立行政法人業務の効率的運営にとって不可欠の標準装備とされていたとみなければならない。

(三) 行政改革会議事務局長の提案

一九九七年一〇月一五日、水野行政改革会議事務局長は国立大学の行政法人化についての試案「東大、京大の独立行政法人化について」をまとめた。そこでは、東京大学、京都大学を他の国立大学に先んじて独立行政法人とすることを提案した理由として、「現在の国立大学は、自由に裁量を持って管理・運営しにくい体制になっており、大学ごとの差別化ができにくい。海外の有力校は、多額の資金が集まってくるシステムができあがっており、大学の競争力の向上に一役かっている。我が国においては、一挙にすべての国立大学を独立行政法人化することは現実的ではないが、少なくとも、東大、京大は独立行政法人化してもやって行けるのではないか」といった主旨が述べられている。

それが実現すれば、東大、京大をハーバード大のように多額の基金運用と研究費の受け入れが可能な独立行政法人とし、経済界の強い要求に沿った国際競争力強化と、国家公務員の定員削減の両方を一挙に叶えられると考えたのかもしれない。しかし、独法化を東大、京大に限定したとしても、それが大学本来の業務である高等教育・

学術研究にふさわしいか否かという重要な点についての言及はない。また、諸外国とわが国との社会体制や大学制度の歴史の違いを考慮せずに、両大学の独法化を提案した点は、事の重大さから見てあまりにも安易との誹りを免れない。

(四) 文部大臣・国大協の独法化反対の声明

こうした動きの中で、町村信孝文部大臣は、「国立大学の独立行政法人化について」(一九九七年一〇月) と題する、四項目からなる反対声明を公表した。要約すると、「①東京大学、京都大学の両総長は独法化に反対である。②大学の教育研究には長期的視点と多様性を必要とするので独法化はなじまない。③文部大臣が目標を示し、大学が計画を立て、終了後に業務継続の必要性の見直しを行う仕組みは大学の活性化につながらない。④現下の厳しい財政下では安定的な財源を得られない」といった内容である。

これは、高等教育・学術研究を担う大学の特性からみて、主務大臣として当を得た見解である。一方、大学審議会は、諮問「21世紀の大学像と今後の改革方策について」(一九九七年一〇月三一日) を受け、審議期間一年という異例の速さで、翌年一〇月二六日、サブタイトルを〈競争的環境の中で個性が輝く大学〉とした答申を出した。これは、文部省当局が独法化に対する危機感から、諮問の時点ですでに、国立大学の独法化に対抗しうる大学改革の方向性を模索する動きを始めたものとみることができる。

一方、国大協は、上記の諮問と同時期の一〇月二一日、緊急常務理事会を開き、国立大学の独法化に反対の意思を内容とした「国立大学の独立行政法人 (エージェンシー) 化について」を公表した。さらに一一月一二・一三日に開催の第一〇一回国大協総会では独法化反対の声明を決議した。その理由として、「独法化は定型化された業務について短期間で効率を評価するもので、長期的な視点から、多様で個性的な教育と自由闊達な研究を展開しようとする大学にはふさわしくない。また財政的な視点からの性急な設置形態の変更は、高等教育と学術研究の発展を阻害する恐れが極めて高い」などを挙げている。この反対声明は、〇〇年六月の独法化反対の確認を経て、〇二年四月一九日の国大協臨時総会における強行採決まで、国大協の公式見解として持続されることになる。

二　総定員法改正の動きと影響

（一）独法化問題の動向

町村文部大臣や国大協が独法化反対を表明したほぼ同時期の一九九七年一二月三日、行政改革会議は最終報告を発表した。その中で、独立行政法人に関連する部分については、その基本的視点は「官から民へ」、「国から地方へ」であるとし、その実現のためには行政機能の減量が必要であり、それには独法制度をもって、これに当たる必要があるとしている。その上で、「国立大学の改革については長期的に検討すべき問題であり、独法化もその際の改革方策の一つの選択肢となり得る可能性はあるが、現時点で早急に結論を出すべき問題ではない」と明言した。また、省庁再編の開始年である〇一年には、総定員法を改正して、最初の一〇年間で少なくとも一〇%、できればそれを超える削減を実現するとしている。

この行政改革会議最終報告により、定員削減の課題はなお残るものの、国立大学の独法化問題はこれで一応沈静化したと思われた。

とはいえ、この報告は、橋本内閣の行革路線にそって、小さな政府を目指して公務員を削減し、競争原理のもとに効率性を追求するという、新自由主義的規制緩和論からのものであることは明らかである。独立行政法人は、一般に英国のエージェンシー制度にヒントを得て考え出されたとされているが、それは橋本内閣の行政改革の理念を実現させるべくバージョンアップされた、わが国独自の制度である。

本報告に基づいて、九八年六月一二日に中央省庁等改革基本法が、九九年七月一六日には独立行政法人通則法がそれぞれ成立することになる。

たしかに、中央省庁等改革基本法では、国立大学に関し「教育研究についての適正な評価体制及び大学ごとの情報公開の充実を推進するとともに、外部との交流の促進その他（中略）の観点から、その組織及び運営体制の整備等必要な改革を推進するものとする」（第四三条2項）と規定しているが、その時点ではまだ、独立行政法人制度による国立大学の改革にまで明示的に言及はなされていなかった。

中央省庁改革基本法が成立した同時期の、九八年六月一六・一七日に開催された第一〇二回国大協総会では、大学審議会で検討中の「21世紀の大学像と今後の改革方策（中間まとめ）」についての審議が中心であったが、独法化反対に結びつけた議論には至らなかった。引き続き行われた国立大学長等会議において、文部省幹部から、「国立大学の民営化や独立行政法人化が問題になっていたが、先送りされた。しかし、九九年に機構改革で文部省が文部科学省に変更されるときには、この問題が再燃するのは必至であるので、国会議員や関係者に国立大学が挙げてきた実績や独法化の問題点などを説明しているが、評価には厳しいものがある。国大協の会員にも国会議員など関係者に是非働き掛けてもらいたい」との要請がなされた。

この要請は、行政改革会議最終報告で、国立大学の独法化は、長期的視野で検討するとされたとはいえ、政治の底流では、国立大学の独法化への行革圧力が大きく作用していることを文部省当局が敏感に感じ取っていたことを示すものである。それだけに、国大協としては、独法化反対声明（九七年一一月）をマスコミなどを通した広報活動を徹底すべきであった。

（二）大学改革とくすぶる独法化―大学審答申の挫折―

一九九八年一〇月二六日、大学審議会答申「21世紀の大学像と今後の改革方策について―競争的環境の中で個性が輝く大学―」が公表された。大学審議会は、八七年に発足して以来、それまで一八回にわたって数々の答申・報告を出しており、文部省はこれら答申等の趣旨に沿って諸施策を進めてきた。

この答申では、大学改革について四つの理念を提示した。すなわち、①課題探求能力の育成を目指した教育、研究の質の向上、②教育、研究システムの柔構造化による大学の自律性の確保、③責任ある意思決定と実行をめざした組織運営体制の整備、④多元的な評価システムによる大学の個性化と教育、研究の改善、である。その上で、次のように述べている。

「四つの基本理念に沿って、国公私立大学が大胆に改革を進めていくことが必要であるが、とりわけ、国立大学については、組織及び運営体制の整備等が焦眉の課題とされていることから、この答申で提言した改革を速やかに実現することが求められている。これにより行政改革会議最終報告や、中央省庁等改革基本法で求められている国立大学の改革を実現することになると考えている。（中略）独立行政法人化をはじめとする国立大学の設置形態の在り方については、これらの改革の進捗状況を見極めつつ、今後さらに長期的な視野に立って検討することが適当である」。

前記の理念②に関連した国立大学に対する国のさまざまな規制を緩和しようとする点については、必要な改革は現行の国立大学制度下で実現できるし、できないとしても、関連法案の改正等を行えばよく、独法化を含む設置形態の変更はあくまで改革の進捗状況いかんであるとしている点が注目される。しかし、その後の独法化に向けた大学改革の様相は、本答申とはかけ離れたものと言わざるを得ない。

大学改革の本命であった本答申が、独法化に対抗するものとなり得なかったことには、今なお多くの疑問が残る。その理由に、答申に対する与党議員の評価が厳しかったことがある。例えば、自民党行政改革推進本部は、九七年一〇月に、国立大学の民営化または独立行政法人化を打ち出しており、行政改革会議最終報告や中央省庁等改革基本法の内容と相容れないにも拘らず、独法化に固執し、その対案である答申に反対の姿勢を示したと考えられる。

九八年一一月一一・一二日開催の第一〇三回国大協総会では、大学審議会答申に沿った大学改革に向けた検討と国家公務員の定員削減、独法化問題などが審議された。総会での意見は、おもに次の諸点をめぐってであった。

・国家公務員の定員削減については、当初は一〇％程度とされていたが、小渕内閣では全体で二〇％に、さらには二五％に引き上げられた。もしこれを、国立大学の組織改革につなげて一律に適用したとき、国立大学の教育研究力は著しく低下し、ひいては大学の存立すら危ぶまれる。国家公務員の大幅な定員削減という圧力は、独法化に向けた動きの中で、国立大学に極めて大きい衝撃を与えるものである。

・独法化については、危機感や懸念から、反対意見が強いが、一方で、教員の中には、業績に応じた処遇や強すぎる規制の緩和を求めるなどを理由に独法化を支持する意見もあり、この問題に対する大学現場での理解や認識に温度差がある。

・行革本部は審議会の答申を認めていない。時間稼ぎにすぎず、答申は遅すぎた。自民党文教部会では、五対二の割合でエージェンシー化の流れだ。今後、文部大臣がどう振舞うかが鍵だ。

・独法化に関連して、文部省が代議士に説明しているが、なかなか深い理解が得られず、答申についても評価が得られていない。国立大学の成果などについて、各地域選出代議士や国会の委員会メンバーへの働きかけを全会員にお願いする。

交わされた議論のほとんどは、定員削減と法人化をめぐってのものであり、とくに法人化については、全体として明確に「反対」という立場より、やや当事者意識の乏しい状況主義的な発言が目立った。それでも地域によっては、法人化について地元出身の代議士に事情を説明していたし、筆者も出向いて地域の大部分の代議士に働きかけ理解を得られていたはずなのにである。

このごろから、規制緩和を進め、国立大学を含む公的機関を独法化すれば、さまざまな規制が取り払われ、何でも自由にできるようになるという風説が、さしたる根拠もなく一部のマスコミを通じてまことしやかに伝えられ、世間一般だけでなく、大学人の間にも一定程度、浸透していったのである。

こうした中、九八年一二月一七日に中央省庁等改革推進本部は、中央省庁再編に伴って導入する独立行政法人については、国立大学を対象とすることは見送り、五年後を目途に結論を得るとしたことが伝えられた。

三　文部省 独法化反対姿勢の軟化

（一）文部大臣の軟化報道

上記の改革推進本部の態度表明を受けて、読売新聞は、「国立大の独立法人化、二〇〇三年までに決定。政府方針、文部大臣が軟化」（一九九八年一二月一七日付）という次のような衝撃的な記事を伝えた。

> 政府は16日までに、中央省庁再編に伴う行政スリム化で最大の焦点となっている国立大学の独立行政法人化を２００３年までに決定する方針を決めた。国立大学の独立行政法人化については文部省が強硬に反対していたが、総務庁長官と文部大臣が協議を重ねた結果、文部大臣が反対姿勢を軟化させ、15日に官房長官、総務庁長官らが出席した中央省庁改革推進本部の幹部会でこの方針を確認した。来年1月に策定する中央省庁改革関連法案の大綱に、国立大学の独立行政法人化は「２００３年までに結論を出す」との文言が盛り込まれる。国立大学以外の国立試験研究機関などは２００１年から独立行政法人化されることになっており、国立大学はこれとは切り離されるものの、２００３年までの方針決定後、２００５年頃には独立行政法人に移行する見通しだ。

また、同日付の日本経済新聞は、「独立行政法人、国立大は先送り。省庁改革推進本部、文部省などが抵抗、5年後めどに結論」の見出しで、次のような記事を掲載した。

> 中央省庁改革推進本部（本部長・小渕恵三首相）は16日、２００１年1月からの中央省庁再編に伴って導入す

る独立行政法人について、焦点となっていた国立大学の法人化を先送りする方針を固めた。文部省や自民党文教族の抵抗が強いためで、国立大学の運営形態は法人化の是非を含めて中期的な検討課題とし、五年後をメドに結論を出す。国立大学の独立行政法人化の見送りにより、今後、他の検討対象に関しても各省庁や族議員の間で抵抗が強まるのは必至で、推進本部の選定作業は一段と難航するのは確実だ。国立大学は教職員総数が約12万5千人と独立行政法人化の検討対象に挙がっている機関・業務の中では最大の規模。推進本部は国立大学の独立行政法人化を行政スリム化の目玉として位置付け、先月20日に決定した中央省庁等改革大綱原案では国立学校を法人化対象の七五機関・業務の一つとして明記した。

文部省側は、「独立行政法人化を検討する以前に、高等教育を財政的に厚くすることが先決だ。審議会などを通じた大学改革の方向が見えるまで慎重にしたい」（有馬朗人文部大臣）と反発。推進本部との折衝は暗礁に乗り上げていた。推進本部では、国家公務員の定員を20％削減するには、国立大学の法人化は不可避との声が強い。今回、先送りを決めたものの「5年後に結論を出すことを決めたことで、法人化の流れは止められない」（推進本部幹部）との見方も出ている。

この二つの記事から、文部省は当初、国立大学の独法化に強硬に反対していたが、有馬文部大臣が反対姿勢を軟化させたことで、改革推進本部は、〇一年一月からの独法化は先送りするかわりに、〇三年までに結論を出すことにしたと読み取ることができる。ここでは、国家公務員の定員削減圧力がいかに強かったか、とりわけ定員規模の大きい国立大学の独立行政法人化への圧力が大きかったかがよく示されている。最初、文部大臣は、定員削減のために国立大学に法人化を迫る圧力に強く抵抗したが、これに抗しきれず、ついに反対姿勢を軟化させたことが窺われる。

しかし、この記事では、文部大臣が独法化そのものに対する反対姿勢を軟化させたのか、あるいは、独法化を「検討」することに反対の姿勢を軟化させたのかが明確でない。前者であれば、文部省の独法化容認の基本方針はほぼこの時点で決まったことになる。しかし、この記事からは、〇三年までに、独法化をするか否かを検討するという意味に解することもできる。

この点について、中央省庁等改革推進本部・顧問会議の議事録（第九回・一九九八年一二月一七日）では、太田行政改革大臣が次のように発言したと記している。

「今、独立行政法人化の方が非常に難渋をしておるのではないかというふうにご心配いただいて、ややそういう部分もあるわけでございますが、ただ、例えば国立学校の事で申し上げますと、ここにもいろいろな賛否両論御意見がございました。その中で、今までは検討もしないということであったわけでございますが、期限を切って検討をする、5年後までに検討をして結論を得るというふうになってまいりました。そこでどう結論が出るかというのは、例えば文部省の方に言わせれば、それはそうはならないだろうというふうにおっしゃるし、私などはなるであろうというふうに思いますし、あとは見通しの問題でございますけれども、そこに大きく変化があったということでございます。」

この発言からうかがえることは、文部大臣との折衝によって、五年後までに国立大学を独法化するか否かを検討した後、どのような結論になるかは、文部省側と太田大臣とでは反対の見通しを持っていたことが分かる。また、日付が、新聞記事と同じであることから、顧問会議での発言内容が事前に洩れたことが疑われるが、一二月一七日の議事録の内容から見るとそれより早い時点で結論が出ていたと解することもできる。

いずれにせよ、文部大臣が、なぜ九七年一二月三日の行政改革会議最終報告や、わずか二か月前に公表された大学審議会答申に記されている「国立大学の独法化は、長期的視野に立って検討することが妥当である」とする方針を尊重しなかったのかという疑問が残る。

とはいえ、行政改革の強い圧力のもとで、独法化導入の是非を検討し、〇三年までに決定することを容認したという事実は、すでに政治の世界では、独法化への道を選ぶところまで事態が進んでいたことを示している。このことは、読売新聞の「国立大学は、２００３年までの方針決定後、２００５年ごろには独立行政法人に移行する見通しだ」という記者の判断や、日本経済新聞の「5年後に結論を出すことを決めたことで、法人化の流れはもはや止められない」との観測からも窺い知ることができる。

(二) 文部省 独法化容認と国大協の対応

こうして、九八年一二月の時点で、文部省は独法化反対から、「検討」容認に向けて流れを反転させた、いわば歴史的転換点であったと考えざるをえない。この転換は、文部省自身の変化に止まらず、その後の国大協、国立大学、さらにはマスコミの姿勢と対応に大きな影響を与えることになった。また、これまでは独法化をめぐって、文部大臣や国大協は行政改革会議とは鋭く対立していたが、これ以後は、文部省主導の下に、流れが大きく変わった。文部省は、独法化に向けて検討開始を宣言し、以後、これを国立大学にも適合しうる制度とすべく、調査検討会議の最終報告「新しい『国立大学法人』像について」（二〇〇二年三月）に至る道をひた走ることになる。あたかも、歴史の慣性を見るがごときである。

一方、年が明けた九九年三月一八日に開催した国大協理事会の冒頭で、蓮實会長は「文部省が、独法化についての討議を始めても構わないとのことなので、独法化反対の姿勢を保ちつつ、独法化についてある種の検討に入りたい。検討結果については、総会で説明する」との提案を行なった。

その後の経過に照らしてみると、この提案は国大協の独法化容認への方向転換の始まりであった。文部大臣の方針転換に応じて、国大協会長も独法化の検討に舵を切ったもので、独法化容認を視野に入れた、重大な態度表明であり、後の「松尾レポート」の提出につながることになる。

九九年六月一五・一六日、第一〇四回国大協総会が開催された。その席で、会長から、「国家公務員の定員について、今後一〇年間で一〇%の削減に加えて、独立行政法人化等によって削減目標を二五%に引き上げる一方、国立大学の法人化については、総務庁長官と文部大臣が協議を重ねた結果、〇三年までに結論を得ることなど閣議決定された」と報告があった。併せて、独法化問題については、「考えられるケースについて非公式に検討を依頼しており、その報告書（いわゆる「松尾レポート」）を受け取った。今後、万一の事態に備えて、これをたたき台として、独法化に関する情報収集とシミュレーションを第一常置委員会に依頼したい」との提案がなされ、了承された。

「松尾レポート」は、法人化をあくまで可能性のある設置形態の一つとしてとらえ、万一の場合には遅滞なく適切に対応するための一助になることを願って、問題点を整理することにあったとしている。しかしながら、それは、国大協が事実上独法化に向けて具体的な準備に入ることを意味し、あとは政府・文科省との条件闘争をめぐるせめぎ合いが残されるだけであった。

国大協総会に引き続いて開かれた国立大学長等会議では、文部大臣が、国立大学法人化の問題について、各大学の意見と国大協の動向を見つつ、できるだけ速やかに検討を行う旨表明した。

第二節　独立行政法人通則法の成立と大学改革問題

一　独立行政法人通則法の成立

一九九九年七月一六日、独立行政法人通則法が成立した。この法律の主要部分は、およそ次のとおりである。

> 独立行政法人は、国家公務員の定員削減のため、政府が行う業務（政府が行う必要はないが民間に委ねた場合には必ずしも実施されないおそれがある）を対象に、その実施部門を政府部外に出し、これに法人格を与える組織である。その場合、法人は国の出資で運営されるため、大臣は、向こう三—五年間の目標の指示と計画の認可、および評価に基づく組織や業務の全般にわたる検討とそれに基づく措置を講ずる権限を持つ。法人には、法人の長一人と監事を置く。また他の役員を置く事ができる。身分は非公務員型。この法人の会計は企業会計原則による。法人は毎事業年度、多種類の書類を大臣に提出しなければならない。政府は予算の範囲内で必要な額の全部または一部を交付することができる。

独立行政法人通則法に基づいて、これを国立大学に適用した場合、制度が内包する問題として、次の諸点を挙げることができる。

①　文部大臣が中期目標を指示し、大学が策定した中期計画を文部大臣が認可、大学が実施した教育、研究、社会貢献など、業務の実績を評価委員会に提出して評価を受ける。その結果に基づく運営費交付金の配分と、次期の中期目標の指示や大学組織の改廃は、国による大学支配の仕掛けとして機能することになり、大学の自主的な運営と自律的な意思決定を著しく損なうことになる。

②　不安定な財源措置のために独立行政法人は、不足の財源を外部資金で補わなければならず、その結果、外部資金を獲得しにくい文系や文化・芸術系、基礎研究分野の教育研究が衰退するおそれがある。それは地方国立大や小規模・単科大にとってとくに深刻で、大学が現に担っている地域の人材育成機会や多様な貢献力を減退させ、結果として、地方の衰退をもたらし、地方分権の主旨にも反することになる。

③　法人化で非公務員型とした場合、不安定な雇用・勤務条件のため、教育・研究に向ける人的資源と体力が減退し、結果的に高等教育と学術研究に対する国の責任が希薄化・回避されることになる。

④　外部資金依存型の不安定な財源構造は、国立大の改廃・民営化への布石につながるおそれがある。

⑤　現行の国立大学制度に比べ、中期目標の指示や資源配分を通じて、政府の権限と規制が事実上強化される。いわば「目標管理システム」による、教育研究をはじめ大学の諸業務に対する、間接的統制・支配と、学問の自由への侵害につながる。

⑥　独法制度は、大学を官僚統制と市場原理の二重のくびきの下におき、学問研究と教育活動の自由な展開を阻害し、教育研究費の常態的な枯渇から、財源確保を求めて企業化する可能性を一層強める。

⑦　関係資料の作成など、日常的な事務・業務量の拡大によって、教育・研究に投入すべきエネルギーが時間的にも組織的にも削がれる。

このような懸念の多くは、法人化後十数年を経た今日、単なる「杞憂」でなかったことを如実に示している。

二　国大協第一常置委「国立大学と独立行政法人化問題について」中間報告

一九九九年九月一三日、国大協は臨時総会を開催した。それは、独法化の事態が急に動き始めたこと、八月一二日に文部省が有識者懇談会「今後の国立大学等の在り方に関する懇談会」を設置し、①国立大学等の運営上の諸課題、②今後国立大学に期待される役割、③大学評価の在り方、④その他の事項を審議し、九月中に結論を出すとみられたからである。

総会では、九月七日に公表された第一常置委員会の「国立大学と独立行政法人化問題について（中間報告）」が報告された。これは、重大な事態に備えて独法化問題を検討したものであるとし、仮にそのような事態に陥った時でも、制度上堅持すべき条件として、大学の特性から当然あるべき制度、あるいは現行制度と同様の仕組みを維持していることを念頭に、およそ以下の諸点が提示された。

・企画・立案機能と実施機能の分離は、大学にはなじまないことから、独立行政法人特例法を制定するか、通則法とは別に国立大学法あるいは国立大学法人法を制定する。
・中期目標・計画は、長期的な展望に立つアカデミックプランの中に位置づけるべきである。
・国は、国公私立大学の財政基盤の拡充とともに、国立大学の定員を確保する。
・法人化の単位は、大学ごとに選択する。

・運営組織や教育研究組織については、現在の制度に類似した案とし、運営については、戦後歴史的に確立されてきた自主・自律のスタンスを発展的に持続させるべきこととする。
・役員、教員の人事では、現行の教育公務員特例法の原則が維持されるべきこと、職員は公務員型であることが望ましい。
・教育研究の評価にあたっては、主務省評価委員会は大学による自己評価を尊重すること、また、評価に際しては、主務省による監督や規制が強化されたり、大学の自主性・自律性が制限されたりしてはならない。

報告に対しては、その他にも、さまざまな質疑や意見が表明された。最後に、会長は、この報告に基づきそれぞれの大学で独法化問題を検討するよう要請した。

三　文部省「国立大学の独立行政法人化の検討の方向」

(一) 文部省「検討の方向」を提示

国大協総会直後の九月二〇日、国立大学長等会議が開催され、有馬文部大臣より概略、次のような挨拶があった。

「国立大学の独法化については、有識者懇談会で検討した。大学の活動は自由な発想のもと、長期的な展望に立って大学自らが企画立案し実施することが必要である。独法化に際し、これらを満足させる特例措置を講ずれば、法人格の取得によって、大学の自主性・自律性を拡大し、大学の個性化を進展させる上で、大きな意義を持つ。

本来、国立大学の独法化は、『大学改革の一環として検討』しようとしたものであり、世界的水準の教育研究を目指し、これを実現する上で、それが大学の設置形態として相応しいかどうかの観点から検討すべきであり、国家公務員の削減問題とは切り離して検討する必要がある。しかし、国家公務員の一律の定員削減が国立大学に適用された場合には、教育研究に甚大な影響を及ぼすことは否定できず、この問題に適切に対応して遺憾なきを期するためにも、国立大学の独立行政法人化問題の検討を急ぐことが必要であった。」

文部大臣の挨拶は、国立大学のあるべき制度の検討をあえて避け、独法化を前提に「特例措置」を提示したものである。しかもその中身を、都合よく解釈ができるよう曖昧模糊とさせ、いかにも独法制度の欠点を是正する措置であるかのように期待させ、独法化への批判に対し焦点をぼかし、その隠れ蓑としての役割を果たしたものでしかなかった。

引き続き、文部省の基本的な考えとして、「国立大学等の独立行政法人化について（文部省の検討の方向）」をもとに、以下の諸点が付け加えられた。

特例措置等を講じることで、国立大学の独立行政法人化によって、

・独立した法人格を持つことで、自らの権限と責任において大学運営に当ることが可能
・組織編成、教職員配置、給与決定、予算執行等の面で、国による諸規制が緩和され、各大学の自主性・自律性が拡大
・教育研究や教職員配置等大学運営全般にわたり、従来以上に自由な制度設計が可能

とその意義を挙げ、具体的な特例措置等については、
・主務大臣による中期目標の指示、中期計画の認可において、大学の自主性・自律性を確保すること
・法人の業績に対する評価において、教育研究に関しては、国から独立した第三者機関により評価が実施されること
・学長を含む教員の人事において、大学の自主性・自律性を確保すること

などの検討を必要とし、その具体的方向については、「国立大学協会をはじめ関係者の意見を聴きながら検討を進め、平成一二年度のできるだけ早い時期までには結論を出し、それを受けて、制度の詳細について十分に時間をかけて慎重に検討していく必要がある。」としている。

なお、「特例措置」の主要例として以下を挙げている。

（法人単位）・各大学に法人格を付与
・国立大学の運営の実態を踏まえ、経営と教学を一体とする
（役　員）・学長
・副学長（教育研究、学生、経営、病院、情報管理など複数人）
・監事（複数人）

（内部組織）・学部、研究科、附置研究所等は、各大学の業務実施上の基本組織として法令に規定（学科・専攻・部門等は各大学が決定）
・評議会、教授会、運営諮問会議は、国立大学における自主的・自律的な意思決定に不可欠な組織として法令に規定
（中期目標）・中期目標期間は五年（ただし各大学の教育研究の長期的な展望に配慮する）
・文部科学大臣が中期目標を定める際、文部科学大臣に各大学からの事前の意見聴取義務を課す
（評　価）・文部科学省に置かれる評価委員会は、教育研究に係る事項については、「学評価・学位授与機構」（仮称）の評価結果を踏まえて評価及び大臣への意見表明を行う
（人　事）・身分は国家公務員とする
・学長の任免を始め教員人事は、原則として教育公務員特例法を前提に、適用すべき範囲を検討
（財　務）・積立金の処理は、教育研究の安定的な遂行に配慮し、できるだけ内部保留する方向で検討
・現行の国立学校特別会計制度が有する利点を維持

これらの内容と、第一常置委員会の「中間報告」とを比べた場合、いくつかの類似点も見られる。しかし、独立行政法人化の骨格をなす、国による事前関与と事後チェック（改革サイクル）が働く仕組みを前提とするのであれば「特例措置」の特殊性が肝心なところで曖昧となり、国による大学支配を許すことにつながる。

（二）文部省「検討の方向」をめぐって

二ヶ月後の九九年一一月一七・一八日に開かれた第一〇五回国大協総会では、文部省から提示された「国立大学の独立行政法人化の検討の方向」について各地区学長会議における討議の結果が報告された。次いで、会長より、政府・与党でも、この件についての統一的見解は出来上がっていないこと、マスコミでは、通則法をそのまま適用することに無理があるとする報道が広がっていることなどが紹介された。

更に会長は、日本の高等教育の将来像についての討論を要請したが、発言は独法化との関連をめぐって、議論百出の状態となった。発言の多くは、独立行政法人の仕組みを国立大学に適用することへの反対であったが、中には、「発想を変えて、対案を検討すべし」という意見や、「独法化より現行制度の方がまだましだ」などと開き直り、また、独法化を前提とすることなく、二一世紀の高等教育のあるべき姿を議論すべきだという意見も出された。その一方、「独法化はすでに回避できないところに来ており、後戻りはできない」、「独法化は、大学改革のために賛成だ」といった意見もあった。その他、これまで国立大学が果たしてきた役割や実績、将来にわたる国立大学の展望について、国民に情報を発信すべきであるとする主張も多く出された。

こうしたさまざまな議論を受けて、会長は、外部から国大協はまとまっていないと見られるのは困るので、国大協の意見として、「国立大学の独立行政法人化問題の議論を超えて、高等教育の将来像を考える」とする談話を公表したいとの提案があり、総会はこれを了承した。

会長談話は、「独立行政法人通則法は国立大学を真に変容せしめるに足る設計図ではないこと」、「仮に独立行政法人化が現実のものとなった場合、設計図そのものの修正が不可欠であること」、「いま必要とされているのは、次世代の国民への責任を踏まえての、国公私立を含めた高等教育総体の大胆な変革であること」、「大学は、その社会的、国際的な役割にふさわしい真の変革の実現を強く望んでいること」などを内容としたものである。

四　政府、自民党の動き

（一）自民党・委員会での意見陳述

年が明けた二〇〇〇年三月二日、自民党政務調査会・高等教育研究グループ主査からの要請で、自民党、政務調査会、文教部会、文教制度調査会、教育改革実施本部のメンバーの席上で、一橋大学長、広島大学長、鹿児島大学長（筆者）の三名が、国立大学の独法化についての意見を述べる機会があった。

一橋大学長は、日本の大学は愚者の楽園となっており、護送船団方式であって全く競争力がない。これを解決するためにも、独法化は賛成である。ただし、通則法のままでは問題が残る、といった趣旨の発言があった。

広島大学長は、独法化は決して良いとは思わないが、政治家がやられるのだから間違いないでしょう、大学が悪くなったら政治の責任です、これまで培ってきた財産をつぶさないでほしい、といった口吻で意見を述べた。

筆者は、「日本の高等教育における地方国立大学の意義」と題する文書を用意し、これを読み上げる形で意見陳述を行なった。その主旨は、地方国立大学は戦後五〇年、地域の大学として、草の根的な貢献をしてきたこと、国立大学を市場原理にさらす独法化によって教育研究を破壊し、日本全体の活性化を支える地方から、大学の地域貢献力を奪ってはならないこと、独法化は目先の弥縫策に過ぎず、大学をこのスキームで運営した場合、一〇年～一五年先に国力の衰退をきたすのは火を見るより明らかであるなどを指摘し、国立大学の法人化には賛成できないと述べた。

各学長の意見陳述の後、出席議員から質問やコメントが寄せられた。その一部を紹介すると、「高等教育は必ずしも競争になじまないところがある。政府として、党として今後の高等教育費をどうするのか、骨太の方向性を示さないといけない」、「独立行政法人化により『角を矯めて牛を殺す』ようなことがあってはならない」、「なぜ独法化に反対なのですか？　独法化すれば給料はいくらでも高く出せるのですよ。ノーベル賞受賞者を、鹿児島大学に招いてやってごらんなさい。反対する理由はないでしょう」などさまざまであった。最後の発言は、文部大臣経験者から筆者へのものだったが、法人化後想定される限られた財源の下では、極めて非現実的な発言だと思い、感覚の違いに驚いた。

当の高等教育研究グループは、この一週間前、すでに東北大学と京都大学、九州大学の各学長からの意見も聞いていたが、残された記録では、このときはもっぱら今後の高等教育のあるべき姿が中心で、当時大きな課題となっていた独法化に関しての意見の開陳はなされていなかった。この事実は、旧帝大・学長レベルでは、すでに独法化を受け入れる方向で自民党や文部省と基本的に合意しており、国大協は一枚岩ではなくなっていたのかと思う。

（二）自民党政務調査会提言「これからの国立大学の在り方について」の問題点

自民党政務調査会は、国立大学の独立行政法人化を是とする提言・「これからの国立大学の在り方について」を策定し、これを二〇〇〇年五月一一日の政調審議会が了承した。いわゆる「麻生レポート」である。提言は、自民党文教部会・文教制度調査会が、行革推進本部からの示唆を踏まえ、高等教育研究グループを中心に、大学関係者や学識経験者から計五回にわたってヒアリングを行い、幅広い観点から精力的に研究を進めた成果であるとし、行革推進本部幹部会においても了承されたものである。しかし一方では、二年前に公表された大学審議会答申（「21世紀の大学像と今後の改革方策について」）には全く言及しておらず、これらの事からも、もともと国立大学の独法化ありきという立場からの検討結果であることが窺われる。

提言はまた、現行の国立大学は護送船団方式で運営されており、そこから脱却するためにも、法人格を与えることの意義は大きいと強調している。しかし、国立大学が護送船団方式で運営されているという、具体的根拠は何ら示されていない。そこには、公領域の業務を市場競争原理に委ねる、やみくもな規制緩和論から、国立大の改革を図ろうとした意図が透けて見える。

また、法人格を持たせる場合、どのような縛りを持つ制度の法人になるかによってはその意義は大きく異なるはずである。独立行政法人制度下での法人格では、文科省からの統制はむしろ強まり、大学にとって意義があるどころか逆の効果をもたらし、大学の機能を殺ぐ結果にしかならない。

さらに、提言では、独立行政法人制度を特色づける目標・計画の設定や定常的な業績評価が、国の意思を法人運営に反映させうる制度として肯定的に評価されているが、法人格を与えられた大学は、目標・計画・実施・評価のサイクルを通じて、従来とは別の形の規制・統制が強まることで、自主性・自律性が損なわれることになるはずである。

また、調整法（または特例法）の形で、法律上、国と大学との運営上の調整措置を明確にすべきだとも述べているが、これも通則法の枠組みを越えることにはならず、大学本来の特性をどれだけ保障しうるかは不透明である。

なお、地方国立大学についての配慮や高等教育・学術研究への公的投資の拡充についても一定の記述はあるが、その実現性については全く不明で、絵に描いた餅となりかねない。

五　文部大臣独法化容認し、調査検討会議の設置へ

こうした動きと時を同じくした二〇〇〇年五月二六日、国立大学長等会議が開催された。そこで、中曽根弘文文部大臣は「国立大学の独立行政法人化の問題について、文部省としての考え方と今後の方針」を提示・説明した。その中で大臣は、「まず、現在提起されている独立行政法人制度が、果たして国立大学にふさわしいものであるかどうか十分に吟味しなければならない。国立大学の教育研究の特性を踏まえ、これらに関して必要かつ相当な特例措置等を講じた上で、独立行政法人化すれば、十分適合しうると考える」とし、「検討事項は極めて広範・多岐にわたるので『今後の国立大学等のあり方に関する懇談会』の下に調査検討会議を設置する」と述べた。この説明は、九九年六月の「独法化を速やかに検討する」や、同年九月の「特例措置を講じれば、国立大学の独法化には、一定の意義が認められる」から、一歩踏み込んだもので、九七年一〇月の文部大臣の反対声明や翌九八年一〇月の大学審議会答申を無視し、独法化への道を明確に表明したものである。

さらに独立行政法人制度が、国立大学にふさわしい制度かどうかについて、大臣は「独立行政法人制度では、財政上、独立採算制ではなく、国の予算における所要の財源措置が前提とされ、移行前の公費投入額を十分に踏まえて、運営費交付金等を措置するとしている点は重要である」と述べている。この点については、九七年の文部大臣声明で「現下の厳しい財政状況の下で独法化する場合、安定的な研究費、人件費などの確保の保障がなく、その結果、独自の資金を有しないわが国の大学においては、学術研究水準が低下し、科学技術立国を目指すわが国の発展は望めない」とした見解と明らかに食い違っている。

また大学の主体性に関しては、「独立行政法人制度は、政策の企画・立案機能と実施機能とを分離する制度である。これまでは、国全体としての高等教育政策や学術政策を踏まえつつ、各大学において主体的な取り組みが進めら

れてきたが、独法化してもこの関係が維持されるように、大学の主体性を尊重するための一定の調整を図ることが不可欠である」とも述べている。しかしながら、目標管理システム（改革サイクル）が独立行政法人制度のエンジンであることを鑑みれば、その調整可能性ははなはだ不透明である。

さらに大学の業務に関して、「独立行政法人制度は、規制を緩和し、その機関にふさわしい組織や運営の形態を追求して、業務の効率性の向上や透明性の確保を図る制度であるが、大学にふさわしい効率性、透明性の向上に寄与する組織や運営の形態を追求できるかどうかについては、今後の検討が必要である」としている。なお「この制度は、主務大臣の各法人に対する監督、関与を限定し……」とあるが、そこでの「監督、関与」の内容や範囲、「限定」の方法や効果が不明なまま、教育・研究上の自主・自律を重視すると言われても、大学人の感覚からすれば、違和感は拭いきれない。

以上から、文部大臣の説明には独立行政法人制度が国立大学に適合的であるとする判断には無理があるだけでなく、なぜ独法化しなければならないのかという根元的な疑問に答えたものでもなかった。

この会議で、筆者は次のような意見表明を行った。

(1)　国立大学が社会の要請に応えていないという意見をよく耳にするが、決してそうではない。鹿児島地域においては、大学生の六〇％を国立大学が占めており、地域の人材育成に大きく貢献している。卒業生は、首長をはじめ地方自治体や企業などで大きな役割を果たしている。産業界の活性化についても、例えば全国ブランドの薩摩黒豚の育成や、環境保全型農業の一つである合鴨農法の研究・普及など、本学教員や卒業生は大きな力となっている。これらのことが、地元では高く評価されているが、中央での議論となるとこれが全く無視されている。社会へ向けた私たちの説明が十分でないことは反省しなければならないが、これらの実績は、この国の半世紀にわたる発展に寄与してきたと自負している。当然のことながら、それは、国立大学が国費で賄われ、所要の財源が確保されていたことが大きい。

⑵　独立行政法人制度は、もともと行政改革から発したもので、高等教育・学術研究に適合的な制度ではない。これを特例措置で運用上の調整を図ろうとしても、通則法が厳然として存在しているかぎり、その基本的な枠組みは動かしがたい。文部大臣の説明では、独立行政法人制度は、国立大学にも十分適合する制度であるとされた。しかし、私の見るところでは、少なくとも地方国立大学にとってはふさわしくないと思う。なぜなら、行政改革の基本原理は、「官から民へ」の市場競争原理からのものである。したがって、本制度が導入されれば、もともと経済的基盤が弱い地方国立大学にとっては、いくら努力したとしても、長期的には衰退への道は免れない。

こうした著者の意見は、次のような考えを根拠としたものである。

①　多くの地方で、県民所得は大都市に比べて著しく低く、そのため授業料の値上げは難しく、大学の財政基盤の安定的な確保にはつながらない。

②　本社機能を持つ大企業が少ないため、産学連携などによる外部資金を獲得することがより困難である。

③　研究テーマは、地道で息の長い、地域に密着したものが含まれるが、それは一見派手で先端的な研究に比べて外部資金が得にくく、運営費交付金等が減額されれば、地域貢献に資する研究・教育が痛手を被る。

ちなみに、薩摩黒豚の育成には二〇〜三〇年、合鴨農法の確立と普及には一〇年を要するなど、いずれも長期的で地道な研究と地域との連携を要する。

④大臣の説明には、地方国立大学について言及もあり、一見配慮がなされているように見えるが、その「法的保障」については全く不明である。

⑤多くの地方国立大学長の本音は、「独法化されたらやっていけないのではないか」、「どのような船でどこへ向かって行くのか」、「先が読めず展望が開けないので不安だ」などである。

⑥独法化すると、いまでも厳然とある大学間格差がさらに増大し、例えば、それが大学入試や定員確保にも影響を及ぼし、ひいては、高校、さらには中学校、小学校の教育の破壊につながり、いま文科省が進めているゆとり教育にとっては逆風となろう。

⑦わが国の未来を担う国立大学の存立を危うくしかねない大学改革は、十分に慎重な検討が必要である。

⑧特に地方国立大学には、現行制度のもとで自ら改革を進め、存続しうる可能性を残しておくべきである。

第三節　国大協の対応

一　国大協総会での意見表明─地方国立大学からの問題提起

二〇〇〇年六月一三・一四日の両日、第一〇六回国大協総会が開かれ、各地区学長会議の状況が、各当番大学から報告された。次いで、筆者があらかじめ提出しておいた文書「国立大学独立行政法人化についての問題提起」をもとに、およそ以下のような意見を述べた。

「すべての国立大学を法人化した場合、日本の高等教育界には、国立大学と私立大学に二種類の大学法人が生まれることから、それをどのように区別するのか、また、ともに法人格を持ちながら、いかなる根拠により、国立と私立との間で、国からの交付金・助成金に差をつけるのかという問題が生じる。さらに、行政スリム化の論理から、国立大学で再編・統合による集中化を進めた場合、地方国立大学の役割・機能は弱体化し、結果的に、地方分権と矛盾し、国土の均衡ある発展を困難にすることになる。

その意味で、次の三点を明確にしておきたい。すなわち、①これまでの、通則法の下での独法化に反対との姿勢を変えるべきではない。②あくまで調査検討であるならば、参加するにやぶさかではない。③しかし、調査検討の結果、独法化が国立大学にとって、有効適切でないことが明らかになった場合、大学審議会答申に沿った改革や大学主導の法人格をもつ大学を創成する国大協として、複数の制度設計について意見を表明すべきである。」

筆者の問題提起に続いて、数名の学長から、「通則法の下での独法化に反対の姿勢を堅持すべきだ」とする意見とともに、調査検討へ「参加するにやぶさかではない」については、「通則法の下での独法化に反対を堅持することを十分認識したうえで参加すべき」との意見、また前記③の提案についても、複数の学長から賛意が示された。その一方、総会冒頭の文部大臣挨拶の中で、調整法と「法」が入ったことで「通則法の下で反対というくびきは相当解かれたのでテーブルにつく材料はそろった」との意見も出された。

二　国大協「設置形態検討特別委員会」を設置

引き続き、総会では文部省が設置予定の「国立大学等の独立行政法人化に関する調査検討会議」について、会長から、「検討会議には、①組織運営、②目標・計画、評価、③人事システム、④財務・会計、の四つの検討グループ（専門委員会）を設ける。各グループは一五名程度の委員構成とし、それぞれのグループの委員は国立大学長三名、大学共同利用機関長一名、有識者（公立大学長、私立大学長、経済界、言論界）五名、研究者等五名、国立大学事務局長一名とし、別途グループ間の調整に当たる連絡会議を設ける」などの説明があった。

この会議への対応についても、次のように多くの意見が出された。

・文部省と同じテーブルにつくことが独法化容認にならないことの確認が必要である。
・テーブルにはつかずに、国大協独自の案を文部省に提案するという選択肢もあるが、現実にはテーブルにつかざるを得ない。
・国大協の中に考えをまとめる特別委員会を作るべきだ。
・二一世紀の日本の高等教育をどうするかというコンセプトの検討がないまま制度設計のみが議論されるのは問題だ。
・通則法をそのままの形で適用することに反対という立場をより強力なものにするのでなければ、テーブルにつく理由はない。
・企業会計は、数値に基づき業務の効率性を評価する根拠を与え、次の中期目標・計画の予算に反映するという機能を持つので、使い方によっては大学の運営がコントロールされかねない。その点を十分踏まえて検討して欲しい。

こうした意見をふまえ、国大協として、「調査検討会議」に積極的に参加する用意があることを確認した。次いで、会長から、今までの議論を通じていくつか問題が浮きぼりになり、それへの対応として対外的にだけでなく、国大協内部にも必要と思われるとして、国大協に設置形態検討特別委員会の設置を含む、次の四項目が提案された。

① 文部大臣の説明以後も、国立大学協会は、国立大学の設置形態に関して、これまで表明してきた態度を変更する必要があるとは認識していない。

② 教育、研究の質の更なる向上によって、国民の利益の増進と、地域社会、人類社会の持続可能な発展に貢献することを目指し、「設置形態検討特別委員会」を国立大学協会内部に新たに設置し、この委員会を、中心に、文部省をはじめ、内外の各方面への政策提言を積極的に行う。

③ わが国の高等教育と学術研究の健全な発展に資するために、国立大学協会として、文部省に設置される予定の「国立大学の独立行政法人化に関する調査検討会議」に積極的に参加し、そこでの討議の方向に、国立大学協会の意向を強く反映させる努力を行う必要がある。

④ 一国の高等教育政策は、国民、地域社会、人類社会の利益という視点から、長期的な展望のもとに議論されねばならず、それには、国際的動向をもふまえた恒常的な政策決定の機構が必要である。

この提案に対しても多くの発言があったが、結局、全員一致で承認され、「設置形態」に関する検討組織として、七月一日付で国大協独自の特別委員会が誕生したのである。

第四節　国主導の大学改革

一　文部省「国立大学等の独立行政法人化に関する調査検討会議」の発足

前節で述べたように、五月二六日の国立大学長等会議において、中曽根弘文文部大臣は、「調査検討会議」の設置に関して、「文部省としては、今後、独立行政法人制度のもとで、大学の特性に配慮しつつ、国立大学を法人化する方向で、法令面での措置や運用面での対応など、制度の内容についての具体的な検討に速やかに着手したい。検討の進め方としては、『今後の国立大学等の在り方に関する懇談会』要領に基づき、調査検討会議を設置し、多面的、多角的にご議論を頂きたい」と述べている。それを受けて、二〇〇〇年七月三一日、「国立大学等の独立行政法人化に関する調査検討会議」が発足した。調査検討会議は、その後、二〇〇一年九月の中間報告を経て、二〇〇二年三月二六日に最終報告をとりまとめ、文部科学大臣に提出することとなる。

調査検討会議の下に、具体的な制度設計について検討するため、組織業務、目標評価、人事制度、財務会計制度の四委員会を置き、連絡調整委員会が各委員会間の連絡調整及び関係団体との連絡調整を行うという体制であった。

筆者が所属した目標評価委員会は、松尾名大学長を主査とし、協力者として、国立大学長三名、公立大学長二名、私立大学長一名、言論界一名、産業界一名、国立大教授四名、私立大教授一名、大学評価・学位授与機構教授一名の計一五名、関係者として、国立大学教授四名が参加した。審議状況などについては、後の節で改めて述べることとする。

二　あわただしくなった国の動き

(一) 行政改革大綱の閣議決定

二〇〇〇年一二月一日、行政改革大綱が閣議決定された。そこでは、「国立大学および大学共同利用機関等の独立行政法人化については、平成一五年までに結論を得るとされていることを踏まえ、大学等の自主性を尊重しつつ、大学改革等の一環として検討するため、平成一三年度中に有識者などによる専門的な調査検討の結果を整理する」とし、「定員については、『新たな府省の編成以降の定員管理について』(平成一二年七月一八日閣議決定)に基づき、行政需要の変化に対応し、その適正配置を進めつつ、平成二二年度までの間に、少なくとも一〇%の計画的削減を行うとともに、独立行政法人への移行、新規増員の抑制などと併せて、二五%の純減を目指した定員削減に最大限努力するものとする」とされた。

(二) 中央省庁再編統合と小泉首相の国立大民営化論

年が明けて二〇〇一年一月六日に、中央省庁が再編統合され一府二一省庁から一府一二省庁に再編され、文部省は文部科学省となった。

この省庁再編に合わせ、官僚主導から政治主導への流れを変えるとして、経済財政諮問会議が発足した。首相が議長を務め、閣僚のほか、民間有識者なども参加し、経済財政政策に関する重要事項について審議する合議制機関である。

同年四月一日、国立西洋美術館をはじめ、各省庁の研究所など八四の事務事業が整理統合され、五七の独立行政法人が誕生した。

四月二六日に小泉内閣が誕生し、そのリーダーシップの下に、経済財政諮問会議が活発に動き出した。こうした動きに合せて、国大協は、パンフレット・「日本の将来と国立大学の役割」を緊急発刊し（五月一日）、国立大学の存在意義や役割を広報するため各方面に配布した。

一方五月一一日、第一五一回国会参議院本会議において、「徹底的に競争原理を導入するのであれば、中途半端な法人化よりも、思い切って国立大学の民営化を目指すべきだとも言えます。総理、どのようにお考えでしょうか」という議員の質問に対して、小泉首相は、「議員は思い切って国立大学の民営化を目指すべきだというご指摘でありますが、私はこれには賛成であります。国立大学でも民営化できるところは民営化する、地方に譲るべきものは地方に譲るという、こういう視点が大事だというように私は思っております」と答弁した。

こうした雰囲気の中、国立大学独法化に向け、経済財政諮問会議でも文科省に圧力を高めていった。そうした動きに対応するため、六月一一日の第一〇回諮問会議で、遠山敦子文部科学大臣は、活力に富み国際競争力のある国公私立大学づくりの一環として、「大学（国立大学）の構造改革の方針」（仮称：遠山プラン）及び「大学を起点とする日本経済活性化のための構造改革プラン」の二つの資料をもって文科省の考えを説明した。国大協総会の前日のことである。

諮問会議では厳しい発言もあったが、「知的なものに対する資源投資を日本では余り行われていない。そういうことを視野において、『遠山プラン』を推進していきたい」との発言もあり、おおむね前向きに評価された。

（三）遠山プランとは

遠山文科大臣が提出した、「大学（国立大学）の構造改革の方針」は「遠山プラン」と言われるもので、その内容は、以下のものである。

一、国立大学の再編・統合を大胆に進める。
○各大学や分野ごとの状況を踏まえ再編・統合
・教員養成系など↓規模の縮小・再編（地方移管等も検討）
・単科大（医科大など）↓他大学との統合等（同上）
・県域を越えた大学・学部間の再編・統合など
○国立大学の数の大幅な削減を目指す
　↓スクラップ・アンド・ビルドで活性化
二、国立大学に民間的発想の経営手法を導入する。
○大学役員や経営組織に外部の専門家を登用
○経営責任の明確化により機動的・戦略的に大学を運営
○能力主義・業績主義に立った新しい人事システムを導入
○国立大学の機能の一部を分離・独立（独立採算制を導入）
・附属学校、ビジネススクール等から対象を検討

↓新しい「国立大学法人」に早期移行
三、大学に第三者評価による競争原理を導入する。
○専門家・民間人が参画する第三者評価システムを導入
・「大学評価・学位授与機構」等を活用
○評価結果を学生・企業・助成団体など国民、社会に全面公開
○評価結果に応じて資金を重点配分
○国公私を通じた競争的資金を拡充
↓国公私「トップ三〇」を世界最高水準に育成

(四) 閣議決定「骨太の方針」

六月二一日の経済財政諮問会議は「今後の経済財政運営及び経済社会の構造に関する基本方針」(いわゆる骨太の方針)を答申。六月二六日にその内容が閣議決定された。その中には、民営化も含む国立大学の法人化を示唆した次のような一文も含まれている。

・医療、介護、福祉、教育など従来主として公的ないしは非営利の主体によって供給されてきた分野に競争原理を導入する。国際競争力のある大学づくりを目指し、民営化を含め、国立大学に民間的発想の経営手法を導入する。
・経済社会が大きく変貌し、ＩＴを始め、技術革新も急速な進展を見せるなか、労働力には、柔軟で質の高

い技術、能力が備わっている必要がある。このため、教育全般について、そのあり方を検討する必要がある。
特に国立大学については、法人化して、自主性を高めるとともに、大学運営に外部専門家の参加を得、民営化を含め民間的発想の経営手法を導入し国際競争力のある大学を目指す。

ちなみに、わずか半年前の一二月一日の行政改革大綱では、「国立大学および大学共同利用機関等の独立行政法人化については、平成一五年までに結論を得ることとする」とされていたが、この閣議決定では、「国立大学については法人化して……」と法人化することが既定の事実とされている。

そこには、新たに政権を担った首相の強引な政治力のもとで、経済財政諮問会議が次々と重要な政策決定を行なうなど、加速された新自由主義的政治手法の積極的展開の様子が窺われる。今日につづく官邸主導の政治の始まりである。

これらの諸状況からすると、「遠山プラン」も、文科省が経済財政諮問会議の強い圧力に抗しきれず作成したとしても、当初の「反対」姿勢をかなぐり捨て、先の閣議決定や文科省の調査検討会議での審議状況を無視して、法人化を既定の方針として打ち出したことは不条理・拙速の誹りを免れず、何より国立大学の設置主体者として、文科省の責任が問われなければならない。

三　「遠山プラン」の提案と論議

経済財政諮問会議で示された、いわゆる「遠山プラン」は、翌六月一二、一三日開催の第一〇八回国大協総会と一四日開催の国立大学長等会議で説明された。

（一）第一〇八回国大協総会

総会では、経済財政諮問会議（第一〇回）に提出された資料「大学（国立大学）の構造改革の方針」（仮称：遠山プラン）及び「大学を起点とする日本経済活性化のための構造改革プラン」を下に清水潔審議官から同プランを取りまとめるに至った背景について説明があり、それをめぐってさまざまな発言があった。その一部を紹介すれば、次のようである。

◇「県域を越えた大学・学部間の再編・統合」と「国立大学の数の大幅な削減を目指す」とあるが、これが一県一国立大学を崩すということであれば、地方切り捨てにつながり、地方の衰退は必至である。国際競争力を高めるためにも、国民生活の基盤の維持、地域の活性化が長い目で見ると大切である。その意味でこのプランには問題がある。また、文部科学委員会で「新しい『国立大学法人』に早期移行」とあるが、早期移行は、選択肢の一つという意味かとの質問にたいして、文科大臣は「検討の立場において、いろいろな選択肢がありうることを当然視野に入れながら検討することを期待する」と答えた。国立大学法人が今後、大学の再編・統合を行うにしても単に数を減らすだけでなく、二一世紀における高等教育がいかにあるべきかのビジョンが前提としてあるべきと思う。文科省として何らかの具体案を持っているのか。

◇「構造改革の方針」には、日本の産業、経済を重視するあまり、もう一方の文化への意識が希薄のように見える。文化を支え、創りだす大学の役割や価値を、今回の改革の中でどう位置づけるのか。

◇「構造改革の方針」では、これまで国大協が議論してきた国立大学法人の枠組みとは違うカテゴリーの地方移管が示されている。総会終了後の会長記者会見では、この点について何らかのコメントが必要である。

◇会長記者会見の際のコメントとしては、「構造改革の方針」を真摯に受け止めるだけでは弱いのではないか。地方の切り捨てにつながること、「国立大学法人」の中身が明確でないので慎重に対処しなければならないこと、トップ三〇は企業側から見たそれであり、文化の面、社会的インフラとしての問題点があるなど、強く指摘すべきである。

◇「遠山プラン」は、もっぱら経済とか産業の構造改革の視点から論じられていて、バランスを欠き遺憾であるとコメントして欲しい。

◇「国立大学の数の大幅な削減を目指す」に対しては、国大協として絶対反対しなければいけない。これが地方国立大学の切捨てにつながらないようコメントして欲しい。

◇国立大学の八割は地方大学であり、これまで地域の発展を支える核として役割を果たしてきたし、今後も地域に不可欠な存在として価値が大きいことを是非、認識し強調して欲しい。

まさに、疑念と危惧に満ちた、厳しい指摘や批判の続出であった。これらの発言から、「遠山プラン」は、とくに次の諸点が問題視されていることが明らかになった。

①　一県一国立大学が果たしてきた役割を検証することなく、一方的にこの制度を廃止するとは、あまりにも独断的すぎるのではないか、

②　調査検討会議で独法化するかどうかの検討を行っているさ中に、当事者である文科省が「早期に独法化

する」とは、理不尽な話である、

③　大学の教育研究の本質を考慮することなく、第三者評価による競争原理の導入は、理解に苦しむ。

（二）国立大学長等会議

国大協総会の翌一四日、国立大学長等会議が開かれ、小泉内閣のもとに就任した遠山文部科学大臣の挨拶があり、所見が述べられた。

内容は、主として「遠山プラン」の提出に関する説明であった。そこではとくに、「本来ならば、まず学長に示した上でと思っていたが、経済財政諮問会議が大変なスピードで『骨太の方針』を固めつつある状況を踏まえ、文科省の責任において『大学の構造改革の方針』を明らかにした。その背後に国立大学への厳しい目が注がれていることを想起して頂きたい」といった、もっぱら釈明調の説明であった。

また、同時に提出された、「大学を起点とする日本経済活性化のための構造改革プラン」については、今後、政府の産業構造改革・雇用対策本部等の場で具体的に説明していくつもりだが、そこでは、大学を核とした改革の柱として、「世界最高水準の大学作り」、「人材大国の創造」、「都市・地域の再生」を掲げて、改革の方向性と具体的な施策を骨子としたこと、などとの説明がなされた。

「改革プラン」にみられる、国立大学に向けられた、到底容認しがたい内容は、当時の諸状況をみると、おそらく経済財政諮問会議からの、強い政治的圧力によるものと思われるが、そこには政府内での文科省の立ち位置の弱さとともに、国大協自体の対応力の不十分さにも問題があったとみなければならない。

(三)遠山プランを読み解く

「遠山プラン」は、すでに述べたように、経済財政諮問会議が「今後の経済財政運営及び経済社会の構造改革に関する基本方針」(いわゆる「骨太の方針」)を取りまとめるに当たり、その政策パッケージとして、これからの大学(国立大学)改革の基本的な方向を提示したものである。その核心部は、国立大学の再編・統合、国立大学の法人化、第三者評価による競争原理の導入の三点である。

この方針は、一九八〇年代から日本の経済界を席巻していた新自由主義路線が、ついに国立大学の改革にも本格的に押し寄せて来たことを予感させる。

第一に掲げている大学の再編・統合は、現実にはさまざまな問題と欠陥を含んでいるにも拘らず、その点については何の考慮も払われていない。例えば、再編・統合によって大学が地域から消えることは、地域住民にとって子弟の教育機会と人材育成の場を奪うことになり、教育の機会均等を損なうことを意味する。

また、再編・統合は、大学の数の削減自体を目的とするものではないといいながら、一方では、すでに国家公務員の定員削減について、今後一〇年間で一〇%の削減を行い、さらに独立行政法人化等により二五%の削減を行うことが閣議決定されていることから、そこには大きな矛盾がある。

第二に、国立大学の法人化は、大学の自主性・自律性を拡大し、優れた教育や研究の展開を目指し、国立大学本来の機能を充実させるためのものとしながら、他方では、「改革サイクル」という、長期的な視野からの教育研究の重要性や学問の自由とは相容れない仕組みがもつ問題の重大性には全く触れていない。

独立行政法人制度が、新自由主義的発想から、競争原理を駆動力とし、目標・計画—業務実施—成果・実績

―評価―資源配分という「改革サイクル」を通じた「目標管理システム」を制度上の標準装備とする仕組みから、いわれるような「自主性・自律性」の拡大や、「自由度の増大」などの言説はあまりにも皮相である。大学が法人格をもつ場合でも、さまざまなパターンがありうるが、外国の例を見ても、事前、事後の評価を次期の予算配分にリンクさせたり、法人組織の存廃を決めたりするような仕組みはない。

第三に、教育・研究の水準を向上させるには、競争的環境を醸成し、国公私を通じた大学間の競い合いをより活発化することが重要だとしているが、これは自由に競争させれば成果が上がるという市場競争原理からの発想であろう。しかし、教育・研究への競争原理の全面的適用は、大学のあり方に関わる本質とは対極にあることを知らなければならない。例えば、大学が、一義的に効率性を求め、競争的環境の中で、過度の成果主義に捉われれば、組織的にも個人的にも比較的短期間で成果が得られる研究テーマにシフトされ、資源もそこに集中しがちになる。その結果、地味で長期にわたるが重要な基礎研究、あるいは資金の獲得が困難な基礎科学や文化・芸術系などの分野が軽視され、人類社会の多様で持続的な発展可能性に資する教育研究が衰退することになる。また、同じ国立大学でも、旧帝大と地方国立大とは、競争条件が全く異なっており、不公平な競争を強いられる地方大学は衰退の一途をたどることになろう。

四　設置形態検討特別委員会報告「法人化の基本的考え方・枠組み」をめぐって

二〇〇〇年一一月一五・一六日開催の第一〇七回国大協総会で、設置形態検討特別委員会（七月一日発足）は、検討状況の報告を行い、そこでの意見を踏まえ、二〇〇一年二月七日に「国立大学法人の枠組みについての試案」（いわゆる「長尾私案」）をまとめ、各国立大学長に送付した。その内容は、一五項目にわたっているが、基本は「独立行政法人の基本的枠組を参考にして」とあるように、独立行政法人通則法を骨格としたものである。その中でも、とくに注目すべきは、9項目めの「大学の中期的な目標とその目標達成のための具体的な計画は、数年の期間について、主務省と協議して大学が決定する」である。中期目標期間を数年とし、大学が決定するということであれば、独法の改革サイクルの一部が変更されたことになる。

翌〇一年五月二一日、特別委員会は「国立大学の法人化についての基本的考え方（案）」および「国立大学法人化の枠組」（案）の二つの文書を取りまとめた。六月一日開催の理事会でこの「まとめ（案）」を審議のうえ、委員会報告として、総会に付議することを了承した。また、国大協総会に先立つ六月八日、長尾真会長及び常置委員会委員長等が町村文部科学大臣と面談し、国立大学の法人化について、国立大学としての検討状況を説明しており、すでにこの段階で、国大協執行部と文科省は法人化に向け、足並みがそろっていたとみることができる。

六月一二・一三日に開催の第一〇八回国大協総会では、主として、前記の委員長報告をめぐって議論が交わされた。前もって配布されていた、二つの文書については、後述の学長研修会参加の佐藤博明静岡大学長他二一名の学長が連名した文書（六月一二日付）で、以下の観点に関して疑義と意見を提出していた。すなわち、「基本的考え方」に関しては、〈高等教育に対する国の財政的責任〉と〈大学の自主性・自律性〉および〈社会に開かれた大学〉の三点、また「国立大学法人化の枠組」に関しては、〈法人化の方法〉をはじめ、〈中期目標・計画の策定〉、〈評価結果の予算配分への反映〉、〈基盤的教育研究経費の算定〉、〈運営費交付金の構成〉、〈会計基準〉など二一項目である。

いずれも、国立大学法人の制度設計の基幹部分と法人化後の事態に関わる重要な論点である。とくに〈大学の自主性・自律性〉は、大学運営の生命線として、制度設計の各般にわたっていかに貫かれ、具現化されるかである。また〈中期目標・計画の策定〉については、大学業務の意思決定と執行の根幹に関わる問題とし、国の過度な関与によって、実質的に大学の自主性・自律性が損なわれないよう配慮すべきと求めている。また評価結果を「政策的」運営費交付金に反映させることに疑義を示した上で、評価によって予算の傾斜配分を行なわないよう求めるなどである。

総会では、特別委員会からの報告をめぐって厳しい議論が交わされた。

まず、「基本的考え方」については、「法人化が、高等教育および学術研究に対する国の財政的責任の放棄であってはならず、これを維持し、より拡大すること」、「国立大学が公的負担により運営されていることを自覚し、社会の期待に応え社会の理解を深めるよう、最大限の努力をすべきである」、「さまざまな制約を解除し、教育研究の発展のために大学の自主性・自律性を拡大するものでなければならない」などの意見である。

また「枠組」については、「これは通則法と変わりない制度である」、「目標評価は事前チェックから外すべきである」、「単年度会計の弊害は必ずしも国立大の問題ではない」、「国立大学の大学種別化を進めつつ、斉一的に競争させることには矛盾がある」等々である。

同様に、他の会員からも、「この報告に述べられている中期目標の指示、中期計画の認可、教育研究の評価、運営費交付金の算定・交付という一連の仕組みは、自主・自律に縛りをかけるものだ」、「基本的には、通則法と変わらない」、「了承はできない。これだけ多くの意見、注文があるのだから再検討すべきだ」など厳しい意見が続出した。

しかし他方、「この報告を設置形態検討特別委員会の名で公表することを総会として了承してはどうか」、「今後の法人化の議論の展開を考えても総会として報告書を受理すべきである」など、受理・容認を主張する意見もあった。

最後に、会長は、特別委員会の二つの報告について総会での了承を求めたが、これには了承や受理はあり得えないという意見が多く、紛糾した。だが、さまざまな意見が出された末、総会としては、会長が設置形態検討特別委員会の報告を「受け取った」という趣旨で記者会見に臨むことを了解した。

しかし、翌日の新聞では、国大協が報告書を「了承」したと報じられ、これを見て皆驚いた。それが報道通りであれば、会長の「受け取った」とした発言を記者が「受理・了承した」と解して報道したのか、それとも会長が「了承した」と話したのであれば、会長自らがある種の政治的意図をもって行った発言なのかである。いずれにせよ、極めてミステリアスな一場面である。とはいえ、こうした事態は、国大協自身が、法人化問題について国立大学全体の総意を取りまとめ、これに的確に対応しきれなかった、組織上の弱点を露呈した結果でもある。

五　地方国立大学長「国立大学地域交流ネットワーク構築」の提言

（一）提言の経緯

一九九八年から九九年にかけて文科省が着々と独法化への地ならしを進めている一方で、国大協はとくに有効な対策がとれないでいる間、旧帝大の間では副学長会議が定期的に持たれ、そこに文部省の高官が出席していたという情報が広がった。こうした雰囲気に懸念をもった地方国立大学の学長有志が、現下の情報を把握、共有し、意見交換を行おうとして、〇〇年二月二七日、都内で第一回の学長研修会を開いた。筆者がたまたま言い出したこともあって、代表を務めることになった。研修会では、活発な議論が交わされ、そこでの意見を、二三名の学長連名の文書「国大協会長への申し入れ」としてまとめ、直後の三月六日に佐藤静大学長とともに東大総長室に訪れ、蓮實国大協会長に手渡し懇談した。

引き続き、同年三月一八日に、第二回学長研修会を開催した。近く自民党が動くという情報があったので、要望事項を検討するためである。そこでの議論を、国立大学学長有志四四名による文書「地方都市に位置する国立大学の在り方について（要望）」として取りまとめ、自民党文教部会主査と同教育改革実施本部長宛に提出した。要望書は、地方に所在する国立大学が、これまでわが国の基盤を支える地域の発展に深くかかわり、貢献してきた事実から、今後さらに国策としてこれを育成することを強く要望するものであった。

五月二一日に開催した第三回学長研修会には、三二名の学長が参加した。そこでの議論を「国立大学の法人化に対する意見表明」にまとめ、これを中曽根文部大臣並びに「今後の国立大学等の在り方に関する懇談会（いわゆる賢人会）」に提出した。その内容は、①まず設置形態の変更ありきに反対である、②国土の均衡ある発展を図るには、地方国立大学の役割の維持強化は欠かせない、③現状より後退する可能性のある制度設計については再考すべきである、などである。

〇〇年六月に国大協は「設置形態検討特別委員会」、七月に、文科省は「国立大学等の独立行政法人化に関する調査検討会議」と、相次いで設置・発足したこともあり、しばらく法人化をめぐる検討の様子をみることにし、研修会は暫時休止した。

しかし、〇一年二月七日に国大協特別委員会の中間報告として長尾私案、引き続き九月二七日には文科省設置形態検討調査検討会議の中間報告が出され、「遠山プラン」に沿った法人化の検討に拍車がかかるに及んで、国主導で進められる国立大学法人化の動きに、受身で意見を述べるだけでは限界がある。これを打破するには、自ら国立大学の在り方についてのグランドデザインを国民に示し、理解を求めるべく、何らかの提言をする必要を強く感じた。

「提言」は、世話人事務局がまとめた原案を、第四回研修会（〇一年七月一五日）に提出し、そこでの意見を組み入れて決定した。その原点は、筆者が鹿児島大学長に就任して間もなく、地域社会とのさまざまな連携・交流の中で、地域に解決すべき課題が多いことと、逆に大学が地域から学ぶべき課題の多いことに気づかされたことであった。それは、相互の連携・協力による地域と大学の活性化が、地域創生の活力を国全体のイノベイティブな発展につなげる可能性があることを実感したことにあった。

地域社会の課題と向き合う、教育と学術研究に基盤を置く大学改革を主意とした「国立大学地域交流ネットワーク構築の提言―地方国立大学と地域社会の活性化のために―」を、地方国立大学長二八名連名の「提言」として、九月一一日、文科省に提出し、同時に、配布した他の学長からも多く賛同の声が寄せられた。

その後一〇月一九日に、文科省記者クラブで、この「提言」を発表した。マスコミからの参加者は二二名にTV二台、会を代表して三名の学長が出席した。質問には「競争原理だけでは、有効に機能することはできないのか」、「一県一国立大は文科省の方針と相反するが、アンチテーゼなのか」、「地域との交流とは具体的にはどんなことか」、「地域との交流の現状はどうか」、「八名が名前を出していないがその理由は何か」、「遠山プランが出た後にこれを出した理由は何か」などであった。

(二)「提言」の背景と趣旨

「提言」には、現在の社会がおかれている背景として、「二一世紀前半、国際社会においては、世界経済・環境・エネルギーその他あらゆる面において急速なグローバル化が進行し、二〇世紀の世界システムは大きく変貌する。これに伴い、日本の地域社会は、産業構造上も社会構造上も地球的規模の激しい変貌の下に置かれる。各地域社会は、そこに地球的規模の諸問題が集約的に現れる、いわば《グローバルな問題のローカルな現場》として、それら諸問題の共同解決を迫られる。しかも、それら地域社会の諸問題の解決なくして日本の活性化はあり得ない」と位置づけている。

そして、「このような状況にあって、地方国立大学と地域社会に求められているのは、それらさまざまな経済的・社会的変動に対する柔軟な適応力、地域現場の困難な問題の中から新しい社会を現実的にしかも創造的に切り開きうる多様な構想力などを、大学と地域社会が協力して培うことである」として、次の二つの柱を提言した。

第一の柱は、国立大と地域社会の間に、全面的・根本的な交流関係を築き、両者の総合的・相乗的な活性化を図り、現場に生起する問題を共有し共同解決をはかるため、各大学は、地域社会の《現場》に赴き、あらゆる面で《地域社会との問題の共有および共同解決》を図ることで、地域社会の活性化に寄与することである。逆に各大学は、これにより、地域現場がかかえる多様で複雑な諸問題に深く学び、それらを教育・研究に生かし、大学の活性化を図る。

第二の柱は、両者の総合的・相乗的な活性化の関係を、一大学に閉じずに、全国的規模で結合する《国立大学地域交流ネットワーク》として構築する。これによって、一地域・一大学の活性化を広く全国に伝え、他の地域や大学の活性化を促すことで、全国的規模の相互媒介的活性化が可能となる。また、一地域・一大学で解決不可能な問題は、地域交流センターを通じて互いに情報を交換し、その時々の問題状況に応じて相互補完的に役割を分担し合いながら、ネットワーク全体で共同解決する。これにより、問題解決の水準とスピードと効率性は全国的規模で飛躍的に向上し、二一世紀の地球的規模の課題に的確・迅速に対応できる。

(三) シナジー効果

さらに「提言」は、大学における教育研究の面でみても、そのシナジー効果は計り知れないとして次の三点を挙げている。

第一に、教師も学生も、地域社会との問題の共同探究・共同解決を通して、

①異分野交流が促進され、各人の専門分野における問題意識は拡大・深化される。

②地域現場の問題の多様性・複雑性を学ぶことにより、各人の知識と教養、適応能力は多様化・複雑化され、学際化・総合化・マルチタスク化が促進される。

③こうして、大学と地域社会とは、組織的にも個人的にも、二一世紀の地球的規模の経済的・社会的変動に対する柔軟で現実的な適応力と構想力を獲得する。

第二に、各大学に設置した「地域交流センター」を介し、「全国の地域社会と大学の間で、基礎科学や先端科学を含む科学上の最新情報や興味深い情報を、対等な立場で、双方向的な情報交換や対話によって、地域産業の発展や起業ベンチャーへの確かな動機付けとなるなど、《アイディア開発と雇用創出の場》を定常的に提供することになる。このような情報提供の場の形成は、首都圏一極集中の下で生じる、情報格差による競争関係の一方的展開に対して、地域社会を守る役割を担うものとして、地方国立大学の存在感と使命が輝きを増す。」としている。

第三に、「現在、ＩＴ革命が叫ばれているが、その成否は、

①コンテンツが日常生活に密着していること、また単に経費節約的でなく、新しい時代を切り開く知的文化的価値を含んでいること、

②双方向性を有効に活用しうること、

の二点に懸かっている。これら二点において、このネットワークの構築こそ最も公共性と将来性に富んだ事業と考えられる」としている。そして、ネットワーク成立の条件として

①基本的に協力原理に基づくこと、

②日本の地域社会全体の問題をネットワーク全体で共同解決するものとして、国立大学のネットワーク化であるべきこと。

を挙げている。そして、「このネットワークは、全国的に張り巡らされた《知的協力ネットワーク》として、また《知的セーフティネット》として、日本の地域社会全体を支え活性化することができる。それは真の意味での『国力』の基礎となるであろう。」と結んでいる。

今日、日本社会が解決を迫られている中心問題は、《いかにして変化に強く、強靭な社会を形成するか》にある。このネットワークは、変化の中で弱体化した地域社会を淘汰するのではなく、逆にその相互活性化作用によってよみがえり、日本の地域社会全体を再活性化することができる。この意味において、ネットワークは《知的セーフティネット》の役割を果たすとともに、大学間、地域間で築かれた連携力が、真の意味での《国力の基礎》となるはずである。

このネットワークの構築は、競争原理が駆動する独法制度とは異なり、協力・協働原理に基づく大学機能の展開として、独法化に対抗しうる大学改革案として現実的な意味をもつ。この点に、ネットワーク構想のリアリティがある。

第五節　「新しい『国立大学法人』像について」（中間報告）

一　「中間報告」をめぐって

国大協は、設置形態検討特別委員会の報告を審議した第一〇八回国大協総会の後、二〇〇一年七月五日、急遽、臨時理事会を開き、状況の変化に対応して、新しい視点から当面する諸課題に柔軟かつ機動的に対処するため、理事会の中に「将来構想ワーキング・グループ」（以下「理事会ＷＧ」）をおくこととした。

そこでの主な検討事項は、「大学（国立大学）の構造改革の方針」（遠山プラン）」、「政策的な見地からの国立大学法人化問題」、「国立大学協会の在り方」についてである。理事会ＷＧは、松尾名古屋大学長を座長に八人のメンバーからなり、七月一二日を初回に、一〇月二五日の最終回まで都合八回にわたって開かれた。問題の「中間報告」が出されたのは、五回目の理事会ＷＧ（九月一二日）の、約二週間後の九月二七日であり、しかもこの同じ日に国大協理事会が開かれた。

その一ヶ月後の一〇月二九日に国大協臨時総会が開かれ、公表された「新しい『国立大学法人』像について」（中間報告）に対する国大協の見解として、「新しい『国立大学法人像』（中間報告）に対する意見」が提案された。その主な内容は、「大学の裁量性や創意工夫の余地を拡大する点で、国立大学法人化のありうべき方向を示すものとして評価することができる」としながらも、検討を要するいくつかの重要な問題点として、次の三点を挙げている。

①法人化の前提となるべき財政的基盤に問題がある。
②「中間報告」による法人化によって、本当に国立大学の自主・自律性と自己責任を樹立することになるか、懸

念すべき点が少なくない。とくに目標・評価の仕組みや人事の仕組みなどについて、学術研究と高等教育の特性の観点からさらに配慮していく必要がある。

③「中間報告」の両論併記や意識的に抽象的に書かれている未決着部分の扱いに検討の余地がある。

これらを前提に、「中間報告」の具体的な項目にわたって検討し「最終報告」に向け要望を挙げている。その主な視点に次のものがある。

・国と大学の関係は、基本的には、行政的な上下の直接管理から、国が国立大学法人の計画に従ってその達成度を事後的に問う間接管理へと移るべきであるとの点を明確にした上で、これを目標評価システムの設計などにつなげると共に、「自主性・自律性」を論じる際にも、国の管理を最小化するといった観点が必要である。

・「審議機関」に「運営協議会」と「評議会」置き、「経営」と「教学」を切り分けるにしても、「経営」事項でも教育に影響するものは「評議会」の審議事項として取り扱うべきである。また、「運営協議会」が「経営」事項として審議する事項は、明確に列挙し特定すべきである。

・中期目標の「策定」にあたって、目標評価の具体的システムが、本当に大学の学術研究と高等教育等の業務にふさわしいものになっていなければならない。「中期目標」は各大学が「作成」し、文部科学大臣が「認可」するという方式を採用すべきである。「中期目標」を大臣が「策定」してしまっては、個性化や競争、自主性や自己責任ということが阻害されてしまう。

・法令・予算措置という国の行為を伴う以上は、文部科学大臣による各大学の「中期目標」「中期計画」の「認可」はやむをえない。しかし、「認可」は、国の法令・予算行為を伴うかぎりで行われるべきであって、それ以外とはっきり分けないと、「大学としての基本的な理念・目標」まで文部科学大臣の「認可」を得なければならないという、およそ他に類を見ないぶざまな制度になってしまう。

・目標において、研究の特定領域や教育方針や地域貢献における実績を正当に評価し、その特徴を伸ばしていけるよう、多元的な評価基準について明確にすべきであろう。また年度ごとに実績評価を行うことは大学にも国立大学評価委員会にも負担になると懸念されるため、年度ごとの実績については、「報告」にとどめるべきである。

・学長は「評議会」で選考する。「評議会」による選考は、学内者と学外者からなる「候補者推薦委員会」の推薦する数名の候補者について行う。

・「中間報告」では標準運営費交付金についてまだ不明な点が多いが、大学運営にとって重要な基盤的経費を含め、全体のパイ（国費投入の総額）を現状より相当程度大きくすることが不可欠である。

総会で審議の結果、「中間報告」に対する国大協の見解として、「新しい『国立大学法人』像（中間報告）に対する意見」を文科省に提出することになった。

これら国大協の見解とは別に、理事会WGは、「中間報告」に書かれている事項の検討に集中することになった。その結果は理事会で取りまとめられ、〇一年一二月一〇日、「新しい『国立大学法人』像（中間報告）に対する提言」として、文科省工藤高等教育局長宛に提出された。

「提言」は、冒頭で、「中間報告は、国立大学ひいてはわが国の高等教育と学術研究の将来の発展に、決定的な影響を与えることから、今般、国大協独自の立場から鋭意審議し、提言を取りまとめたので、文科省が今後の制度設計においてこれを十分参考にされるよう要望する」と、その趣旨を述べている。五項目にわたる「提言」の主な内容は、次のとおりである。

①役員および管理運営
・法人の役員は学長、副学長、他の役員および監事とする。
・学長は法人を代表し、業務を総理し、最終的な意思決定を行う。また、学長は法人の申出により文部科学大臣が任命する。
・副学長は学長が任命し、学長の定めるところにより、法人を代表する学長を補佐し、業務の一部を分担する。
・監事は法人の業務について監査を行ない、監査の結果、必要があると認めるときは学長または文部科学大臣に意見を提出する。監事は、文部科学大臣が任命し、うち少なくとも一人については、大学運営に高い見識を有する者のうちから法人の推薦に基づき文部科学大臣が任命する。
②国のグランドデザインと大学の長期目標
・国のグランドデザインは学術研究の長期的、普遍的、理念的な目標を内容とする。
・大学の長期目標設定の前提となりうる説得的なグランドデザインとし、長期目標を踏まえて各大学が中期目標・計画を策定する。
③国立大学評価委員会（仮称）の役割と構成

・中期目標・計画の意見表明にあたっては、当該大学の意向を尊重したものかを確認する。また、その水準等が、過去の実績や将来構想等に照らして妥当かについて意見を述べる。なお、運営費交付金が配分ルールを満たしているか、政策的（競争的）経費の配分が評価を適切に反映しているか確認する。
・総合的評価にあたっては、中期目標の達成度、教育研究活動の遂行状況、および会計情報を活用した業務の執行状況について行なう。教育研究活動等については、大学評価・学位授与機構の評価結果を尊重する。なお、自己点検評価においては、第三者評価機関の専門的な評価を積極的に活用して評価の信頼性を高める。また、国立大学評価委員会および大学評価・学位授与機構は、第三者評価機関の評価結果を含め、多軸的、多面的に評価を行なう。
・年度の実績評価は、国立大学評価委員会に各大学が業務の執行状況を報告するにとどめる。

④学長選考及び教職員の身分等

学長の資格は、研究教育に高い見識を有することを基本とし、併せて法人運営の責任者として優れた経営能力を有している者が望ましい。選考に当たっては、大学構成員の自律的意思を尊重しつつ学外者の意見を適切に反映させる。なお、選考方法は、大学の特性に応じて異なり、社会へのアカウンタビリティを重視し、大学ごとに定める。

教員の身分は公務員型とするか非公務員型とするかは残された問題であるが、教育研究および人事についての各大学の自主性・自律性や円滑な人事交流等に留意する必要がある。

⑤法人の財務と会計基準

〈運営費交付金等〉

（標準運営費交付金）：大学の教育研究を中長期的かつ安定的に維持するための経常的・基盤的経費であることから評価とリンクさせないものとして措置する。その場合、「外形標準」とされるものの要素・項目等を明確にするとともに、運営費交付金全体の相当部分を占めるよう配慮する。

（特定運営費交付金）：大学の個性ある発展を促進するため、適切な評価指標に基づき措置する。その場合、大学の中期目標・計画に沿った主活動の自主性・自律性を損なわないよう配慮する。

（剰余金および外部資金）：中期計画期間終了時の剰余金相当額を次期中期計画の運営費交付金から減額させない。また、各種外部資金は、運営費交付金の算定には反映させず、別枠の自己収入として経理する。これらは大学の自己努力のインセンティブを高める必要不可欠な措置である。

〈大学法人の会計基準〉

大学は、教育研究および地域社会へのサービスを行なう主体であることから、企業会計の方式をそのまま適用することは不適切である。公的な財政措置に伴う説明責任や財務の透明性を適切に果たしうる形で、会計システムの構築が図られなければならない。

この「提言」の三ヶ月後、文部省から調査検討会議の「最終報告」が提示された。

二　目標評価委員会での審議の在り方

前述のように、筆者は、調査検討会議・目標評価委員会（第一回二〇〇〇年八月一六日〜第一一回〇一年六月二〇日）に属し、国立大学法人の制度設計の検討に参加した。そこでの審議状況の一端を紹介すると、およそ次のようである。

つまり、調査検討会議の中間報告が作成される過程で、どのような審議がなされたかだが、会議は、各委員がそれぞれ自由に発言することはできたものの、ある一つのテーマに絞って、集中して議論を深めることはほとんどなかった。各委員が、思い思いの意見を開陳するだけで、さまざまな意見をかみ合わせて議論を深め、合意形成を図りつつ、結論を引出していくという、会議の通常の進め方とはほど遠いものであった。したがって、議論の内容は独立行政法人通則法の枠を超えることはできず、教育・研究の質を高める議論は行われても、ごく限られたものでしかなかった。結果として、現行制度より自主・自律性が制限され、規制強化がより強いものとなった。高等教育・学術研究に関する本質論はほとんどなく、またわずかに期待された特例法も夢に終った。会議が終わると、担当者三名（国立大教官二名、産業界委員一名）が、文部科学省・事務局の幹部とまとめの原案を作成し、それが次回の会議の資料になるといった状況であった。

この間、筆者が会議で主張した主な点を挙げると、次のようである。

- 企画立案機能と実施機能の分離は、高等教育・学術研究に適用できる制度ではない。中期目標・計画の設定は、教育・研究の本質に照らして問題が多い。
- 教育・研究は、大学の外から管理されてはならない部分である。
- 大学が基本的計画を策定することは当然として、それに基づく業績結果が評価を受け、資源配分に結び付くことが問題だ。
- 評価委員会は、公平で十分な機能を果たせるのか？
- 独法化の論理では、文科省が定め、指示した目標に大学が従ったかどうかがチェックされ、大学の教育・研究の自由を明らかに侵すことになる。独立行政法人通則法の枠組みでの、教育・研究の評価はあってはならない。

・大学外からの五年後の方向性や目標の決定は、内発的創造性を硬直化させる。

・そもそも能力の開発や人格形成など、教育は数値化できない。

・社会が激しく変化する中での、中期目標・計画の作業は煩雑で無意味だ。

・授業開講権や国際的サイテーションは、評価尺度として問題が多い。

・イメージ例について、改革サイクルの中でとらえるべきだ。目標・計画への、主務大臣の関与は避けるべきだ。

・アカウンタビリティのための評価は、大学評価・学位授与機構の評価によるべきだ。

・目標管理システムの枠組みを認める場合でも、予算の根拠としての必要な事項に限るべきだ。

・教育・研究が、とくに外部からの財政力でコントロールされることはあってはならない。

・物質的インセンティブとしての報酬目当てでは、長期的には成果が下がる。

・独立行政法人の仕組みは、教育研究を阻害するので、賛成できない。

目標評価委員会は、第一一回が最後となった。最後に、座長から、「本委員会の仕事は完成に近いと感じる。討議の結果を『目標評価に関する検討の方向（案）』としてまとめたいが、全く違う意見があったので、本文とは別に付帯資料として論点整理で扱わせて頂く。本委員会は、七月二五日に予定されているが、各委員会を通したものを見た上で開催するかどうかを決めたい。意見等があれば事務局へ提出するように」との発言があった。

筆者は、第一一回目標評価委員会に提出された、上記の「検討の方向（案）」についての意見表明の文書を主査あてに届けた。その内容を要約すると次のとおりであった。

「検討の方向（案）」では、大学の教育研究に必要な自主・自律が侵害されること。また一定期間後に教育研究の達成度を指標とする評価が行われ、これが運営費交付金の算定・配分につながるといった問題もある。

そこで、本案に最低限下記の変更が必要であると考える。

・教育・研究の企画立案機能と実施機能とを分離せず、大学は両者を一体として保持する。
・教育・研究の評価は事後評価とする。
・評価結果と運営費交付金等の配分との関係では、教育については原則として適用せず、傾斜配分は行わない。研究については、基盤的研究費を確保した上で、一定部分を傾斜配分とする。
・国立大学のアカウンタビリティと大学活性化のためには、大学評価・学位授与機構が行う評価を用いる。

第六節　「新しい『国立大学法人』像について」（最終報告）をめぐって

一　「最終報告」の内容

二〇〇二年三月二六日、文科省は「新しい『国立大学法人』像について（最終報告）」（以下、「最終報告」）を公表した。本報告の「はじめに」の中に、「独立行政法人制度の下で、大学の特性に配しつつ、国立大学及び大学共同利用機関を法人化する場合の制度の具体的な内容について調査検討を行うことを目的に発足した。」とあるように、国立大学法人化も、あくまで、「独立行政法人制度」の枠内に過ぎないものであった。

本報告の「Ⅰ基本的な考え方」の中には、国立大学の法人化を検討する場合の前提となるべき考え方として、「大学改革の推進」、「国立大学の使命」、「自主性・自律性」が掲げられている。また、法人化を契機に、国立大学がどのように変わるのか、どのような大学を目指すのか、という基本的な視点として、「世界水準の教育研究の展開を目指した個性豊かな大学へ」、「国民や社会へのアカウンタビリティの重視と競争原理の導入」、「経営責任の明確化による機動的・戦略的な大学運営の実現」の三視点を挙げている。

以下では、「最終報告」における《国立大学法人像》について、「II 組織業務」～「V 財務会計制度」の中から、主要と思える内容に絞って紹介する。

(1) 法人の基本

〈法人の単位〉大学ごとに法人格を付与することを原則とする。

〈法人の名称〉「国立大学法人（仮称）」とする。各法人の名称は、従来までの名称、活動実績、経緯等を考慮する。

〈大学の設置者〉大学の運営組織と別に法人としての固有の組織は設けないことを原則とすること、学校教育法上は国を設置者とする。

〈教育研究施設〉大学の附属図書館、附属学校、附属病院、附置研究所等の教育研究施設については、大学に包括されるものとして位置付ける。

〈根拠法〉大学の教育研究の特性を踏まえて各大学に共通して必要な事項と、各国立大学の名称など、個別の大学に関する事項と合わせて規定。

(2) 運営組織

「大学」としての運営組織と別に「法人」としての固有の組織は設けない。「役員」は学長（法人の長）、副学長（複数名）、監事（二名）とする。監事のうち少なくとも一名は、大学運営に高い見識を有する学外者から登用する。

〈役員以外の運営組織〉

○主に教学面に関する重要事項や方針を審議する評議会（仮称）と並んで、主に経営面に関する重要事項や方針を審議する運営協議会（仮称）を設け、そこに相当程度の学外の有識者を参画させる。

○学長は、運営協議会（仮称）の審議と評議会（仮称）の審議を踏まえ、最終的な意思決定を行う。ただし、特定の重要事項については、学長の意思決定に先立ち、役員会（仮）（監事を除く役員（学長・副学長）で構成し、学外者を含む）の議決を経る。

(3) 人事制度

○検討の視点

・法人化のメリットを最大限に活かし弾力的で多様な人事制度を実現する観点から、職員の身分は「非公務員型」とすることが適切である。

○学長の選考方法等

・選考機関における選考を経た後に、文部科学大臣が任命する。

・運営協議会（仮称）及び評議会（仮称）の双方のメンバーの代表から構成される学長選考委員会（仮称）において学長の選考基準、手続きを定め、候補者を選考する。

・選考過程において学内者の意向聴取手続き（投票など）を行う場合、学長選考委員会（仮称）の責任において候補者を絞った上で、学内者の意向聴取手続きを行うさい、投票参加者の範囲を教育研究や大学運営に相当の経験と責任を有する者に限定する。

○任命
・副学長、学部長等の部局長及び教員や教員以外の職員は学長が任免する。
・監事は文部科学大臣が任命、解任する

○その他
・各大学が定める給与基準においては、職員の成果・業績を反映したインセンティブを付与する給与の部分が適切に織り込まれたものとすることが必要である。年俸制の導入など、多様な給与体系を可能とすべきである。
・服務・勤務時間については多様な勤務形態を認めることを可能とする。
・人員（人件費）管理に関しては、短期的な視点でなく、各大学が策定する中長期 的計画に沿って行うことが必要である。

(4) 中期目標・中期計画

〈中期目標・中期計画の期間〉
大学におけるカリキュラム編成の実態や修業年限等を考慮し、六年を原則とする。
〈中期目標〉
○中期目標については、大学の教育研究の自主性・自律性を尊重する観点から、あらかじめ各大学が文部科学大臣に中期目標の原案を提出するとともに、文部科学大臣が、この原案を十分に尊重し、また、大学の教育研究等の特性に配慮して定める。

○中期目標は原則として全学的にわたるもので、主に大きな方向性を示す内容とし、大学運営の基本的な方針や当該大学として重点的に取り組む事項等を中心に記載する。

○具体的に中期目標に記載すべき事項としては、大学の特性を踏まえ、次のとおりとする。

中期目標の期間／大学全体としての基本的な目標／大学の教育研究等の質の向上に関する目標／業務運営の改善及び効率化に関する目標／財務内容の改善に関する目標／社会への説明責任に関する目標／その他の重要目標

〈中期計画〉

○予算の根拠として必要な事項や法令に定める事項の他、大学の社会に対する意思表示として、可能な限り中期目標を実現するための数値目標や目標時期を含む具体的な内容を記載する。

○具体的に中期計画に記載すべき事項としては、大学の特性を踏まえ、次のとおりとする。

大学の教育研究等の質の向上に関する目標を達成するためにとるべき措置／業務運営の改善及び効率化に関する目標を達成するためにとるべき措置／財務内容の改善に関する措置／アカウンタビリティに関する措置／その他の重要目標に関する措置

〈年度計画〉

各大学においては、中期計画に基づき、各事業年度の業務運営に関する計画（年度計画）を定め、これを文部科学大臣に届け出る。

(5) 評価

○文部科学省は、独立行政法人評価委員会とは別に、国立大学評価委員会（仮称）を設け、同委員会が各国立大学法人（仮称）の評価を行う。
○大学評価・学位授与機構は、各大学の自己点検・評価に基づき、主として教育研究に関する事項について専門的な観点から評価を行う。国立大学評価委員会（仮称）は教育研究に関する大学評価・学位授与機構の評価結果を尊重しつつ国立大学法人（仮称）の運営全体に対して総合的な評価を実施する。
〈評価方法〉

　具体的には、国立大学評価委員会（仮称）の評価に先立って、①各大学が中期目標の達成度について自己点検・評価を行い、国立大学評価委員会（仮称）に報告する。②国立大学評価委員会（仮称）は報告されたもののうち、教育研究に関する事項に係る部分の評価を大学評価・学位授与機構に依頼する。③機構は評価を行い、その結果を国立大学評価委員会（仮称）に報告する。

〈評価結果の活用〉

　評価結果を各大学における教育研究等の改善、次期以降の中期目標・中期計画の内容に反映させる。また、評価結果を、次期以降の中期目標期間における運営費交付金等の算定に反映させる。（中略）また、運営費交付金の算定に評価結果を反映するに当たっては、各大学・学部等の理念・目標・特色・条件等を踏まえた弾力的な算定方法の可能性を考慮することとする。

〈各年度の業務の実績に関する評価〉

　各大学は、各事業年度における業務の実績について、主として中期目標達成への事業の進行状況を確認する観点から、国立大学評価委員会（仮称）の評価を受けることとする。

(6) 財務会計制度

〈運営費交付金〉

各大学に対する運営費交付金は、予算配分における透明性の確保や各大学の自主性・自律性の向上の観点、及び、特定の事業等の実施に適切に対応する観点から、学生数等客観的な指標に基づく各大学に共通の算定方式により算出された標準的な収入・支出額の差額（＝標準運営費交付金）と客観的な指標によることが困難な特定の教育研究施設の運営や事業の実施に当たっての所要額（＝特定運営費交付金）を合計したものとする。

〈自己収入の取り扱い〉

自己収入を、通常の業務遂行に伴い収入が必然的に見込めるもの（学生納付金・附属病院収入等）とそれ以外のもの（寄附金等）に区分し、前者は運営費交付金の算出に用いるが、後者は原則として運営費交付金とは別に経理し、運営費交付金の算出に反映させない。

〈学生納付金の取り扱い〉

各大学共通の標準的な額を定めた上で、一定の納付金の額について、国がその範囲を示し、各大学がその範囲内で具体的な額を設定することとする。

〈施設整備費〉

国立大学の施設整備は、国家的な資産を形成するものであり、毎年度国から措置される施設費をもって基本的な財源とするが、財源の多様化や安定的な施設整備、自主性・自律性の向上等の観点から、長期借入金や土地の処分収入その他の自己収入をもって整備することを可能とする。

〈会計基準等〉

　独立行政法人全般へ適用する会計基準については、既に「独立行政法人会計基準」が策定されているが、これを参考としつつ、大学の特性を踏まえた会計基準を検討する。

二　「最終報告」の検討（臨時地区学長会議・設置形態特別委）

　二〇〇二年三月から四月にかけて、地区ごとに臨時地区学長会議が開かれ、「最終報告」の内容について、文科省の担当官から説明を受け、質疑が行われた。

　筆者の属する九州地区国立大学長一同は、三月二七日付で次のような要望書をまとめ国大協会長に提出した。


　「最終報告」は、①基本的な点で独立行政通則法と変わるところがない。②教職員の身分は、非公務員型となっている。③通則法と同様に企画立案機能と実施機能が分離され、前者の優位性が残されている。④大学に対する権限が政府に集中している。⑤競争原理の導入と大学間格差は地方国立大学の力を弱め、立場を不利にする。⑥経営の自由が教学の自由に対して優位に置かれている。⑦法人化への移行時並びに移行後の財政負担は大きい。

　以上から、本制度を国立大学の大学改革に適用してはならない。これらの問題点を文部科学省などに意見表明を行うことを要望する。


　同じ時期、国大協の設置形態検討特別委員会は、「最終報告「新しい『国立大学法人』像について」の検討結果」（二〇〇二年四月一日）を取りまとめた。抜粋すると次のとおりである。

最終報告の法人像は、全体として、国立大学法人法による法人化、国を設置者・経費負担者とすること、大学と法人一体の組織、教学、経営の双方に配慮した運営組織、大学業務の特性を尊重した中期目標・中期計画、外部意見を入れた学長選考制度、さらには柔軟な人事制度等において開かれた自主・自律の責任組織となり、教育研究等は基本的に国の経費で行うとなっており、国立大学におおむね適合的な法人像になっている。また、同時に、「高等教育・学術研究等への効果的で十分な支援について責任が問われる」と国の責任も明示されている。

従って、一部の大学に異論はあるものの、国立大学協会は、最終報告が基本的には国立大学が国民の期待に応えて教育研究等において世界的な競争力をもち、地域に貢献する大学として、飛躍していくための改革案であると受け止める。ただ、問題点や懸念がないということではない。特に職員身分の非公務員型については、環境整備や法的整備などの点で多くの検討課題があり、また、財務会計制度の財政的基盤を確保する方式や運営費交付金の積算・配分方式などが依然不明である。

この検討結果は、独立行政法人通則法と個別法の定める枠を外れた変更は許容されないとする立場に立った意見である。中間報告に比べ「最終報告」での改訂部分が強調されているに過ぎず、これをもって、国立大学が国民の期待に応えて教育研究等において世界的な競争力をもち、地域に貢献する大学として、飛躍していくための改革案であると受け止めるわけにはいかない。また、公務員型か非公務員型については、国大協では、公務員型を維持すべきことが了解されてきており、明らかに食い違いがみられた。

「最終報告」をめぐる調査検討会議での検討の際、筆者は委員の一人として次のような意見書を委員長宛に提出した。抜粋すると、次のとおりである。

「新しい『国立大学法人』像は次のような問題点があり、大学には不適切である。その理由は、①基本的な枠組みは、独立行政法人通則法と変わるところはない。②目標管理システムの仕組みが残されている。③教職員の身分は非公務員型となっているが、これでは、社会が必要としている大学の公共的役割はどこから生じるのか。陽の当たらない領域こそ国が関与すべき部分であって、欧米先進諸国が大学の大部分を国立としている。ＧＤＰ比で我が国の約二倍を高等教育費に支出しており、公務員の数も二倍以上であることがそれを証明している。④競争原理の全面的導入は地方国立大学に不利であり、国土の均衡ある発展を阻害し、国力を低下させる原因となる。⑤法人化への移行時、移行後の財政負担は著しく大きくなる。」

また、調査検討会議の審議内容については、手続きに疑義があることから、主に次の二点について指摘した。

○　本会議の目的は、独立行政法人制度の下で大学を法人化する場合の制度の具体的な内容について調査検討を行うことである。この目的に照らして見ると、「具体的な移行方法としては、すべての大学を同時に移行させることとし、（中略）できるだけ早期に移行する」と述べられている点は、調査検討会議の権限を越えているといわざるを得ない。

○　連絡調整会議は、本来四委員会で決めた事項を相互に調整することがその役割であり、委員会を超えて、重大な事項を決める権限はない。にもかかわらず、非公務員型の採用や国立大学法人への移行などが記載されている。

三　「最終報告」に関する文部大臣所感

二〇〇二年四月三日開催の国立大学長等会議の冒頭、遠山文科大臣の挨拶があり、その中で、「最終報告」の内容に関連して次のような所感が述べられた。

> ①　国立大学等を取り巻く諸情勢が大きく変化する中で、一つ一つの国立大学の存在意義が改めて問われており、国民や社会に対する説明責任が増大している。「最終報告」では、機関ごとに、一定期間の目標・計画を社会に対して明らかにし、第三者による事後的な評価を受けて、その存在意義を証明するという視点が示されていることは極めて重要である。
>
> ②　国立大学は、大学外の社会との意思疎通を図り、信頼関係を築いていくための積極的な取り組みが求められている。その点、役員の招聘をはじめ国立大学の運営に学外者の積極的な参画を求めた今回の提言は、時宜を得た画期的なものである。
>
> ③　現下の困難な時代にこそ国立の教育研究機関として、その持てる能力を存分に発揮し、時代や社会をリードしていくことが強く期待されている。その点、非公務員型の選択を含めて大胆に改革の方向性が示されたと考えている。

前記の大臣所感に対して、筆者は次のような感想をもった。

①　国民や社会に対する国立大学の説明責任については、以前からその必要性がいわれており、すでに現行制度下でも自己評価・第三者評価とその公表はすでに行われ、とくに新しいことではない。また、先の大学審議会答申においても、積極的に進めることが述べられている。

②　国立大学の運営に学外者の積極的な参画を求めた点についても、現行制度下ですでに行われている。問題は、学外者が大学の特性を十分理解して、適切・有効な助言をなしうるかどうかであろう。

③　非公務員型の問題については、行政機能の減量と効率化に向けた行政改革の中で、公務員の定数削減の一環として、国立大学に非公務員型を強制的に押し付けた結果である。

大臣挨拶では、上述した国立大学の法人化の他に、国立大学改革をめぐる歴史的経緯や国立大学への期待などについても言及している。しかし、全体を通して、肝心な、なぜ国立大学が法人化されねばならないかという疑問には全く答えておらず、それはまた、教育・研究の現場を担い、国立大学の諸業務に携わる多くの大学人の意識や感覚とも大きく乖離する点である。

四　国大協・臨時総会「最終報告」を容認

前記学長会議に引き続き四月一九日、国大協は臨時総会が開かれた。議題は、「新しい『国立大学法人』像について」（最終報告）に対する国立大学協会の基本姿勢の表明と今後の対応について」であった。

（一）国大協執行部提案

長尾会長は、冒頭挨拶で、今回の臨時総会で「最終報告」について、国大協会長談話（案）を発表することを了解してほしいと述べた。引用が長くなるが、「談話」から、「最終報告」に対する執行部の考えが分かるので、その全文を掲げておく。

i　国立大学協会のこれまでの努力

国立大学協会は、国立大学の法人化に関し、平成12年6月の第１０６回総会において、「独立行政法人通則法をそのままの形で国立大学に適用することに強く反対」し、設置形態検討特別委員会を設置してあるべき姿について考え方をまとめる一方、これを踏まえて文部科学省の調査検討会議に積極的に参画し、本協会の意見を述べるとともに、各方面に対し政策提言を行ってきた。

その結果、昨年9月末に出された調査検討会議の中間報告は一定の評価ができるものとなったが、なお不十分な点については意見を提出するとともに、調査検討会議においてもあるべき姿について最終報告書に盛り込まれるよう、最大限の努力をしてきた。

ii　最終報告に対する評価

今回調査検討会議がまとめた最終報告による国立大学の法人化は、現在進められつつある国立大学の再編・統合などとともに、戦後日本の大学制度改革の中でも特筆すべき大きな改革である。特に法人化は、国立大学に法人格を与え、大幅な規制緩和と大学の裁量の拡大、さらには学外者の意見や第三者評価に基づく競争原理を導入するなど、これまでの発想を超えている。また、その目指すところも、国の予算による所用の財源措置を受けつつそれぞれの自己責任を一層明確にし、その自主性・自律性によって教育研究の高度化と国際的なレベルにおける発展を可能にしようとするものである。

法人化に関する最終報告においては、中間報告からかなりの改善があった。例えば、中期目標は、文部科学大臣が定めるとはいえ、大学側がその基本的な目標に基づいて提出した原案を十分尊重して定めるための制度的な担保が加えられている。また、法人の責任者である学長も、学内の選考機関における選考を経た者について文部科学大臣が任命するなど、大学の意向を尊重するとしている。さらに、組織業務、人事制度においては、多くの重要な部分は実質的に各大学の規則レベルに委ねられることになった。これらは、法人化が大学の自主性・自律性の発揮をねらいとしている主旨からして、妥当なものである。

国立大学職員の身分については、「非公務員型」とされた。これによって教員の活動についての自由度が高まるほか、能力・実績に応じた職員の処遇など、多様な可能性が開かれよう。また、「非公務員型」であるとはいえ、退職手当の期間通算や医療保険、年金、宿舎などについて、国家公務員と同じ扱いにするなどの点も評価できる。ただ、各大学で就業規則等に定める内容、職員の採用方法や給与基準の決定、大学間等の異動問題など、今後関係者において早急に詰めなければならない諸課題も数多く存在する。

ⅲ　国立大学協会の考え方

戦後の大学改革による新制国立大学は、日本の復興と発展の原動力となり、日本が世界の大国として活躍するための基礎を築くなど、大きな貢献をしてきた。

それから半世紀を経て今回まとめられた法人像は、全体として見るとき、21世紀の国際的な競争環境下における国立大学の進むべき方向としておおむね同意できる。

国立大学協会は、この最終報告の制度設計に沿って、法人化の準備に入ることとしたい。

ただ、このような抜本的な制度改革の実施には、拙速はあくまでも避けるべきであり、文部科学省をはじめ政府においては、各国立大学が混乱なく国立大学法人に移行し、自主性・自律性を十分発揮しながら日本の高等教育と学術研究の更なる発展に大きく寄与していけるよう、最大限の誠意ある適切な対応をしていただきたい。特に法人化後においてはもちろん、移行に際しても、各国立大学の意向と自主性・自律性を十分に尊重し、各大学が個性の輝く大学としてより良い発展をするよう、財政面を含め支援の充実を強く要請する。

なお、国立大学の職員の身分の問題については、これまでの経緯もあり、職員が安心して職務に専念できるよう、法人への移行段階も含め十分配慮することは、文部科学省の責務であることを付言しておきたい。

iv　国立大学協会の今後の取り組み

今回の最終報告には、国立大学法人の基本的な枠組みとして法令で明記する事項から各大学の規則等に委ねるもの、関係者の共通理解を求めるものなど多様なものが含まれている。政府においては、関係法令の策定作業等に際して本協会の意見を聞くなど適切な判断のもとに、大学の自主性・自律性を殺ぐことのないよう、配慮されることを要請する。今後国立大学協会においても、真に自主性・自律性をもてる国立大学法人が実現するよう、法制化作業の過程はもとより、その後のあらゆる段階の諸側面についても引き続いて検討し、意見を述べ、意義ある法人化の実現に努力を続けていく所存である。各大学においても、これまでに確立してきた学問の自由を守りながら、教育・研究の更なる発展に向けて努力を続ける必要がある。

昭和25年7月に発足した国立大学協会は、国立大学が法人化することにより、今後は各国立大学法人の全体としての連絡調整や共通課題への対応等の機能をこれまで以上に適切に担っていく必要があるため、我が国の高等教育・学術研究の発展に寄与する協会として生まれ変わるべく、その在り方について早急に検討を開始したい。

「談話（案）」の主旨は、「今回まとめられた国立大学法人像は、二一世紀の国際的な競争環境下において、国立大学の進むべき方向としておおむね同意できる。国立大学協会は、この最終報告の制度設計に沿って法人化の準備に入ることとしたい」というものであった。これによって、国大協執行部は、国立大学法人化容認の方向に舵を切り、総会に「法人化の準備に入ること」の了承を求めたのである。

しかし、この談話（案）の内容は到底容認できるものではなかった。例えば、「中期目標は、文部科学大臣が定めるとはいえ、大学側が提出した、基本的な目標に関する原案を十分尊重して定めるとの、制度的な担保が加えられている」点で、中間報告からかなりの改善があったとして、それを法人化容認の理由としている。談話（案）がいう、「原案尊重」を制度的担保として過大に評価すべきではなく、文科大臣が「中期目標を定める」とした事前関与こそ問題なのである。その点に、大学の「間接統治」に道を開く目標管理システムの問題性を見なければならない。さらには、規制緩和・市場原理を前提とする法人制度のもとでの、過度に不公正な競争の導入による教育研究の歪み、地方国立大学や小規模大学の不利な状況、厳しい国家財政の下での財政基盤の不安定化など、法人化のもたらす大学運営上のさまざまな懸念である。

(二) 結論ありきの強行採決

会長は、「最終報告」に対する執行部提案の了承を再三求めたが、会員からは批判や懸念が数多く表明された。とくに、独法化の道を選択した根拠についての質問に対して、説得力のある回答は得られなかった。例えば、「独立行政法人の仕組みを国立大学に適用することは、明らかにに教育・研究への規制を強化することであって、学問の自由や大学の自主・自律を侵すものと考えるが、会長の考えはいかに」との質問に対しても、会長は絶句し何らの反論も得られなかった。また、教職員の身分について、「国大協は、一貫して国家公務員型を主張してきたはずだが、なぜ非公務員型になったのか」との質問に対しては、「調査検討会議の連絡調整委員会での多数意見に押し切られ、非公務員型にされてしまった」というのみであった。しかし、連絡調整委員会は本来、各専門委員会や関係団体との連絡調整を行うことであって、非公務員型の選択など、制度の根幹に関わる重要問題を決める権限は与えられていないはずである。不可解の極みという他はない。

会員からはさらに、制度の本質的問題を指摘して反対や懸念を示す意見や、地方国立大学の衰退につながる点を問題視し、東大、京都大の一人勝ちであり、旧七帝大との差別化が問題だといった意見、国大協とは一体何か、このような運営は、学問の府の代表者がやるべきことなのかなど、厳しい意見が続出した。また、国大協の会則では、重要事項は定例総会で審議すると定めていることから、今回は持ち帰って検討し、改めて定例総会を開催すべきだとし、会長の態度表明を迫る場面もあった。

これに対する執行部からの解答は、的外れで一方的であった。後日配られた議事要旨には、「学問の自主・自律の侵害については、一つの意見として聞いておく、あるいは、自己努力でやっていけると思う」、「法人化問題は、過去数年間組織を挙げて議論してきた膨大な蓄積があり、理事会でも慎重に議論して来た」、「タイミングは非常に重要。この総会で国大協が法人化に対してどういう対応をするかは、社会的に大きな関心事である」、「評価の問題については、第8常置委員会でも引き続き対応する」、「指摘のあった問題については、次の議題で設置を提案する特別委員会で検討し、法人化準備に生かしていく」、「非公務員型については、今後行政当局と十分検討して、うまく動いていくようにしたい」などと記されている。いずれも、「法人化ありき」の問題先送りに満ちた、恣意的な議事の整理記録である。

とくに、学問の自主・自律性侵害への懸念に対して、「自己努力でやっていけると思う」とした言説は、文科省との交渉で何とかなるといった、あまりにも楽観的・一面的な認識である。その他でも、執行部は、返事に窮すれば、期待を持たせるかのような、その場しのぎ返事に終始するばかりであった。

このように、会場からは多くの異論や懸念とともに、再審議を求めるなど、挙手で発言を求めた「反対意見」を無視して、「法人化の準備に入る」とした執行部提案の強引な採決をはかり、これを「賛成多数」として、国立大学法人制度の受け入れを実質的に「承認」したのである。国大協が、当初の「独法化反対」の態度をかなぐり捨て、一転してこれを容認した歴史的瞬間であった。

この総会こそ、真に国民の負託に応える、「知の集積体」にふさわしい国立大学像をめぐって、徹底した議論を交わす場であったはずなのにである。その意味でも、終始、論点をはぐらかし強行採決をはかった執行部の非民主的運営には、戦後大学史に汚点を残すものとして慚愧の思いを強くした。

総会終了後、ある全国紙の記者から受けた、国大協の議事運営に対する、厳しい詰問調の批判に、言葉が詰まった。

最後に、国大協として法人化に向けた対応を検討するため、「国立大学法人化特別委員会」（仮称・以下「法人化特委」）を設置することと、法人化後の国大協の新しい連合組織の在り方を検討する「特別委員会」（仮称）の設置が、委員候補者とともに提案され、これを承認した。後味の悪い思いを残して、会場の学術総合センターを後にした。

第七節　国大協「国立大学法人法案」への対応

一　法人化特別委員会の役割

二〇〇二年六月一一日の国大協第一一〇回総会において、法人化特委より、法人化に向けた法制化作業への対応と移行準備段階における文科省担当部局との連携・協力について報告があり、法制化における問題点には何ら触れられていなかった。

総会での発言は、それぞれの改革計画は学内のプランとし、中期目標・中期計画は大きな事項だけとしてほしい、評価は中期目標達成度だけでなく、改革に向けての取り組む姿勢も含めて検討してほしい、といった程度であった。また、六月二一日の国立大学長等会議での遠山文科大臣の挨拶にも、「平成一六年四月の独法化に向けて、作業を進めていきますが、その過程においては、国大協や各大学との連携を密にとっていきたい。国立大学の改革に向け、新しい大学像を目指し、部局の枠を越えて、学長を中心に全学的に検討してほしい。大学間の競争が始まっており、各大学にとっても試金石である」といったもので、法人化に伴う具体的な問題点についての言及は何もなかった。

一一月一三・一四日の国大協第一一一回総会への参加が、筆者にとって最後の機会となった。

総会では、法人化特委が作成した、「国立大学の法人化に関する法制的検討での重要論点」（以下、「重要論点」）

が報告された。そこでは、今回、国立大学の法人化に当たっては、現在の国立大学法制における制度的な自律性を前提に、それを一層高めるとともに教育研究の質的向上のためのシステムを内在化させる観点から、独立行政法人制度との調整が必要である。国大協としては、調査検討会議の最終報告を踏まえ、政府における法制化作業に際して、以下五つを「重要論点」とし、その趣旨の実現に向けて積極的に対応すべきと考えるとした。

①　国立大学の法人化に当たっては、広義の独立行政法人制度の下で、その自律性を高め教育研究の質的向上を図るべく、国立大学の特性を踏まえた制度設計を行う必要があること。

②　法人化後の国立大学に関する学校教育法上の設置者は国である、との基本的な枠組みは堅持する必要があること。国が設置者であるとの法制上の整理は可能であり、それは法人化後の国立大学に対する設置者としての責任の明確化の観点からも必要であること。

③　国立大学の運営や国と国立大学との関係に関する規定については、大学における教育研究の特性やその自主性を尊重する観点を踏まえて整備すること。

④　学長等の役員、役員会並びに運営協議会（仮称）及び評議会などの学内の執行機関と審議機関の位置付け、構成及び役割分担等については、現在の国立大学法制と法人化の趣旨とを踏まえ、自主的な教育研究の実施と大学運営への幅広い有識者の識見の活用とのバランスを考慮した、適切なものとなるよう規定を整備すること。

⑤　国立大学法人評価委員会（仮称）など国立大学の評価等に関する制度設計に当たっては、国立大学の教育研究の質的向上を図る上で適切なものとすること。

本来、法案化にあたっては、問題はあるとしても、調査検討会議「最終報告」の内容を実現させるはずのものが、解釈に幅をもった五つの論点にしぼることによって、法案作成に「幅広い裁量」を与えることになり、チェック機能を自ら手放すことになった。

国大協総会に引き続いて行われた国立大学長等懇談会では、文科大臣が次のような挨拶を行った。

「国立大学の法人化は、わが国の大学史上の一大転換点ともいうべき大改革である。文科省では、国大協の法人化特別委員会とも連携しつつ、年明けの通常国会への関係法案の提出し、二〇〇四年四月の法人移行というスケジュールを前提に、全省挙げての準備体制を組み、法案作成を始めさまざまな準備作業を進めている。これによって、調査検討会議の最終報告に沿った法人制度の実現と、円滑な移行に全力を尽くす所存である。」

さらに、国立大学の再編・統合については、統合の現状と積極的な検討を期待する旨が、また、社会の期待に応えて大学が取り組むべき新たな課題として、高度専門職業人養成／産学官連携／第三者評価の三つを挙げた。

二　国立大学法人法案の概要をめぐって

（一）隠された法案作成過程の問題点

その後、国大協からは、法案策定作業の中でどのような問題が出ているかの報告は一切なく、各大学は、状況が見通せないまま、法人移行に向けた準備作業を懸命に行っていた。他方で、「独立行政法人反対首都圏ネットワーク」を通して、さまざまな情報が流れており、このままでは、肝心の法人法案の内容がどうなっているか、特に独立行政法人通則法がどのように反映されてくるかが懸念された。

そうした状況もあって、二〇〇三年一月二七日、田原宇都宮大学長や佐藤静岡大学長ら四名の学長が国立大学長会議などの開催を要求した。要求の主旨は「法案策定をめぐる審議の状況やその概要などについて、これまでのところ何の報告も説明もなされていない。法人化をめぐる、国大協でのこの間の議論の経緯に照らしても、法案が完全に固まった段階で、文科省から説明を受けるのではなく、国大協自らが、状況の説明と意見交換を行うため、学長会議等を開催することが必要である」というものであった。当時の状況を考えれば、至極当然の要求である。

（二）突然出された「国立大学法案の概要」

〇三年一月三一日に開かれた法人化特別委に、文科省から「国立大学法人法案の概要」（以下、「法案概要」という）について説明があり、併せて法人化特委の法制化対応グループが作成した報告書『国立大学法人法案の概要』について」（以下、「グループ報告書」）が検討された。「法案概要」と「グループ報告書」は、二月一〇日に予定されている国立大学長等会議で文科省の説明があるので、前もって各国立大学へ送付されたものである。その上で、法人化特委が二月二〇日に開催されるので、意見があれば、二月一五日までにメールで送ってほしいとの連絡があった。各大学にとっては、これが国大協から伝えられた、国立大学法人法案に関する初めての情報であった。しかもそれは、法案が閣議決定されるわずか一月前のことである。

送付された、「グループ報告書」は、「新しい『国立大学法人像』について」（以下、「最終報告」）が描く国立大学法人像に沿って法案が作られているかどうかの観点から、法人化特委が前年一一月に示した五つの「重要論点」を中心に検討を行ったものである。結果として、「法案概要」は、いくつかの点で「最終報告」との違いはあるが、基本的枠組みは「最終報告」の趣旨を踏まえ、それを体したものとなっていると認められるとし、「文部科学省においては、引き続き『最終報告』に沿って、国立大学法人法案の立案に当たるよう求めるものである」と結んでいる。もともと、「重要論点」にも「法案概要」にも解釈に幅があり、両者が「一致」していると解釈すればそう解釈できるような構造である。

その一方、「グループ報告書」には、文科省に対して、経営協議会と教育研究評議会の役割に関し、「双方をともに国立大学法人の審議機関として対等に位置づけることが必要であり、国立大学法人法の具体の立案に当っては、かかる制度設計とするよう強く要請」し、さらに、教育研究評議会については、「国立大学の教育研究に関する重要事項を審議する立場から国立大学法人の各種業務に関して審議を行うことができるものとの認識から、そのような枠組みとされたい」。また、国立大学法人評価委員会の評価については、「国立大学における教育研究を伸長するための適切な評価が行われるよう運用することを強く要請する」などを求めている。

(三)「法案概要」に対する各大学からの意見・要望

一方、「法案概要」に対して、短期間にも関わらず、二四大学から多くの意見が提出された。その内容は多岐にわたるが、主な意見をまとめると、以下の通りである。

『最終報告』では経営と教学の一致を主張しているが、法人（経営）と大学（教学）と分離させ、法人（経営）主導の大学運営の体制になっている」。「国立大学法人が国立大学を設置するということから、国立大学法人の『経営』に責任を負う経営協議会と国立大学の『教学』を担う教育研究評議会との関係で、経営協議会が教育研究評議会の上位になることは、対応関係を損なうことになる」。また関連して、「経営協議会を、最終報告書にある運営協議会にもどすことや、委員構成では学外委員の数は各大学で決めるべきである」という意見、「教育研究評議会の審議事項も幅広く設定し、権限の強化を求める」など、多くの意見が出された。さらに、学長選考会議の構成に、現学長が加わるといった点や学内の意向聴取の扱いが不明であるとの指摘もされている。

また準用する通則法の内容の基本点が明示されていないなどを指摘する意見もあった。その中には、『独立行政法人反対首都圏ネットワーク』の情報をもとに、『中期目標の期間の終了時の検討』に関わって、通則法第三五条が準用される点への懸念も示されている。同条第3項は「審議会は、独立行政法人の中期目標の期間の終了時において、当該独立行政法人の主要な事務及び事業の改廃に関し、主務大臣に勧告することができる」としている。これは「『最終報告』にまとめられた評価の趣旨、あり方を逸脱するものと危惧される」という鋭い指摘である。

なお、前述の四学長の申し入れは、二月二四日開催の理事会で「法案の閣議決定までの間において臨時総会は開催しない」とし、結局、ネグレクトされる結果となった。

（四）「法案概要」に関する国大協理事会の見解

理事会に先立って、二月二〇日に、法人化特委が開催され、先の法制化対応グループが策定した「グループ報告書」は、「法案概要」に対する各大学の意見を基に整理して、『国立大学法人案の概要』に対する見解」（以下、「法人化特委見解」）としてまとめ直したはずである。

しかし、この「法人化特委見解」には、肝心な点で各大学からの意見は無視され、先の法制化グループの一月三一日付「グループ報告書」とほとんど同じ内容のものとなっている。それどころか、当の「グループ報告書」で、経営協議会と教育研究評議会の役割について、双方を対等に位置づけるよう、「国立大学法人法の具体の立案に当っては、かかる制度設計とするよう強く要請する」とあった部分が削除すらされている。

要するに、「法案概要」に対する各大学からの意見聴取は、あくまで形式上のことであり、大学の意見を聴いたという、単なるアリバイ作りに過ぎないと思わざるをえない。法案そのものが、二月二八日に閣議決定される段階で、スケジュール的に、もともと意見を反映させる余地はなかったからである。

引き続いて、二月二四日理事会が開かれ、「法人化特委見解」や「『国立大学法人法案の概要』に対する見解（案）」に対して、さまざまな異議が出されたが、会長から、

「閣議決定までに説明会等を開催することは不可能と思われる。法案が国会に提出された段階でその内容を検討し、国大協として表明すべきことがあれば内容をはっきり示して、理事会で承認を得て発表するなり、あるいは臨時総会を開催して議論することも視野に入れて対応を検討することとし、本理事会において『資料5』の最後の3行を修文して理事会見解とすることを了承願いたい。」

との発言があり、修正後「『国立大学法人法案の概要』に対する見解について」が了承された。この「理事会見解」は、要するに、法案そのものを検討できない条件下にあっては、次善の対応であり、全体としては「法人化特委」がまとめた「見解」を了承するという内容である。先の「資料5」の「修正」は、「昨年四月一九日の総会で決めた本協会の考え方を再確認して、法人化へ向けた具体的な準備を一層進めることとしたい」の箇所を、「政府に対

して、今後この見解に沿って法制化を進めるよう、強く要望する」と修正したものである。

なお、同理事会では、「国立大学法人評価委員会」設置に関する文科省への要望についても審議し、了承された。

（五）「法案概要」と「最終報告」との本質的違い

法人化特委や国大協理事会では、「法案概要」と「重点項目」との比較を中心に論じているが、そもそも限定された範囲という制約もあって、「法人化特委見解」は「法案概要」の分析に甘さがある。基本は、「最終報告」が「法案概要」にどう反映させられているかである。

「最終報告」では、「法人組織と大学組織」について、「『国立大学法人』（仮称）については、①経営と教学との円滑かつ一体的な合意形成への配慮、②設置者としての国による大学への関与の存在、③従来からの国立大学の運営の実態などを総合的に考慮し、効率的・効果的な運営を実現させる観点から、『大学』としての運営組織とは別に、『法人』としての固有の組織は設けない」としていた。その理念は、あくまでも経営と教学の一体化であり、その中で運営協議会（仮称）と評議会（仮称）の運営の在り方や教授会の位置づけがなされているが、「法案概要」ではその点が大きく異なっている。

すなわち、「最終報告」では、「主に教学面に関する重要事項や方針を審議する評議会（仮称）と並んで、主に経営面に関する重要事項や方針を審議する運営協議会（仮称）を設け、そこに相当程度の学外の有識者を参画させる。」とし、審議内容を、「主に教学面」、「主に経営面」と、含みをもたせている。しかし、「法案概要」では、運営協議会を経営協議会に改めて、経営を扱うものとし、教育研究評議会から経営に関する審議を切り離し、法人は経営、大学は教学と、両者の所掌を分離している。また「最終報告」では、運営協議会（仮称）の構成について「学外の有識者が相当程度の人数を占める」とあるが、「法案概要」では、「学外者が二分の一以上」となっており、大学の自主性・自律性との関係で看過できない点である。

国立大学法人が国立大学を設置するとした規定からは、国立大学と文科省の間に国立大学法人が入るという仕組みが読み取れる。この制度では、これまで国立大学が実施していた業務の一部、とくに経営に関する部分が国立大学法人に振り分けられることになる。それは、文科省からみれば、財政措置をテコに国立大学法人をコントロールできる仕組みであり、外形的には国立大学と直接関連するのは国立大学法人であって、文科省ではないという構造になる。

「法人化特委」などでは、学長が法人の長であることで、一体化されているとしているが、教学側からみれば、それは一体化を損ねた運用につながりかねないとの危惧がある。問題は、大学の本質である学問の自由、大学の自治が、国立大学法人と国立大学との関係のあり方の中で後退させられていく可能性があることである。

学長の権限に関しては、「最終報告」では「特定の重要事項については、学長の意思決定に先立ち、役員会（仮称）（監事を除く役員（学長・副学長）で構成し、学外者を含む）の議決を経る」となっており、学長の意思決定に歯止めをかける仕組みになっているが、「法案概要」では「役員会の議を経なければならない」と歯止めがあいまいである。結果として「最終報告」に比べ「法案概要」は学長の権限をより強化したものになっている。

中期目標に関しては、「最終報告」は、「大学の教育研究の自主性・自律性を尊重する観点から、あらかじめ各大学が文部科学大臣に中期目標（案）を提案し、文部科学大臣は、これを十分に尊重しつつ」となっている。しかし「概要」では、「中期目標を定めるに当っては、あらかじめ、国立大学法人の意見を聴き、当該意見に配慮しなければならない」とあり、「尊重」が「配慮」とトーンダウンしており、国の関与の余地を残すことになった。

さらに「法案概要」では「その他」の中に、「法人運営の自主性への配慮、国による財源措置その他、独立行政法人通則法の必要な規定を準用する」とあり、通則法の基本的骨格が適用されることを許す結果、大学の自主性・自律性を実質的に縛っているといえる。

三　法人法案に対する国大協の対応

(一) 国立大学法人法案に口を閉ざす国大協

二〇〇三年二月二八日に法案が閣議決定され、四月三日から国会審議に入り、初めて法案の全体像が明らかになった。理事会では、「法案概要」に各大学から多くの意見が寄せられたこともあって、法案の閣議決定後改めて、各大学の意見や要望を聴取する機会を設ける予定であったが、これも特別委員会に押し切られたのか、実現することはなかった。おそらく、法案の審議段階で、国立大学から疑義が出てくると、国会審議に支障をきたすとの判断で、国大協執行部は口を閉ざすことになったと思われる。

例えば、四月一七日の法人化特委では、法制化対応グループがまとめた「『国立大学法人案』に対する見解」を承認している。「見解」には、「法案概要」が「学部・研究科・附置研究所・附属学校（＝各法人の業務の基本的な範囲は省令で規定する」としたのに対して、「法案」では、附属学校は別として、学部、研究科および附置研究所については特段の法令上の定めを置かないとした点が唯一の相違点であるとし、「『法案』は実質的に『最終報告』を踏まえていると判断してよいと考え、『法案』化に当って特別な問題点は生じていないと評価する」と整理している。

違いは、附属施設だけに止まらないはずである。「法案概要」に関しては形式的といえども大学側の意見を聴く機会はあったが、「法案」そのものに対しては意見を聴取する機会すらなかった。

ある。

（二）「法案概要」で見えなかった本質

「国立大学法人法（案）」は「法案概要」とも違いがある。重要な違いの一つに、経営と教学の分離を一層明確化した点がある。例えば、中期目標に関して、「法案概要」では教育研究評議会と経営協議会とでともに扱うとなっていた経営事項と教学事項が、法案ではこれを分離し、両機関での所掌事項の住み分けが画然とされている点である。

また、「最終報告」でも「法案概要」でも明確になっていなかった、独立行政法人通則法の規定の準用がかなりの部分にわたって組み込まれ、通則法の規定を国立大学法人法に読み替えるものも多いことが分かった。とくに、目標管理システムの部分は実質的に無傷で残されており、結局、「国立大学法人法（案）」は、独立行政法人通則法の骨格を維持したまま制定されることが明確になった。

法案に見られる独立行政法人通則法の準用は、さまざまな点で大学の自主性・自律性を侵し、教育研究の多様で自由な展開を損なうことになる。また、年度計画や各種の評価文書の作成に伴って、事務量が増大し多忙化を引き起こすことや、業務の評価結果に関わる運営費交付金の配分のあり方の問題など、前々から予想されたこととはいえ、大学本来の業務運営を困難にすることが懸念される。

国会で「国立大学法人法（案）」が審議されている最中の四月二四日に開催された理事会では、法人化法案については当面、国会における審議を見守ることとして、法案に対する国大協の意見を取りまとめるとか、見解を表明することもなかった。二〇〇三年六月一〇・一一日の第一一二回国大協総会でも、国会の審議とは関係ないかの雰囲気で、新国大協（仮称）の組織運営などを審議し、法人化法（案）について触れることもなかった。

このごろ、筆者は学長を退いた後であったが、「国立大学法人法案の廃案を求める第三次意見広告」へのお誘いを受け、意見を述べる機会を得た。この意見広告は読売新聞二〇〇三年六月一〇日付で掲載されたもので、その内容は次の通りである。

「私は、国立大の独法化に反対です。独法化は、大学を官僚統制と市場原理という二重のくびきの下に置き、学問の自由な展開を阻害し、財源の確保のために企業化するからです。これは、将来のための多様な知の形成と創造力ある人材 育成という大学の本質的な役割の遂行を阻害します。

私達国民は、本来の社会的公共的使命を達成するにふさわしい自由闊達な大学を、社会的共通資本として育てなければならないと思います。

本法案は、それとは正反対の方向を目指しています。後世に大きな付けを残してはなりません。選良の皆様一人ひとりに、未来を見据えた長期的視点と世界や日本全体を視野に入れた大所高所からの思慮深い判断が、いま国民から期待されています。」

その後各大学は、もっぱら法人化に伴う移行措置や実務処理に多忙を極めていた。期待と不安を抱えたまま、二〇〇四年四月一日、国立大学法人がスタートを切ったのである。

新自由主義と市場競争原理

国立大学の独法化が議論の俎上にのぼったころ、「競争的環境」なるタームとともに、市場原理主義がわが国を席巻していた。規制緩和や競争原理が声高に叫ばれ、特に教育、医療、福祉などが非効率の世界とみなされ、標的にされた。

規制の固い「岩盤」をくり貫いて、自由な競争に任せれば、目指す成果を効率的に達成できるという、新自由主義的改革を万能とする風潮である。この思想バブルが価値判断の基礎になって、独立行政法人化を強力に推進させた。

橋本内閣の行政改革は、元はと言えば、行政改革会議最終報告に明示されているように、新自由主義的規制緩和論をもとにした政策提起であった。自民党政務調査会の提言（「これからの国立大学の在り方について」）も、競争的な環境の整備、諸規制の緩和、護送船団方式からの脱却など、国立大学を一つの経営体として国の機関から外し、生き残れないものは改廃させるという市場競争原理を前提にしたものである。

目標管理システムもまた、自由に競争させれば成果が上がるという市場原理とむすびついた発想である。確かに、教育・研究においても、一定の物質的報酬をインセンティブとして、成果を挙げる場合もあろうが、往々にしてその効果は、短期的・近視眼的な「成果」に及ぶだけで、教育研究の本質からすれば、それは瑣末のことである。

アメリカの心理学者アルフィ・コーンは、仕事が報酬目当ての場合には、そうでない場合に比べて「成果が低下する」ことを明らかにした。その理由に、報酬が人間に対して制御的であること、人間関係を破壊すること、結果を得るために注意が最低水準に向けられていること、冒険に水を差すこと、内発的動機付けを損なうことなどを挙げている。また、創造性を必要とする仕事では、評価にさらされること自体が、内発的動機づけを著しく損なうことも実証されている。これらの事実は、教育・研究に市場競争原理を単純に適用することは本質的に問題があり、時には逆効果であることを教えている。

（田中弘允）

coffee break

第二章　国会審議が明らかにしたこと

国立大学法人法の審議は、まず二〇〇三年四月三日の衆議院本会議での文部科学大臣の趣旨説明とそれに対する質疑で始まった。その後、文部科学委員会が五回にわたって開かれ、最終の委員会で同法案および民主党提案の修正案が諮られ、修正案を否決した上で原案を可決、五月二二日の本会議で原案通り可決された。

参議院では、五月二三日の本会議で大臣の趣旨説明とそれに対する質疑が行われ、直ちに文教科学委員会に回付された。五回にわたる委員会審議を経て、同法案とこれに対する修正案の採決が行なわれ、修正案否決の後原案を可決、七月九日の本会議において原案通り可決・成立した。戦後大学史の画期をなす出来事である。

審議の過程で、国立大学法人法に内在する多くの問題点が指摘され、新しい法人制度に対する政府・文科省の考えが示された。最終的に、法案は原案通り可決・成立したが、審議を通じて明らかになった問題点のいくつかは、付帯決議として残されている。附帯決議は、衆議院で一〇項目、参議院では二三項目にのぼるが、いずれも法施行後の運用過程で、生かされるべきはずのものであった。

本章では、審議の過程でどのような問題が指摘され、政府がこれにどう答えたかなど、当時の状況を再現することで、現在および将来の国立大学問題を考える上で、貴重なよすがとしたいと考える（文中、○は質問者、●は政府側の発言、「文科」は衆議院文部科学委員会、「文教」は参議院文教科学委員会）。

第一節　なぜ国立大学法人化なのか

一　なぜ方針転換したのか

文科省が国立大学の法人化に向けて方針転換をした経緯をめぐっては、文部科学委員会で次のようなやり取りが交わされた。

○　九八年の基本法までの時期には国立大学を独立行政法人化しないとされていたのが、なぜこの閣議決定では今までの方針と反対の独立行政法人化をしたのか、変更したのか。町村大臣は、これは大学の改革になじまないとおっしゃっているわけです。このような主張が国会の方向でもあった。しかし、それを覆した理由は何なんでしょうか。（文科一二号平成一五年五月一四日（以下、一五・五・一四）山内恵子）

●　平成八年の行政改革会議では、行政改革の観点から、独立行政法人制度の創設が議論されて、その過程で国立大学についても議論がなされたところでありまして、この段階では、独立行政法人制度の具体的な枠組みが明らかでなかったこと、そして国立大学の法人化についてはあくまでも大学改革の一環として検討を行うべきという立場から、文部大臣として反対した経緯もあるのだと思います。

その後、独立行政法人通則法が制定されて、国による財政措置を前提とした独立行政法人制度が明らかになったということを機会に、大学の自主性を尊重しつつ、大学改革の一環として国立大学の独立行政法人化を決定する旨閣議決定がされたわけでございまして、文部科学省内に大学関係者あるいは経済界等の有識者で構成される調査検討会議を設置して、国立大学協会とも連携を図りながら、昨年3月に最終答申を得たところでございます。（文科一二号一五・五・一四遠山大臣）

しかし、上記委員会前の衆議院本会議では、法人化は行政改革の視点から行われたのではなかったかと追及がなされていた。

○国立大学の法人化が、専ら国家財政上ないし行政改革の観点から、教育・学術研究のコストを外部化して、これを引き下げるために行われたのではないのか。ずばり言えば、国家予算が足りなくなり、国債でもまだ足りない、国民から賛成されそうな国家公務員給与をばっさりやろうという観点から行われたのではないかとの疑念もありますが、文部科学大臣の説明を伺います。（衆議院本会議一五・四・三佐藤公治）

●国立大学の法人化については、一九九九年の閣議決定において、「大学の自主性を尊重しつつ、大学改革の一環として検討する」ことが特に確認されておりまして、その点は、今日に至るまで一貫した政府の方針であります。

その方針のもとに、長年にわたり検討を重ねてまいりました結果、あくまでも大学改革に資するとの判断から今回の法案を国会に提出させていただいたものであります。（衆議院本会議一五・四・三遠山大臣）

●国立大学につきましては、独立行政法人制度を活用しつつ、大学の教育研究の特性を踏まえた仕組みと

するため、国立大学法人としております。（衆議院本会議一五・四・三福田大臣）

閣議決定を持ち出し、いかにも大学改革からスタートしたかの言いようだが、何より行政組織の減量化（国家公務員の定員削減）に資するための独立行政法人化であったのはまぎれもない事実である。国会の質疑応答で、何度も閣議決定が持ち出されてくるが、事実をつくろうため、閣議決定がなされたのではとの疑いがぬぐい切れない。

二　なぜ法人化なのか

国立大学の改革が行政改革ではないとして、なぜ国立大学法人法が必要だと判断したのか、客観的な立法事実について質した（文教第一六号一五・五・二九鈴木寛）のに対して、大臣は次のように回答している。

●現在の国立大学は、大学としての特性を踏まえて様々な特例措置を講じておりますけれども、基本的には行政組織の一部として位置付けられているわけでございまして、予算、組織、人事などの面で様々な規制を受けて教育研究の柔軟な展開に制約があるというのは、これはだれも納得しているところではないかと思います。

こうした国の組織であることに伴う諸規制を緩和をして、国立大学がより大きな自主性、自律性と自己責任の下でこれまで以上に創意工夫を重ねながら、教育研究の高度化あるいは個性豊かな大学作りに取り組むということを可能にするために法人化する必要があったわけでございます。（文教一六号一五・五・二九遠山大臣）

この回答に続いて、大臣は、「今回の国立大学の法人化は忽然として出てきたものではございません」として、法人化に向けた経緯について、以下のように説明している。大臣の基本的な認識を知る上で重要な発言とみることができる。

●日本の国立大学の設置形態につきましては、国の行政組織としての位置付けに由来する制度的な限界を踏まえまして、昭和三十年代の末ごろから各方面で多種多様な法人化論が提起されるようになったわけでございます。

例えば、中央教育審議会の昭和四十六年の答申、ここでは法人化を国立大学改革の選択肢の一つとして位置付けました。また、昭和六十二年に飛びますけれども、この臨時教育審議会答申第三次におきましては、国立大学の改革手法の一つとして国立大学の法人化を検討した上で、将来に向けての検討課題としたのは多くの方が想起していただけると思います。

臨教審以降、国立大学の改革は、新たに設置された大学審議会、私、たまたまこれは高等教育企画課長として立案をし、そして最初の滑り出しまで担当したわけでございますけれども、その審議会の議論などを踏まえて、現行設置形態の下での自主自律体制の確立と教育研究の特質に応じた柔軟、活発な運営の実現を目指して諸規制の緩和、弾力化が進められたわけでございます。その改革は大学の個性化、高度化、活性化という高い理念の下に進められておりまして、国公私を通じて今強力な大学改革が進んでいるところでございます。

その後、平成八年に発足しました行政改革会議では国立大学の民営化が取り上げられたわけでございます。しかし、平成九年五月の中間整理におきまして民営化を不適切と整理をされまして、続いて独立行政法人化が検討されたわけでございますが、平成九年十二月の最終報告において、大学改革方策の一つの選択肢であるとしながら、長期的な視野に立った検討を行うべき課題であると結論をされたわけでございます。

その後、国による財政措置を前提とした独立行政法人制度の詳細が明らかになったことを機に、平成十一年四月には、政府として、国立大学の独立行政法人化の問題を、単なる行革の観点ではなく、大学の自主性、自律性を尊重しながら大学改革の一環として検討するとの方針が確認された、これは閣議決定でございます。

これを踏まえて、平成十二年の七月に、多くの国立大学関係者も参画する形で専門の調査検討会議を発足させまして、法人格の国立大学の具体像の検討をその後一年八か月にわたって重ねました。ここには国公私立の大学関係者その他の有識者がお集まりになって、本当に熱心な御議論の上この報告書が出たわけでございます。昨年三月にそれが取りまとめられたわけでございますが、今回の法案は、その最終報告に基づいて法制化を図ったものでございます。

その基本的な方針としては、国立大学については、独立行政法人制度の基本的枠組みを活用しながらも、国立大学の自主性、自律性の尊重、それから大学の教育研究の特性への配慮の観点から、独立行政法人とは異なる仕組みが必要ということで、通則法ではなく、国立大学法人として法人化するものでございます。政府の長い議論の中で、民営化か独立行政法人かという二者選択を迫られたとき、（中略）多くの方の努力によって、それは独立行政法人ではなくて、しかし民営化ということもなじまないということで、国立大学法人という形で今日提案をしているわけでございまして、いかにして、そこのところの独立行政法人の大きな枠組みを活用しながらも民営化ということをむしろ避けるために、いかにして国の責任において大学を維持していくかということにおいて、すべての法案はやってまいっているわけでございます。（文教一六号一五・五・二九遠山大臣）

三　なぜ独立行政法人通則法の準用なのか

国立大学の改革は、必要な行政措置と関係法令の改正によって可能であったはずなのに、なぜ独立行政法人通則法に準じた法人化でなければならなかったのかとの観点で、以下の質疑応答がなされている。

○国立大学の改革がなぜ独立法人化しないとできないのかということ。今までの文部科学省、今までの政府でなぜ問題点を克服することができなかったのか、または改革することができなかったのか。そこをきちっと検証、または考えていかなければ、また同じような問題が出てくる、また無責任状態になるのではないかということが、私がきょうまず大きく一つ指摘したいところでございます。（文科九号一五・四・一六佐藤公治）

●大学の組織・定員についても、これは総務省、国の定員管理の中できちっとあるわけですね。これを一人ふやす、二人ふやすだけでも大変な、人事委員会とのいろいろな問題、新しいものをつくろうとすれば、それをまた求めていかなきゃいけない。こういう文部科学省への機構・定員要求、担当省庁の審査を経なきゃできないという問題が一つありました。これが法人化することによって自由になるということ、その定員の枠から外れるということ、これが非公務員化した一つの大きなあれであります。

それから、予算についても、予算執行は、あらかじめ定められた費目がきちっとあって、これに拘束される。費目間の流用はまず非常に難しい。もっと臨機応変にやりたいけれどもできないという問題。それでまた、単年度主義ですから、繰り越しについてもなかなか難しい問題がある。こういう制約もございましたし、それからまた、人事についても、給与法によって給与の仕組みが細部にわたって一律に定められておる。公務員法制の限界がございまして、例えば外国から優秀な人材を学部長や学長にしたいと思っても、これができなかった。

このような細部の運用における障害もあったわけでございまして、こういうものが今回法人化によって払拭できることによって、思い切った大学改革が進む。そして、まさに自律といいますか、自分の、大学独自の考え方でいろいろな政策ができる。そして教育研究をさらに高度化してもらいたい、こういう思いもあって、この際国立大学を法人化する。

これは、各先進諸国もそういう形でやっておる、こういう現状もありますので、この際、ちょうどこれは行革の絡みで出てまいりましたが、このことは、実は、きょう、今言われたことではなくて、前から指摘されたことを、遅まきながらと言ってもいいと思うのでありますが、今実現の段階にやっと来たという思いでございます。（文科九号一五・四・一六河村副大臣）
○政治をすべて握っている与党さんが本当にやろうと思ったら、縦割り、人事院の問題、まさに総務省の問題等は、本当に法律改正等をしながら変えることは可能なはずなんです。それを変えずに、今の状態でなぜできないのかということ、そこを考えずにして安直なこういった方式に出ることは、私は非常に心配

しているところがあります。（文科九号一五・四・一六佐藤公治）

● 全体を直せばいいわけでありまして、それができればそれはいいんでありますが、それを待っておったんでは全然進みませんから、文部科学省の責任として、活性化をする、一挙に解決できる方法としてこの方法をとったということであります。（文科九号一五・四・一六河村副大臣）

ここでの重要なポイントは、大学「改革」を口実に、法人化によって、一二万五、〇〇〇人の定員を抱える国立大学を巻き込むことで、国家公務員定員二五パーセント削減目標の達成と、一連の行政改革を進めることを狙いとした点である。また、法人化するとしても、なぜ独立行政法人通則法の準用なのかについて、以下の質疑応答がなされている。

○ なぜ準則を作ったんですか。準則なんか作らずに全部国立大学法人で一本化したものとして、そしてしかも、大臣が何遍も繰り返し言っておられるように、大学の自治、学問の自由、これを保障するためには今の国が直接やる制度よりも国立大学法人にした方がいいんですよというその部分を際立たせて浮かせるような法律に作るのならば、これは私は賛成できると思うんですよ、大学改革は必要ですからね。（中略）国立大学をもっと良くするための国立大学法人化なら私は大賛成だ。そういう意味で、私はこの法案の中で矛盾点があるのはこの準則の問題、何でこのことを準則でやったのか、その辺のひとつ理由をお聞かせ願いたい。（文教一八号一五・六・五山本正和）

● 独立行政法人制度を活用しながら、それをいかに大学の自主性や教育研究の特性に配慮した形に再構築していくかという観点から検討が重ねられたものでございまして、その結果、御案内のように、文部科学省の調査検討会議におきましても、独立行政法人の枠組みを活用しながら、学長の任免等におきまして独立行政法人とは異なる取扱いとすることが妥当だと、こういうこととされまして、こういう仕組みを法制化するに当たりまして、独立行政法人通則法に基づく独立行政法人としての位置付けとして位置付けるのではなくて、本法案によって設立される国立大学法人とした上で、必要に応じ独立行政法人通則法の規定を準用すると、最も適切であるということで、事務的にはこんなような法案のような形になったということでございます。（文教一八号一五・六・五遠藤参考人）

質問への回答にはなっていないが、これで国立大学法人法が独立行政法人制度を前提として定められことが明らかにされた。

四　国立大学が抱える問題への対応

現行の国立大学が抱えている仕組みに問題があるとして、なぜそれが解決できなかったのかの理由についての質問（衆議院本会議一五・四・三佐藤公治）に大臣は次のように答えている。

●我が国の国立大学は、現行制度上、行政組織の一部として位置づけられておりますために、予算、組織、人事などのさまざまな面で規制がございまして、教育研究の柔軟な展開に制約がございました。

そのような中で、近年、大学改革への努力も行われてまいりましたが、このたび、このような国の組織であることに伴う諸規制を緩和し、国立大学がより大きな自主性・自律性と自己責任のもとで、これまで以上に創意工夫を重ねながら、教育研究の高度化や個性豊かな大学づくりに取り組むことを可能とするために、国立大学を法人化する必要があったものでございます。（衆議院本会議一五・四・三遠山大臣）

また、委員会審議において、今の国立大学のどこに問題点があり、それをどう変えていくべきかの質門（文科九号一五・四・一六佐藤公治委員）に、大臣は以下のように答えている。

●　一つは、例えば、国立大学という位置づけに安住をして、護送船団方式による運営というものがなされているのではないか。それは、何かあっても国があるいは文部科学省が守るということで、それぞれの大学が本当に自覚して独自にみずから困難を切り開いていくというようなことで取り組んでいるかどうかということについての疑問がございます。あるいは、大学におきましては、学部の自治あるいは教授会自治ということで意思決定に時間がかかり、あるいは改革について、全員が一致しないと改革ができないということで改革がおくれているのではないかというような指摘もございます。それから、人事や予算など、規制によって教育研究への支障が出ているのではないか。これらは数え上げますと幾つかあるわけでございます。

そうしたことは、一つには、私はやはり、国立大学が今の状況では行政組織の一部であるということからくるさまざまな規制があって、逆に、そのことからくる規制を守るがために、あるいはそれにアジャストするために、それぞれの大学が自由な発想というよりは、それに合わせようとする思想が強く働いてきたのではないかというような問題点、さらには、独自の構想なり独自のイデアというものを現実に移そうとすると、国の組織の一環であるということから制約があるということでできなかったというようなさまざまな問題が、そういう現在の設置形態に由来しているという面があるとも思えるわけでございます。（文科九号一五・四・一六遠山大臣）

第二節　法人化と大学運営

一　法案に対する大学の了解・合意はなされたのか

調査検討会議「新しい『国立大学法人』像について」と法案には重要な点で違いがあることから、大学側の合意について質された。

○　国立大学協会が了承したとされる調査検討会議の最終報告「新しい『国立大学法人』像について」と本法案とは、大学の設置形態など、決定的な相違点があります。法案に対しての国立大学協会の見解は出されていません。国立大学協会の総会はこの法案提出に同意したのでしょうか。お答えいただきたい。（衆議院本会議一五・四・三石井郁子）

●　国立大学の法人化は、我が国の大学制度の転換点となるべき大改革であります。当然ながら、文部科学省では、長年にわたり、国立大学協会を初め国立大学関係者と意見を交わし、議論を重ねてまいりました。

もちろん、法案そのものは政府の責任において作成し、国会に提出させていただいたものですが、法案提出に至る過程で、国立大学等の関係者に対する十分な説明を行い、理解を得ているものと考えております。

（衆議院本会議一五・四・三遠山文部大臣）


さらに文教科学委員会で、国大協との意見交換の経緯についての質問（文教一六号一五・五・二九草川昭三）を受け、河村副大臣は、次のように説明している。

●経緯をご説明申し上げますと、平成九年の十月に行政改革の柱の一つとして独立行政法人制度の創設が提唱された、この段階では制度設計の詳細が明らかになっていなかったと。このため、国大協においては、行政事務の効率化を目的とした独立行政法人制度をそのまま大学に当てはめることは大学の特性に照らしてふさわしくないという意見が取りまとめられた。有馬委員もそのことを言っておられました。反対であるという意見が多かったわけであります。
その後、次第に独立行政法人制度の制度設計が明らかになるとともに、平成十一年四月の閣議決定において、国立大学の法人化については、行政改革の観点よりもむしろ大学の自主性を尊重しつつ、大学改革の一環として検討すべきであると、こうされたわけでございます。これを受けまして、平成十一年六月には、国大協内部でも国立大学を法人化する際に必要となる特例等に関する検討を始めることとなったわけでございます。

さらに、翌十二年六月には、独立行政法人制度の下で大学の特性を踏まえた法人制度を検討するために置かれた文部科学省の調査検討会議に、国大協も積極的にご参加をいただいたところでございます。このため、調査検討会議においては、国立大学協会関係者も多数参加をされ、約一年八か月にわたって大学改革に資する制度設計を検討してきた結果、昨年の三月に新しい「国立大学法人」像についてと題した最終報告がまとめられたわけでございます。

ご指摘の平成十四年四月の国大協の会長談話は、最終報告がまとめられた直後に発表されたものでありまして、最終報告で提言された、国立大学法人の制度設計が真に大学改革に資するものとして国大協から一定の評価が得られた結果であるというふうに認識をいたしておるところでございます。全体として見るとき、二十一世紀の国際的な競争環境下における国立大学の進むべき方向としておおむね同意できる、国立大学協会は、この最終報告の制度設計に沿って法人化の準備に入ることにいたしたい、という報告が談話としてなされたわけでございます。

その後、最終報告を踏まえた法案の作成段階におきましても、その概要を国大協に示しながら意見交換等を行ってきたわけでございます。その結果、二月二十四日の国大協理事会では、国立大学法人法案の基本的な枠組みは最終報告を尊重して立案されているとの法人化特別委員会の見解が了承されました。また、法案提出直後の地区別学長会議や国大協の委員会においても法案に対する特段の異論はなかったところでございます。（文教一六号一五・五・二九河村副大臣）

長々と説明されているが、これは文科省サイドからの、都合のよい説明である。最終報告が提出された後、臨時地区学長会議が開催され、地区ごとに学長に対する説明がなされ、質疑応答も行われたが、それは、実質的に説明の会に終始し、問題点の指摘に対しても責任ある回答が得られず、理解を得たというにはほど遠いものであった。また、国会に提出された法案そのものについては、個々の大学が意見を述べることはもちろん、国大協で討議する機会すらなかった。法案審議をめぐる事柄の実際は、第一章でふれたように、国大協執行部と文科省とのなれ合いによる、いわば「通過儀礼」にすぎない。

二　経営と教学の分離

法人化による制度設計の特徴は、国立大学法人が国立大学を設置するところにある。以下において、この変則的ともいえる設置方式となった理由や狙いをめぐっての審議をみる。

○　国立大学協会はこれまで、間接方式に反対をして、国立大学自体を法人とする直接方式を主張してまいりました。議論の趨勢も直接方式に固まりつつあったと聞き及んでいるわけですが、なぜこの間接方式に変更されたのか、その理由をお伺いいたしたいと思いますし、また間接方式は直接方式に比べていかなる利点があるのか、併せて説明願いたいというように思います。（文教一九号一五・六・九仲道俊哉）

●　国が国立大学を設置するといういわゆる直接方式ではなくて、法人が国立大学を設置するいわゆる間接方式となっておるわけでございます。

それを採用した理由ということでございますけれども、法令上、学校の設置者とは、設置する学校の土地や建物などの財産を所有、管理し、当該学校を直接運営する者を指すとされているわけでございまして、したがいまして、法人化によりまして、国立大学を国の行政組織から切り離しまして、国から財産の出資を受け、それを自らが所有、管理するとともに法人が直接大学を運営するものでございますので、法令上、国立大学の設置者は国立大学法人と、こういう法律の構成とさせていただいたわけでございます。

このように、法令上、国立大学法人が国立大学を設置するということと規定することによりまして国立大学の法人化が制度上初めて可能になったということになるわけでございますが、国立大学法人の運営組織につきましては、私立学校のように、法人組織と学校とを分離する組織形態ではなく、法人の長を学長といたしまして、学長の下に国立大学法人と国立大学とを一体的に運営すると、そういう仕組みにさせていただいております。

こういう仕組みとすることによりまして、国立大学を国の機関から、国の機関の一部から独立した法人といたしまして、運営上の裁量を大幅に拡大するとともに、その拡大された裁量を生かして運営できる体制の確立を図りまして、それぞれの大学におきまして特色ある魅力的な教育研究が一層積極的に展開されることが可能となるというふうに考えておる次第でございます。（文教一九号一五・六・一〇遠藤参考人）

○最終報告では大学の設置者というところで学校教育法上国を設置者とするというふうな形にしておりますが、本法律案では設置者は各大学となっていると。この点、なぜ変わったかという質問、以前もございましたが、再度もうちょっと分かりやすく。また、ここが変わったことによりまして、多くの方々からの陳情によりますと、国による財政保障があいまいになるんじゃないかという危惧の声がございます。そういった危惧はあるのかないのか、併せて大臣にお伺いいたします。（文教二〇号一五・六・二六山本香苗）

●御指摘のとおり、国立大学法人法案におきましては、国が国立大学を設置するのではなく、国立大学法人が国立大学を設置するということにいたしております。

そうなりましたのは、法令上、設置者というものは、設置する学校の土地あるいは建物などの財産を所有、管理をして、そしてその学校を直接運営するものを指すと解されております。したがいまして、法人化で国立大学を国の行政組織から切り離して、国から財産の出資を受けて、それを自らが所有、管理するとともに、法人が直接大学を運営するというふうなことになるわけでございますので、法令上は国立大学の設置者は国立大学法人とするものでございます。

一方で、国立大学法人法におきましては、大学の設置について法律で定めますとともに、法人化後も国として必要な財源措置を行うということといたしておりまして、国を設置者とすると提言することによって法人化後も国立大学に対する国の責任を明示しようとした検討会議の最終報告の趣旨は実現されているものと考えております。（文教二〇号一五・六・二六遠山大臣）

大臣は、最終報告にある「学校教育法上は国が設置者とする」の趣旨は、法人化後も国として必要な財源措置を行うことになっているので、実現されていると回答している。しかし、最終報告の趣旨は、それだけでなく「大学の運営組織と別に法人としての固有の組織は設けない」という、いわゆる経営と教学の一致とがセットになっているとする観点は抜け落ちている。

第三節　中期目標・計画をめぐって

国会では、中期目標・計画に関連して多くの時間を割き、繰り返し質疑が行なわれた。主な論点は、なぜ中期目標を文科省が定めるのか、さらにはそれに財務省が関与する理由や、中期目標期間終了時の評価をめぐってであった。

一　なぜ文科省が中期目標を定めるのか

本来大学が自主的に定めるべき中期目標を、なぜ、文部科学大臣が定めなければならないのかについての質問（文科九号一五・四・一六石井郁子）に、大臣は以下のように答えている。

●現在、我が国の国立大学は行政組織の一部として位置づけられておりますので、予算あるいは内部組織、人事などの面で国が関与せざるを得ないという制約があるわけでございます。そのために、それぞれの自主性を発揮する場合になかなか難しい面も現在はあるわけでございますが、今回は、法人化によってその関与そのものを限定するということを考えているわけでございます。

しかしながら、もとより、国立大学でございますので、国が責任を持って予算措置を行うわけでございます。では、予算措置は、どういう中身でも、あるいは中身について全く知らなくても予算措置をということは、これは絶対に許されないわけでございます。そのためには、中期目標の策定など、国としての最小限度の関与は必要であるわけでございます。それで、中期目標の作成におきましては、あらかじめ各国立大学法人の意見を聞いてその意見に配慮をいたしますなど、大学の自律性あるいは自主性を尊重することが必要でありまして、そのような仕組みをとっているわけでございます。

中期目標におきます教育研究の質の向上に関する事項につきましても、文部科学大臣が一方的に定めるのではなくて、各大学の提出する原案に即してそれぞれの考え方を尊重し、ということは、自主性、自律性というものを十分に尊重して定めるものでございます。その内容も、大学としての基本的な方針あるいは重点的に取り組む目標を中心に記載するということといたしておりまして、各学部あるいは研究科の教育研究の具体的内容について子細に記載することまでは考えていないところであります。（文科九号一五・四・一六遠山大臣）

その他の質疑応答でも、中期目標を文科大臣が「策定」することは、国が責任をもって「財政措置」を行うため必要な「一定の関与」だとし、中期計画の大臣「認可」についても、財政措置に責任を負う立場から「必要」だとしている（例えば、参議院本会議一五・五・二三における畑野君枝議員の質問に対する大臣の答弁）。

また、中期目標を定めるにあたって、あらかじめ各国立大学法人の意見を聞き、その意見に配慮がなされることになっているが、どこまで大学の自主性が保てるのかについて次のように意見のやり取りがあった。

○　第三条に、教育研究の特性への配慮を文部科学大臣は行わなければならないとあります。それから第三十条の第三項に、中期目標について国立大学法人の意見への配慮義務というのが、これも文部科学大臣に課せられているわけですけれども、これは形だけのものなのではないか、実質的には文部科学省が細かく指示するのではないか、こういう懸念がどうしても残っているわけでございます。（文科一二号一五・五・一四斎藤鉄夫）

●　今回の国立大学の法人化というものは、国立大学を活性化するために、国の行政組織の一部から外して、むしろそれぞれの大学がしっかりとみずからの自律性を持って教育研究に携わっていただくという大目的でございます。そのために、独立行政法人への改革ということの桎梏の中で、しかし、国立大学のといいますか、あるいは大学の特性ということを配慮して、国立大学法人という形で、他の独立行政法人とは違うさまざまな配慮を行っているわけでございます。（文科一二号一五・五・一四遠山大臣）

大臣は、「実質的には文部科学省が細かく指示するのでは」との指摘には回答を避け、大学みずから律して教育研究に携わるように話題を変えている。現実はどうであろうか。

二　大学行政への文科省の介入

法人化による目標管理は大学の教育研究のみならず、大学行政そのものへの介入になるのではないかとの観点でのやり取りもなされている。

○　衆議院の参考人質疑の中で、統制の愚ということを前鹿児島大学の学長の田中参考人が非常にクリアに言っておられます。

正に、国立大学の法人化の中心目的は自主性と自律性の拡大にある。ところが、本法案は予算、組織、人事に関する運営上の裁量は拡大するが、大学の本来の任務である教育研究の自主自律は逆に大きく損なわれるとおっしゃっています。なぜなら、独法通則法を基本とする本制度においては、大学が一体となって持っていた企画、立案、実施の機能は分割をされ、企画、立案は文部科学省に権限が移されて、大学は実施の機能しか割り当てられない。正にこういうふうに、中期目標を文部省が作って、そして計画を大学がやって、そして文部省の認可が要ってと、こういう制度になっています。しかも、文部科学省は、その業務の成績評価、予算配分、大学の改廃まで決定する権限が与えられている、したがって、この制度は政府や官僚が強力な権限を持ち、国立大学を直接統制することができる仕組みを内包していると言うことができるのであります、と。（中略）

さらに、田中参考人は、大学に対するこのような国の縛りは我が国において存在したことがなく、もちろん現行制度にもありませんと。従来、文部科学省はその権限の行使に当たって法律に別段の定めがある場合を除いては行政上及び運営上の監督は行わないものとする、これ文部科学省設置法第六条の第二項でありますけれども、とされてきたのでありますと。したがって、この制度は大学に対する規制強化を意味しておりまして、構造改革の旗印である規制緩和と明らかに矛盾するものでありますとおっしゃっています。私も全くこの意見に賛成をいたします。（中略）この国立大学法人法に乗じて規制強化している（中略）点について文部省の反論をお聞かせをいただきたいと思います。（文教一六号一五・五・二九鈴木寛）

●文部省設置法六条2項というお話がございましたけれども、これは文部省がその権限の行使に当たって法律に別段の定めがある場合を除いては行政上及び運営上の監督を行わないと、こういう規定でございますけれども、今までは、国立大学につきましては国の組織の一部ということで、内部組織ということで位置付けられていたわけでございまして、そのため、その内部組織であるという必要から予算あるいは組織面等々、日常的に言わば大学と相談をし、助言をし、指導するという関係にあったわけでございますが、これはあくまでも内部組織でございますから、言わば文部省設置法六条2項の規定の対象ということではなかったというふうに思っておるわけでございます。

今回、法人化に当たりまして、これはもう内部組織から独立をして法人化にされるということでございまして、その関与につきましては、中期目標、中期計画、評価といったような点、それも一定の配慮をしながらのそういう関与に限定をして各大学の裁量を大幅に拡大すると、こういう仕組みにしているところでございます。（文教一六号一五・五・二九遠藤政府参考人）

○　石参考人の発言ですが、「大学の裁量の幅をでき得る限り広げる、つまり逆のことを言えば、無用なコントロール、無用な介入はやめていただきたいということが恐らく大学人の共通の要望だ」と。役所も変わってもらわなきゃ困るということを石さんがおっしゃっているわけですね。

そして、そういう懸念を払拭するためには、もちろん役所がこれからきちっとそういう変わったということを実践をされるということも大事でありますが、それと同時に、法律上もそうした懸念は全くないんだよということをおっしゃった方が、（中略）お互いに気持ちよくスタートできると思うんですが。

まず、役所は変わる気があるかどうかというこの石発言に対する御答弁をいただきたいと思います。（文教一六号一五・五・二九鈴木寛）

●　今回の法案によりまして国立大学と文部科学省との関係も必要最小限の関与ということで変わってくるわけでございますので、私ども、これまで日常的にいろいろ相談にあずかったり助言をしたりというようなことをしてきたわけでございますけれども、やはりこれまで以上に大学の自主性、自律性をより尊重をするということで、職員の意識もやはり変わっていくことが必要だろうと、こういうふうに思っておるわけでございます。（文教一六号一五・五・二九遠藤政府参考人）

従来、国立大学は文科省の内部組織という位置づけになっていたが、法人化後、大学は自主性・自律性がより尊重されることになり、職員の意識も当然変わらなければならない。上の答弁は、この時点での文科省のスタンスかもしれないが、現実は危惧された通りになったのではなかろうか。

三　財務省の関与

なぜ教育研究の改善を含む中期目標に、財務省が関与するのかについて多くの時間を割き質疑応答があった。その中からいくつか取り上げてみる。

○　法案上、財務省が中期目標にも口を出せることになっていますけれども、これまで、財務省は国立大学の研究・教育内容について口を出していなかったのではないかと思います。今回の法律で、明文上、その権限が認められるとすれば、それは、憲法二十三条の学問の自由及び大学の自治を侵しかねないものとして、極めて不適切だと思います。塩川財務大臣の所見を伺います。

基本的考え方は独立行政法人通則法にのっとりながら、名前から「独立」という語を取り去り、しかし、実態は独立させずに、国立大学に対する文部科学省のグリップを以前にも増して確立しようとしていることが、今回の法案から読み取れます。独立行政法人化の流れにもかかわらず、結果としては文部科学省の権限を強化している。これでは、火事場の焼け太りではないですか。（衆議院本会議一五・四・三山口壮）

●　従来から、国立学校特別会計の予算編成の際に、文部大臣、財務大臣は協議をして予算編成に従事しております。

今回の国立大学法人化に伴いまして、法第三十六条によりまして、中期目標には業務運営の改善及び効率化に関する事項、財務内容の改善に関する事項等につきまして、文部科学大臣と財務大臣は協議することになっておりまして、直接、財務大臣が国立大学法人にくちばしを入れるということにはなっておりませんで、御安心いただきたいと存じます。（衆議院本会議一五・四・三塩川大臣）

また、中期目標・計画に国がかかわる理由に、財政面の支援があることを根拠とするのなら、その部分に限って国が定めることにしたらどうか、と以下のように質している。

○国立大学協会が十三年六月に設置形態検討特別委員会報告というのを出しております。その中で、中期目標・計画は大学側が決める形、それが望ましいという御意見があります。（中略）であれば、大学側が中期目標、中期計画を作るというふうに条文で書くべきだと思うんです。そして、先ほどから、例えば副大臣、大臣が御答弁の中で、国は、あるいは役所は財政面の支援とか業務上のものだと。だったらそのように私はきちっと書いて、三十条を修正をされたらいいかがですかと。そして、この名前は分かりませんけれども、例えば中期経営計画とか中期財務目標とか、そういうふうに書けばこんな議論をするつもりはない。（文教一六号一五・五・二九鈴木寛）

●大きな国の方針の中で、民営化か独立行政法人化かという中で、独立行政法人の大きな傘の下で国立大学法人という独自性を持った法人を作ろうということでできているわけでございまして、国立大学が、国の意思で設置をし国費を投入するというところから、一番その骨格となる部分の決定者は、決定者自体は文部科学大臣となっておりますが、正にお触れになりました三十条の中に、それは中期目標を定め、又はこれを変更しようとするときは、あらかじめ、国立大学法人の意見を聴き、当該意見に配慮するとともに評価委員会の意見を聴かなければならない。評価委員会につきましては先ほど言いましたように実質、そうですね、行政組織としての公務員がやるということではないわけですし、それから、国立大学法人の意見を聴き、あるいは尊重しということでございますから、実際的には私は大学が定める、あるいは大学の原案というものをベースにして決めていくわけでございまして、大学ないし大学法人の意図というものが生かされていくわけでございます。

私の今言っておりますす実際的にはというところを、是非とも将来にわたって記録に残しておいていただきたいと思うわけでございます。

しかも、この法人法の、国立大学法人法の第三条におきまして、これは他の法律にはないわけで、独法には、他の独立行政法人関連の法律には絶対ない条文でございますが、国は、この法律の適用に当たっては、国立大学及び大学共同利用機関における教育研究の特性に常に配慮しなければならないという大前提の下、三条でございます、書いてあるわけでございまして、私は今御懸念の点は当たらないというふうに思います。

（文教一六号一五・五・二九遠山大臣）

○　国立大学法人というものの、独法がどうであれ、そのこととは全く切り離して今回の国立大学法人法の策定に当たって国が目標を作り、そして計画を認可するというフレームワークがやっぱり正しいと、これは独法の議論に引っ張られたものではないということだけちょっと確認させてください。（文教一六号

一五・五・二九鈴木寛）

●大学を法人化し、自由な裁量に基づきまして自主性、そして教育研究を大いに伸ばしていきたいと、こういうことでございまして、その際に独法、これは御案内のように国が必要な事務事業を、効率化という観点も入りますけれども、きちんと財政措置をしながら法人化をすると、こういうスキームでございますので、そのスキームを活用しながら、これも何度も御答弁申し上げておりますように、大学という特性、この特性に配慮してその特性が生かされるようにということでございまして、したがいまして、法人化をし、国が財政措置をする、しかしやはり財政措置をする以上国が責任は持たなくちゃならない。（文教一六号一五・五・二九遠山大臣）

さらに、中期目標において教育研究が重要な位置を占めることで双方に違いはないとした上で、目標・計画において教育研究と財務との関係を分離して扱うとした、鈴木氏の修正提案をめぐり議論が交わされた。

○であれば、第三十条の二項の第一号に教育研究の質の向上に関する事項というのがございます。この条項を削除していただいて、中期目標、中期計画の名称を、例えば中期財政目標とか中期業務目標とか、中期業務計画というふうに変更していただくという修正案を提起した場合には、それは御検討していただけますか。（文教一六号一五・五・二九鈴木寛）

●やはり大学の使命は何であるかということを考えますと、やはり教育研究と、そしてそれを向上するというのがやはり大学の第一の使命でございますから、大学が自らの姿勢として目標にそれを掲げるのは当

然だろうというふうに思っております。（文教一六号一五・五・二九遠藤政府参考人）

○　大学当局が、大学がそれぞれにその使命として教育研究の質の向上を自ら作成し、そしてそのことを世の中に公表することは大変にいいことだと、あるべきことだというふうに思っております。しかし、この問題の本質は、正に教育研究の質の向上に関する事項というものを明確に含む中期目標を文部科学省が策定をするというところにあります。（中略）私は、この法律の問題点というのは、正にその教育とか研究とかといったものについての基本的な認識といいますか、それが少し違うのかなということが一つございます。（文教一六号一五・五・二九鈴木寛）

大臣は、国立大学法人は独立行政法人の大きな傘の下にはあるが、独法とは異なった制度設計になっていると答弁している。しかし、その実態は、行政改革の手法である独立行政法人通則法を基本的枠組みとし、その一部を大学改革に都合のよいように変更したに過ぎない。法人化後の大学運営にとって最も本質的な、文科省の間接統治を可能にする目標管理システムが、この法人制度の中核をなしており、せいぜい大学への配慮義務が、文言として加えられた程度である。

四　中期目標・計画を大学の届け出とした場合の問題

中期目標・計画を、文部科学省による策定と認可でなく届け出に改めることはできないのか。また、その際どのような問題が生じるかについて、以下のような質疑応答がなされている。

○文部科学大臣が国立大学に対して中期目標を示して、そして、六年後にそれを評価して予算配分にも直結させることがうたわれています。これは独立行政法人通則法の基本的枠組みと同じですけれども、このような、戦前の日本にも存在しなかった、文部科学省が大学をコントロールし得る仕組みというのは、憲法二十三条の学問の自由及び大学の自治を侵しかねません。（中略）中期目標を定めるとしても、文部科学大臣ではなく国立大学が定めるように、また、中期計画についても、文部科学省による認可となっていますが、これを届け出に改めるように、法案を修正すべきと考えますけれども、文部科学大臣の所見を伺います。（衆議院本会議一五・四・三山口壮）

●国立大学が創意工夫を重ねながら教育研究の高度化や個性豊かな大学づくりに取り組む上で、その自主性・自律性を尊重し、国立大学の活性化を図ることは、極めて重要であります。我が国の国立大学は、現行制度上、行政組織の一部として位置づけられておりますために、予算、組織、人事などの面で国が関与せざるを得ず、さまざまな制約がございました。法人化により、その関与を限定するとともに、国立大学法人の意見に十分配慮することとしております。

もとより、国が責任を持って予算措置を行うため、中期目標の策定など必要最小限の関与は必要でありますが、中期目標の作成においては国立大学法人の意見に配慮するなど、大学の自主性、自律性を十分尊重することが必要であり、そのような仕組みといたしております。（衆議院本会議一五・四・三遠山大臣）

○法案内容をつぶさに検討するに、その内容は、このすばらしい提案趣旨を具現したものであるどころか、これまで国立大学に対して行われてきた以上に国の関与を深め、各大学の主体的な発展を阻害し、ひいては我が国の高等教育の将来を危うい方向へ導くおそれがあり、このままでは国立大学改悪法案であると言

わざるを得ません。（中略）

各大学の主体的な発展を期待することにこそ改革のコンセプトを置くべきであり、さらには各々の大学が目指すべき将来の姿を最も的確かつ意欲を持って策定できるのは各大学自体にほかならないことを思えば、文部科学大臣が、しかも財務大臣との事前協議の上、中期目標を定めるなどとする根拠は極めて薄く、正に大学の自治の根幹にかかわる問題と考えられます。

文部科学大臣には、中期目標を各大学が策定するとした場合にどのような問題が生じるとお考えなのか、財務大臣には、中期目標を定める際のこの事前協議の必要性について、それぞれお伺いいたします。（参議院本会議一五・五・二三岩本司）

●今回の法案は、大学の活性化を図るため、国による財政措置を前提としつつ、国立大学を独立した法人とすることにより、各大学の運営上の裁量を大幅に拡大するものであります。

その上で、さらに、中期目標を大学が策定する仕組みとすることは、高等教育全体の在り方、あるいは財政上の観点等を踏まえた国の責任ある対応という観点から問題があると考えております。

なお、中期目標を定めるに当たりましては、あらかじめ大学の意見を聴き、その意見に配慮する旨を明確に定めておりますなど、大学の自主性を十分に踏まえることとしております。（参議院本会議一五・五・二三遠山大臣）

●中期目標を策定いたします場合に、財務内容の改善に関する事項というのがございまして、具体的に申しますと、この法人の自己収入の目標を立てること並びに経費抑制の目標を立てること等について協議をすることになっておりますので、この規定があるという次第であります。（参議院本会議一五・五・二三塩川大臣）

五　学問の自由との整合性について

さらに、教育研究に係る事項を文部科学大臣が定めるとなれば、憲法が保障する学問の自由と反するのではないかとする点で、多くの質疑応答がなされた。以下はその一部である。

○その中期目標は、「教育研究の質に関する事項」「業務運営の改善及び効率化に関する事項」「財務内容の改善に関する事項」などとなっています。

これらは、本来、大学みずからが定める事項であって、大学が自主的、自律的に行う内容であります。それらを文部科学大臣が定めるとなれば、教育研究の質にまで指示を与えることになり、憲法二十三条の学問の自由の保障に反することは明らかです。明快な答弁を求めます。（衆議院本会議一五・四・三石井郁子）

●国立大学が創意工夫を重ねながら教育研究の高度化や個性豊かな大学づくりに取り組む上で、その自主性・自律性は極めて重要であります。わが国の国立大学は、現行制度上、行政組織の一部として位置づけられておりますために、さまざまな制約があるわけでございます。予算上も人事上も、あるいは組織上もそういうことでございますが、法人化により、その関与を限定するものでございます。

同時に、国立大学法人に対しては国が責任を持って予算措置を行うものでございますので、中期目標の策定など国としての一定の関与は必要でありますが、中期目標の作成においては国立大学の意見に配慮するなど、学問の自由を十分尊重することが必要であり、そのような仕組みといたしております。（中略）これまで、国立大学の学問研究の内容や計画を政府が一方的に定めたことはありません。国立大学法人についても、大学の自主性・自律性を尊重する観点から、これまでの国の関与をできるだけ制限するものでありまして、文部科学大臣は、中期目標を策定するに当たって、あらかじめ国立大学法人の意見を聞き、その意見に配慮することとしており、決して、一方的に定めるものではございません。（衆議院本会議一五・四・三遠山文部大臣）

この答弁は、国立大学法人が独立行政法人制度を基本的枠組みとしたものである以上、大臣による中期目標の策定は、独法制度の根幹に関わる必須の条件部分であり、その意味で「学問の自由」についても、せいぜい特例措置として、大学の原案への配慮義務をうたうことで、その批判をなんとかかわすのが精一杯であることを示している。問題は、法人化後一三年を経て、この間の中期目標の策定をめぐって、実際、いうような大学の自主性・自律性の尊重の上に、大学が作成した原案への「配慮」がどのようになされたのかである。その原案なるものも、実際には、「ミッションの再定義」や「改革」の方向性、観点例や指標など、文科省仕様の枠組みをベースに、書き込まれたものとなっている。

六　国立大学法人評価委員会の役割

国立大学法人評価委員会による評価は、評価を通した教育研究に対する国の統制ではないかと質された。

○　中期目標や中期計画がどれだけ達成されたかを見るため、文科省内に国立大学法人評価委員会が設置され、大学法人の業務実績について評価を行うとしています。これは大学の教育と研究に対する国による直接の評価であり、これは、評価を通じての国家統制ではないのですか。明快な答弁をいただきたい。（衆議院本会議一五・四・三石井郁子）

● 国が直接評価を行うことは教育研究の国家統制につながるのではないかとの御指摘であります。国立大学の評価は、文部科学大臣が直接行うのではなく、社会、経済、文化等の幅広い分野の有識者を含め、大学の教育研究や運営に関して高い識見を有する者によって構成される国立大学法人評価委員会が客観的かつ専門的見地から行うこととしておりますほか、教育研究の状況については、学問の自由を踏まえ、ピアレビューによる専門的評価機関である大学評価・学位授与機構に評価の実施を要請し、その結果を尊重することとしているなど、教育研究の特性に十分配慮した仕組みとしております。（衆議院音会議一五・四・三遠山大臣）

さらに、国立大学法人評価委員会における評価の基準と評価の公平性や評価委員の人選をめぐってのやり取りがあった。

○ 経営面、研究実績、教育面がどのような割合で評価されるのかなど、総合評価の基準は明確になっていません。しかも、この総合評価により運営費交付金が各大学に傾斜配分されることとなっており、この第三者機関は極めて強い力を持つことになります。総合評価のあり方の基準を作成し公表する等の措置をとるのか、また、第三者機関のメンバーは国立大学のＯＢは除外するなど公平な評価をするためにどのような基準で人選をするのか、文部科学大臣の見解を伺います。（衆議院本会議一五・四・三佐藤公治）

● 国立大学法人評価委員会による評価は、国立大学法人制度の基幹をなす重要なものであると考えております。その具体的な評価基準については、新たに設立される国立大学法人評価委員会においてご検討いただくこととしておりまして、決定され次第、広く社会に公表したいと考えております。
また、この評価委員会に関し必要な事項は政令で定めることとしておりますが、その委員は、社会、経済、文化等の幅広い分野の有識者を含め、大学の教育研究や運営に関して高い識見を有する方々によって構成することを考えておりまして、人選に当たっては、公平な評価の実施に十分意を用いてまいります。（衆議院本会議一五・四・三遠山大臣）

七　総務省の評価委員会はなぜ必要なのか

独立行政法人通則法に基づく総務省の評価委員会と文部省の国立大学法人評価委員会との関連について、以下のやり取りがなされた。

○ 総務省の中に政策評価・独立行政法人評価委員会というのがあるのでございますけれども、これは総務省の中にあるわけで、その総務省の中にある評価委員会と、それから文部省の中につくろうとしている国立大学法人評価委員会の関係というのは、どういうふうになるわけでございますか。（文科九号一五・四・一六大石尚子）
● これは通常の独立行政法人評価委員会と総務省にあります評価委員会との関係と同じようでございまし

て、国立大学法人評価委員会は総務省の評価委員会に評価結果を通知するという関係が一つございます。第二点として、それを受けまして、総務省の評価委員会は、通知をされた評価結果について国立大学法人評価委員会に対して意見を述べることができる、こうなっておるわけでございます。

そういうことからいきますと、総務省にある評価委員会は国立大学法人評価委員会の行う評価の適正を確保する役割を担う、こういう形になっていくものでございまして、総務省の評価委員会の評価は、国立大学法人を直接対象とするというんじゃなくて、あくまでも国立大学法人評価委員会の評価結果についてその適正を確保するという行う、直接はやらないけれども、国立大学法人評価委員会の評価結果についてその適正を確保するという立場に立つということでございます。（文科九号一五・四・一六河村副大臣）

さらに、独立行政法人評価委員会による国立大学法人の評価がなぜ必要かについても、やり取りがなされている。

○　第三条でも言われているように、教育研究の特性に配慮しなければならないからこそ独法評価委とは別の国立大学法人評価委員会というものを作ったんじゃないですか。そうですよね。総務省とは違う、専門性を持った評価委員会を作ったわけなんです。

にもかかわらず、なぜ門外漢であるところの総務省、もっと具体的に言えば独法評価委員会が国立大学法人の評価に口出しをするんですか。（文教一九号一五・六・一〇内藤正光）

●　総務省の政策評価・独立行政法人評価委員会、略して独法評価委員会と申しますが、この独立行政法人に関しします全政府レベルの第三者評価機関としまして、第一次評価機関、各省の第一次評価機関が行います評価が適切に機能しているかどうか、これを評価するとともに、中期目標期間終了時に法人の全般的な見直しを行うという、そういう仕組みの実効性の向上を図ると、そういう目的で、言わば独立行政法人制度におきます事後チェックシステムの客観的かつ厳正な評価を実施すると、担保すると、そういう役割を担っております。

国立大学法人につきましても、一般の独立行政法人と同様、評価の客観的かつ厳正な実施を確保するために、政策評価・独立法人評価委員会が、一般の独立行政法人の場合と同様、総務省に役割を持たせていると、こういうふうに考えております。（文教一九号一五・六・一〇柚木参考人）

また、後の文教科学委員会では、総務省がかかわる意見や勧告に関して、さらに突っ込んだやり取りがあった。

○　独立行政法人通則法上の準用による総務省の政策評価・独立行政法人評価委員会からの意見については、その対象は国立大学法人評価委員会の行った評価の在り方の是非に限定されるとの答弁があった。評価の在り方の是非とは具体的にどのようなことを言うのか。（文教二二号一五・七・八佐藤泰介）

●　具体的には、一次評価の結果を対象に、例えば把握すべき実績が適切に把握されているか、評価基準の当てはめが適切か、適切なデータに基づいているか、評価結果の根拠、理由等は明確かつ妥当かといったようなことにつきまして、国立大学法人評価委員会の評価の手法、在り方などについて、必要があると認めるときは国立大学法人評価委員会に対して意見を述べることができることとされているものでございます。（文教二二号一五・七・八田村参考人）

○　総務省の評価委員会が各大学の設置や運営、教育研究活動に関して意見を言うことがあるのか、この点についても総務省に伺います（文教二二号一五・七・八佐藤泰介）

●　文部科学省の国立大学法人評価委員会の評価の結果について、同委員会に対して意見を述べるものでございまして、各大学の設置や運営、教育研究活動について直接意見を申し上げるものではございません。（文教二二号一五・七・八田村参考人）

こうしたやり取りを通してみえるのは、直接国立大学法人を対象にしないので、教育研究の干渉にはならないとの考えである。ここで直接・間接の違いは本質的ではない。むしろ間接であることの曖昧さから、結果として強い影響力を発揮できる構造になっていることが問題である。

第四節　中期目標期間終了後の組織の在り方および組織・業務の見直し

一　文部科学大臣による「所要の措置」をめぐって

国立大学法人法第三一条の四には、文部科学大臣は、評価委員会が中期目標期間の終了時に見込まれる業務の実績に関する評価を行ったときは、「当該国立大学法人等の業務を継続させる必要性、組織の在り方その他その組織及び業務の全般にわたる検討を行い、その結果に基づき、当該国立大学法人等に関し所要の措置を講ずるものとする。」とある。この「所要の措置」とは何を指しているかの質問（文科九号一五・四・一六石井郁子）に対して、政府は以下のように答えている。

●お尋ねの所要の措置でございますが、その全般にわたる検討の結果を踏まえまして、法人としての存続の必要性、すなわち、廃止、民営化を含めまして業務、組織の見直しを行う、あるいは、中期目標の設定ないし中期計画の認可、さらには法人の長等の人事などに反映させるということをもちまして、所要の措置というふうに理解をしております。（文科九号一五・四・一六福井政府参考人）

さらに、廃止、民営化を含めて組織の見直しというのは大学の再編・統合を含むのかどうかとの質問（文教一一号一五・七・一畑野君枝）には、次のように答えている。

●国立大学法人法が準用しております独法通則法三十五条でございますが、この「所要の措置」の中には、今、委員御指摘になりましたように、廃止、民営化を含む業務、組織の見直し等々の内容を想定しております。
今お尋ねの、その中に法人の統合・再編を含むかどうかというお尋ねでございますが、一般論としましては、組織に関するあらゆる形態の見直しが入り得るわけでございます。ただ、具体的な措置内容は、当然、個々の法人によりまして主務大臣、大学の場合は文部科学大臣でございますが、検討をされるということでございます。（文教一一号一五・七・一福井参考人）

また「所要の措置」とは、個別の大学・学部の改廃などが想定されているのか、またその措置はどのような手続を経て行われるのかの質問（文教一三号一五・七・八佐藤泰介）に対して、大臣は次のように答えている。

●一般的には当該法人の廃止あるいは組織の見直し等が含まれるものとされているところでございます。しかしながら、国立大学法人につきましては、法案第三条に規定された教育研究の特性への配慮義務などを踏まえまして、中期目標期間の終了時における検討結果につきましては、まず各国立大学法人においてこれをしっかりと受け止めて、次期中期目標期間における大学運営に責任を持って反映させることが大前提となっているところであります。
　また、効率的な運営といいますものは、国立大学法人にとっても重要であるわけですが、例えば学内の教育研究組織の編制などについて、業績評価と関係なく機械的にスリム化を図るというようなことはしない考えでございます。（文教二二号一五・七・八遠山大臣）

質疑応答の中には、具体的な事例をもとにしたやり取りもなされている。

○評価委員会の方で、この地方大学は経営状態もよくない、学生も集まりが悪い、結果をきちっと出していないじゃないか、目的も達成し切れていない、こういう評価が出た場合に、こういう大学というのは評価委員会でどういうふうになるのでしょうか。これは廃校すべきだという結論というのも出る可能性があるのでしょうか。（文科九号一五・四・一六佐藤公治）
●これは評価委員会のあり方でしょうが、やはり大学経営そのものが成り立たないで十分な教育ができないという状況になれば、整理統合の対象になり得る。教育の公的役割というものから、それが果たし得ないということになれば、そういう問題というのは当然惹起してくるであろう、私はそう思います。（文科九号一五・四・一六河村副大臣）

二　総務省の評価委員会の勧告権をめぐって

独立行政法人通則法の準用によって、総務省は文部大臣に勧告する権限を持つことになる。中期目標期間終了後の勧告をめぐって、以下のような質疑応答もなされている。

○　総務省の政策評価・独立行政法人評価委員会のもう一つの関与が、中期目標期間終了時の国立大学への主要な事務及び事業についての改廃勧告。独立行政法人通則法の準用規定であるこの改廃勧告について、国立大学の主要な事務事業とは何か、また具体的にどのような手続によってどのような勧告がなされるのか、また反論する機会が与えられるのか、勧告を受けた国立大学及び文部科学省はどのような対応が迫られるのか、この点について伺う。（文教二二号一五・七・八佐藤泰介）

●　一般的には、中期目標、中期計画に記載される主要な事務事業程度のものを想定しておりまして、これには大学本体や学部等の具体的な組織そのものは含まれないと考えております。（中略）なお、勧告を受ける対象は文部科学大臣のみでございまして、国立大学法人が直接勧告を受けることはございません。（文教二二号一五・七・八田村参考人）

○　重大なことは、この国立大学法人は、独立行政法人通則法が準用されるために、総務省の所管している政策評価・独立行政法人評価委員会の評価も受けることです。この評価委員会は、国立大学法人の改廃に関する審査を行い、文部大臣に対する勧告権を持っています。

もともと、この評価委員会は、独立行政法人の業務実績の評価を行うものです。なぜ総務省が教育と研究について評価できるのでしょうか。これでは、国立大学法人の改廃のかぎを総務省が握ることになるではありませんか。この勧告権とはどんな権限なのか、総務大臣の答弁を求めます。（衆議院本会議一五・四・三石井郁子）

●私どもの方の政策評価・独立行政法人評価委員会の勧告についてどうか、こういうことでございますが、御承知のように、国立大学法人につきましては、中期目標期間が終わりますと文部科学大臣が全体を見直す、組織や業務を見直す、こういうことになっておりますが、その場合に、国立大学法人評価委員会の意見を必ず聞く、こうなっているのです。それだけで終わるのじゃなくて、私どもの方の政策評価・独立行政法人評価委員会が、主要なものについては勧告できる。
何でそういうことにしているかといいますと、その主要なものについては、いろいろな並びやその他ありますので、他の独立行政法人と同じように二次チェックをする、国立大学法人評価委員会の意見の中立性や客観性を担保する、こういうことでございまして、他の独立行政法人と同じ扱いをさせていただいているわけであります。御理解を賜りたいと思います。（衆議院本会議一五・四・三片山大臣）

第五節　経営協議会・教授会・学長選考会議について

一　経営協議会と教育研究評議会の役割の違い

国立大学法人法では、経営に関する重要事項は経営協議会、教育研究に関する重要事項は教育研究評議会で審議するとしているが、実際は区別できないのではないかとの観点で、文教科学委員会文教一二号一五年七月八日で佐藤泰介委員と政府側との間で以下のようなやり取りがあった。

○　経営協議会と教育研究評議会の役割の違いは何か。また、大学の本質は教育研究機関であり、すべての活動は教育研究の充実向上のためである。経営に関する事項と教学に関する事項を区別することが実際に可能か。この点について伺います。（文教一二号一五・七・八佐藤泰介）

●　教育研究評議会は各学部や研究科の議論を踏まえて全学的な教育研究の方向性を審議するということでありますます。その中でそれに必要な予算、支出面についても議論をすることはあり得るわけでございますが、主として教育研究の方向性をこの教育研究評議会でしていただく。そして、経営協議会は大学全体の経営面について協議するわけでございますが、その中には当然、教育研究評議会の議論も踏まえてやらなきゃならぬということになるわけでございます。しかし、基本的には経営協議会は大学全体の経営について行うということで、かなりそういうことを峻別するとなりますと、当然教育面の部分も経営の全体の中に入ってまいりますから完全に切り離して考えられませんけれども、方向としてはいわゆる全体の経営をやる経営協議会とそれから特に教育面の研究評議会という形で役割分担をいたしておる、こういうことでござい

ます。（文教二二号一五・七・八河村副大臣）

○　ということは、はっきり区分けすることは大変難しいということですよね。（中略）最終決定は学長が判断されるのかどうかになるんだろうと思いますけれども、最初からは、この部分だけをこの部分だけをということではないですよね。それぞれの機関がやっぱり広く全体的な議論をして、それは最終的に決定していくプロセスはまた作られるんでしょうけれども、この部分に口を出してはいかぬ、この機関はここだけというようなことはできにくい。お互いに連携を取って、教育研究評議会も予算面についても当然審議できるという御答弁と理解していいですか。（文教二二号一五・七・八佐藤泰介）

●　委員の御指摘のとおり、それぞれの協議会、評議会、それぞれの立場から十分な議論をしていただいて、その両機関が連携をきちっと取り合って、そして学長が最終的にその大学にとって良き方向というのを見いだしていただくという方向になるというふうに思っております。（文教二二号一五・七・八河村副大臣）

○　中期目標などに関して、経営と教育研究双方に密接にかかわる事項を学内で検討、調整をするために様々な取組が行われ、また内部組織の弾力的な設計などが行われることが考えられる。（中略）このようなことについて文部科学省が関与することはあるのか、この点について伺う。また、学内の審議機関などにおける審議事項、審議内容について文部科学大臣が言及、干渉することがあるのか、こういった点について伺います。（文教二二号一五・七・八佐藤泰介）

●　教育研究評議会が教育研究面、それから経営協議会が経営面を審議することとなっているわけでございますが、（中略）学内の意思形成に当たって弾力的に調整できる、そういうシステムになっているわけでございます。このような調整といいますものは正に各大学において行われるものでございまして、そうした

大学の自主的な取組に文部科学省が関与することはないわけでございます。（文教二二号一五・七・八遠山大臣）

このやり取りから汲み取れることは、経営協議会と教育研究評議会とで扱う審議の範囲は、大学の自主性にまかされ、文科省は口をはさむことはないということである。本当にそうであろうか見守りたい。

二　教授会の位置づけと役割

国立大学法人法では教授会についての規定はない。法人化の下での教授会の位置づけや役割について質疑応答が繰り返されている。

例えば、法案には教授会に関する条文がないが、それは学校教育法（第五九条）の規定によるのか、また教授会の在り方についてどう考えるのか、との質問（文教一六号一五・五・二九有馬朗人）に以下のように答えている。

●国立大学法人制度におきましては、各法人の自主性、自律性を高め自己責任の拡大を図っていくという観点から、内部組織につきましては可能な限り法人の裁量にゆだねて、法令等での規定をしないということを原則としているわけでございまして、これまで教授会の設置の単位とされてきました学部あるいはその研究科につきましても法律上規定を設けていないということになっているわけでございます。

こうした点を踏まえまして、どのような教育研究組織の単位にどのような形で教授会を置くかということにつきましては法人の定めにゆだねるということとしたものでございますが、学校教育法第五十九条の規定に基づいて法人化後の大学に教授会が置かれるということには変わりはないわけでございます。

現在、教授会につきましては、国立大学については、国立学校設置法におきまして、学部又は研究科の教育課程の編成に関する事項、学生の入学、卒業又は課程の修了その他その在籍に関する事項及び学位の授与に関する事項、その他当該教授会を置く組織の教育又は研究に関する重要事項を審議すると、こういう規定をされておるわけでございますが、法人化後も引き続きこうした役割を担うというふうに理解をしておるわけでございます（文教一六号一五・五・二九遠藤参考人）

さらに、国立大学法人と教授会の位置づけについての質問（文科一二号一五・五・一四藤村修）には以下のように答えている。

● 教授会は、あくまでも学部等の教育研究の重要事項について審議を行うための機関であるのに対して、役員会は、大学運営上の重要事項に関して学長の意思決定に先立って議決を行うための機関、こう位置づけておるわけでございます。最終的に意思決定を行う学長と教授会の関係というのは今の大学と変わりないわけでございまして、教授会と役員会というのは、その性格、機能が明確に異なっているというふうに考えていただきたいと思うわけでございます。（中略）
教授会の位置づけというものは、（中略）あくまでも学部等の教育研究の重要事項について審議を行うという形で教授会の位置づけがなされておる、このように考えておるわけであります。（文科一二号一五・五・一四河村副大臣）

また、教育研究の重要事項の審議については以下のようなやり取りがあった。

○　大学には重要な事項を審議するために教授会を置かなければならないとする学校教育法における教授会の位置付けを文部科学省はどのように考えているのか。これまでと変わらないとの理解でよいのか。また、教授会に求められる具体的な役割は何か。教授会が審議する重要事項には経営的な事項が含まれていると考えるが、どうか。これらの点について伺います。（文教二二号一五・七・八佐藤泰介）

●　法人化後の国立大学におきましても、学校教育法第五十九条の規定に基づきまして教授会が置かれるということには変わりがないわけでございます。教授会におきましては、引き続き当該教授会が置かれている学部や研究科の教育研究に関する重要事項を審議するものでございまして、そうした事項を審議する中で予算や組織編制など経営的な事項について議論することもあるというふうに考えておるわけでございます。（文教二二号一五・七・八遠藤参考人）

さらに、佐藤委員が「ほぼこれまでと変わりがないというふうに今答弁されたと理解していいですか」と念を押したのに対して、遠藤参考人は「そのとおりでございます」と答えている。

国会の審議を見ると、経営協議会と教育研究評議会の審議事項の区分、あるいは教授会の位置づけなど、従来と基本的には変わりはなく、あくまでも大学の自主性を尊重するとなっている。しかし、大学は、そうした国会議論の内容を知らないまま、法規定に基づいた文科省の指導を優先して、学内の諸規定を作っている。せっかく、国会で大学の自主性を引き出しても、大学現場ではそれが生かされていないということである。

三　学長選考会議

学長選考会議をめぐる審議で重要な視点は、選考会議に学長が加わることができる条項の問題と、学長選挙における意向聴取の位置づけであった。

(一) 学長選考会議へ学長の参加

まず学長選考会議の構成メンバーに学長が入っていることをどう考えるかの質問(文教一六号一五・六・四西岡武夫)に対して、遠山大臣の回答は次のようであった。

●現在の規定におきましても、学長の選考は評議会が行うわけでございますけれども、評議会の必要な構成員に学長はなっておりまして、その学長が選考に加わることは法令上禁止されていないところでございまして、各大学が大学の選考会議におきましてそれぞれの判断において学長を加えるという場合には加えるということもあり得てよろしいんではないでしょうか。(文教一六号一五・五・二九遠山大臣)

一見最ものように聞こえるが、従来は評議会が学長を選考したとはいえ、実質的には、そのほとんどは学内・構成員の選挙結果をもとに決めていたわけで、法人制度のもとでの学長選考会議とは全く異なった仕組みである。そのこともあって、遠藤参考人が別の視点で次のように回答している。

●大学によっては、例えば各国立大学法人の規定等で再任が認められておらず、現在の学長が学長選考においで当事者にならない場合などもあり得るということもございますので、学長選考会議の定めるところによりまして、学長又は理事を加え得ると、いろんなパターンができるというような柔軟な仕組みとさせていただいたところでございます（文教一六号一五・五・二九遠藤参考人）

この問題については、さらに後の委員会でも、追及がなされている。

○学長選考会議に現職の学長が参加できる規定の趣旨は、現職が再任されない場合に限る、こうしたことを明文化し、次期執行部に対する影響力を維持するための制度とならないよう、くれぐれも学長選考過程の公正性に疑念を抱かれることのないようにすべきであると考えるが、この点はどうか。（文教二二号一五・七・八佐藤泰介）

●学長選考会議の委員に学長を加えることができるといたしておるところでありますが、制度上、現学長が学長候補になり得ないことがあるといったことを考慮したものであるわけでありまして、具体的には、学長選考会議に学長が加わることができるのは、例えば各国立大学法人の規定等で再任が認められておらず、現在の学長が学長候補において当事者にならない場合に限られるということが望ましいわけでございます。（文教二二号一五・七・八河村副大臣）

繰り返し述べているが、学長が加わる必要性については、説得力のある説明ではない。その後、国立大学法人法の一部改正により、学長選考会議の役割が、平常業務での学長評価にも関わることになった。しかし、その時も「学長が加わることができる」とした条項の改正はなく、評価される立場のものが、評価する機関に加わることができるとした、倒錯や矛盾が続いたままである。何か別の意図があるのか、不可解の極みである。

(二) 学長選挙における意向聴取

学長選考における意向聴取についても、多くの意見が交わされた。その一部を紹介する。

○ 国立大学における学長選考というのは基本的には選挙によって、正に民主的手続に よって行われているというふうに理解をしております。正にそのことが重要な慣習法として定着をしているというふうに思っておりますけれども、今回の条文だけ見ますと、学長選考会議というものが学長を決めていく、民主的手続が引き続き確保されるのかそうでないのかということについてグレーなんですけれども、この点についてはいかがでございますか。(文教一六号一五・五・二九鈴木寛)

● いわゆる学長選挙でございますけれども、先ほども申しましたように、評議会で学長を決める際の言わば参考という形で、法令上に位置付けられた手続ではなくて、各大学の学内規定等におきまして学長選挙といったようなことが行われてきたわけでございます。法人後につきましては、どういうやり方で学長を選ぶかということについてもその学長選考会議が定めるということでございまして、各大学の御判断ではありますけれども、例えば学長選考会議の選考のプロセスにおきまして何らかの形で学内者の意向聴取ということも行うということも考えられるわけでございますけれども、その場合でありましても、例えば学長選考会議が広く学内者から候補者を調査をし絞った上で学内の意向聴取を行って、その結果を参考にしながら最終的に責任を持って選ぶといったようなことが重要だというふうに考えておる次第でございます。（文教一六号一五・五・二九遠藤政府参考人）

○　お聞きしたいのは、この最終報告に言う「学内者の意向聴取手続（投票など）」は、この後どのようにして行われていきますか。お答えください。（文科一三号一五・五・二八児玉健次）

●　それぞれの大学が自主的に判断をしてやってもらいたいというのが、私どもの考えていますこの法律案の意図しているところでございます。（文科一三号一五・五・二八遠山大臣）

○「学内者の意向聴取手続（投票など）」これはそれぞれの大学で決めてもらえばいいと。文部科学省の方でそれの是非について述べることはありませんね。（文科一三号一五・五・二八児玉健次）

●　学長選考会議の枠組みは決めておりますけれども、そこにおいてどのような形で学長を選んでいくかというのは、先ほど申しましたような趣旨を考えながら、各大学でお決めいただくものだと思っております。（文科一三号一五・五・二八遠山大臣）

ここでも、各大学が自主的に決めることと答弁している。大学の自主性をどう反映するかは、学長選考会議規程の内容にかかわっている。規程のつくりについては、文科省の指導もあって運用に幅もあり、各大学の学長選考会議が判断することだが、五章で述べるようにさまざまな混乱が持ち込まれることになった。

第六節　教職員の非公務員化をめぐって

一　なぜ非公務員なのか

法人化により、教職員の身分は、国家公務員から非公務員になった。非公務員型に方針が変ったのはなぜか、また非公務員型を良しとする理由は何かとの質問（文教一六号一五・五・二九有馬）に、玉井参考人は以下のように答えている。

●特に、国立大学等の独立行政法人化に関する調査検討会議、これは多くの大学関係者に入っていただいた会議でございますが、そこにおきまして公務員型と非公務員型とを比較して慎重な検討が行われました。
　その結果、国家公務員法等にとらわれないより柔軟で弾力的な雇用形態、給与形態、勤務時間体系が取れるのではないか、外国人の学長、学部長等管理職への登用が可能になるのではないか、兼業・兼職の弾力的な運用ができるのではないか、試験採用の原則によらない専門的な知識、技能等を重視した職員の採用が可能になるのではないか等々の弾力的な人事制度を実現し得ると、そういう点で非公務員型の方が公務員型よりも優れた面が多いというふうに判断し、非公務員型とすることが適当というふうにこの会議において判断をされたわけでございます。（文教一六号一五・五・二九玉井参考人）

二　教員の身分保障

この法案で、教職員の身分は非公務員となり、教育公務員特例法の適用除外になる。教育公務員特例法第四条、

「教員の採用及び昇任のための選考は、教授会の議に基づき学長が行う。」はどうなるのかの質問（衆議院本会議一五・四・三石井郁子）に、遠山文部科学大臣は次のように答えている。

> ●教員人事に関する事項については、教育研究に関する重要事項を審議する教育研究評議会の議を経ることとされているところであり、各大学においては、教員の人事に関する方針、基準、手続についての同評議会の審議を踏まえ、これに基づいた適切な教員人事が行われるものと考えております。（衆議院本会議一五・四・三遠山文部大臣）

また同様の問題提起（文科一三号一五・五・一六児玉健次）に河村副大臣は次のように答えている。

> ●学校教育法によって教授会は必置されるわけでございます。ただ、法人化後は、非公務員型の法人ということでございまして、教員の任命権者は文部科学大臣から学長になるとともに、教育公務員特例法の適用がなくなって、人事については教授会の議に基づいて行うということの規定の適用はなくなるわけでございます。したがって、教員人事については、今後は各国立大学法人の創意工夫にゆだねられる、これが原則になるわけでございます。

法人化後、教授会において、教育研究の重要事項をどう解釈するのかとも関連するが、いづれにしても、大学がどう定めるかが重要な点である。

三　一般事務職員の非公務員化

国大協の議論では、教員の非公務員化には一定の効果があるが、事務職員を非公務員とすることの是非は課題とされていた。

○　国家公務員である一般職の職員の大学の皆様方が国家公務員でなくなるということになるわけですけれども、これは何を根拠にしてこの国家公務員の身分というものを、（中略）剥奪するということができるのか、これを大臣にお答えいただきたいと思います。（文教二一号一五・七・一西岡武夫）

●　先行する独立行政法人、非公務員型あるいは公務員型ございますけれども、既に設立されました非公務員型の独立行政法人におきましては、その職員が国家公務員の身分は失っても、新組織への移行にかかわる法律において職員の引継ぎが規定される場合には、その法律によってその職員は国家公務員の身分を失うというふうな整理をされているわけでございます。

したがいまして、国立大学法人法附則第四条についても、本条に基づきまして、国家公務員法の規定によらずに承継職員は国家公務員の身分を失うという形になるわけであります。すなわち、国家公務員法体系以外の法律によってその承継を定めている、こういう仕組みになっているわけでございます。（文教二一号一五・七・一玉井参考人）

○　国立大学を、正に大臣、これは他の独立行政法人とは違うんだというような御説明をるる今までされてこられたけれども、結局、他の独立行政法人と一緒だということを大臣、今おっしゃったじゃありませんか。

（文教二一号一五・七・一西岡武夫）

●十分な御議論をいただいたということのその証左がこの調査検討会議での御議論、それから、もちろんその背景には恐らく国大協の関係者も御議論があって、その代表者も参画しているこの調査検討会議であったろうと思いますけれども、そこにおいて、そこのところは明確に書かれているわけでございます。国立大学が社会から期待される使命や機能の実現を目指し、その責務を全うしていくためには、諸規制の大幅な緩和と大学の裁量の拡大という法人化のメリットを最大限に活用して、大学及び職員の持てる能力を十分に発揮させることが重要であると、こうした観点に立って、職員の身分については非公務員型とすることが適当であると、その非公務員型にするについてはこういうことが大事だと、いろいろと書いてありますが、これはもうすべて担保されているわけでございますが、ここのところの職員の中には明確に今申し上げてきたようなことがあるわけでございまして、この議論の結果というものを私どもとしては法案に反映しているというところでございます。（文教二一号一五・七・一遠山大臣）

大臣は回答で、国大協からの委員も加わった調査検討会議の最終報告の趣旨に従ったとし、自らの判断を避けている。法人化のそもそもの狙いが、定員削減をはじめ行政改革にあったことから、その後の現実は、大学経営の合理化のもと、事務職員を含む教育研究補助職員の大幅削減と非常勤化が進むこととなった。

第七節　法人化の及ぼす影響

法人化に伴うさまざまな影響を懸念し、国会ではいろんな角度から問題点が提起された。その中で、重要と思える諸点をとり上げて紹介する。

一　学長の専決体制

学長権限の強化を質したものとして以下がある。

○学長の専決体制という異常さを指摘しなければなりません。この法案では、学長が法人の長として、学長と学長任命の少数の理事で役員会を構成し、また、経営協議会、教育研究評議会を主宰することになります。経営協議会に至っては、学長が任命する学外有識者が二分の一以上でなければならないとされています。強大な権限を与えられた学長と教育研究に直接タッチしない多数の学外者で大学運営が決められることになるのではありませんか。教授会など大学の構成員の意見を反映する仕組みはどのようになるのですか。はっきり答えてください。（衆議院本会議一五・四・三石井郁子）

●法人化後の国立大学においては、学長は、自主性・自律性、自己責任の拡大に伴い、経営面と教育研究面の双方の責任者として、学内及び学外の意見を適切に勘案しつつ、強いリーダーシップと経営手腕を発揮していただくことが肝要と考えております。そのような観点から、今回の法案では、重要事項に関しては、学長の決定に先立ち、役員会の議を経ることとするとともに、審議機関として教育研究評議会、経営協議

会を設置するなど、慎重な制度設計を行っているものでございます。（衆議院本会議一五・四・三遠山文部大臣）

二　文系の軽視と基礎研究の弱体化をめぐって

法人化に伴い、運営費交付金という不安定な要素とともに、選択と集中、評価も併せて、短期に成果の出る、役に立つ研究と人材育成の視点が強調され、文系の軽視と基礎研究の弱体化につながるのではとの危惧も出された。

○　今回の法案では、産学連携を重視していることが強く感じられますし、文部科学省もそのことをはっきりうたっていますけれども、その傾向は、すぐに役立つ研究や、外部資金を獲得しやすい重点課題研究が重視される反面、例えば京都大学のインド哲学科などは、存亡の危機に瀕することになりかねません。（中略）今すぐもうかるような研究に集中していくのではなくて、大学の研究のすそ野を広くしておくことが極めて大事です。高い山ほどすそ野は広い、すそ野が広くなければ山は高くならないわけです。産学連携政策を過信して大学の多様な機能を犠牲にすることは、日本の学問のすそ野を狭くしてしまい、将来の我が国の基礎力を浅くて薄いものにしかねません。

また、産学連携を不況の打開策として過度の期待をかけるべきでもないと思います。（衆議院本会議一五・四・三山口壮）

●　国立大学は、基礎学問分野を初めとする我が国の学術研究の推進や研究者等の人材養成などに大きな役割を担ってまいっておりまして、その役割は今後ともますます重要になっていくものと考えております。

法人化は、このような国立大学に期待される役割を十分発揮できるよう、国としての一定の財政措置を前提としつつ、各大学の自律的な運営を確かなものとするためのものであり、法人化の結果、基礎的な学問分野の教育研究がおろそかになるようなことはあってはならないものと認識しております。

この点については、まず、各大学がしっかりとした見識を持ち、こうした学問分野の発展に努力することが前提となるものでありますが、国としても、国立大学法人評価委員会の有識者の方々のさまざまな意見を参考としつつ、中期目標の策定や評価等の仕組みを通じて十分な目配りをするとともに、必要な財政措置に努めてまいりたいと考えます。（衆議院本会議一五・四・三遠山大臣）

大臣答弁では、産学連携重視の問題点には触れず、懸念される教育研究分野の衰退については、その解決をもっぱら大学の努力にゆだね、国は、裁量行政をもって行うことを強調している。しかし、法人化後現実の事態は、あからさまな財政誘導的な政策プログラムと、文科大臣「通知」による露骨な文系軽視・廃止路線の推進である。そこでは、国の財政措置による「関与」をタテに、大学の自主・自律的な教育研究の編成や配置の余地を封じ、短絡的で分野偏重の成果主義や即効性ある人材育成を求める、大学「改革」を迫っている。特に、その影響は、地方大学や小規模大学ほど深刻であることを知らなければならない。

三　評価対応の書類作成などによる多忙化

中期目標・計画、年度計画の作成と評価に伴う書類の作成等によって、事務的業務が増大することを懸念する意見も出されている。

○この法案に賛成をされている方ですら、行政量が膨大にふえ、事務量が膨大にふえていく、ある意味で雑用がどんどんふえていくということを心配している。（中略）本当にこの法人化法案でそうなると思われておっしゃられているんでしょうか。（文科一三号一五・五・二八佐藤公治）

●今まで以上にという御懸念は、これは当たらない。今はちょっと、しばらく、来年の初めに至るまで、あるいは来年走り出すまで、走り出してもしばらくそうかもしれませんけれども、これは事務が大変だと思います。しかし、今回はそういった面の事務の効率化等もやっていこうということでございますので、それは、今解決できないことがもっと解決できなくなるということでは困るわけでございますし、私どもとしても、その辺は大学内でも、今まですべての人が同じように、均等にいろいろな問題に携わっていたのをもう少し分業化していくとか、いろいろな工夫がし得ると思っております。（文科一三号一五・五・二八遠山大臣）

○国立大学にかかわる評価について、どのような負担軽減措置が講じられるのか、どのようにして評価疲れ、評価漬けを回避するのか伺う。また、負担の軽減措置が定量的な評価の方向を招き、各大学の個性を殺すようでは意味がない。この点について、文科省の認識を確認する。（文教二一号一五・七・一佐藤泰介）

●国立大学法人評価と認証評価についてでございますが、各大学が従来から実施しております自己点検・評価の結果など、可能な限り既存の資料を活用をするということが一つございます。それから、双方の評価に共通する事項については同一の資料を用いるという方向で検討したいということ。それから、評価機関において実際に評価が行われるまでの間に評価を効率的に実施するための諸準備を行うということなど、可能な限り国立大学法人や評価機関の負担を軽減することを考えている次第でございます。

また、評価に当たりましては、大学における教育研究の特性に配慮をしまして、定量的評価を過度に重視することなく、各大学の個性を十分踏まえた定性的な評価が不可欠と、こう認識しておる次第でございます。（文教二一号一五・七・一遠藤参考人）

政府・文科省の見解を見るかぎり、法人化後、諸業務にわたる多忙化を甘くみていたことがわかる。現場視点の欠如が如実に示される好例である。

四　国立大学の格差拡大

大学間の格差拡大の危惧は、国大協でも指摘されていたが、この点をめぐり、国会でも意見のやり取りがなされている。

○　地方の国立大学と都市部の国立大学、これはもうスタート時点でアンフェアな状態だと僕は思いますけれども、これをどう思われるのか。また、これをある程度のフェアな状況のスタートラインにそろえるべきだと思いますけれども、大臣か副大臣、お答え願えたらありがたいと思います。（文科一二号一五・五・一四佐藤公治）
●　地方にある大学がアンフェアな状況に置かれているというお話でございますが、決してそうではないのではないか。地方の大学におきましても、非常に独自性を持って、すぐれた教育研究をやっている大学は幾つかございます。私としては、そういう個性輝く大学として、地方にある大学においてもしっかりとやっていただくというのが今回のねらいの一つでもあるわけでございます。（文科一二号一五・五・一四遠山大臣）

大臣は、一部の例を取り上げてこれを一般化しており、法人化の仕組みで引き起こされる事態を捉えようとはしていない。責任は大学にあると言いたいのであろうか。まさに「木を見て森を見ない」の愚である。

五　天下りの増加・役員数

多くの理事のポストや監事ポストを活用して、文科省による大学支配の強化がなされるのではないかを危惧した指摘もなされている。

○ 天下り役員の数が相当ふえることにも注意を払わざるを得ません。理事が八十九大学で五百三人、それに各大学二人ずつの監事が加わりますから、六百八十一人の役員が置かれることになります。これは現在の指定職の数の何倍もふえることになりますから、行政改革の観点からは見過ごせないと思います。文部科学大臣の所見を伺います。（衆議院本会議一五・四・三山口壮）

● 国立大学法人の役員数については、組織の合理化の観点からは、各法人の運営上必要な範囲内でできるだけ抑制すべきであることは御指摘のとおりと思います。

他方、法人化後の国立大学におきましては、学内コンセンサスに留意しつつも、学長を初めとする役員が中心となって、みずから経営戦略を確立し、責任ある大学運営を実現することが強く求められるところでございます。

今回、お示ししております国立大学法人の役員数につきましては、以上のような観点も踏まえ、各法人の規模等をベースに適切に定めたものと考えております。

なお、文部科学省におきましては、法人化とともに、国立大学の再編統合の取り組みも進めているところでございまして、結果として役員数の総数抑制も図られるものと理解いたしております。（衆議院本会議一五・四・三遠山大臣）

○現役の官僚が本省と国立大学法人の役員ポストを行き来するようでは、どうしても文部科学省の方を見てしまう、またOBとして複数の法人を渡り歩くようでは天下り人事との批判は避けられないが、こういった問題についてどう考えるか、伺います。（文教二二号一五・七・八佐藤泰介）

●法人化後の国立大学の理事につきましては、学長が自らの考え方に基づいて幅広い分野から任命することとされているわけでございます。学長は、私は、高い見識を持って、その点については十分配慮して任命をされると思うわけでございます。学長が適材適所の観点から自らの判断によって文部科学省職員又は職員であった者を理事に選任することもあり得るわけではございますけれども、それは大学の自主性、自律性を阻害すると批判されることがないように、法人化の趣旨を十分踏まえて私どもとしても配慮をしていきたいというふうに考えております。（文教二二号一五・七・八遠山大臣）

大臣の回答では、役員人事は大学の自主性・自律性の下で、あくまでも学長の要請に基づいて行われるので、心配には及ばないというものである。しかし、最近露呈した「天下り人事」問題は、この質問で示された懸念がそのまま現実となった、いまわしい事態である。遠山大臣の答弁が、空しく響くだけである。

六　授業料等について

授業料の設定や奨学金制度については、大学の自主性をタテに、大学に責任を負わせるのではなく、進学機会の確保や学生の抱える経済的事情に応じて、これを積極的に支援すべきであるとの観点から意見が出されている。

○　授業料の在り方について確認をします。国立大学の自主性、自律性を尊重しつつ、地域、経済状況等にかかわらず幅広い進学機会を確保するという国立大学の存在意義にかんがみ、国立大学の授業料の設定に際しては、現在の水準を大きく上回る事態が生じないような設定の仕組みとともに、運営費交付金の算定に際しては適切な配慮が不可欠である。こうした措置を講じられた上で授業料の決定は大学がその意思に基づいて行うべきである。授業料の水準が運営費交付金の算定に際しどのように反映されるのか確認する。

また、学生側の負担が現状を大きく上回ることのないよう奨学金制度の充実に努めるとともに、現行の授業料の減免措置が今後とも継続されるよう所要の財政措置が講じられることを確認する。（文教二二号一五・七・八佐藤泰介）

●　法人化後の授業料でございますが、各国立大学法人が定めることになるわけでございますが、今申し上げましたような国立大学の役割にかんがみまして、今後とも必要な財源措置など国の事業としても責任を持って対応することとなるわけでございます。授業料につきましても、国として標準額を示すことによって適切なものになるように努めてまいりたいと、このように考えております。

国が示す標準額は、各国立大学法人が具体の授業料設定の際の共通的な指標となるとともに、学生納付金収入額を積算するための基準額にもなるわけでございます。これによって算出をされます納付金収入にほかの自己収入を合わせた収入見込額と大学の支出見込額との差額が運営交付金として措置されると、こういう仕組みでございます。

また、奨学金の事業につきましては、学ぶ意欲と能力のある学生が経済的な面で心配することなく安心して学べるように引き続き充実に努力していく所存でございます。さらに、各国立大学法人独自の奨学金創設への支援策につきましても、これまでと同様に、寄附金の優遇措置を講ずる等々、支援策を考えておるところでございます。

また、御指摘のありました授業料免除制度でございますが、経済的理由によって授業料納付が困難である者などを対象にして、修学継続を容易にし教育を受ける機会を確保する、この意義を授業料免除制度は有しておるわけでございますから、国立大学法人化後もこのような観点から授業料免除の仕組みは維持する必要があると、このように考えておるわけでございまして、その方向で今検討をいたしておるところでございます。（文教二二号文教二二号一五・七・八河村副大臣）

国立大学の授業料は、法人化翌年の〇五年、一万五、〇〇〇円値上げして五三万五、八〇〇円とされ、それに入学金二八万二、〇〇〇円と検定料一万七、〇〇〇円を加えると、入学時の学生納付金は現在、八三万四、八〇〇円にのぼる。もちろん、授業料免除制度はあるが、日本学生支援機構の奨学金もいまや、ほとんどが貸与型（有利子・無利子）で、金融機関の教育ローンも加えて、多くの学生は卒業後、膨大な借金の返済に苦しんでいる。

長時間の国会審議を経て、法案は原案通りに成立した。この間、両議院における議員の質問・追及は、「大学の自治」と「学問の自由」を拠りどころに、その多くは核心をついたものであった。これに対して、政府・文科省は、明確な回答を避け、「法人化は大学改革の一環である」としながら、「大学の自主性・自律性」の尊重と「自己責任」を繰り返すだけであった。しかし、審議を通して国立大学法人制度の問題点が明らかになり、その多くは衆参両議院の附帯決議として集約・確認されることとなった。

法律は、いったん成立すると国会審議の過程で明らかにされた問題点は忘れ去られ、既定の事実として、「権力」の意にそって独り歩きすることになる。国・文科省が、国会審議の結実である附帯決議を尊重し、その内容を忠実に履行するためにも、国民・大学人の厳しい監視とチェックを忘れてはならない。

いま大学とその構成員に望まれるのは、法を受動的に受け止めるのではなく、自らの矜持と国民の期待に応えて、真に自立した大学運営に当たる覚悟である。

《参考》国立大学法人法の国会附帯決議

〈衆議院〉

政府及び関係者は、本法の施行に当たっては、次の事項について特段の配慮をすべきである。

一　国立大学の法人化に当たっては、憲法で保障されている学問の自由や大学の自治の理念を踏まえ、国立大学の教育研究の特性に十分配慮するとともに、その活性化が図られるよう、自主的・自律的な運営の確保に努めること。

二　国立大学の運営に当たっては、学長、役員会、経営協議会、教育研究評議会等がそれぞれの役割・機能を十分に果たすとともに、相互に連携を密にすることにより自主的・自律的な意思決定がなされるよう努めること。また、教授会の役割についても十分配慮すること。

三　役員等については、大学の教育研究や運営に高い識見を有し、当該大学の発展に貢献し得る者を選任するよう努めること。
四　文部科学大臣は、中期目標の作成及び中期計画の認可に当たっては、大学の自主性・自律性を尊重する観点に立って適切に行うこと。
五　国立大学の評価に当たっては、明確かつ透明性のある基準に従って行うとともに、基礎的な学問分野の継承発展や国立大学が地域の教育、文化、産業等の基盤を支えている役割にも十分配慮すること。また、中期目標等の業績評価と資源配分を結びつけることについては、大学の自主性・自律性を尊重する観点に立って慎重な運用に努めること。さらに評価に係る業務が国立大学の教職員の過度の負担とならないよう努めること。国立大学法人評価委員会の委員は大学の教育研究や運営について高い識見を有する者から選任すること。
六　運営費交付金等の算定に当たっては、公正かつ透明性のある基準に従って行うとともに法人化前の公費投入額を十分に確保し、必要な運営費交付金等を措置するよう努めること。また、学生納付金については、経済状況によって学生の進学機会を奪うこととならないよう、適正な金額とするよう努めること。
七　国立高等専門学校については、各学校の自主性・自律性を尊重し、教育研究の個性化活性化、高度化が一層進むよう配慮すること。
八　国は、高等教育の果たす役割の重要性に鑑み、国公私立全体を通じた高等教育に対する財政支出の充実に努めること。また、高等教育及び学術研究の水準の向上と自立的な発展を図る立場から、地方の大学の整備・充実に努めること。
九　職員の身分が非公務員とされることによる勤務条件等の整備については、教育研究の特性に配意し、適切に行われるよう努めること。また、大学の教員等の任期に関する法律の運用に当たっては、教育研究の進展に資するよう配慮すること。
十　公立の義務教育諸学校の教職員の処遇については、学校教育の水準の維持向上のための義務教育諸学校の教育職員の人材確保に関する特別措置法を今後とも堅持し、国家公務員に準拠する規定が外されることにより同法の趣旨が損なわれることがないよう、十分配慮すること。

〈参議院〉

政府及び関係者は、国立大学等の法人化が、我が国の高等教育の在り方に与える影響の大きさにかんがみ、本法の施行に当たっては、次の事項について特段の配慮をすべきである。
一　国立大学の法人化に当たっては、憲法で保障されている学問の自由や大学の自治の理念を踏まえ、国立大学の教育研究の特性に十分配慮するとともに、その活性化が図られるよう、自主的・自律的な運営を確保すること。

二　国立大学法人の運営に当たっては、学長、役員会、経営協議会、教育研究評議会等がそれぞれの役割・機能を十分に果たすとともに、全学的な検討事項については、各組織での議論を踏まえた合意形成に努めること。また、教授会の役割の重要性に十分配慮すること

三　役員等については、大学の教育研究や運営に高い識見を有し、当該大学の発展に貢献し得る者を選任するとともに、選任理由等を公表すること。また、政府や他法人からの役員の選任については、その必要性を十分に勘案し、大学の自主性・自律性を阻害すると批判されることのないよう、節度を持って対応すること。監事の任命に当たっては、大学の意向を反映するように配慮すること。

四　学長選考会議の構成については、公正性・透明性を確保し、特に現学長が委員になることについては、制度の趣旨に照らし、厳格に運用すること。

五　中期目標の実際上の作成主体が法人であることにかんがみ、文部科学大臣は、個々の教員の教育研究活動には言及しないこと。文部科学大臣が中期目標・中期計画の原案を変更した場合の理由及び国立大学法人評価委員会の意見の公表等を通じて、決定過程の透明性の確保を図るとともに、原案の変更は、財政上の理由など真にやむを得ない場合に限ること。

六　法人に求める中期目標・中期計画に係る参考資料等については、極力、簡素化を図ること。また、評価に係る業務が教職員の過度の負担とならないよう、特段の措置を講ずること。

七　国立大学の評価に当たっては、基礎的な学問分野の継承発展や国立大学が地域の教育文化、産業等の基盤を支えている役割にも十分配慮すること。また、評価結果が確定する前の大学からの意見申立ての機会の付与について法令上明記し、評価の信頼性の向上に努めること。

八　国立大学法人法による評価制度及び評価結果と資源配分の関係については、同法第三条の趣旨を踏まえ慎重な運用に努めるとともに、継続的に見直しを行うこと。

九　国立大学法人評価委員会の委員は大学の教育研究や運営について高い識見を有する者から選任すること。評価委員会の委員の氏名や経歴の外、会議の議事録を公表するとともに会議を公開するなどにより公正性・透明性を確保すること。

十　独立行政法人通則法を準用するに当たっては、総務省、財務省、文部科学省及び国立大学法人の関係において、大学の教育研究機関としての本質が損なわれることのないよう国立大学法人と独立行政法人の違いに十分留意すること。

十一　独立行政法人通則法第三十五条の準用による政策評価・独立行政法人評価委員会からの国立大学法人等の主要な事務・事業の改廃勧告については、国立大学法人法第三条の趣旨を十分に踏まえ、各大学の大学本体や学部等の具体的な組織の改廃、個々の教育研究活動については言及しないこと。また、必要な資料の提出等の依頼は、直接大学に対して行わず、文部科学大臣に対して行うこと。

十二　運営費交付金等の算定に当たっては、算定基準及び算定根拠を明確にした上で公表し公正性・透明性を確保するとともに、各法人の規模等その特性を考慮した適切な算定方法となるよう工夫すること。また、法人化前の公費投入額を踏まえ、従来以上に各国立大学における教育研究が確実に実施されるに必要な所要額を確保するよう努めること。

十三　学生納付金については、経済状況によって学生の進学機会を奪うこととならないよう将来にわたって適正な金額、水準を維持するとともに、授業料等減免制度の充実、独自の奨学金の創設等、法人による学生支援の取組についても積極的に推奨、支援すること。

十四　国立大学附置研究所については、大学の基本的組織の一つであり、学術研究の中核的拠点としての役割を果たしていることにかんがみ、短期的な評価を厳に戒めるとともに、財政支出の充実に努めること。全国共同利用の附置研究所についてもその特性を生かすこと。また、各研究組織の設置・改廃や全国共同利用化を検討するに当たっては、各分野の特性や研究手法の違いを十分尊重し、慎重に対応すること。

十五　法人化に伴う労働関係法規等への対応については、法人の成立時に違法状態の生ずることのないよう、財政面その他必要な措置を講ずること。また、法人への移行後、新たに必要とされる雇用保険等の経費については、運営費交付金等により確実に措置すること。

十六　国立大学法人への移行について、文部科学省は、進捗状況、課題などを明らかにし、当委員会に報告を行うこと。

十七　学校教育法に規定する認証評価制度の発展を通じ、国立大学等が多様な評価機関の評価を受けられる環境を整備し、ひいては我が国における大学評価全体の信頼性の向上を図るため、認証評価が円滑に行われるよう必要な資金の確保、その他必要な援助に努めること。

十八　国立高等専門学校については、各学校の自主性・自律性を尊重し、教育研究の個性化活性化、高度化が一層進むよう配慮すること。

十九　国は、高等教育の果たす役割の重要性にかんがみ、国公私立全体を通じた高等教育に対する財政支出の充実に努めること。

また、高等教育及び学術研究の水準の向上と自立的な発展を図る立場から、地方の大学の整備・充実に努めること。

二十　職員の身分が非公務員とされることによる勤務条件等の整備については、教育研究の特性に配意し、適切に行われるよう努めること。また、大学の教員等の任期に関する法律の運用に当たっては、選択的限定的任期制という法の趣旨を踏まえ、教育研究の進展に資するよう配慮するとともに、教員等の身分保障に十分留意すること。

二十一　法人への移行に際しては、「良好な労働関係」という観点から、関係職員団体等と十分協議が行われるよう配慮すること。

二十二　公立の義務教育諸学校の教職員の処遇については、学校教育の水準の維持向上のための義務教育諸学校の教育職員の人材確保に関する特別措置法を今後とも堅持し、国家公務員に準拠する規定が外されることにより同法の趣旨が損なわれることがないよう、十分配慮すること。

二十三　高等教育のグランドデザインの検討に当たっては、生涯学習社会の形成の観点から専門学校を含む高等教育全体について、関係府省、地方公共団体等とも連携しつつ、広範な国民的論議を踏まえ行うこと。

右決議する。

回想の国立大学地域交流ネットワーク

筆者が学長に就任して間もなく、地元の新聞、テレビの関係者と懇談した折、実施中の食の安全、安心キャンペーンに協力を依頼された。当時、食生活の欧米化による成人病の増加や残留農薬の広がりが問題視され、その解決として環境保全型農業の重要性が指摘されていた。

そこで、農学部など八学部を擁する総合大学の強みを生かして、直ちに学際的な全学共同研究プロジェクトを立ち上げ、第一弾として「網掛川流域環境共生プロジェクト」をスタートさせた。この取り組みから、南九州が抱えるさまざまな課題の存在と、地域社会こそ現実に解決を迫られる問題発生の現場であること、これらの課題解決に大学が果たすべき役割の重要性を教えられた。

同じ時期、国立大学の独法化問題が表面化し、それを機に地方に所在する大学の役割や使命について、他の学長たちとたびたび議論を交わした。独法化問題は、結果的には当局側の力の勝利に終わったが、その過程で、全国立大学の、最大で半数に近い学長が集まる研修会を重ねる中で、提言・「国立大学地域交流ネットワーク構築」という貴重な成果を手にした。そこでは、競争原理と効率化に価値をおく独法化に対峙しうるアンチテーゼとして、地域と全面的な交流・連携関係を築き、全国に張りめぐらした大学間ネットワークを通じて、地域が抱える多様な問題の全面的な解決を図ることで、共生の思想をもとにした二一世紀の、「持続可能な社会」の形成につながると考えた。

文科大臣に「提言」を提出すべくアポイントをとった二〇〇一年九月一一日、あいにくの台風でフライトが遅れ、文科省には大幅な遅刻となった。それでも待機中の吉川島根大学長と一緒に審議官に説明をした後、「提言」を託して帰途についた。帰宅したのは一〇時前後だったが、テレビは、ＮＹ世界貿易センタービルの崩壊を映していた。歴史の不思議な符合に驚いたことである。

二〇〇二年夏、ネットワークの提言を受けて、各地で取り組んでいる大学の地域交流活動の実績を報告しあう、第一回の「国立大学交流シンポジウム」が熱海市で行われたが、このシンポは以後五回にわたり、各大学持ち回りで開かれた。

（田中弘允）

coffee break

第三章　国立大学法人制度の検討

独立行政法人法に準拠した国立大学法人法は、いくつかの曲折を経た後、衆参両院で多くの附帯決議を付されて成立した。当初からさまざまな問題が指摘されていた本法が果たして妥当なものといえるかが、改めて問われなければならない。本章では、まず国立大学法人法のどこに問題があるのかを検討する。

当然のことながら、政府・文部省は、国立大学に法人格を与えることで、自主性・自律性のもとに大学の個性化が進み、社会の多様な要請に応える教育研究が期待されると主張した。しかし、法人として制度化され、国の管理のもとになされる目標管理システムの導入や、運営費交付金方式による不安定で脆弱な財務基盤のもとで、果たしてそう言いきれるかである。しかも、こうした制度が果たして教育研究の発展につながるのか、さらには、この制度が憲法で保障されている、学問の自由・大学の自治と整合しうるかなど、疑問は尽きない。

第一節　どこが問題か

一　損なわれる教育研究の自主・自立

国立大学法人化の主たる目的は、大学の自主性・自律性、自由度の拡大にあるとされた。ところが、本制度の下では、予算、組織、人事等に関して、外形上、一定の裁量は拡大するものの、大学本来の業務である教育研究の自主性・自律性は逆に大きく失われるといわざるをえない。なぜなら、独立行政法人法に準拠する限り、従来大学が一体的に持っていた企画・立案・実施の機能が分割される結果、本質的な企画・立案機能は文部省に握られ、大学には、実施機能としての企画・立案しか残されていないからである。その上で、文科省には、大学が行った業務実績の評価と予算配分や大学・学部等の改廃を決定する権限が与えられている。かくして、この制度は、政府・文部省が強力な権限を手に、国立大学に対するより強固な統制を可能にする仕組みが内包されているということができる。具体的には、文科省は国立大学に対して、六年間の教育・研究等の目標・計画を指示、認可し、六年ごとの業務実績評価（達成度評価）と予算配分、次期の目標・計画の指示、認可とともに、組織の改廃まで取り仕切ることができることである。大学は、こうした目標管理システムの下で、文科省の指示・評価・予算配分に従って、教育・研究など業務運営を行わなければならない。

大学に対するこの様な国の縛りは、かつてかけられたことはなく、法令上も、「文部省は、その権限の行使に当たって、法律（これに基づく命令を含む）に別段の定めがある場合を除いては、行政上及び運営上の監督を行わないものとする」（文部省設置法第六条2項）とされてきたところである。したがって、目標管理システムを組み込んだこの仕組は、実質的に大学の教育研究にまで及ぶ規制強化に他ならず、それ自体「学問の自由」（憲法第二三条）や「教育の不当な支配の排除」（教育基本法第一〇条）に対する侵害であるとともに、構造改革の旗印である規制緩和とも明らかに矛盾する。こうした、大学本来の学問的使命に対する行政上の介入と歪曲は、世界に例を見ないものであり、この仕組みが、教育研究の現場たる大学に適合的とは到底言いがたい。

大学教育の目ざすところは、何より学生の人間的成長につながる資質・能力を養い、人生の途上で遭遇するさまざまな困難をのり越え、創造的に自己を形成する知力を育むことにある。学生は、単に知識を習得するだけではなく、自由な発想でものごとを考え、事柄を判断し見極める力を養わなければならない。また学生生活を通じて、さまざまな機会と人に接し、人格の形成を図ることでもある。人間的成長の本質に関わるこれらの営みについて、目標を指示しそれに従って計画を立てることは安易にすべきではないし、まして、それを数値化することは到底不可能である。もしそれが強要されるならば、教育の本質は大きく歪められることになる。

一方、未知・未踏の世界に挑戦し、稀有の学術的価値の発見や創造を目指して行われる研究は、何より研究者の自由な発想から、試行錯誤を繰り返しつつ、とてつもなく長い射程の営みをへて成果を手にする世界である。多くのノーベル賞受賞者が自らの経験として語るように、画期的な成果の獲得は、粘り強い研究の過程で、偶然が大きな役割を果たすこともよく知られている。したがって、六年間を期限として目標を指示され、認可された計画に従って研究を行うことは、研究本来のあり方にそぐわず、その本質を歪めることになる。そうした仕組みの下では、真に創造的な研究は芽を摘み取られ、いつまでも「基礎研究ただ乗りの国」の誹りを免れず、長い目で見てむしろ国際競争力の低下を招くことになる。

問題は、独立行政法人の組織運営上のエンジン的役割を果たす目標管理システムそのものである。この点、文科省・調査検討会議の「新しい『国立大学法人』像について」（二〇〇二年三月）でも、「中期目標、中期計画の策定とこれらを前提とした評価の仕組みは、こうした国としての高等教育・学術研究に係るグランドデザイン等と大学ごとの基本理念や長期的な目標を踏まえ、一定期間における両者の制度的な調和と各大学の質的向上を図るための改革サイクルとして位置付けられる」としている。しかし、法人化後、大学の業務運営において、現実に作動している改革サイクルは、民間企業などにおいて、生産や品質など業務管理の手法として多用されているＰＤＣＡサイクルを前提とした、目標管理システムのそれである。この手法は、「ある事業を行うとき、計画を立て、実行し、成果を評価すること」であり、成果の効率的達成の仕組みとして広く行われているものであって、大学が担う業務の特性からは異質のものである。

二　事務的業務の拡大と多忙化

法人化は、行政改革の一環として取り組まれたものだが、その目的は行政のスリム化・効率化であった。そうした行革本来の狙いからすれば、政府の業務も権限も縮小されなければならないはずである。ところが、当の目標管理システムの下では、行政サイドで目標・計画の策定、指示、認可、実績の評価・査定などの諸業務に関連して、新しく膨大で煩瑣な事務量が発生し、それらがすべて所管の主務当局の下に集中化されてくる。こうして、当局の所掌業務は、質量ともに増大・複雑化し、結果的には業務の縮小とはおよそ逆の事態が進行することになる。まさに行革・行政スリム化のパラドックスである。

こうしたスリム化と業務増大の矛盾は、個々の大学においても同様である。先の目標管理システムの下で、中期目標の素案づくりと中期計画・年度計画の作成、公表、各種の申請や評価関連の文書の作成とやり取り、事業報告書や財務諸表・決算報告書の提出等々、大学現場ではかつてない大量で新規の事務業務が発生する。当然、それに応じて多くの人員と財源が、教育研究以外の業務に費やされることになる。この点について、筆者はすでに、日本の論点２００１（二〇〇〇年発行）で指摘した上で、それは「まさに『減量・効率化』をめざす行革の意図そのものに矛盾する」と指摘しているところである。

加えて、新しく二名の監事や、学外者を役員として雇用しなければならず、それもスリム化・効率化を目指す行革本来の意図にはそぐわない。こうした新しい役職や機関を設けることで、当然、関係事務を担当する新たな部署と要員配置を必要とし、その分既存の事務部門にしわ寄せが及んだり、財政上の負担が生じることになる。例えば、ほとんどの大学は、法人化後、新たに監査室を設け、年間を通じて行われる監事の監査業務を事務的にサポートする体制を敷いている。従来なかった、こうした事務的業務が拡大し、大学は人的にも財政的にも新たな負担を余儀なくされることになる。

このように、大学本来の「教育研究」に投入すべき資源を、肥大化した大学「経営」に投入することになり、教育研究の高度化という大学改革本来の趣旨とは根本的に矛盾した大学経営を強いられることになる。

三　不安定な財源措置

行政改革会議の最終報告では、「官から民へ」、「国から地方へ」を基調とし、行政機能の減量化が重要な課題とされ、独立行政法人もそこから発想されたものであった。行政機関・組織のスリム化は、同時に国の業務と財政負担の軽減につながり、その意味で行革は財政改革と一体であり、同義のものである。一連の改革が「行財政改革」といわれる所以である。

この点、国立大学法人法の準拠とする独立行政法人法第四六条（財源措置）では、「政府は、予算の範囲内において、独立行政法人に対し、その業務の財源に充てるために必要な金額の全部または一部に相当する金額を交付することができる」とされている。この法文上の規定からも、運営費交付金は、あくまで、「予算の範囲内において、交付することができる」だけである。しかも、目標管理システムの下では、目標期間ごとの予算・運営費交付金は、前期六年間の成果・業績評価に影響されて決まるので、評価結果と連動して措置される財源は変動的かつ不安定なものとなる。このような財源の不安定性とそれに伴う調達財源の不足は、多様で多元的な基礎教育やスパンの長い基礎研究、文化・芸術系の教育研究などの衰退をもたらし、地方国立大学や小規模大学にはとくに不利に働くことになるのは目に見えている。事実、多くの国立大学はいま、死活的に逼迫した財政状態に苦しんでいる。

四　行財政改革としての法人化

国立大学は法人化によって、外形上、人的にも財政的にも国の関与から切り離されたかに見える。すなわち、かつての国立大学職員は、法人化によって非公務員化されたことで、その分国家公務員定員が削減（一二万五〇〇〇人）され、組織的にも国立大学の管理は、国ではなく国立大学法人となったため、国が直接負うべき財政上の責任は免れることになるからである。その限りで、行革の理念は実現されたことになる。

しかし、留意すべきは、法案審議の過程でも附帯決議でも、国は国立大学に対して、業務運営上必要な運営費交付金等の財源措置を十分に行なう義務を課されている点である。国立大学が、学術研究と高等教育を担う《知の拠点》として、その存立と発展を保障することが、国の責任とされている。それは、国立大学など高等教育機関が、この国の持続可能な発展にとってかけがえのない公共財、いわば国力の基礎として広く認知されていることに他ならない。

その意味で、制度上、国立大学に法人格を与えたことをもって、国が安易に運営費交付金を削減し、ましてその配分を通じて大学間に格差と分断をもたらすことは許されないはずである。ところが、いま現に起こっているのは、大学「改革」の名において、市場原理で常套の「選択と集中」を持ち込み、多くの大学を人的にも財政的にも耐え難い疲弊状態にさらしていることである。

確かに、外形的には、法人化によって国立大学は国の直接の規制から切り離されたが、現実には、大学の業務運営を基盤的に支える財源措置を通じて、あるいは大学の組織改革に関わる許認可権やいわゆる「ガバナンス改革」を通じて、大学に対する関与はより陰湿かつ強固にすらなっている。

こうした多くの致命的な矛盾と欠陥を内包した法人制度は、わが国の高等教育、学術研究の水準の向上と均衡ある発展に資すべく期待されている、国立大学の目的にはそぐわない。国立大学を、事実上、官僚統制と効率優先の市場原理の二重のくびきの下におき、学問の自由な展開を阻害し、財源確保に苦しむ大学を企業化に駆り立てているのが今日の姿である。こうした事態は、行政改革の手法の一つとされた独法制度を国立大学に適用した結果の、重大な過誤という他はない。

第二節　法人化は国立大学改革に資するか

一　自民党・文科省の主張の妥当性

ここで、法人制度が真の大学改革、すなわち大学の業務である高等教育、学術研究の創造的発展に資することになるのかが、改めて問われなければならない。法人化をめぐる動きが顕著になってきたころ、現行制度に比して法人制度がいかに優れているかについて、かつて自民党と文科省は以下のような主張、論陣を張ったことがある。自民党の「提言　これからの国立大学の在り方について」（政務調査会二〇〇〇年五月一一日）では、以下のように述べている。

①　国立大学を護送船団方式から脱却させ、より競争的な環境に置くためには、国立大学に国から独立した法人格を与えることの意義は大きい。

②　法人化した後も、国は、基礎研究の重視、大学院の重点化など国策としての学術研究や高等教育の在り方を踏まえ、各大学の運営や組織編成に相当の関わりを持つ必要がある。この点、独立行政法人制度は、目標・計画の設定や定期的な業績評価といった仕組みを通じて国の意思を法人運営に反映させうる法人制度であり、国立大学の法人化に当たって、大学の特性に配慮しつつ、こうした独立行政法人制度の仕組みを活用することは、適切な方法であると考えられる。

③　独立行政法人通則法を一〇〇％そのまま国立大学に適用することは、大学の特性に照らし、不適切である（中略）。したがって、国立大学を独立行政法人化する場合には、独立行政法人制度の下で、通則法の基本的枠組みを踏まえつつ、少なくとも以下の点については大学の特性を踏まえた措置を要する。

・評議会、教授会、運営諮問会議といった大学の管理運営の基本組織を、明確に位置付ける。
・教育研究の目標や計画は、教育研究の特性を十分踏まえた内容とするとともに、各大学の主体性を十分尊重して定める（後略）。
・教育研究の評価は、専門の第三者評価機関である大学評価・学位授与機構の評価を尊重する（後略）。

・学長人事は、大学の意向を適切に反映しうる手続きとする。
・「国立大学法人」など大学にふさわしい適切な名称とする。
・企業会計原則を適用する場合には、大学の特性を十分踏まえる。
・特別会計の借入金の返済や長期的な施設整備を円滑に進める仕組みを設ける。
・法人化が公的投資の削減に結びつくものではないことを踏まえ、運営費交付金を十分確保するとともに、産学連携などの自助努力を通じて中長期的に内部的な蓄積を進めることにより、多様な教育研究を保障する。

一方、文科省の主張は、二〇〇〇年五月二六日の国立大学長等会議で中曽根文部大臣が述べた、「国立大学の独立行政法人化についての考え方と今後の方針」の中に次のようによく表れている。

独立行政法人制度は、この制度の目的や、冒頭に触れましたような国立大学の特性や、役割機能に照らして、国立大学についても十分適合するものであると考えております。また、独立行政法人制度は、日常的な国の規制が緩和されることにより、透明性の高い手続きの下に、国立大学の自主性・自律性を大幅に拡大し、教育研究の柔軟、活発な進展を図ることが期待できる制度であります。
例えば、国からの運営費交付金は、使途の内訳が特定されず、また、年度間の予算の繰り越しも可能となりますので、各大学の教育研究活動の実態に即した弾力的な予算執行が実現します。また、講座や学科などの教育研究組織の編成や教職員の配置は、毎年度の概算要求や担当官の審査を経ることなく、学内での検討と手続きによって、社会の需要に応じた適時適切な見直しが可能となります。

さらに、自主性、自律性の拡大により、各大学の個性化が進展し、様々な特色を持った多様な大学が併存することを通じて、社会の多様な要請に応えるとともに、互いに切磋琢磨する環境が創出され、個々の大学はもとより、わが国全体の教育研究の進展が期待されると考えております。


自民党の提言は、部分的には評価できるものの、根本的には独立行政法人化制度のもとに、国立大学を護送船団方式から脱却させて、より競争的な環境に置くための方策だとしている。そして、目標・計画の設定や定期的な業績評価などの仕組みを通じて、「国の意思」を法人運営に反映させうる法人制度であると述べている。要するに、目標管理システムを通じて、国が大学を統制・管理する仕組みであることを、あからさまに表明したものであり、いずれも、教育研究を担う大学の特性からすれば、大学改革に資するとは言い難い制度である。

対して文部省は、独立行政法人制度は国立大学についても十分適合するものとした上で、国の規制が緩和されることで、大学の自主性・自律性が大幅に拡大し、各大学の個性化が進み、互いに切磋琢磨することで教育研究の柔軟、活発な進展を図ることが期待できると主張している。

しかし、法人化後の国立大学の現実は、すでに見たとおり、脆弱で不安定な財政基盤の下で、いうところの「教育研究の柔軟、活発な進展」は、自主性・自律性とともに空文に帰している。法人格を与えることで、「大学の自由な裁量で予算の弾力的な執行」も「講座や学科など教育研究組織の編成や教職員の配置」も可能だとする言説は、法人化後の厳しい目標管理システムの前に、追い込まれてのことでしかない。

二　現行制度で改革はできなかったのか

この時期、国大協のスタンスはどうであっただろうか。国大協・設置形態検討特別委員会の「国立大学の法人化についての基本的考え方」（二〇〇一年五月）では、「法人化は、従来の国立大学が国の行政機関の一部とされていたことに伴うさまざまな制約を解除し、教育研究の発展のために大学の自主性・自律性を拡大するものでなければならないこと。この自主性・自律性の拡大は、当然に自己責任の拡大を伴うものであること」とし、そこには、法人化への期待がにじみ出ている。

同様に、国大協総会でも、「現行制度下では、大学改革ができないので独法に期待する」との意見もあったが、その利点については明確ではなく、どのように変わるべきかについては、独法化任せであった。また、「今の大学は、愚者の楽園だ。独法化して競争させるべきだ」という意見も、ただ変わればよいと言ったもので、いかに変わり得るのかといった目標やビジョン、構想について、説得力のある意見はついに提示されることはなかった。

これらの問題について大学審議会はすでに、一九九八年一〇月の答申「21世紀の大学像と今後の改革方策について」の中で言及していた。例えば、答申の「第2章　大学の個性化を目指す改革方策」の「2教育研究システムの柔軟構造化―大学の自律性の確保―」では、「国立大学については、講座・学科目の編成について各大学の柔軟な設計や機動的な対応を可能とする方向で検討することが適当である」とされており、「行財政上の弾力性の向上」・「①国立大学の人事、会計・財務の柔軟性の向上」では「国立大学の人事・会計・財務などについて、大学における教育研究活動をより柔軟で機動的に行うことができるよう、国立学校特別会計における教育研究経費の使途や繰り越しの取り扱いなどについて柔軟性の向上を図る方向で検討することが適当である。また、その際、特に大学と産業界等の交流が積極的かつ機動的に行えるようにすることが重要である」と述べている。

このように、大学審答申は、文部大臣が主張する制度上の制約の軽減は、現行の国立大学制度の下でも対応可能であり、あえて独立行政法人制度を無理に当てはめる必要はないとしたものである。少なくともこの時点では、国立大学の法人化は、具体的な日程にはなかったことを示唆している。

　国立大学の制度改革をめぐる、こうした議論の錯綜する中で、国大協は、学術研究と高等教育のグランドデザインを提示するなど、本質的な議論を深めることなく、独法制度を認め、これを受け入れてしまったのである。国大協総会や各種委員会、懇親会などで耳にしたのは、「国家の財政状態を考えれば独法化も止むを得ない」、「政治家がそう言うのだからそれに合わせてできるだけの事をすればいいのだ」、「国立大学の現状は改革が必要だ。そのために独法化を利用するべし」、「目標管理システムは、文部省がうまくやってくれるはずで、心配は無用だ」、「独法化を奇貨として法人格を得るべし」、「事ここに至っては止むを得ない。残念だが受け入れよう」、「文相を立場上支えなければならない。文相の言説を信じなければならない」といった類の意見だが、そのいずれも違和感が拭えなかった。

　これらの発言から、大学統制の強化につながる目標管理システムの影響を過小に評価し、法人化によって研究費など大学の財源獲得が容易になると、単純に考える大学人が多いことを改めて知らされた。自らの存立に関わる大学制度の重大な改変にも拘らず、国の政策提起に終始受身で対応し、将来にわたる大学の方向を安易に選択する判断のあり様は不思議という他はない。それは、先人たちの厳しい歴史的体験の上に、戦後、憲法原理を支えに築かれた学問の自由と大学の自治を、半世紀にわたって内実化してきた現行制度への理解とそこからの確信が、いつの間に風化したのだろうか。いまだ思い半ばである。

　当時、文科大臣は、国会審議の中で、しばしば「わが国の国立大学は、現行制度上、行政組織の一部として位置付けられておるために、予算、組織、人事などの面で国が関与せざるを得ずさまざまな制約がある。……」と答弁している。しかしながら、この答弁に反して「国立大は、戦後の歴史の中で設置者であり、かつ財政的支持者である国との関係に於いて、自主自律のスタンスを学び取って来た。……」（国大協第一常置委員会「国立大学と独立行政法人化問題について」）とした点や、「今までは国立大学については、国の組織の一部ということで位置づけられていたが、そのため予算あるいは組織面などに、日常的にいわば大学と相談し、助言し、指導すると言う関係にあった」（遠藤純一郎政府参考人 文部科学委員会議事録第一六号（二〇〇三・六・四））と述べているように、現行制度でも、大学の本来の業務たる教育・研究については、基本的には文科省による縛りはなかったのである。

筆者の学長在任六年間を含む四〇年に近い経験の中で、文科省から教育研究や大学運営について、何らかの規制がかかったと感じたことは記憶にない。学長や学部長時代に文科省と厳しいやり取りがあったのは、概算要求で新しい講座の設立や研究棟の建設を要求するなどの場合であり、大学業務の基本である教育・研究、社会貢献など、大学の自主・自律的な活動に関する、直接の関与はほとんど皆無であった。その点、藤田宙靖氏も「現行制度下での国立大には、他の一般の行政分野に比して、相当広範な「自由」ないし「独立性」が与えられていることを再確認しておかなければならない」（『ジュリスト』一一五六号、一九九八年）と述べている。

国立大学法人化をめぐる審議の初期段階では、少なくとも独立行政法人通則法をそのまま適用することは、大学の特性に照らしてふさわしくないとする意見は共通の認識であった。その場合、大学の特性から、適用しがたい部分については、通則法を改正・変更することもあり得たにもかかわらず、それは避け、結局、中期目標・計画や評価、中期目標期間終了時の組織・業務の検討と措置など、通則法第三一条以下三五条にわたる多くの規定をそのまま準用することとした。こうして、問題の目標管理システムをはじめ、大学の自主性・自律性を骨抜きにする重要な部分を手つかずの状態で残す結果となったのである。

筆者は、第一五六回国会衆議院文部科学委員会（二〇〇三年五月七日）で参考人として意見表明を行った際、上記の様な問題点を述べた後、次のような提案で締めくくった。

「日本の大学は、世間で思われているほど業績水準が低いわけではありません。むしろ、かなりの業績と潜在能力が隠されているとさえ言えます。ただ、それらを一般社会と結びつけるチャンネルが欠如していると思うわけであります。大学の学問研究を地域社会現場と全面的、根本的に結びつけることによって、両者を相互的に活性化させるような社会空間、この関係を全国的に展開することによって二十一世紀のグローバルな大問題に各大学が相互補完的に協力して対応し得るようなネットワーク、このような社会空間・ネットワークが形成されるならば、日本の大学はよみがえるはずであります。

このことは、競争原理による活性化のみではなく、協力原理による相互活性化もまた必要だということであります。したがってまた、この理念に基づく大学群も国家にとって必要不可欠だということを意味しています。

今日、日本の文教政策が念頭に置くべきは、グローバル化に伴う二十一世紀前半の巨大な経済的、社会的変動であり、考察さるべきは、いかにしてそれらの変動に柔軟に対応しうる、多様で豊かな構想力を培い、日本の社会全体を支えうるかということだからであります。

以上述べましたように、本法案は多くの致命的な矛盾を内包していますので、わが国の高等教育及び学術研究の水準の向上と均衡ある発展を図るという目的とは反対の結果を生むことになると思われるのでありま

す。わが国の未来を見据えた理性ある判断を期待いたします。ありがとうございました。」（拍手）

第三節　目標管理システムと学問の自由

国立大学法人法第三〇条1項では、「文部科学大臣は、六年間において国立大学法人が達成すべき業務運営に関する目標を中期目標として定め、これを当該国立大学法人等に示すとともに、公表しなければならない」とし、つづく2項で、中期目標において掲げるべき事項として、教育研究の質の向上、および業務運営の改善・効率化に関する事項など五項目について定めている。ただし3項では、「中期目標を定め、または変更するときは、あらかじめ国立大学法人等の意見を聴き」、これに「配慮」しなければならないとし、中期目標策定時等における「配慮義務」を文科省に課している。また、第三一条1項では、「中期目標を達成するための計画を中期計画として作成し、文部科学大臣の認可を受けなければならない」とした上で、中期計画において掲げる事項として七項目を挙げ、内、「目標を達成するためにとるべき措置」として「教育研究の質の向上」と「業務運営の改善及び効率化」を掲げている。

これに関連して、規定上、法人法が準用すべき独立行政法人通則法では、独立行政法人（国立大学法人法では「国立大学法人」に対応、以下同様）は、「毎事業年度の開始前に年度計画を定め、これを主務大臣（「文部科学大臣」）に届け出るとともに、公表しなければならない」（第三一条1項）と定められている。また、各事業年度における業務の実績については、「評価委員会（「国立大学法人評価委員会」）の評価を受けなければならない」（第三二条1項）としている。さらに中期目標期間における業務の実績についても、「評価委員会（「国立大学法人評価委員会」）の評価を受けなければならない」（第三四条1項）と定め、その上で、主務大臣（「文部科学大臣」）は、中期目標期間の終了時において、「当該独立行政法人（「国立大学法人」）の業務を継続させる必要性、組織の在り方その他その組織及び業務の全般にわたる検討を行い、その結果に基づき、所要の措置を講ずるものとする」（第三五条1項）としている。すなわち、評価結果に基づく組織・業務に関する「措置」（生殺与奪）規定のそれである。

こうして文科省は、これら諸規定に明文上の根拠を得て、教育研究など諸業務にわたり、国立大学の経営（法人）と教学（大学）の双方に対する管理・統制を可能とする、強固な目標管理システムを手にしたのである。それは、学問の自由を脅かしかねない、かつてない極度の緊張関係を強いる仕組みですらある。

憲法二三条では、「学問の自由は、これを保証する。」とうたわれている。その経緯について、憲法学者・芦部信喜氏は、その著書「憲法」（岩波書店、二〇一五年）の中で、「学問の自由を保障する規定は明治憲法にはなく、また、諸外国の憲法においても学問の自由を独自の条項で保障する例は多くはない。しかし明治憲法時代に、一九三三年の滝川事件（略）や三五年の天皇機関説事件（略）などのように、学問の自由ないしは学説の内容が、直接に国家権力によって侵害された歴史を踏まえて、とくに規定されたものである」と述べている。学問の自由の保障は、個人の人権や学問の自由だけでなく、「とくに大学における学問の自由を保障することを趣旨としたものであり、それを担保するための『大学の自治』の保証をも含んでいる。」としている。

さらに、大学の自治について、その内容として特に重要なものは、「学長・教授その他の研究者の人事の自治と、施設・学生の管理の自治の二つである。ほかに、近時、予算管理の自治（財政自治権）をも自治の内容として重視する説が有力である。」とも述べている。財政自治(主)権を、大学の自治の範疇に属するものとした点は重要である。

これらに関連して、日本学術会議は、二〇〇五年六月二三日、「現代社会における学問の自由」と題した文書で、

「『学問の自由』は、狭義には学問研究を専門とする者の研究の自由（課題と研究方法の選択、研究過程および研究成果の発表の自由）を意味するが、広義にはその成果の伝承としての教育の自由を含め、また研究教育の場としての『大学（高等教育研究機関）の自治』を含意するものとして理解されてきた」と述べている。また最近では、現代社会の新しい環境変化にかかわる「学問の自由」の諸問題が表出し、それへの対応として、「学問の自由を必要とし、それを社会から負託されている科学者コミュニティが全体としての自己統治能力（ガバーナビリティ）を確立することの必要である」とも訴えている。

時代が激しく変化したとき、学問の自由にも当然変化しなければならない部分が生まれてこよう。それは、何よりもアカデミック・コミュニティの責任において、自主的・主体的に検討、吟味され、その内容が真に学問の発展に資するものでなくてはならない。

フランスの哲学者ジャック・デリダは、著書『条件なき大学』（西山雄二訳、月曜社、二〇〇八年）の中で、「近代の大学は、条件なき大学でなければならない。大学は、真理を公言し、真理を職業とします。大学は宣言し、真理に対する際限のない誓約を約束します」とし、特に人文学における学問の未来を考案すべきであると述べている。我々に大きな勇気と行動とを与えてくれる主張である。

そして、訳者・西山雄二氏は、次のようなコメントを加えている。

「現在の大学を取り巻く状況として、一九九〇年代以降の国民国家の再編、国際政治の変容、高度資本主義の発展、労働の不安定化、労働者の貧困状況、高等教育の商業化、情報技術の発達などに言及しグローバル化時代の世界論が提示されている」。

「財やサービス以上に情報が経済活動や社会的環境にとって重要となる21世紀の知識基盤社会に於いて、高等教育機関とりわけ大学の役割はますます大きくなっている。大学は社会から隔絶された「孤独と自由」(フンボルト) をもはや保持することはできず、急速なグローバル化の社会や経済潮流の中で社会や経済と機能的に連動した官僚主義的な位置組織と化す傾向にある」。

「国立大学の独法化とその経済政策化を通じて、今や日本の大学は国家による学術統制と市場原理主義的な効率化によって幾重にも条件づけられている」。

いま我々は、権力に翻弄されることも屈することもない、確固たる「自己統治能力」を備えた、新しい時代の堅固な「学問の自由」・「大学の自治」の構築が待たれる地点に立っているのかもしれない。大学を大学たらしめている生命線たる「学問の自由」を、権力の前に拝跪させてはならない。

政治と倫理

国立大学法人化の過程では、文部大臣の「軟化」が大きな節目となったが、そこにあるのは高等教育に対する理念ではなく、行革の数合わせのための便法だけであった。法人化に舵を切った「遠山プラン」は、首相が座長を務める経済財政諮問会議の、強権的な圧力の下で作成されたともいわれている。一九九七年一一月の第一〇一回国大協総における独立行政法人化への反対声明から法人化にいたる六年余の攻防は、生殺与奪の権を握る側が描いたシナリオの、なすがままに推移したとの感がつよい。

他方、独法化に懸念をもち、これに対峙する側は、特段の権力も抵抗する術ももたず、もっぱら教育研究の将来と大学人の矜持にかけて、連帯・共同する意志を力に、わずかに対抗するだけであった。こと一国の将来に関わる「知の創出基盤」と高等教育のあり方に関る大学問題では、予見しうる事態に責任を負う立場でその理非を考え、公正かつ透徹した論議をへて、国民的合意を求める努力が払われて然るべきであろう。

マックス・ヴェーバーは、その著書『職業としての政治』において、「政治とは、情熱と判断力を駆使しながら、堅い板に力を込めて穴をくり貫く」ほどに困難な、この世の不可能事に挑戦する営みだとし、それだけに「現実の世の中が、どんなに愚かであり卑俗であっても、断じて挫けない人間。どんな事態に直面しても『それにもかかわらず!』と言い切る自信のある人間。そういう人間だけが政治への『天職』を持つ」、としている。それと同時に「政治が権力―その背後には暴力が控えている―という極めて特殊な手段を用いて運用されるという事実」から、その行為には、とりわけ「(予見しうる)結果に責任を負う《責任倫理》」をこそ求められると説く。「権力」を本質的属性とする政治に対する、正鵠を射た要求である。

法人化後の国立大学が目の当たりにしたのは、自らの行為に対する責任も、真摯な反省もないまま、持すべき《責任倫理》を欠いた「権力」的振舞いがもたらしたおぞましい現実である。ヴェーバーが教えているのは、「権力(者)に倫理を!」だが、同時に大学人にとっては、予見しうる結果に責任を負う、主体者としての揺るがない矜持と行動であろう。

(田中弘允)

第四章　国立大学法人の形成に関与した諸要因

国立大学法人法をめぐる攻防は、九九国立大学を独法化することの是非をめぐるものであった。これを否とする側は、学問の自由や地域社会の活性化を重視する立場から、現行の国立大学制度の下で、大学審議会答申（一九九八年）などに沿って着実に改革を進めるべきとした。一方、これを是とする側は、法人化することで、予算、人事、業務運営など、これまであった国の規制が解かれ、大学の自由度がより高まるとする期待からであった。法人化をめぐっては、ある時期から文部省が賛成に転じ、後を追うように国大協執行部もこれに同調・容認する動きを強めてきた。国会での審議を経て、最終的には、与党・自民党の党議拘束の下で法案は成立した。多くの問題を抱える国立大学法人法がなぜ成立したのか、その背景を掘り下げてみたい。

第一節　国大協の対応

一　国大協の限界

国大協の役割は、従来、高等教育に関する国の方針に対して、大学側の要求や意見を表明することがせいぜいで、自ら大学改革を積極的に提起し、これに取り組むことは少なく、そうした実績もあまり積んでこなかった。そのため、国や文科省の動きを待ちながら対応することが多く、独法化に対しても後手にまわり、これに受身で対応する状況が続いた。国大協は、もともと何ら法的権限ももたない学長たちの任意の団体であり、文科省の情報伝達と意見交換の場にすぎず、何らかの意思決定を行う機関でもないとされ、俗に、「何の権限もない、真空のようなもの」と称されてきた。

このように、国の動きに受身で対応する「習性」から、次々と打ち出される政府・文科省の方針に翻弄され、次第にそのペースに巻き込まれることになる。独法化が政府主導で進められる結果になったのも、そこに原因の一つがある。

国大協は、行政改革会議の設置を前に、「国立大学の在り方と使命に関する特別委員会」を発足させ、九七年六月に、高等教育制度の改革は、単に財政赤字削減という視点のみから進めてはならないことや、設置形態の変更は、長年にわたる学問研究の継続性を損ねることになるので、受け入れ難いとする報告書を取りまとめた。国大協としては、迅速かつ適切な対処であった。これを要望書として内閣総理大臣と関連の大臣に提出するはずであったが、最終的には、国大協執行部の判断もあり、断念せざるをえなかった。

ところが、それまで独法化反対を主張していた文部省が、方向転換を始めると、国大協もそれに対応すべく独法化問題の検討を第一常置委員会に委ねた。その結果が、「国立大学と独立行政法人化問題について（中間報告）」（九九年九月）としてとりまとめられ、公表された。その内容は、もし万が一、独法化を受け入れざるをえない場合、自らの主導権の下に全体像を描き、大学の特性に応じて、あるべき制度の実現を目指すべく検討が必要であるというものであった。しかし、その検討方向は、独立行政法人法の枠組みを前提に、その中で次善の策を見いだそうとする努力に過ぎず、真の大学改革を目指すものではなかった。

真の改革を推し進めるには、国大協が自ら高等教育に関するグランドデザインを持つことと、大学間の異なる利害をどう調整し、合意を形成するかという、地に足の着いた対応を抜きには考えられないことである。

二　国大協と高等教育のグランドデザイン

大学自らが高等教育のグランドデザインを持つという意識は、もともと国大協に欠けていた。グランドデザインは、国立大学の設置者たる国が考えることだとして、その種の議論を遠ざけてきたことにある。こうした傾向は、国大協のメンバーである学長たちの多くが、高等教育あるいは国立大学に共通する課題より、自大学の課題や影響を優先して考えることの表れでもあった。その意味では、国立大学を《護送船団》とする誹りを免れない。

本来は、国公私立を含めて、大学が担う高等教育のあるべき姿を正面に据えて検討すべきであった。とはいえ、当時も、国大協総会や各委員会などでは、独法化に限定せず、広い視野と長期的視点から、わが国の高等教育のあるべき姿や望ましい制度設計を討論すべきだとする意見もあったが、実質的にその議論を深めるには至らなかった。執行部が、そうした議論に立ち入ることに、常に消極的であったからである。

法人化が表面化した状況に至っても、国大協をはじめ大学人は、この国の将来を見つめ、高等教育のあり方と、それに相応しい設置形態をいかに構想するのかについて、本腰を入れて調査・検討する姿勢に立てなかった。そうした中で、高等教育・学術研究の現場に足場を置き、実態を知悉しているはずの学長集団が、文科省の提案に対峙しうる将来構想や制度設計に本腰を入れて検討し、具体的に対案を提起できなかったことは致命的であった。

三　意見の調整・集約に背を向けた国大協

すでに見たように、同じ国立大学でも規模や歴史、立地によってそれぞれの意識や文科省との距離感に違いがある。したがって、国大協で取り上げられるさまざまな課題に対する、重点の置き方や対応にもおのずから違いが生じてくる。そのため、大学入試のような、およそ全体の足並みがそろいやすい共通課題を主に扱ってきたのが、国大協の大勢であった。このような体質から、足並みが揃わず、時には利害が対立しかねない独法化問題に、主体的に対応する姿勢がもてないまま、事態を曖昧にし、結果的に執行部の独断を許すこととなった。

第一章で触れたことだが、小渕内閣が発足した九八年ごろになると、文科省や旧帝大を中心に、独法化をめぐる密かな動きが伝えられた。こうした事態に懸念をもった学長の間で、自由に意見交換のできる場として学長研修会を作ろうとする機運が高まってきた。研修会では、さまざまな角度から率直な意見が相つぎ、活発な議論が交わされ、その成果は、文科省をはじめ、各界への要望・提言として結実した。しかし、こうした独自の活動が、国大協内の意見の調整・集約に結びつかなかったことが悔やまれる。

このように、国大協での意見や考えが会員の間で共有されず、議論がかみ合わないまま事態が推移したのは、会議の進め方にも問題がある。法人法が成立するまでの間、筆者は調査検討会議をはじめ諸会議に関わったが、それらの会議では、重要な論点であっても表面的な意見交換に止まり、問題の本質に迫る議論の深まりを実感したことはなかった。したがって、決まったこともはなはだ明確さを欠き、時にはいつの間にか決まっていたという問題もあって、組織の意思決定としてはその態を成したものとは言い難かった。

それは例えば、調査検討会議で非公務員型が決まった際や、大学の設置主体について「国立大学法人が国立大学を設置する」ことに決まった際にみられたことである。いずれも、法人化後の大学組織や業務運営にとって決定的な事柄であった。議長が意図してそのように議事を進めたのか（不作為）、委員が事の重要性に気がつかず、相応の問題意識も意見も持たずに参加したのか（善管注意義務）だが、いずれにしても会議としては無責任の誹りを免れない。その結果、大事な問題が曖昧なうちに、権限を持った限られた一部の人間によって決められていくということであった。そこでは、責任の所在も不明のまま事態が進行し、後になって事の重大性に気がつき、臍をかむという状況である。いくつかの、そうした苦い経験が悔やまれる。

このように、国大協内部では、法人化に対する多くの懸念や錯綜した動きを抱えつつも、最終的には、行財政改革の圧力と文部省の方針転換に抗しきれず、独法化を容認せざるを得ない状況に追い込まれていった。大学人の矜持と負うべき責任の所在に、改めて思いを致さなければならない。

第二節　大学人の試練

国大協で独法化が議論されていたころ、大学人はそれをどう見ていたのであろうか。大学によって違いはあろうが、当初、あまり目立った動きはなかった。ところが、一九九九年の中頃になると、文部大臣も独立行政法人化を検討すると発言し、国大協も独法制度の問題点を洗い出すなど、法人化に向けた動きがあわただしくなった。

各大学も文部省や国大協から出された見解の検討に入り、この問題を論じた論文（例えば、藤田宙靖「ジュリスト」一一五六号（一九九八年））や先行した独立行政通則法などの学習も行われ、国立大学の独法化が現実の問題として意識されるようになった。

こうした独法化の動きに素早く反応したのは、人文系や理学系の教員集団であった。一一月から一月にかけて多くの大学で教授会や教職員組合が反対声明を出し、その動きが広がった。この動きに文科省も慌て、「独法化ではなく、大学改革のための国立大学法人化である」と懸命に火消しにまわり、マスコミの宣伝もあって、大学の動きは沈静化に向かった。国立大学法人は独法制度を枠組みとすることが明らかであったにも拘らず、なぜ沈静化したのだろうか。確かに、大学の間に危機感が広がったが、それが構成員の一人ひとりにまで及ばなかったし、全国立大学を覆う広がりにもならなかった。あるいは、学問の自由・大学の自治が脅かされるかもしれない状況にも拘らず、真剣に検討するだけの自覚も危機感も育っていなかったのかもしれない。

往々にして、大学人の場合、自らの思想信条が侵されたり、自分に降りかかる身近な問題には敏感に反応するものの、えてして大学の設置形態の変更といった、全体に関わる問題には関心が薄いということでもある。意識の狭隘化、もしくは想像力の劣化というべきなのかもしれない。例えば、教員の間から「独法化に反対するのはいいが、研究費や予算の配分で仇を討たれるのではないか」、「振り上げたこぶしを早く下ろすべきだ」といった声などもしばしば耳にした。また、学長としては、概算要求で学部・学科の新設や、大型の科研費や教育・研究棟など建物を申請中の場合は、大いに悩まざるを得ないこともある。また、学長同士の話の中で、「世間の大学に対するルサンチマンだ」、「大学が改革されないので独法で改革すべし」、「この流れは、歴史の流れだ。振り子が行きつくところまでいけば反転しますよ」、「うちは、小規模大学であるからお取りつぶしに合わないようにするので……」などの声もが聞こえてきた。いずれも、それなりに現実味があり、理解できる面もあるが、大学人の思考様式や次元のあり方としては、いかにも卑小という他はない。こうして、独法化に対する大学からの反発は次第に尻つぼみとなった。

当初、「学長有志の会」が、独法化に対抗して立てた方針・戦略も、広く浸透し、大きなうねりとはならなかったが、それでも、大学や地域の身近な人たちに、独法化すればとくに地方国立大学の力が弱まり、地域社会の衰退が起こることを訴えると、次第に関心が高まっていった。そこから、独法化が学問研究や学生教育にとって、看過できない深刻な問題と矛盾を孕んでいることを、小集会やメディアを通じてアピールすることができた。

しかし、調査検討会議の検討を重ねても、独立行政法人通則法の根幹部分に、大学の特性に即した特例措置を適用することや、別建ての特例法を作るには至らなかったのである。

事の重大性にも拘らず、国大協での議論が閉じた内輪の議論に終始したこともあって、大学人はもとより、国民全体を巻き込むまでの広がりにならなかった。かえりみて、強く反省すべき点である。しかも、国立大学にとって、歴史的大変革であるにもかかわらず、肝心の学生たちに事の重大性をしっかり説明することにも欠けていた。そのためもあって、この問題で学生が立ち上がった大学はほとんど見られなかった。この状況は、自治会組織の弱体化と学生運動の退潮の著しさを印象づけたことでもあった。

第三節　政府、自民党の役割

一　政府のポピュリズム

国立大学の法人化は、時の政権の思惑が絡み合いながら、充分煮詰まらないまま国会に提案された感がある。端的にいえば、「小さい政府」と規制緩和を合言葉に、行政改革会議の旗振りで、国家公務員の定員削減目標達成のために人員の多い国立大学を独法化することで数合わせをし、国立大学に大変革を迫るという構図であった。九七年九月一一日に発足した第二次橋本内閣は、当初、行政改革会議を立ち上げ、その最終報告（一二月三日）で、「大学改革は長期的に検討すべき問題であり、独立行政法人化もその際の改革方策の一つの選択肢となり得る可能性はあるが、現時点で早急に結論を出すべき問題ではない」としていた。

しかし、九八年七月三〇日発足の小渕内閣は、首相所信表明演説でいきなり二〇％の国家公務員定員削減を打ち出し、関係者を大いに驚かせた。もともと、わが国は、先進諸国の中でも公務員の数は少ない方に属しているのにである。しかも、この政策は、行政需要や業務の実態に照らして、定員削減の必要性やその規模など必要な検討を行うという当然の手順を抜きに、二〇％削減だけを突然言い放ったという類のものである。

そうした中で、有馬文部大臣は、就任後間もない同年末、太田総務庁長官の膝詰談判に屈し、国立大学の独法化を検討することを受け入れた。これが、独法化反対から容認に、大きく流れを変えるきっかけとなったのである。

引き続き〇一年四月に就任した小泉首相は、経済財政諮問会議を動かして、さらなる改革を強力に推し進めた。新内閣発足のわずか二ヵ月後、国立大学の設置形態と組織の改革構想、いわゆる「遠山プラン」が突然持ち出された。これは、経済財政諮問会議の強い圧力の下で、十分な検討を経ずに文科大臣が策定したものとされているが、それは、

「再編・統合の推進」、「民間的発想」、「トップ30の育成」を骨子とするペーパーで、大学改革プランの名に値しない粗雑な内容のものだが、与えた衝撃は大きかった。

短期間に次々と変る内閣の下で、産業界の要請に沿った政策課題が、規制緩和路線に乗って矢継ぎ早に打ち出されたが、その焦点の一つが国立大学の法人化であった。この時期、経団連は、科学技術開発やグローバル人材の育成、産学官連携の強化を唱え、法人化や任期制の導入など、大学行政に対する踏み込んだ提言を行っている。これに呼応して、中央省庁の再編や「行政改革大綱」（閣議決定）を進め、経済財政諮問会議や自民党政務調査会は、国立大学の法人化に向けた具体的な動きを強めていったのである。政財官の周到な連携プレーである。

しかし、そこにはこの国の持続的な発展を支える「知の創出・集積・発信」を担う大学の価値とその豊かな発展に寄せる社会的な期待に沿った、国家的な理念も意思も見出せない。

二　自民党の役割

一九九七年の比較的早い時期から、自民党行政改革推進本部は、国立大学の私学化や独立行政法人化を打ち出していた。その後文教族の巻き返しもあったが、文教部会においても独立行政法人法の骨格から抜け出ることはなかった。

自民党文教部会・文教制度調査会教育改革実施本部は、高等教育研究グループ（いわゆる麻生委員会）を発足させ、国公私立大学長などのヒアリングを踏まえ、〇〇年三月三〇日に「提言　これからの国立大学の在り方について」をとりまとめた。この提言は一部修正されて、自民党・政務調査会の提言として、五月一一日に発表された。その内容は、文科省の「特例措置」を含むことから、文科省が関わっていたのではないかと推測される。

麻生委員会の「提言 これからの国立大学の在り方について」の「はじめに」では、

> 国立大学の在り方が問われている。きっかけは独立行政法人化の問題である。政府は、平成15年までに、国立大学の独立行政法人化の問題を検討し、結論を出すとしている。しかし、この問題が『大学改革』ではなく『行政改革』の議論の中から提起されたことに、関係者は強い警戒感と不信感を隠さない。大学に『独立行政法人』という名称を冠することへの違和感を指摘する声も少なくない、

とし、さらに、

> 独立行政法人通則法をそのまま国立大学に適用することは、不可能である。なぜなら、大臣が、大学に目標を指示したり、学長を直接任命し、解任するような制度は、諸外国にも例がなく、国と大学との関係として不適切である。評価の仕組みも検討の余地が大きい。『独立行政法人』という名称も、大学にふさわしくなく、特に『行政』の文字には強い違和感を禁じ得ない。

と述べている。

「通則法をそのまま国立大学に適用」し、「大学に目標を指示したりする」ことは不適切であるといった「提言（案）」でのニュアンスは、最終「提言」では薄まったが、「大学に『独立行政法人』という名称を冠することへの違和感を指摘する声も少なくない」との表現は残された。ところが、この報告が、マスコミでは「国立大学法人は独立

行政法人ではない」と報道されたこともあって、国立大学の独立行政法人化に反対する動きに対して火消し役を果たした。事実、この報告の直後、国大協も法人化に大きく舵を切ることになったのである。

第四節　文部・文科大臣、文部・文科省の役割

一　大臣の二つの決断

法人化に至る過程で、大臣は二つの大きな決断をしている。一つは「独立行政法人への転換」であり、もう一つはいわゆる「遠山プラン」である。前者は国立大学法人化のターニングポイントとなった決断であり、後者は、法人化を見据えた、大学「改革」の見取り図である。両者は、高等教育機関としての国立大学の位置づけ・役割など、それまでの歴史的文脈を越え、時の権力者からの降ってわいた大学政策という意味で共通している。

(一)　独法化への転換

国立大学法人法の成立過程で、文部大臣と文部省が担った役割は、当然のことながら、その責任は極めて重く、かつ大きい。その最たるものが、当初の独法化反対の立場から、転じて独法化容認にスタンスを変えたことであった。

我々が新聞報道で初めて知った密室での会談で、有馬文部大臣が太田総務庁長官から、国立大学の独法化の検討を説得され、最終的にはそれを呑まされたとされている。仄聞すると、その場で文部大臣は独法化と引き換えに、国家公務員の身分の継続と、現状の財源を維持するとの二点を長官に約束させたといわれているが、そのいずれも間もなく反故になる。長官がその約束を果たす保証はどこにもなく、「空手形」を掴まされた、見通しの甘さだ

けが露呈した結果である。

文部大臣が総務庁長官の説得に応じた結果、この密室合意が「中央省庁等改革に対する大綱」の推進本部決定（九九年一月二六日）と、引き続く「国の行政組織等の減量、効率化等に関する基本計画」（同年四月二七日）の閣議決定へと引き継がれ、独立行政法人化への道が整えられていったのである。

当時、こうした国の動きは大学関係者には十分に伝わってこず、この時期が国立大学の組織改革をめぐる歴史的分岐点であるとの認識をもつことはできなかった。積極的な情報収集と分析を怠ったといわねばならない。文部省の立場からすると、大学をコントロールする新しい仕組みができたことに合わせ、政府全体の政策課題たる定員削減・垂直減量も実現したことで、義務が果たせたことになる。

（二）追い込まれた文科省―遠山プラン

唐突に出てきた、いわゆる「遠山プラン」の出どころについて一般に流布されている話は、小泉首相の「国立大学の私学化」との考えに対抗するためとか、「経済財政諮問会議での国立大学の批判が強く、何らかの対応策を文部科学省が提示せざるを得なくなったから」（遠山大臣）とか、まちまちである。そのいずれであるかはおくとしても、文科省は国立大学長等会議などの席で、そのいきさつや理由を明確に語ることはなかった。それは、経済財政諮問会議などでの強力な圧力を前に、何とかしなければとの思いや、世論の支持の高い小泉首相は「何をするかわからない」という恐怖感からかもしれない。あるいはこのまま放置すると、文科省自体に火が付きかねないと思ったのでは、などさまざまな憶測や疑念はつきない。

しかし、そもそも経済財政諮問会議で出された国立大学への強い批判が、本当に当を得ているのかである。国立大学が財界の思うようにならないことへの苛立ちかもしれないが、それはいかにも見識を欠く短絡した批判である。

こうした事態は、文科省が、国立大学の設置者としての責任と、独法化に対抗しうる、明確なグランドデザインに裏打ちされた大学政策をもたず、しかも国立大学おける教育研究と運営の実情を正しく認識していなかったことによると見なければならない。地方大学が、乏しい予算でどれほど地域に貢献しているかの実体を把握していたのは、文科省幹部のごく一部に過ぎなかったと思う。

その責任は、文科省との関係で常に受身であった大学側にもある。社会の負託を受けた大学の立場から、文科省に大学の実態を伝える努力と意思疎通を怠らず、ときには厳しく対峙して、互いの緊張関係を強めることで、国立大学の豊かで持続的な発展に向けた展望と確信を共有することができたはずである。

二　法意識と行政裁量

国立大学の独立行政法人化に関連して、非公式ではあるが文科省官僚の口からよく、「独法化後のことはあまり心配することはありませんよ。運用で何とかなりますよ」、「私たちが悪いようにはしませんから、まかせてください」などと声を掛けられることがあったが、独法化の検討組織に関係した学長や委員の間でも同様なことが聞かれた。また、心ある官僚は、国立大学の独法化にある種の危うさを感じながらも、幅広い運用で何とかなると考えていたのかもしれない。それは、仮に問題のある法でも、運用次第でなんとでもなるというある種の楽観論だが、そうした法意識は、逆に社会情勢や時の権力の意図で、法がある日突然牙をむき、襲いかかってくることを見ないという意味で、有害ですらある。それは、内心の自由や監視社会の強化によるプライバシーの侵害などを危惧する人々に対して、「一般人は対象外」などとする曖昧な答弁で、成立を狙う「共謀罪法」と同類である。法の運用に当って、法意識のあり様がいかに重要であるかを教えている。

すでに見たように、国立大学法人法は、その成立時に衆参両議院で多くの附帯決議が採択された。いずれも、法が持つ欠陥や不備を少しでも緩和し、適正な法の運用を図ろうとするものであるが、実際に問題が起きたとき、それが確実に働き、「決議」が誠実に実行されるのかである。その実効性に寄せる期待は大きいが、運用に当たる当事者の法意識や政治状況のいかんで、画餅に終わる可能性が高い。また、時の政府が、政・省令や通達など、裁量行政の幅の中で立法の趣旨を離れて、事態をうやむやにしてしまうことも、多くの経験が教えるところである。問題は、それらによって、当の現場がさらに状況を悪化させ、活力を失い、混乱と疲弊に苦しむことである。そうした事態が、法人法の下で起こらない保障はない。我々は、常に文科省を始め、内閣や国会の動きに注意を払わなければならない。

第五節　国会審議をめぐって

一　審議の在り方

第二章では、国会審議の様子を質疑応答の形式で再現し、法人法の制定にいたる主な流れを追ったが、それは全体の時間の一〇分の一にも満たない。審議の多くは、同じ答弁の繰り返しや、議論のかみ合わない場面が多かった。国立大学法人法案は、政府提出法案だが、野党はこれに反対し、民主党は修正案を提出した。議論がかみ合わないのは、多分に、政府側が最初から野党の意見や修正提案を受け入れる姿勢に立っていないことにある。

また、法案審議の過程では、随所で政府・文科省の強弁と論点のすり替え、はぐらかしも多くみられた。例えば、国立大学法人法が独立行政法人通則法とは異なるとか、行政改革とは関係ないとする答弁などである。同様に、法人化によって、国の規制が外され、大学の自主性・自律性が一層高まるとした点が、とりわけ強調されたのもそうである。また、法人化はもともと行政改革の一環として目論まれたのではとする野党からの追及をかわすため、答弁では、「閣議決定」をお墨付きのように振りかざし、法人化は「大学改革のため」との、すり替えの言説を繰り返すのみであった。

一方で大学の自主性・自律性を強調しながら、他方で、教育研究に関わって、国の関与を可能とする中期目標の仕組みを追及されると、文科大臣がこれを定めたり、財務省が関与するのは、措置される財源が国の予算・税金で賄われているからだと応じている。しかし、国立大学当時も国からさまざまな財政支援はあったが、仕組みの上でも実体においても、教育研究に口を差し込むことはなかった。また、法人化すれば国の規制を離れて、大学の自主・自律的な運営が可能になるということと、文科省や財務省の関与を許すこととは明らかに矛盾している。

このように、あれこれの詭弁を弄しながらの説明や答弁は、法案成立に責任をもつ立法府が自らの役割を放棄し、行政府の言いなりになっているようにしか見えない。それでも、関係委員会での質疑応答によって本法案の問題点も明らかになった。審議が深まり、さまざまな角度からの質問に答える中で、法人法の狙いが大学改革のためより、行政改革のためであることをついに認めざるを得なくなった点などである。法案成立時の多くの附帯決議は、そうした緊迫した審議から引き出された、貴重な成果と見なければならない。それだけに、附帯決議を単なるガス抜きに終わらせずに、これをいかに活かしきるかである。文科省の姿勢や意識とともに、大学人の見識と力量が試されている。

るとができた。

二　党議拘束の怪

筆者は、国大協の要請をうけ、地元の国会議員に国立大学法人化の問題点を説明して回った。とくに、市場競争原理の下で、もともと財政的、人的資源に乏しい地方国立大学が厳しい競争条件に曝らされれば、教育研究とともに地域貢献力は衰退し、結果的に地方分権にも反することになることを説き、多くの議員の理解と同意を得ることができた。

しかし、肝心の法案採決の段階では、理解を示したはずの与党議員のすべてが賛成票を投じたのである。今回のような、戦後大学史を塗り替える、重大な制度改革の是非を問う法案では、議員は自らの判断で投票に臨んでしかるべきなのにである。与党議員の中にも反対者がいたはずだが、党議拘束という名の強制が、国立大学法人化という歴史的暴挙に手を貸したことになる。

党議拘束について、飯尾潤（『日本の統治構造』二〇〇七年）は、「両院を通じて法案提出前という早い段階で採決における行動が規制されてしまえば、審議によって法案内容を広く有権者と共に検討し、結果として採決に臨む契機がなくなってしまう」と述べている。議会運営の実態とはいえ、違和感はぬぐえない。

一般に、重要法案で、党員の投票行動にしばりをかける党議拘束は、議院内閣制の拠って立つ仕組みだとされている。しかし、重要な法案であればあるほど、党議拘束を外し、議員一人ひとりの見識と責任の下に、自主的な投票が許されて然るべきであろう。党議拘束は、議員の主体的な判断を封じ、思考停止を強いることである。ちなみに、党議拘束をかけなかった法案には、臓器移植に関する法律、国旗及び国歌に関する法律がある。他方、党議拘束に造反した議員が大量に出たのは、郵政民営化法案、消費税増税法案での採決が記憶に新しい。ただし、後の二法案は、政治的駆け引きに使われたものであり、残念ながら法案そのものの評価を考えた上でのことではなかった。

第六節　社会の動向とマスコミの使命感

一九九〇年代に入り、市場経済のグローバルな展開の中で、教育や知的資源を含む社会のあらゆる潜在力を動員し、厳しい国家間競争に打ち勝つための、新しい社会システムの構築が、先進諸国共通の政治的プログラムとされた。あらゆる社会領域で、《効率化》が有意の目的価値とされ、そこから規制緩和、民営化、市場化、自由化が主要な政策理念として登場してきた。いわゆる新自由主義的改革路線の台頭である。そうした時代状況の中、多くの分野で「変革」を是とする雰囲気が社会に満ちており、大学もその例外ではなかった。

例えば、「中央省庁の再編統合により、一府二一省庁が、一府一二省庁に再編されるので大学も縮小すべきだ」、「財政危機だから大学も縮小すべきだ」、「効率を上げるために、大学間で自由競争を適用すべきだ」、「今の大学は愚者の楽園だ。競争させなければならない」、「時代が変わるので、何でもいいから変わるべし」などの声が周辺にあふれていた。それ自体、いかにも受身の状況主義的言動ではあるが、その時代の社会的気分を代表した声でもある。

そうしたとき、新聞やテレビなどマスメディアは、国立大学の独法化問題をどう報道したのだろうか。残念ながら一部を除いて、文部省の説明をそのまま報道することで事足れりとする雰囲気が感じられた。その最たるものが、「国立大学は、法人格を持つことで自由な運営ができるし、規制緩和で大学の自主・自律が得られる、良い制度だ」といった論調である。これは、目標管理システムによる、教育研究をはじめ大学業務全般にわたる管理・統制の強化を軽視あるいは無視した文科省の主張そのままの報道であり、マスコミに期待される「木鐸」としてのチェック機能を果たしているとは言い難いものであった。

しかも、本来マスコミに期待されている権力に対するチェック機能とは全く逆の動きもあった。例えば、九九年一二月八日の文部大臣と国大協会長の会談後、ある全国紙は、「国大協 方針転換。独立行政法人 条件付き容認」（読売新聞一九九九年一二月九日）と報道し、翌日、事実無根との抗議を受けたり、高等教育研究グループの動きについて、「『国立大学独自の新たな枠組み』『国立大学法人（仮称）』の検討に入った」（読売新聞二〇〇〇年三月六日）と報じたりしている。この種のお先棒担ぎの報道が、国立大学法人化のもつ問題性を曖昧にし、結果として法人化の推進を助けたともいえる。

とはいえ、一部には、独法化について分析的に検討し、真っ当に報じた報道もあった。しかし、その多くは、次代を担う若者を育て、人類社会の創造的発展につながる先端研究や、さまざまな分野で展開する社会貢献など、大学の役割と価値についての理解が不十分で、この大学史を画する、問題の重要性と深刻さに比して、報道はおしなべて低調であったという印象である。

こうした傾向を助長した責任の一端は、国大協をはじめ大学自らも、法人化のもつ問題点をしっか伝えなかった点にあろう。とくに、国大協の動きや考えは外からは見えにくく、中でどのような議論が交わされ、それがどう集約されたのかが分かりにくかったのではと思われる。権力と対抗していく最大の武器は国民の支持・世論である。その意味でも、国民にとって重要な情報源であるメディアへの対応とともに、報道の姿勢と質が改めて問われる。

第七節　財界の働きかけ

独法化を推し進めた要因として、経済界の影響力を直視しなければならない。経済界が大学に強い関心を持つようになったのは、高度成長の失速とひき続く経済的停滞を打開する道を、「知的資源」の創出と蓄積の集積体である大学に期待したことにあろう。それは、この時期、経団連が相次いで大学の独立行政法人化に言及する提言を発したことに如実である。

例えば、経団連は「産業競争力強化に向けた提言—国民の豊かさを実現する雇用・労働分野の改革—」（一九九九年一〇月一九日）で、〈高等教育機関に対する期待〉として、

> 21世紀を支える産業のニーズに合致した、より質の高い教育サービスを提供する観点から、競争原理の導入を進めることが重要である。具体的には、国立大学の独立行政法人化、任期制の採用等による大学研究者の人材移動、大学の学部・学科の設置の自由化、大学（国公立・私立）の教育内容等を評価する第三者機関の創設及び評価結果の公表、職業能力の開発に資するコースの設置、コミュニティカレッジの機能強化など社会人教育の充実などを図るべきである。

と提言している。これをさらに敷衍し、展開する形で、「科学・技術開発基盤の強化について」（一九九九年一一月）や「グローバル化時代の人材育成について」（二〇〇〇年三月）、「21世紀の経済新生に向けたわれわれの決意」（二〇〇〇年

五月）などの提言は、いずれも国立大学の法人化を求めたものと重なる。

これらの延長線上で出された意見書「国際競争力強化に向けたわが国の産学官連携の推進〜産学官連携に向けた課題と推進策〜」（二〇〇一年一〇月一六日）の中で「独立した経営組織体としての特色のある大学」として、法人化の制度設計にさらに踏み込み、以下の三項目を挙げている。

(1) 国立大学の独立法人化においては、大学トップのリーダーシップの下で、大学が独立した経営組織体として、明確な理念・経営方針を持ち、各国立大学は特色ある大学作りを目指すべきである。その際、各校の理念・経営方針に基づいて、経済環境、技術動向の変化に機敏に対応できるよう、大学組織やカリキュラム編成の自由度を高める必要がある。
(2) 組織編成や公務員法等の制約を取り除き、大学トップが自由に経営判断を下せるようにするためには、大学の独立法人化に際して、非公務員型を導入するとともに、産学官連携を推進する大学において、非公務員型を選択していくことが強く望まれる。
(3) 地方の国立大学が、地域活性化に貢献し、地域クラスターの形成の核となれるよう、地域の経済・産業のために行う研究プロジェクトや関連する施設整備に対する地方自治体の寄付を実現すべきである。

こうした経団連の動きは、自民党政務調査会や科学技術会議、産業構造審議会、経済財政諮問会議、産業競争力会議等諸機関・組織と連携し、科学技術基本計画を核に、国立大学の構造改革・法人化をパッケージとした政策展開として結実していくことになる。事実、一連の経団連提言で提示された、大学の構造改革メニュの骨格は、かの「遠山プラン」のそれと相似しており、国立大学法人化の過程で、それが改革プログラムとして実現が図られていった内容そのものである。まさに、財界の意思が、さまざまな政府機関や組織を媒介に、一定の政治プロセスを経て政策化、立法化・制度化され、そこから大学の設置形態の変更にまで及ぶ、行政的展開のあからさまな実相である。ここに、経済過程が、政治プロセスにおいて実質的にヘゲモニーを握り、行政システムを駆使して、自らの「目的価値」を最大化する、典型的な姿がみられる。

coffee break

競争原理の危うさ

今ほど、大学で「競争」という言葉が氾濫している時代はない。確かに現在は競争の世界であることは疑いないし、そのことを否定するものでもない。しかし競争をいうのであれば、何を目的とし、誰と競争するかを明確にする必要がある。また競争すれば何もかも良くなるというのは幻想にすぎない。

もともと、大学間の大きな格差をそのままに法人化し、競争と効率性を煽って、さらにそれを拡大するところに真の発展があるのだろうか。現実に照して疑問である。

単に勝ち残るためだけの、大学間の過度の競争は、自己の組織防衛にとらわれるあまり、肝心なことで互いに協力しあう状況をつくれず、学問の発展に必要な、大学間の連携や共同を難しくするだけである。各大学がお互いに良い点、優れたアイディアを出し合い、その上で切磋琢磨する競争こそ必要である。国全体が総合的・長期的に見ていかに活性化するかが肝心ではなかろうか。

自ら主体的に競争しようとすることと、強いられる競争とは意味が違う。政策的な誘導で、実質的に強いられた「競争」で、大学の自律とか自由だといわれても、戸惑うばかりである。

競争は他に勝つことではなく、明日の大学を目指して、自らの過去と競争し、新たな知を創造していくことである。それなくしては、期待される大学にはなれないであろう。例え相手が競争関係にあったとしても、その相手に協力した結果、成果が挙がったとしたら、それを共に慶びあう文化を育てることである。

（田原博人）

第二部　法人化で国立大学はこう変わった

第五章　大学の運営組織とガバナンス強化

国の行政組織の一つであった国立大学が、法人化によって制度上は国から独立し、それぞれが法人格を得て自主・自律、自己責任のもとに、大学を経営することが可能となった。運営面では、学長の権限が強化され、新たに理事と監事がおかれ、役員会が組織・業務に係る重要な事項を審議し、学長が最終的に決定する仕組みである。法人化前の国立大学は、評議会が審議・意思決定機関であったが、法人化後は新たに教育研究に関する重要事項を審議する「教育研究評議会」と経営に関する重要事項を審議する「経営協議会」に変わった。その上で、理事と監事、および経営協議会への学外者の参画を導入し、学内者と学外者で構成される学長選考会議が置かれることになった。

法人化の狙いは、学長の権限行使を補強するガバナンス組織を構築して、効率的な大学運営を進めることにあった。しかし、財界や政府・審議会等から、大学ガバナンスの脆弱さに対する厳しい指摘を受け、二〇一四年「学校教育法及び国立大学法人法」の一部を改正して、学長を頂点とするガバナンス体制の一層の強化が図られた。問題は、それが大学の基本的使命である教育、研究、社会貢献の発展につながったのかである。

第一節　強化された学長補佐体制と役員会

一　ガバナンス体制と事務組織の位置づけ

法人化後、学長の任命は、「国立大学法人の申出に基づいて、文科大臣が行う」（国立大学法人法第一二条）ことで、これまでと変わりがないが、その選考は、「人格が高潔で、学識が優れ、かつ、大学における教育研究活動を適切かつ効果的に運営することができる能力を有する者のうちから、学長選考会議が定める基準により、行わなければならない」（同条７項）となっている。また、その任務は、同法第一一条に「学長は、学校教育法（昭和二十二年法律第二十六号）第九十二条第３項に規定する職務を行うとともに、国立大学法人を代表し、その業務を総理する」とある。要するに、学長は、学校教育法に規定する学長の職務を行うとともに、法人を代表し、その業務を総理することとされ、学長が経営と教学の双方に権限を持つということである。つまり、組織的には経営（国立大学法人）と教学（国立大学）が分離し、実務的には学長が統合的にこれを運営するという仕組みである。

また理事（数は大学の規模で異なる）は、第一三条により学長が任命することとされ、その職務については、「学長の定めるところにより、学長を補佐して国立大学法人の業務を掌理し、学長に事故があるときはその職務を代理し、学長が欠員のときはその職務を行う」（第一一条３項）となっている。

法人化直後の宇都宮大学では、理事の定数は四名で、内一名が学外者であった。法人化前は、三人の副学長を置き、法人化に向けた業務を進めていたので、学長の補佐体制としては数の上で大きな変化はなかった。

課題となったのは、事務局長を理事とするかどうかと、それと関連して、外部理事にどのような役割を担ってもらうかであった。

理事の役割は事務組織のあり方と関連している。文科省・調査検討会議「新しい『国立大学法人』像について」（二〇〇二年三月二六日）では、事務組織について、「従来のような法令に基づく行政事務処理や教員の教育研究活動の支援事務を中心とする機能を越えて、教員組織と連携協力しつつ大学運営の企画立案に積極的に参画し、学長以下の役員を直接支える大学運営の専門職能集団としての機能を発揮することが可能となるよう、組織編制、職員採用・養成方法等を大幅に見直す」とあり、この考えは、大学の業務運営の実際に即した事務組織の在り方を示したものとして納得できるものだった。

法人化で期待していたことは、それまで文科省を向いて仕事をしていた職員が、法人化後は大学に目を向けて業務にあたるようになるだろうということだった。その実現のため、事務組織や所掌業務、職員人事のあり方および事務職員定数の管理について、学長としての考えをまとめた。従来は、事務局長が職員全体を所管していたが、その体制のままでは、理事を直接支える組織とはなれない。理事の業務を支援するためには職員との連携が欠かせないと考え、事務局長制を廃し、職員と理事とが直接つながる体制にする一方、事務全体に共通する業務を担当する総務的な役割を担う理事を置くことにした。

しかしこれだと、理事のもとに組織が縦割りになる恐れがあるので、役員組織と事務部門との連携を強化するため事務部長も参加する運営連絡会を置き、機動的な執行体制を整えるとともに、役員組織の企画立案機能を強化することにした。また、役員組織と各学部長などとの連絡調整を密にするため、別途企画調整会議を設置し、学内合意形成の円滑化を図った。

ところで、事務局長を理事にすることには、当の事務局長も含めて抵抗があり、容易ではなかった。そこで、国立大学協会（国大協）での会合の折に、気軽に声をかけられる一〇名近くの学長と、事務局長の理事化について話し合った。賛同した学長もいたが、中には事務局長の権限が低下すると反対されそうで難しいのではないかといわれる学長もおられ、どこも簡単ではないことがわかった。結局、事務局長を置かない大学は二割弱に過ぎなかった。現在は、単科大学を除けば、ほとんどの大学で事務局長が理事となっている。ただ、その多くは事務局長兼務で、いわゆる事務局体制はそのまま残っているようである。

事務局長を理事化する際のもう一つの課題は、理事の中に一名以上の学外者を含めなければならない点である。法人化のスタートに合わせて、新たに事務局長クラスの人事を文科省と協議する際、文科省からの出向職員は学内者ではないので、学外理事とみなせるか聞いたところ、他の国立大学や文科省からの移動の場合は、学外とはみなせないという見解であった。当時、天下りが問題視されており、緊張感もあって文科省は、いわゆる天下り的にみられることを気にしていたのではないかと思う。しかし、これは法人化直後のことで、間もなく、学外者とみなしてよいことになり、現在ではそれは常態化している。

そこで、事務局長クラス以外に、学外から理事一名を選ぶ必要がある。法人化後は財務の透明化とともに、外部資金の獲得、経費節減、資金運用など、新たな役割も増え、従来とは違った発想が必要と考え、財務を担当する理事を外部から任用した。多くの大学では、学外理事は非常勤が多く、常勤でも比較的軽い業務を担当しており、教務、研究、財務を担当する学外理事は少なかった。

二　役員会

国立大学法人法第一一条第2項では、学長が次の事項を決定するときは、役員会の議を経なければならないとなっている。

①　中期目標についての意見及び年度計画に関する事項
②　文科大臣の認可又は承認を受けなければならない事項（例えば中期計画など）
③　予算の作成及び執行並びに決算に関する事項
④　学部、学科その他の重要な組織の設置又は廃止に関する事項
⑤　その他役員会が定める重要事項

この中で、④、⑤の「重要」とは何を指すのかは、学長の判断によるが、その根拠は明確ではなく、業務に関わる物事のほとんどを役員会で決めているのが実状である。なお役員会の業務として重要なことは、教育研究をはじめ大学業務の運営に関する諸事項の原案作成である。そのこともあって、各大学では理事が副学長を兼ねて、教育・学務や研究、財務、社会連携、総務などを担当し、さらに全学委員会の長になっている場合が多い。

三　学長のリーダーシップ強化とそのねらい

法人化後、学長の権限は強化され、そのリーダーシップの下に自主的・自律的に経営できると言われていた。しかし法人化前でも、必要な改革は進めることができたので、法人化となったからといってことさらリーダーシップを意識する必要はなかった。企業など学外の人から、法人化になって人事や予算が学長の自由になるので、思い切ったことができるのでは、とよくいわれていた。しかし、大学は企業と違い、教育研究も社会貢献も、現場を支える教職員の納得が得られなければ進まない。具体的に行ったことは、理事を通して学長の意向を反映しやすくし、従来に増してスピード感をもって事を進めることができるよう、全学委員会を大幅に集約したことであった。

予算や人事に関して、裁量権の少ないままで、リーダーシップをとれといっても難しいだろうと考えたのか、国は学長裁量経費の枠を強化する措置を講じてきた。こうした措置を否定はしないが、金を与えればリーダーシップがとれるという考えはいかにも即物的である。本来、リーダーシップとは、ビジョンを示し、それを全学で共有できるように対話と説得に努め、必要なタイミングで決断し、学内合意を形成していくことだと考えている。とくに大学の場合、基本は教育と研究であり、それを現場で担っているのは教職員である。肝心なのは、こうした人たちが、自ら誇りをもって働けることである。そのためには、学内の優れた知恵や実践力を把握し、それを生かしていく仕組みが大切であり、それにはお互いの信頼感がなければならない。

とりわけ近年、大学のガバナンス強化とか学長がリーダーシップを発揮して大学改革に取り組むようにといった「トップダウン」式のあり方がしきりに言われている。ただ、こうしたことはすでに法人化前から言われ、それがだんだん声高になってきただけのことである。例えば、宇都宮大学の場合、第一期中期目標の中では、リーダーシップに関する記述は、「学長のリーダーシップが健全な形で発揮され」と一ヵ所だけであったものが、第二期では「学長のリーダーシップのもとに」が四ヵ所で掲げられている。このように、中期目標に限らず、大学が文科省に提出する書類の中では、リーダーシップの強化を意味する書き込みが推奨されるようになった。この傾向は宇都宮大学に限らず、多くの大学に共通したことである。

そもそも、リーダーシップとはどういった状況の中で言われるのかである。学内でも、学長がリーダーシップを執るようにとよく言われた。その時気づいたことは、それを主張する側の考えに沿って、事柄を進めることを指している場合が多いということである。その伝でいえば、文科省がしきりにリーダーシップを唱えるのは、文科省の考えに沿って学長が大学業務を進めることを期待してのことになる。

大学は、社会がいま何を求め、期待しているかに応え、学長がリーダーシップを発揮して、その期待に応えるため必要な改革や組織運営に取り組まなければならないのは自明のことである。文科省からみれば、法人化で、学長には教育研究に関する最終的決定権と教職員に対する指揮監督権が与えられているのだから責任をもってしっかりやってもらいたいという期待であり、そのために学長裁量経費を増やし、補佐体制の充実を図ってきたのである。宇都宮大学も、法人化後、さまざまな改革に伴って質量ともに業務が増え、多忙になったこともあり、今では四人の理事の外に四人の副学長や学長特別補佐と倍増している。

文科省は近年、学長が進めようとする学内改革を後押しするため、基盤的運営費交付金の一定部分を割いて、学長裁量経費を大幅に増やした。要は、学長手持ちの〝軍資金〟を増やし、学内組織の統合や再編などで、学長が裁量権を発揮できるように、としたものであろう。しかし、これで、学長が学内運営において、自らのリーダーシップ力を鍛えることにはならない。仮に、裁量経費によって、学長も周囲もリーダーシップを発揮できたと思ったとしても、実のところは、国・文科省主導の改革方向に沿って力を発揮しただけのことである。文科省が望むリーダーシップの発揮は、実はその辺にあるのかもしれない。

第二節　監事監査制度

一　国立大学の監査制度

法人化によって、大学は役員会や経営協議会、教育研究評議会とともに監事監査など、ガバナンスの新しい仕組みや組織を持つことになった。また、会計検査院の検査は別として、法人化後、大学は会計監査人監査や監事監査という、かつてとは異なる業務のチェック・モニタリング制度をもつことになった。

監事監査については、国立大学法人法の第一〇条1項で、役員として「監事二人」を置くとし、つづく第一一条4項で、監事は「国立大学法人の業務を監査する」とした上で、「監査の結果」に基づき必要があると認めるときは、「学長又は文科大臣に意見を提出することができる」（同条5項）とある。さらに、監事は文科大臣が任命し（第一二条8項）、その任期は二年（第一五条3項―二〇一六年度から四年）と定めている。準用通則法第三八条2項によると、主務大臣に提出される貸借対照表、損益計算書等財務諸表および決算報告書について、「監事および会計監査人の意見」を付さなければならず、さらに同法第三九条では、財務諸表、事業報告書、決算報告書について、監事による監査とともに、会計監査人による監査を義務づけている。この場合、決算諸表等については、監事は会計監査人が行った一連の「監査の方法と結果の相当性」を監査することとしている。こうして、国立大学の業務運営に関する検証・チェックを主任務とする監事監査制度が、法規上初めて明定されたのである。

また、これとは別に、大学の業務執行の合理性、適法性、効率性等を日常的にチェックし、改善を指摘・提言する内部監査人による監査がある。内部監査人は、常に監事および会計監査人と連携して、監査情報やコンプライアンス、内部統制上の問題点および改善点について意見を交換し、監査の質の向上と効率化に努めることとされている。こうして、事業会社におけると同様、国立大学においても、会計監査人監査および監事監査、内部監査人監査からなる、いわゆる「三様監査」システムが構築されたのである。

さらに、国立大学法人は、運営費交付金や各種補助金、助成金等の経理に関して、会計検査院による検査（会計検査院法第二二条五、六号および第二三条三、四号）を受けなければならないことは勿論である。ちなみに、近年、検査結果として指摘を受ける〈意見〉（同法第三六条）の多くは、年度決算における剰余・「目的積立金」や科学研究費補助金の経理に関する事項である。

法人化後、国立大学には新たに、こうした重層的な監査制度が構築されたが、うち会計監査人監査は、会計数値に表れた業務執行に伴う財務上の流れとその結果を、決算諸表等にいたる一連の会計処理とともに、適正性の観点から検証するものであるが、監事監査は、適切かつ合理的・効率的な業務運営の観点から大学の諸業務をモニタリングし、改善点を指摘する点にある。監事監査の中心が、いわゆる「業務監査」であることから、監事は役員会をはじめ、経営協議会や教育研究評議会など学内の重要な会議に出席し、大学の諸業務に関する意思決定と業務の執行状況について把握に努めることは勿論である。

こうして、大学は、かつての国立時代とは異なる設置理念と仕組みの中で、経営体としての効率的運営に向けた、多様な評価軸からの多重なチェックと評価の網の目にさらされることになる。

二　法人化直後における監事像―新しい経験

新たに義務づけられた監査の役割はそれまでにないこともあって、多くの学長はその対応に頭を悩ませた。そもそも監事にどのような役割を担ってもらうのか、具体的なイメージがわかないこともあり、学長同士で話し合ってみても、対応はまちまちであった。国の「見張り番」ではないかと心配する学長や監査以外でも好きなことをやってもらえればよい、という学長もおり、「面倒なこと」ぐらいに思う学長も少なくなかった。

私は、監事に人さえ得れば、意義があると思っていた。とはいえ、監事は学長が選ぶものの、文科大臣により任命される役職なので、文科省はどう考えているか確かめてみたが、年齢以外には、さしたる注文はなく、学長の主体的な考えで選んでよいということであった。

初めてということもあり、監事として、どんな人にどのような役割を果たしてもらうかを考えなければならない。そこで、一人は会計に精通し大学業務にも見識の高い元学長にお願いした。もう一人は、地域との連携を進めるため、適切な方の推薦を県に依頼した。ともに非常勤で、学内の主要会議が集中する月・火の毎週二日出勤し、業務に当たってもらうことにした。

監事の業務が円滑に行えるよう、新たに監査室を設け、監査室長に対応してもらうことにし、期末監査など業務の繁忙期には補助職員を配置した。

最初に取り組んでもらったことは、監事監査規程や監査実施・報告基準など関係規程の整備である。監事に出席してもらう主要な会議としては、役員会や毎週開催の連絡運営会議（学長・理事・事務局長・部長で構成）の他、教育研究評議会、経営協議会などである。また、要望があれば、主要な委員会にも出席し、学内の運営状況を見てもらった。私が関係している会議などでは、外の視点から見た意見を述べていただき、大いに参考になった。

通常の業務監査の他に、会計監査に関わる業務もある。特に中間監査や期末には多忙になることもあり、三、四名の補助職員を配置した。戸惑うこともあったが、監事の協力もあり短期間で基礎的な監事監査の体制が確立された。監査報告では、文科省に提出する財務諸表に付する意見とは別に、期末監査の結果を取りまとめた『監事監査報告書』もいただいた。とくに「その他必要と認める事項」として、大学の業務運営に関する提言をかなりの項目にわたっていただき参考になった。この報告書の扱いは学長に一任されているので、学内だけでなく学外にも公開するため、大学のホームページに掲載した。

こうした監査を通して、学長や理事が、その職務を適切に果たしているかがチェックされることになる。その後一〇年も経って、国立大学法人法の改正で、監事業務のポイントとして、学長の業務執行についてのチェック機能の強化が加えられたが、それは経験済みのことで、今さらという感じだった。

例えば、退職する学長・理事の退職金を決めるとき、「役員としての在職期間におけるその者の業績に応じ、これを増額し、又は減額することができる」との規定がある。学長が、経営協議会の議を経て、0.0から2.0の範囲内で業績勘案率を乗じることができるとなっている。その原案をつくる際、理事については学長が評価するとしても、学長自身の評価を学長がするのは妥当ではないと考え、監事にお願いしたこともある。

以上のように、二人の監事には常勤の監事と比べても遜色のない役割を果たしてもらった。そのこともあって、国立大学法人評価委員会の「二〇〇四年度に係る業務の実績に関する評価結果」の中で「監事による監査は日数をかけて行われ、中間監査・期末監査を通じ、積極的な提言を受け、それを業務改善に活かすよう努めており、特筆される。なお、監事の各種会議への参画の度合いが極めて高いことは大変結構なことであるが、一方、引き続き中立性にも留意されたい。」と高い評価を得た。今では当たり前かもしれないが、法人化直後の暗中模索の状況の中では、その仕事ぶりは際立っていた。

次の**三**と**四**は、国立大学法人が発足した二〇〇四年四月から一〇年三月までの六年間、北関東と東北の二つの大学で、監事として監事監査システムをどのように構築し、業務に当ったのかの体験を踏まえた実際である。

三　監事監査システムの構築―ゼロからの出発

監事監査制度は、国立大学の新しい基盤制度であるが、当初、監事が行うべき肝心の業務監査の範囲や方法、体制などについて学内規程もルールも全く白紙の状態であった。

準用通則法による独立行政法人の監査は、法令や業務方法書等にそって法人業務が適正・適法に運営されているのかや、業務の進め方が妥当かつ効率的かなどである。さらに大学の場合、中期目標・計画および年度計画に落とし込まれた教育・学生支援や諸分野での研究活動、成果の発信、社会連携・貢献など、業務の適切かつ効率的・効果的な実施とその達成状況をモニタリング・検証することとされている。だが、そうした大学の特性に即した監事の業務や監査の方法を具体的に定める「監査規程」をはじめ、補助者、監査室の設置など監査業務に必要な体制は、法人化後それぞれの大学が自ら整備すべきこととされていた。

法人化がスタートした二〇〇四年四月、監事就任後の初仕事はまず、担当の事務方と協働して「監事監査規程（則）」や「監査実施・報告基準」をつくり、「監査計画」の策定や監査マニュアルをつくることであった。まさにゼロからの出発である。日本監査役協会のひな形や先行独立行政法人の規程などを参考に、教育研究等の特性に即した、大学バージョンの監査規程・基準づくりに汗を流した。多くの場合、監事監査に関する諸規程は大学の「組織規程」の中に位置づけられ、それを受けて「監査規程・基準」が作られるが、それも大学によって一様ではない。しかも、法令上置くとされている二人の監事も、大学の規模（組織や財政）によって、常勤一・非常勤一の場合も、二人とも非常勤の場合もあり、そのキャリアもまちまちである（ちなみに、一七年現在、全国八六の国立大学で監査業務に携わる監事は、各大学二名で総数一七二名、うち七一％にあたる一二二名が非常勤で、しかも二人とも非常勤の大学が三七校だという）。

こうして、手づくりの「海図」―業務規程・基準とマニュアルを手に、必要最小限の装備（体制）を整えて、国立大学にとっては未知の「海域」（監査）に漕ぎ出したのである。もちろん、当初は、監事監査に対する役員会をはじめ大学構成員の認識や位置づけも定かではなく、ましてその機能と役割については、意義も期待も極めて乏しい、といった状況であった。

監事の職務は、日常的には役員会をはじめ学内の重要会議に出席して、大学業務の意思決定過程と執行状況の把握に努め、大学現場の実情と可能性を知悉した内部者として、学長や理事とは異なる目線で、教育研究など諸業務のモニタリング・検証と、そこからの改善方向の提示が期待されている。それは、大学評価・学位授与機構や国立大学法人評価委員会とは異なり、監事監査による内在的検証・指摘を有効に活かすことで、新しい設計図と羅針盤を手にした国立大学法人が、中期目標・計画の達成に向けてその方向を違えないよう、日常業務での適切な〈操船〉を助けることであった。その意味で、多くの監事は、かつて経験のない未知の世界に足を踏み入れ、日々新たな経験の中で、未来を志向した大学文化を創りだす好機と捉えたはずである。

四　多様な大学業務と監査・結果報告

ともあれ国立大学は、法人化を機に、多元的な評価・監査システムによる大学業務のチェックと、常に効率的運用を求める財政措置の厳しい現実の中で、これまでとは異なる組織運営を求められた。法人化一年を経過して、各大学はまず、自ら策定した中期目標・計画にそった、年度計画の実施と達成状況を取りまとめた「実績報告書」を作成した。

法人化後、どの大学も学生教育と社会貢献の重視や、研究諸分野での個性・強みを打ち出すことに努めた。いうまでもなく、大学の特性は、自由で自律的、独創的発想のもとに、教育と研究、社会貢献を一体的に営むところにある。教育研究等における「自主性・自律性」こそ、大学の諸活動を創造的に発展させる活力の源泉であり、大学の存立に関わる生命線である。それはまさに、「学問の自由・大学の自治」に根ざした《知的成果》の具体的な発現を可能にする不可欠の条件である。

学長たちはとくに、学生の学費負担増に心を痛めながら、彼らの満足度を高めるための教育改革や環境整備に努め、大学の売りになる独創的・個性的な研究を育て、発展させる仕組みづくりに力を尽くしてきた。ＦＤなど、教育力を高める努力と取り組みを進め、「教育の質」保証の施策に意をそそぎ、地域密着のサテライトやコンソーシアムはもちろん、成果をネットワークで発信する全国展開型の社会との連携・交流にも意欲的に取り組んだ。研究面では、とくにＴＬＯやベンチャー起業、共同・受託研究などでの、文理融合の産学連携で着実に実績をつみ、地域社会における大学の存在感を一段と高めるべく努力を重ねた。

とくに地方国立大学は、日頃、地域社会との至近の関係の中でそのニーズを知悉し、解決のノウハウ・技術をもっている場合が多く、地域の元気が、国全体の活力につながるとみて、地域と大学との相互・相乗的な活性化に意欲をもやし、これまでとは違う発想と問題意識で、教育研究の意義を問い返しつつ、地域社会や世界との接点を意識的に求めたことは確かである。その意味で、大学の研究成果の発信と教育機能の開放を、地域社会の活性化につなげるべく発足した、「国立大学地域交流ネットワーク」と、そこから各大学の地域との連携・協働の成果を披露しあった、一連の《交流シンポジウム》（第一回の二〇〇二年八月 熱海市から四回の〇五年 宇都宮大学まで）の成果は、法人化後も大学と地域との連携活動の範型として引き継がれたことの意義は大きい。法人化によって初めて生れた監事たちが目にした国立大学の現実は、右のようなものであった。

監事監査は、そうした新しい環境条件の下で営まれる大学諸業務のモニタリング・検証を通じて、大学資源の有効かつ効率的な活用と、次代を担う有用な人材の育成と諸分野での研究の一層の発展に資することにある。

年間を通じて監事が行う監査業務は、中期目標・中期計画のもとに年度計画に掲げた大学業務の実施・達成状況をモニタリングし、その適否について監査意見の形成に努めることだが、その締めくくりはやはり、年間にわたる業務全般に関する期末監査と、その結果の『監事監査報告書』の作成である。

期末監査は、年間を通じた、大学業務の執行状況に係る検証であるが、具体的には、教育研究、社会連携および組織運営が、「中期目標・計画」と各「年度計画」に従って適正かつ実効的に行われているかについて監査項目を設定し、関係部局に対する質問・聴き取りなどを通じて確認・チェックすることである。時期的には、通常、新しい年度に入って間もなく、およそ次のような手順で進められる。

まず、あらかじめ策定した監査計画にもとづいて監査の重点項目を定め、それに基づいた具体的な監査項目を担当部局・学部、大学院、研究所、全学センター等に提示し、およそ二週間経たところで、それぞれの項目について回答を求める形である。例えば、F大学の場合は、次頁囲いのようである。

記載のように、部局ごとに教育研究、学生支援、地域連携、大学ガバナンス、財政運営など七つの監査項目を提示し、それぞれについてキーワードを配して、監査上の意図と視点を示すよう工夫した。

各監査項目に対する担当部局からの回答をもとに、新年度の諸業務が一段落した五月半ばころ、部局の長や担当者にヒアリングをおこなう。聴取・ヒアリングは、おおむね一時間程度だが、踏み込んだ質疑応答と真剣な意見交換で予定を超えることもしばしばで、全部局を終えるのに三ないし四日の日時を要した。

終了後、あらかじめ文書で寄せられた回答とヒアリングで得た聴取の内容を整理し、監査意見のとりまとめと『監事監査報告書』の作成作業に取り組むことになる。ここでは、年間を通じて行った期中監査の結果とともに、一年間の大学業務を総括的にチェック・モニタリングした期末監査の結果が示される。

『監事監査報告書』は、監査方法の概要、業務運営の適法・適正性に係る判断、監査の結果から把握された業務運営の状況に加えて、改善を要すると認める事項の提示などから構成される。六月下旬、作成した『報告書』を学長・

監査項目（2006年度）

（ ）内は対象部局、〔 〕内はキーワード

1. ハイブリッドな教育研究の展開について（学系・学類、大学院）
〔分野融合型の教育・研究体制の拡充・強化、研究と教育とのシナジー関係〕
2. 入試、修学・学生生活・就職支援について（学部、入試課・学生支援課）
〔入試戦略、教育メソッド・施設、課外活動、学生相談、キャリア教育〕
3. 全学共通施設・センターと地域連携について（地域連携・支援センター）
〔研究成果・知的資源の発信・管理、教育機能の解放、連携拠点の機能〕
4. 一元的情報基盤システムの構築について（情報処理センター、附属図書館）
〔大学情報の一元的管理、ハード・ソフトとコンテンツの一体的システム〕
5. 附属学校園の先導的教育について（附属幼稚園、小学・中学校、養護学校）
〔学校園教育と大学との連携・シナジー関係、保護者・地域との連携・協働〕
6. 大学ガバナンスとリスク管理について（学部、総務部、学長室・ボード）
〔ボードと現場との認識共有・疎通、内部統制システム、防災・リスクマップ〕
7. 財政基盤の確立と効率的財政運営について（総務部、財務課）
〔中・長期的財務戦略、競争的・外部資金獲得の取組、資源の効率的運用〕

役員会に提出し、併せて経営協議会、教育研究評議会に報告した。そこではとくに、教育研究等諸業務の改善に係る指摘・意見を示した「今後さらに努力を期待する事項」を中心に説明した。これは監査意見のエッセンスを凝縮した、いわば、大学業務の改善・進化への期待を込めた、監事からのメッセージである。

F大学の場合、報告書で付された〈指摘・意見〉は、例えば次頁囲いのようである。

これら指摘事項に対する、その後の対応および達成状況の確認と検証は、「中間監査」と位置づける年度途中（後期）に行われる役員会メンバーとの意見交換会と、次年度の監査の中で、系統的・継続的に行われる。

現に、監事監査のルーティンを担い、経験した者の実感としては、こうした監査業務の定着と展開が、法人化後の厳しい競争的環境の中で、国立大学が社会の公共財としての負託に応え、諸業務の創造的な発展を確かなものとすることにつながるのではとの期待である。その意味で、監事監査は、大学の諸業務に対する

外在的検証システムとしての国立大学法人評価委員会や機構による評価活動とは違い、大学内部者による内在的検証と業務の改善・最適化にむけた仕組みとして機能することにある。こうした監査業務を通じて抱いた期待は、

今後さらなる努力を期待する事項（例）

1の「ハイブリッドな教育研究の展開」について、
- ・ブレークスルーの研究成果が期待できる、分野横断・文理融合的な括りと重点領域の設定可能性
- ・実効的な文理融合型教育研究の展開への学系・分野間の連携と組織的取り組み
- ・文理融合系科目として期待される総合科目の安定的開設と担当状況

2の「入試、修学・学生生活・就職支援」について、
- ・戦略的入試改革と高校・進路担当教員との緊密な連携・コミュニケーション、キメ細かな大学情報の提供
- ・「教育の質」保証にむけた「F大スタンダード」具現化のカリキュラム開発とFD活動を通じた教育力強化への取り組み
- ・キャンパスライフの満足度を高める、教育・生活環境の整備・充実にむけた戦略的取り組み、的確な就職情報の提供と事業所との連携

3の「全学共通施設・センターと地域連携」について、
- ・共通施設・センターの事業内容の精査・検証と推進体制、担い手の充実
- ・地域ニーズにそった大学資源やマンパワーの配置と事業企画・コンテンツの精選・最適化
- ・研究シーズと地域ニーズとのマッチングを見極めた綿密な知財戦略と高いコーディネーター機能の開発

その他、「大学ガバナンス」や「財政基盤の確立・効率的財政運営」では、

◇大学運営やミッションの達成・実現にむけた学長・役員会等執行部と現場とのベクトルの共有、コミュニケーションの強化、

◇事務組織の見直しと担い手の適材配置・職員力、待遇、

◇内部統制システムの構築とPDCAサイクルの実質化、

◇財政基盤の中長期的な安定的確保の戦略的・組織的取組み、

◇GP、受託・委託研究や科研費等、外部・競争的資金の獲得、自己収入増にむけた財務戦略と資源配分、予算執行の最適化、

などといった指摘と取り組み努力への期待である。

教育研究や地域連携における活力ある大学諸業務の進化であり、第二期、第三期目に入ってさらに充実と進化をつづける、実効的な監事監査の役割である。

五　監事の役割と限界

（一）定着した監事監査―もう一つの体験―

二期中期目標期間がスタートした二〇一〇年四月から二年間、初めて監事（非常勤）の業務についた。このごろになると、会計監査も業務監査もともに定着し、監事監査はポイントを押さえ、その方法もかなり整備されてきた。

監事の役割は、法令上規定されている業務は当然として、基本的な大学の役割は教育研究、社会貢献に向け教職員がそれぞれの役割に誇りと信頼感をもって働ける環境づくりを目指すことなので、監事がそれを損ねたり、むやみに介入することは許されないと考えた。監事に就任してすぐに前年度の期末監査を行うという戸惑いもあったが、かつて学長としての経験から、大学業務についての知識や監査を受けたこともあり、比較的にスムーズに務めることができた。

ちなみに、監事はどのような業務で選任されているかを、一七年度で見ると、八六国立大学法人の監事一七二人の内、組織業務に精通したが者は六九名で一番多く、次いで会計業務に精通した者六〇名、大学業務に精通した者四三名となっている。またどのような経歴を積んだ人なのかをみると、「組織業務に精通」には企業経験者、弁護士、自治体経験者が多く、「会計業務に精通」には公認会計士、税理士や金融機関経験者が多い。また「大学業務に精通す」には大学や研究機関等の経験者が多い。

筆者の場合、主要な会議（役員会、役員懇談会、経営協議会、教育研究評議会等）に出席して、大学業務に関する意思決定と執行状況を把握するとともに、期末・期中を通じて行った監査の結果を、国に提出を義務付けられている監査報告の他に、学長あてに、業務活動に関する「その他留意すべき事項」を含む、所定の「監事監査報告書」を提出した。

形式は異なるが、ほとんどの大学で監査報告書あるいは意見書を学長に提出している。ただ、これを公開するかどうかは、学長の判断によることもあって、公表している大学は一割程度に過ぎない。報告書での監事の指摘は、国立大学法人評価委員会よりも遙かに詳しく、大学の実状にも沿っている。これを活かすかどうかは、執行部の姿勢にかかっているが、これを真摯に受けとめ、業務運営に生かして欲しいと願っている。大学執行部にとっては、ときに耳の痛い内容が含まれているかもしれないが、あえてこれを学外に公表する姿勢が必要であろう。

(二) 新たな監事像

二〇一四年の国立大学法人法の改正では、ガバナンス機能強化の一環として「監事機能の強化」が謳われている。すなわち、改正法第一一条の四号以降及び第一一条の二で新たに、

・業務監査報告書の作成義務
・事務事業、財産の状況に関する役職員や子法人への調査権限
・法人から文科大臣へ提出される書類の調査義務
・役員による不正行為または法令違反等についての学長及び文科大臣への報告義務
・法人に著しい損害を及ぼすおそれのある事実を役員が発見した場合の監事への報告義務

など、多岐にわたる監事業務に係る義務規定が加わった。

また、任期は一六年度から、現行の二年から四年に延長することになり、任期の終了時期も三月末から、財務諸表を文科大臣の承認を得る時期（六月末）までに延長することになった。

法改正にあたって文科省は、「国立大学法人の組織及び運営に関する制度の概要について」（一四年一二月一五日）の中で、「監事監査の対象は国立大学法人の業務全般であり、単に財務や会計の状況だけではなく、教育研究や社会貢献の状況、学長の選考方法や大学内部の意思決定システムをはじめとした大学ガバナンス体制等についても監査を行うことが求められるが、実際の監査に当たっては、大学における教育研究の特殊性に鑑み基本的には各教員による教育研究の個々の内容は直接の対象としないことが適当である」としている。

さらに、文科省の通知「国立大学法人等の組織及び業務全般の見直しについて」（一五年六月八日）では、「法令遵守体制の充実と研究の健全化」を掲げているが、書かれている内容はすでに多くの大学で実施されていることである。

監査機能をことさら強化すれば、監事の補佐体制や、監査に伴う膨大な事務量が加わるため、今以上の多忙化を招きかねない。また、大学は監査機能の強化に対応して、リスク回避を意識するあまり活動が委縮しかねない。監査の重要性はそれとして、そのために大学がのびのびと教育研究に打ち込めないとしたら、監査そのものが大きなリスク要因になりうることを銘記すべきであろう。

国立大学法人法の改訂趣旨では、学長への権限を集中させることで迅速な改革や意思決定ができることが強調されている。それもあって、大学における教育研究、社会貢献の活性化のために、学長が適切なリーダーシップを発揮しているかどうかのチェックが監事の重要な役割ともなる。学長に権限が集中すればするほど、監事によるチェックの責任が重くなるといえる。

しかし、監事の任命は、学長の推薦により文科省と協議して決める仕組みのため、学長に物申しにくいのではと懸念される。監事として心しておくべきことは、「監事監査に関する参考指針」（国立大学法人等監事協議会二〇一五年一一月）にあるように「その職務を遂行するに当たり、独立性の保持に努めるとともに、常に公正不偏の態度を保持するものとする」ことである。

また、第二節二の末尾（二四一頁）でふれた、国立大学法人評価委員会の評価に、「一方、引き続き中立性にも留意されたい」とあった。この「中立性」とは何を意味しているのだろうかと当時気になっていたが、今は、おそらく独立性のことだろうと考えている。今後、評価員委員会が、強化された監事の業務をどのように評価するか注目したい。

第三節　経営協議会

一　運営諮問会議―法人化以前

法人化によって学外の意見が大学に反映できるようになったと思われがちだが、すでに国立大学当時から学外の声を聞く仕組みをもっていた。

九九年の国立学校設置法改正で国立大学に置くことになった運営諮問会議は大学に関して広くかつ高い識見を有する学外者のうちから、学長の申出を受けて文科大臣が任命する委員で組織し、学長の諮問に応じて、

① 大学の教育研究上の目的を達成するための基本的な計画に関する重要事項

② 教育研究活動等の状況について、当該大学が行う評価に関する重要事項

③　その他大学の運営に関する重要事項を審議し、学長に対して助言または勧告を行うものとしている。

学長の諮問ということで、話題は限定されるが、出された意見はより具体的で、議論も深まっていた。また、諮問の他にも、教育研究をはじめ広く意見を伺うことができ、大学内の議論とは異なった視点から出された意見は、大学運営にとって参考になることが多かった。そうしたこともあり、欠席しがちな委員の場合は、訪問して積極的に意見を聴取していた。

また､運営諮問会議以前にも学外の有識者を招いた「懇話会」形式の、意見交換の機会を持っていた。懇話会では、高等教育関係者、財界、教育界、マスコミ界、自治体といった各界から、大学の業務全般に関する意見を多くいただき、大学運営の参考にした。このように、法人化前から学外の意見を聞く機会や場は、いろいろと工夫されていたのである。こうした状況は大学によりさまざま違いはあろうが、多くの大学で実施されていたことだと思う。

二　経営協議会の現実

法人化の目玉の一つは、大学の経営に関する学外の意見を反映させる仕組みとして経営協議会を置いたことである。委員は、学長が指名する理事及び職員、学外からの委員で構成され、学長が議長を務める。学外委員は、大学に関し広くかつ高い識見を有するもののうちから、教育研究評議会の意見を聴いて学長が任命するもので、その数は委員の半数以上（後の法改正で過半数以上）でなければならないとされている。

法人化前の運営諮問会議は、審議事項が教育研究を中心に大学運営全般に関わっていたが、経営協議会は第二〇条の４項で、次のように経営に関する事項に限定されている。

一　中期目標についての意見に関する事項のうち、経営に関するもの
二　中期計画及び年度計画に関する事項のうち、国立大学法人の経営に関するもの
三　学則（国立大学法人の経営に関する部分に限る）、会計規程、役員に対する報酬及び退職手当の支給の基準、職員の給与及び退職手当の支給の基準その他の経営に係る重要な規則の制定又は改廃に関する事項
四　予算の作成及び執行、決算に関する事項
五　組織及び運営の状況について自ら行う点検・評価に関する事項
六　その他、国立大学法人の経営に関する重要事項

審議事項が経営に限定されたのは、教学を扱う教育研究評議会と棲み分けたためで、法的には外部の意見は、教育研究より経営が重要だとする視点からのものである。

国立大学当時は大学経営という言葉を使うことはなかったが、法人化後は、大学は国から独立したので、組織体としての大学の経営に責任をもつことは当然としても、ここでいう「経営」が何を指すのか明確でなかった。狭義に考えれば、諸規則の制定や改廃、予算・決算に係わる事項である。しかし、教育研究はもちろん社会貢献といえども、予算抜きには進められないのと同様、教育研究の実情が分かっていなければ経営も語れない。したがって、多くの大学では、中期目標、中期計画、年度計画、点検・評価の中で教育研究も含め全般にわたって審議している。そこでは、「経営」と「教学」が一体的に扱われ、実質的には大学業務の全般が審議されている。

ところで、経営協議会で扱う審議事項の多くは、学内で了承された後で提出されるものが多く、その説明にかなりの時間を費やし、意見を出すのがためらわれるケースが多い。学外者からの意見を聴くなら、法人化前の運営諮問会議的なものを工夫した方が、より効果的な感じがした。

さて、この経営協議会を、当初、大学構成員はどのように見ていたのであろうか。私の印象では、法で決められた以上仕方がないが、大学を良く知らない学外委員に何ができるか、まずは出方をみようという程度で、あまり歓迎されてはいなかったように思える。私自身は、法人化前の懇談会や運営諮問会議などを通し、学外委員から参考になる意見を聞いていたので、こうした法人化制度の仕組みには賛成していた。ただ、法で定められている範囲の審議をするにしても、意見を聴くのは難しいのではとの危惧はあった。実際、会議を開いても限られた時間の中で説明に多くの時間を割いてしまい、委員から意見を聞く時間も限られていた。また意見も出しづらかったのではなかったかと思う。それもあって、全学委員会の一つである自己点検評価委員会に経営協議会の学外委員から一名入ってもらうなどの工夫もした。学外者の目線から大学の業務を見、問題点を指摘してもらうという期待であった。

ともあれ、大学の基本である教育研究、社会貢献とともに、業務全般にわたって学外者としっかり意見交換をするにためには、別途方策を考える必要があると考えて「大学懇話会」を立ち上げ、学外からいろいろな分野で活躍されている、一〇名ほどの比較的若い人たちに参加してもらった。学内からは理事や学部長が参加し、時間をかけて忌憚のない意見交換を行った。学外の方には客員教授をお願いしたり、大学基金の発足に協力いただくなど、大学の業務に幅広く関わっていただいた。

三　経営協議会は軌道に乗ったのか

法人化後二年目の一二月に学長を退いた後、法人化五年目からＦ大学の経営協議会の学外委員を務めることになった。委員の立場で協議会に出席しても、説明に時間をとられるし、審議もあまり活発ではない点では変わりなかった。

法人化五年を経過した時点で、国立大学財務・経営センターは学長等にアンケート調査をし、その結果を研究報告（第一二号二〇一〇年九月）にまとめている。その中に「経営協議会は機能を果たしているか」との項目があった。学長の回答は、「十分に機能している」が五九％で、「ある程度機能している」の三六％を合わせた九五％が機能を果たしているとしている。回答した学長は、何を根拠に機能していると判断したのか定かでないが、もともと経営協議の機能に大きな期待を寄せていなければ、予定の議案がスムーズに承認されれば、その機能に問題を感じないのかもしれない。

各国立大学の経営協議会の様子は、各大学のホームページで公開されている議事録などをみれば、審議のおおまかな状況を知ることができる。少数の大学を除くと、内容の多くは「……について説明があり、了承された」といった内容が多く、あったとしても質問に答える程度で、意見の内容に触れたものは少ない。一般的な印象では、経営に関する事項に比べて、教育研究に関する事項に比較的活発な意見が出されているように感じた。

ところで、経営協議会が、期待通りの機能を果たしているのかが不透明なこともあってか、例えば、政策評価・独立行政法人評価委員会の委員長名で文科大臣宛に出された文書「経営協議会の機能の発揮状況の明確化」（二〇〇九年五月二一日）の中に次のような指摘がある。

「経営協議会に関する情報の公表状況をみると、議事内容を公表していない法人があるほか、議事内容を公表している法人であっても、具体的にどのような意見が出され、どのように法人運営に反映されたのかは必ずしも明らかではない状況もみられる。経営協議会が期待される役割を十分に発揮し、その意見が法人運営に適切に反映されているか明らかにする観点から、国立大学法人及び大学共同利用機関法人は、経営協議会における意見の内容及びその反映状況等の情報を公表するものとする。」

また、〇九年の総務省による指摘にも、上記とほぼ同じ文言で「経営協議会の役割の発揮」と、「法人運営への意見の反映」、「経営協議会での意見の内容及び反映状況等の情報の公表」の指摘がなされている。それらを受けて、各大学は、「学外委員からの提言への対応」といった形式で、ホームページ上にその対応状況を公表するようになった。ただ、内容を見る限り、それぞれの質問に答えるといった形式が多く、出された意見を学内で検討した結果、それにどう対応したかといった、出された意見をめぐる検討の経緯を記したものは少ない。またその内容は、実現されたものが多く、実現していない意見や不十分な内容は避けられている。むしろ実現できなかったものについて、なぜできないかを説明することが重要ではなかろうか。

効果のほどは定かでないが、年度計画に「経営協議会での意見を積極的に大学運営に反映するとともに、反映状況を経営協議会にフィードバックして、その取り組みに対する経営協議会学外委員の評価等を実施する。評価等実施後、意見の内容、反映状況、評価等の情報をホームページにより学内外に公開する」と記し、実践している大学があったが、これも一つの見識である。

四　経営協議会の機能強化とは

二〇一四年六月の国立大学法人法の改正で、経営協議会の機能強化の観点から、学外委員の数は総数の二分の一以上から過半数に変更された。改正に合わせて、一四年八月二九日文科省が出した「学校教育法及び国立大学法人法の一部を改正する法律及び学校教育法施行規則及び国立大学法人法施行規則の一部を改正する省令について（通知）」（以下、「改正法施行通知」（二〇一四年八月）とする）では次のように説明している。

> 経営協議会については、国立大学法人等の運営に学外者の意見を適切に反映するとともに、学長又は機構長の意思決定を支えるために審議を行うことを通じて、学長又は機構長が適切な意思決定を行う上で重要な役割を果たすことが期待されている。このことを踏まえ、学外等の委員の意見が審議においてより適切に反映されるようにするために、経営協議会への出席が確保できるかどうかという観点を含め、経営協議会の規模や大学等の実情を踏まえた適切な学外等の委員を選任すること。また、経営協議会の場にとどまらない学外等の委員に対する積極的な情報提供、多くの学外等の委員の出席が可能となる会議日程の設定、欠席した学外等の委員に対するフォロー、議事概要の公表その他の適切な情報公開等、各国立大学法人等における経営協議会の運用について十分配慮することが必要であること。

しかし、経営協議会の機能が、学外委員の数を増やしたり、会議に出席し易い措置、情報の共有といったことで強化されるとは思えない。大事なことは、そうした外形的な条件や状況を改善することではなく、社会のさまざまな層や分野を代表する人たちから、大学に対する期待や要請、時には厳しい意見を広く聴き取り、業務運営や組織改革に生かすことであろう。また、「学長等の意思決定を支えるために審議を行う」ともあるが、支えるということは何を意味するのだろうか。学長の意見に沿ってということだとしたら、経営協議会は御用協議会に成り下がり、存在意義はない。大学の業務運営に関する、学外者の意見や知恵を引き出すことが、結果として学長を支えることになり、ひいては経営協議会の機能強化につながる。そうした会議運営と審議状況をいかに作り出すかである。そのためにも、協議会の審議の在り方に工夫を要するとともに、法で定められている事項についても見直すことが必要である。法令に従って経営協議会が審議し、了承を得なければならない事項はそれとして、むしろそれぞれの委員が、どのような事柄に関心や意欲をもたれ、意見をもたれているのかに思いを致すことが大切である。

経営が重要であることは勿論だが、大学の基本的使命が教育研究や社会貢献であることを考えれば、経営についても細かな数字でなく、その観点や考え方、方向性を中心にすべきではなかろうか。また、規則に関連しては、「重要な規則の制定・改廃」を扱う場合でも、ケースによっては線引きが難しいこともあり、何もかも経営協議会で審議するのは避けた方が良い。問題によっては教育研究評議会が扱い、役員会が責任をもって意思決定を行うことが現実的である。年度計画や予算についても、まんべんなく説明するのでは時間ばかりかかり印象が薄い。重点的な事項や、意見を伺いたい内容に焦点をしぼり、活発な発言を引き出すような議事の進め方が望ましい。

また、近年、経営協議会の注目すべき活動として、運営費交付金の削減や第三期運営費交付金に関わる財務省の動きに危機感を抱き、多くの国立大学で、経営協議会の学外委員が、「国立大学に対する予算の充実を求める声明」を発表したことがある。さらに、財政制度等審議会における財務省提案（一五年一〇月二六日）に対しても、これに反対する声明を公表している。経営協議会が、個々の大学の問題に閉じこもることなく、全国的な観点から大学経営のあり方に関心をもち、課題に取り組むことも大切だと考える。今後とも、こうした視野からの経営協議会の提言や働きに注目したい。

第四節　教育研究評議会の委縮

一　法人化前の評議会

法人化前、評議員を長く務めていたが、評議会で質の高い議論がなされたという印象はあまりない。審議事項も議論の余地のないものや、全学委員会で審議・了承を得たものが多く、議論が出る場合でも、評議員の多くは所属している学部にとって利害があるかどうかに関心があり、全学的な視点からの意見が少なかった気がする。

大学の規模による違いはあるが、評議会のメンバーには学部長の他に、学部や研究所から選出された委員が含まれている場合が多い。学部長は部局の代表でもあり、部局の立場で意見を述べることは当然としても、部局選出の委員も全学的な観点から発言し、審議に参加することは少なく、学部長に同調しやすくなる。そうなると、部局数が少ない場合、たとえ一つや、二つの学部であっても、反対意見が出ると、評議会の運営が難しくなる。

二　法人化後の教育研究評議会

教育研究評議会は、国立大学法人法第二一条の規定に基づく、国立大学に必置の機関である。同法では、経営に関する事項が経営協議会に移されたこともあり、教育研究評議会の所掌事項は、教育研究に関するものに限定されている。

ちなみに、法人化前の国立学校設置法第七条の三の5項では、評議会の審議事項は、次のように定められていた。

一　大学の教育研究上の目的を達成するための基本的な計画に関する事項

二　学則その他重要な規則の制定又は改廃に関する事項
三　大学の予算の見積りの方針に関する事項
四　学部、学科その他の重要な組織の設置又は廃止及び学生の定員に関する事項
五　教員人事の方針に関する事項
六　大学の教育課程の編成に関する方針に係る事項
七　学生の厚生及び補導に関する事項
八　学生の入学、卒業又は課程の修了その他その在籍に関する方針及び学位の授与に関する方針に係る事項
九　大学の教育研究活動等の状況について当該大学が行う評価に関する事項
十　その他大学の運営に関する重要事項

しかし、国立大学法人法の施行とともに、国立学校設置法は廃止され、右記のうち、法人法に教育研究評議会の所掌事項（第二一条4項）として規定されているのは、六号から九号までで、その他は大きく削り落とされるか、教育研究に限定されている。

すなわち、国立大学法人法第二一条3項一、二号では、「中期目標についての意見に関する事項」及び「中期計画・年度計画に関する事項」とされ、そのいずれも「経営に関することは除く」となっている。また、かつて国立学校設置法で規定の三号及び四号は、法人法では除かれ、最後の十号「運営に関する重要事項」も、法人法同条九号で「教育研究に関する……」に限定されている。

ところで、このように教育研究に狭く限定された所掌事項をめぐる、教育研究評議会での審議の現状はどうで

あろうか。

法人化前後の経験からいえば、重要な審議事項の扱いに大きな違いはなかった。法人法の「その他国立大学の教育研究に関する重要事項」（法第二一条3項九号）を広く解釈すれば、経営事項といえども教育研究に深く関連しているからである。この事情は、大学による違いはあろうが、多くの大学で、同様の運用がなされているとみられる。法人化後変えた点は、教育研究評議会で決めて良い事項は学部には報告事項扱いとし、教授会に持ち帰って審議してもらう事項が選別されたことである。なお、これらの振り分けは、学部長が参加する企画調整会議で決めていた。

大学のガバナンスに関する国の審議会等の議論では、教育研究評議会は運営上支障になっていないとみているのか、批判はあまり出ていない。あるとしても、「教育研究評議会が経営協議会と同じ案件を審議しているのは法令上おかしいのではないか」とか、「単科大学における教授会と教育研究評議会との関係の見直し」といった程度である。

では、学長は現実の教育研究評議会をどう見ているのだろうか。先の財経センターの調査によると、教育研究評議会の機能が「十分に機能している」と「ある程度機能している」を合せた割合は九七・四％に達しており、機能を果たしていると評価している。ただ、こうした肯定的な評価が、経営協議会の場合と同様、学長にとって都合よく運営され、効率的に物事が処理できているとするなら、そこにこそ問題がある。学部長や教職員を対象とした調査がないので、確かなことはいえないが、立場の違いでその評価は大きく異なっているかもしれない。

確かに制度上は、教育研究評議会は審議機関であり、決定するのは、役員会と学長である。そうであっても、教育研究を担っているのは学部等現場の教職員であることを考えれば、そこの意見を軽視して物事を進めても、効果的な大学運営はできない。教員が納得できる論理と説明がないまま物事を決めても、教員は本気になれず、当事者意識が希薄になるからである。

三　国立大学法人法の改正で何が変わるか

国立大学法人法の改正で、教育研究評議会の所掌事項に変更はなかったが、機能面からみたとき、改正前と果たして同じなのだろうか。

例えば、教授会の役割との関係で違いが生じることとしては、評議員の選び方がある。これまでは、学部長はじめ評議員は、教授会など部局から直接選ばれていたが、改正法では、「学長が指名する理事」（第二一条２項二号）や「学部、研究科、附置研究所などの長のうち、教育研究評議会が定める者」（第二一条２項三号）、「その他学長が指名する職員」（同四号）などと、学長の意向が強く反映した選出法に変った。そのため、大学によっては、学長の意に沿った委員が相当数を占め、多様な意見交換や闊達な議論がされにくくなり、教育研究評議会の形骸化が懸念される。本来、部局の長や評議員は上意下達的なメッセンジャーでなく、学部等教育研究の現場にある知恵やエネルギーを引き出すリーダーのはずである。それを忘れると、学長・役員会（経営）と教授会（教学）との距離が開く一方になる。

法改正のもう一つの点は、副学長の役割である。改正前の学校教育法では「副学長は、学長の職務を助ける」とあったが、改正後は「副学長は、学長を助け、命を受けて校務をつかさどる」となっている。学長の指示を受けた範囲において、副学長が自らの権限で校務を処理することが可能になり、学長の意思決定をサポートする体制をより強化する関係になった。また、法改正で、教育研究に関する重要事項に関する校務をつかさどる副学長（理事でない）も評議員に加えられるようになった。多くの国立大学では、理事が副学長を兼ね、それぞれ教育や研究の業務を分担している。ここでも、理事（経営）と副学長（教学）の顔を使い分けながら、教育研究評議会を牛耳ることになりかねない。

法改正前は、大学の判断で経営に関する事項も教育研究評議会に諮っていたが、今度はそうした評議会での扱いが疎かになることも懸念される。経験上も、大学の真の改革は、構成員がその気になって取り組まなければ実現できるものではない。また真に教育研究の推進になることであれば、経営事項かどうかなど形式にこだわらず、全学の知恵を引き出すことが重要で、教授会の活性化にもつながると考えるべきである。これこそが、真の意味での「自主・自律的」な大学運営であろう。

第五節　教授会の自治

一　教授会の機能

法人化前、国立学校設置法第七条の四の4項では、教授会は次の諸事項を審議するものとしている。

一　学部又は研究科の教育課程の編成に関する事項
二　学生の入学、卒業又は課程の修了その他その在籍に関する事項及び学位の授与に関する事項
三　その他当該教授会を置く組織の教育又は研究に関する重要事項及び教育公務員特例法の規定により認められた権限（学部長選考や教員人事、勤務評定）に属する事項

法人化で、国立学校設置法は廃止され、教職員の非公務員化に伴って教育公務員特例法も適用外となった。しかも、国立大学法人法そのものには教授会に関する規定はない。結局残ったのは、学校教育法第五九条１項の「大学には、重要な事項を審議するため、教授会を置かなければならない」とする規定のみである。

国立学校設置法が廃止され、教職員は教育公務員特例法から外されたが、両法に盛り込まれた理念である憲法第二三条「学問の自由は、それを保証する」までが消えたわけではない。一連の教育関係法令が、「日本国憲法の精神に則り、教育の目的を明示して、新しい日本の教育の基本を確立するため、この法律を制定する」とした前文をもつ、教育基本法の理念を基本に制定されていることを忘れてはならない。

国立大学法人法に教授会が明記されない理由について国会では、「各法人の自主性、自律性を高め自己責任の拡大を図っていくという観点から、内部組織につきましては可能な限り法人の裁量にゆだねる」（第一五六国会文教科学委員会一六号）とし、教授会の設置は大学の裁量に委ねられるものとしている。そうしたこともあって、法人化後の教授会での審議事項は、「従前の慣行に近い」ものから、「大幅に減少した」大学まで、開きが大きい。

学校教育法第五九条における教授会が審議すべき「重要な事項」は、それ自体抽象的で解釈に幅があることも事実である。しかし、国会でも、学部や研究科の教育研究に関して審議すべき重要事項の中には、「予算や組織編制など経営的な事項について議論することもあるというふうに考えております」（第一五六国会文教科学委員会二二号）と答えている。

いずれにしても、教授会に関する規程をもたない国立大学法人法と重要な審議機関と位置づけられた学校教育法の規程の狭間で、教授会が運営されているのである。

二　学校教育法の改正と弱まる教授会の機能

こうした状況のもと、中教審大学分科会は、二〇一四年二月「大学のガバナンス改革の推進について（審議まとめ）」をとりまとめた。その中で、学校教育法は、基本的には教育面を規定する法律であって、経営面に関するものは含まないとの理由で、学校教育法に基づいて置かれる教授会の所掌事項は、教育研究に関するものに限られるとした。さらに、「本来、学長や理事会に最終決定権がある事項について、直接責任を負う立場にない教授会の議決によって、学長や理事会の意思決定が事実上否定できるような、権限と責任の不一致が生じる場合」もあるので、「学長や理事会が最終的な経営責任を負うこととされている現行制度の趣旨を踏まえ、各大学において、教授会に決定権を付与するような内部規則等について、権限と責任の明確化の観点から総点検・見直しを行うことが必要である」と提言している。これを受けて、一四年「学校教育法及び国立大学法人法」の一部改正が行なわれたのである。

提言の底流には、「教授会が権限を持ち過ぎているため、学長がリーダーシップを発揮できないのでは」とみて、教授会の機能を弱体化させようとしたことにあると思われる。しかし実際には、学長がリーダーシップを発揮できないのは、学長の構想や提案自体が大学構成員にとって説得力が乏しいか、しっかり説明、説得する努力を怠ったことの方が大きい。

一四年の学校教育法改正では、教授会の役割を限定させる方向で、第九三条の規定が以下のように定められた。

> 第九三条　大学に、教授会を置く。

2　教授会は、学長が次に掲げる事項について決定を行うに当たり意見を述べるものとする。
一　学生の入学、卒業及び課程の修了
二　学位の授与
三　前二号に掲げるもののほか、教育研究に関する重要な事項で、教授会の意見をきくことが必要なものとして学長が定めるもの
3　教授会は、前項に規定するもののほか、学長及び学部長その他の教授会が置かれる組織の長（以下この項において「学長等」という）がつかさどる教育研究に関する事項について審議し、及び学長等の求めに応じ、意見を述べることができる。

第2項を文字通りに解釈すれば、学長が決定を行うに当たって、教授会が意見を述べることのできる事項は「学生の入学、卒業及び課程の修了」及び「学位の授与」のみである。それ以外の事項で意見を述べることができるのは三号の「教育研究に関する重要な事項」であるが、それも学長が教授会の意見を聴くことが必要であると認めるものに限られており、学長が意見を聴く必要を認めなければ、「教育研究に関する重要な事項」でさえも、教授会は意見を述べることもできないことになる。

また、第3項では、2項以外にあっても学長等がつかさどる「教育研究に関する事項」について教授会は審議することができるとしているが、その場合でも、意見を述べることができるのは「学長等の求めに応じ」となっている。学長等の求めがなければ、意見を述べる機会もない。

ところで、文科省は、改正にともなう学内諸規程の見直しに向けて、法令の改正の趣旨、概要及び留意事項等

の徹底を図るため、高等教育局長及び研究振興局長名で「改正法施行通知」（二〇一四年八月）を関係機関に出した。この通知の「第三 留意事項」の「（２）教授会の役割の明確化（学校教育法第九三条関係）」で以下の諸点を示している。

○「教授会は大学の必置機関である」として、法第九三条第２項各号に掲げる事項については、学長が決定を行うに当たり、「教授会に意見を述べる義務が課されている」としながらも、学長は「教授会の意見に拘束されるものではない」

○とくに、第２項第三号の「教育研究に関する重要な事項」については、「具体的にどのような事項について教授会の意見を聴くこととするかは、学長が、各大学の実情等を踏まえて判断すべきこと」とし、「その際、当該教授会の意見を参酌するよう努めること」

○第２項各号に掲げる以外の事項についても、「教授会は、同条第３項に規定する『教育研究に関する事項』として審議することが可能である」が、その場合でも学長等の求めに応じて意見を述べるだけであり、しかも「『審議』とは、字義どおり、論議・検討することを意味し、決定権を含意するものではないこと」

○第３項後段の「学長等の求めに応じて、意見を述べる」に関して、「学長等の求めがない場合の取扱いについては、法律では規定していないが、教授会が教育研究に関する事項について審議した結果を、事実行為として学長等に対して伝えることは差し支えないこと」

要するに、第九三条第２、３項の趣旨は、学長が各号に掲げる事項について決定を行うに当たり、教授会が「意見を述べる」ことにあるが、うち２項三号では、「教育研究に関する重要な事項」であっても、学長が「教授会の意見をきくことが必要」と判断したものに限られ、学長がその必要を認めなければ、教授会は意見を述べることができない、と改めて確認した通知である。しかも、教育研究に関する重要事項について、教授会が審議・形成した「意見」であっても、明示的には、学長はそれに「拘束されないもの」としている。教授会機能の形骸化であり、「大学の自治」の矮小化という他はない。

ただ、この場合でも、現実には、学長・学部長等が、とくに第３項で扱う「事項」をどのように審議し、意見を述べるかが重要である。すなわち、教授会が、教育研究に直接責任を負う立場から審議し、形成した意見をどう扱うかは、学長等の見識と判断に懸かっているからである。その点で、「通知」は、学長と教授会の関係について、「学長が教育研究に関する判断を行うに当たって、その判断の一部を教授会に委ねていることは、学長に最終的な決定権が担保されている限り、法律上禁止されるものではないこと」ともしている。まさに、学長の見識と判断が問われるところであり、真に「自主的・自律的」な大学運営のあり方が問われるクリティカルな場面である。

一方、実務的には、今回の法改正の趣旨を踏まえて、校務に関する学長の最終決定権が担保されるよう、関係の学内規則の総点検・見直しを求めている点は重要である。これによって、各大学では教授会規則をはじめ学内規則が大きく改定された。例えば、多くの大学では学部長等の選出に学長の意向を反映する仕組みを取り入れている。いずれにしても、教授会が主体性を持てるかどうかは学長・学部長次第ともいえるが、現在の大学を取り巻く状況や構成員の意識・感応力からして、楽観は許されない。

たしかに、法は法として尊重しなければならないが、上記の「通知」からも、その運用には一定の裁量・弾力性があることも事実である。そこをしっかり押さえて、教授会の権限と責任、機能を果たすことが求められている。

三　教授会の自治を培う

今回の学校教育法改正によって、学部・教授会の自治は、ほぼないに等しいほど後退したが、一方では、前記「改正法施行通知」にはこうも書かれている。

> 『大学の自治』とは、大学が、学術の中心として深く真理を探究することを本質とすることに鑑みて、大学における『学問の自由』（憲法第23条）を保障するため、教育研究に関する大学の自主的な決定を保障するものと理解されている。教育基本法第七条第2項においても、大学の自主性・自律性を尊重することが規定されており、今回の法改正は『大学の自治』の考え方を変更するものではないこと

「大学の自治には何ら変更はない」とするこの記述は、改正法の規程と「通知」の文脈に照らして、どう解したらよいのだろうか。

「大学の自治」についての文科省の考えは、「大学の自主的な決定を保証する」ことにあるようにもみえる。しかし、国立大学法人法の規程に従えば、大学における決定権限は学長にあることから、大学の自治は学長にしかないとも解される。しかし、「通知」にいう「大学の自主的な決定」を、大学の諸業務についての検討・審議を経て、最終の意思決定にいたるプロセス全体とみたとき、関係する法人法の諸規定は、明示的に「大学の自治」を保障したものとはいい難い。「大学の自治」には、「決定」にいたる学内諸機関による「意思形成過程」の全体が含まれ、しかもそれを実践的に担う構成員の参加が不可欠と考えるからである。

憲法第二三条にいう、「学問の自由は、これを保証する」の核心部は教育研究の自由であり、これを担保するのは、

具体的・日常的に教育研究を担う教員集団が構成する、教授会の自主性・自律性を前提とした「大学の自治」である。それは、研究テーマの選択と成果の公表、教育内容のすべてにおいて、自由で、自律的であることに他ならない。基本的人権の核心をなす、「思想・良心・信教、表現の自由」（憲法第一九条、二一条）などの上に、「学問の自由」に特化した規定をもつ憲法は他に類をみない。その意味で、第二三条は特別の価値をもつ、わが国憲法珠玉の規定というべきである。「大学の自治」は、「学問の自由」を保障する、不可欠の基盤的条件であり、それによって《知の共同体》たる大学の価値は一層、輝きを増す。

ところで、肝心の教授会は、「大学の自治」を実質的に担いうる、説得力ある論理と自負を持ち合わせているだろうか。これまでもしばしば、「大学の自治」が教授会の自治に矮小化され、ご都合主義的に利用されているとの批判を耳にする。例えば、学外からの意見を「干渉」とみなし、外部の意見に耳を貸すことがおろそかになり、蛸壺の中の「自治を謳歌」していた面がなかったとはいい難い。経験的にも、ときには、かたくなに既得権にしがみつき、教員自身の主義主張を優先するあまり、意見の調整や集約を困難にし、合意形成に時間がかかって、迅速な課題の解決や、必要な改革が滞ったことも少なくない。確かに、多様な意見や各人の主義主張は大切だが、それも度がすぎると、「個人のわがまま」で学部・大学の意思が左右され、公正な判断が妨げられることになる。これでは教授会が自ら「自治」を掘り崩し、放棄したと同じことになろう。

大学の自治は、公権力による統制・干渉から教育研究の自由な発展を守ることである。今は戦前・戦中のような露骨な干渉はないとしても、昨今みられるように、「社会の要請」をタテに大学改革の必要を説き、財政誘導的に介入してくるケースは大いにありうる。その場合でも、国・文科省は、大学が自主的・自律的に判断して決めることであって、そこに干渉はないと言うであろう。外形的には確かにそうだが、財政や許認可など、生殺与奪の権をもつ文科省と大学の関係は、この間の大学「改革」の経緯からも、その実態が如実に表れている。加えて、かの「文系廃止論」のように、「通達」行政を通じて、学部学科の再編・統合や、教育内容あるいは研究の在り方について、「社会の要請」を錦の御旗に、時の政権や財界の介入を許していることも事実である。

それだけに、真の意味での「大学の自治」にとっては、内向きの論理ではなく、国民一人ひとりが納得しうる論理を鍛え、構成員の自覚を高めることが必須であろう。しかし、現実には、そうした地に足の着いた努力より、国が敷いた路線に乗って、予算を獲得する方が実利的であると考え、文科省の政策に妥協する場合が多いように見える。文科省とのこうした対応が常態化したとき、大学の自治、教授会の自主性・自律性は、法改正で損なわれたという以前に、もっと本質的なところで、自壊作用を起こしているといわざるをえない。問題はやはり、大学現場の意識いかんにかかっている。

こうした教授会の危機的な状況を、大学構成員自身はどう見ているのだろうか。法改正前の二〇一三年、東京大学の大学経営・政策研究センターが実施した「大学における意思決定と運営に関する調査（教員編）」によると、「日本の大学運営の今後の方向性について」の項目の中で、「学部教授会の権限は縮小していく必要がある」との設問に対して、「そう思わない」三〇・二%、「あまりそう思わない」五二・五%と、八割以上が教授会の権限縮小に反対の意思を示している。

法改正によって、学部の自主・自律性が失われたと諦めることは、さらなる後退につながる。遅きに失すると嘆くのではなく、今一度「学問の自由は、これを保証する」とした憲法原理の重みを自覚することである。「自治」は与えられものではなく、時代の流れの中で鍛え、内実を与えていくものであろう。自ら教育研究に磨きをかけ、その成果を教育・研究の場で全面的に展開し、磨き上げた知と透徹した判断をもって未来を展望し、互いに切磋琢磨して社会の豊かな発展に寄与することこそ、国民から託された大学の役割であり責任である。

第六節　学長選考会議と学内の意向

一　法人化後学長選考はどう変わったのか

法人化前の学長候補者は、通常、教員による投票に基づき、評議会で選出することになっていた。多くの大学が過半数の票を獲得する候補が決まるまで、何回か投票を繰り返し、過半数を越えた候補について、評議会で審議し、よほどのことがない限りこれが承認され、文科省に報告し、大臣から辞令を受け取ってきた。

普通、候補者は学部から推薦を受ける場合が多く、候補者が複数のときは、中小規模の総合大学では学部間の争いになりやすく、そうなると教員（有権者）の少ない学部から学長が選ばれる可能性は低くなる。傾向的には、医学部や工学部等理系学部は教員が多いため、文系の学長が選ばれる可能性は少なかった。

法人化後は、学長選考会議が候補者を選出する制度に変わった。学長選考会議の構成は、経営協議会の学外委員および教育研究評議会から選出された同数の委員に加えて、学長選考会議の定めるところにより、学長又は理事を委員に加えることができることになっている（ただし、委員総数の三分の一を超えてはならない）。何人加えるかは、大学によって異なるが、中には学長を加えている大学もある。

なぜ学外委員をもって構成するかについては、「新しい『国立大学法人』像について」（〇二年三月）で、「法人化に伴い、学長に大学の経営面での責任が加わるなど、その社会的責務が増大すること等に鑑み、（略）学長の選考基準、選考手続の策定に際して、学内及び社会（学外）の意見を反映させる仕組みとすべきである」との考えに沿ったものと思われる。

二　意向投票の扱い

法人化後、大きく変わったのは意向投票に参加できる資格者（有権者）の範囲である。有権者はそれまで教員に限られていたが、法人化後は事務職員も加わるようになり、法人化前のような学部間対立の構図が薄められた。ただ有権者については、上記「新しい『国立大学法人』像について」に、「学長選考委員会（仮称）の判断により、投票参加者の範囲を、大学・法人運営の最高責任者を選ぶ上で適切なものとなるよう、教育研究や大学運営に相当の経験と責任を有する者に限定すること」とあり、「相当の経験と責任を有する」の解釈の違いで、有権者の範囲は大学によって異なり、同じ大学でも一次投票と二次以降の投票で有権者が異なるなどさまざまである。

学長選考会議における選考は、候補者の所信表明の機会や質問状の公開、あるいはヒアリングの実施等を参考に、委員の自主的判断で決められている。その中で重視されているのが教職員による意向投票である。もちろん意向投票を行わない大学もあるが、九〇％超える大学で意向投票が実施されている。ただその結果を、学長選考にどう反映させるかは大学によって異なる。内規等において、意向投票に「基づき」、「ふまえて」、「参考にし」等々、意向投票の重みはさまざまである。

多くの大学は、意向投票の結果と選考結果は一致しているが、これまで一〇を超える大学で、意向投票の結果とは異なる学長候補者が選出されている。中には、国に対して無効の訴えを行っている大学もあり、大きな話題になった。このように、選考結果が意向投票と逆転するのは、選考会議において学外委員の意見が大きく反映されたことによる場合が多い。同じ逆転のケースでも、意向投票での票差が少ない場合は理解できるが、票数に大きな開きがあるのに、学内者の意向を無視する結果となった例もある。いくら外部者（社会）の声を反映するといっても、程度の問題である。

では、文科省は意向投票をどのようにみているのであろうか。前述の「改正法施行通知」（二〇一四年八月）の中に次のように書かれている。

> 選考の過程で教職員による、いわゆる意向投票を行うことは禁止されるものではないが、その場合も、投票結果をそのまま学長等選考会議の選考結果に反映させるなど、過度に学内又は機構内の意見に偏るような選考方法は、学内又は機構内のほか社会の意見を学長又は機構長の選考に反映させる仕組みとして設けられた学長等選考会議の主体的な選考という観点からは適切でないこと

これは、意向投票に対してやや消極的な姿勢だが、字義通りに読めば、あくまで過度に反映させないように言っているだけで、意向投票を無視してよいと言っているわけではない。問題は、実際の選考場面で、「反映」のあり方をどう解釈するかである。

とくに学外委員は、任命にあたって教育研究評議会の意見を聴くことになっているものの、学長が任命した経営協議会の一員でもある。現職の学長が候補者となっている場合、学長の意向を察知して判断したと疑われることもありうる。

また、国立大学法人法では、「学長の選考は、人格が高潔で、学識が優れ、かつ、大学における教育研究活動を適切かつ効果的に運営することができる能力を有する者」（第一二条７項）とされ、経営的観点とともに、教育研

究活動を適切かつ効果的に運営できる能力がより期待されている。その意味では、学長候補者についての判断材料は、普段接している教職員の方がより多くもっており、そうした学内者の意向を尊重することが理に適っているといえる。ただ、在職中、数多く経験した学長選挙の実体や、法人化後、学長選考会議の委員を務めた経験から、機械的に意向投票に従うべきとは思わないが、それと違った判断をする場合は、十分に説得力ある説明が必要であろう。

心すべきは、度を越した逆転で選出された学長を、大学構成員は信頼できるだろうか、ということである。学内の支持と信頼を失った学長の下でも、見かけの大学運営や改革は進むであろうが、その場合、大学の構成員が一体となって、教育研究の発展と充実に力を注ぐことになるのかである。さらに、学長選考会議そのものが、大学構成員からの信頼を失ってしまうこともありうる。そのためにも、選考プロセスの合理性と結果の正当性を、社会に十分説明することである。

三　変わる学長選考会議の役割

二〇一五年の国立大学法人法の改正によって、新たに「学長選考会議が定める基準により」（第一二条の第7項）とする条文が加えられ、それを受けて、第8項に「国立大学法人は、第二項に規定する学長の選考が行われたときは、当該選考の結果その他文科省令で定める事項を、学長選考会議が前項に規定する基準を定め、又は変更したときは当該基準を、それぞれ遅滞なく公表しなければならない」が追加されるなど、学長選考会議の役割も大きく変わった。

「学長選考会議が定める基準により」とした文言は、一見、国立大学法人等の自主性・自律性を尊重しているかのようにも読み取れるが、それも別の見方からすれば、「学長選考委員会が定める」としておくことで、基準に盛る内容は、文科省の指示に従って進めるよう、念を押しているようにも取れる。ここでも、大学の「自主性・自律性」なるタームが両義的に用いられ、本音では文科省に従った内容になることを想定しているようにみえる。また、第8項での「公表しなければならない」は、選考委員会そのものと選考過程を透明にする意味もあろうが、文科省が前もって「基準に盛る内容」をチェックできることのようにもとれる。

もう一つ新たに加わった任務は、学長評価に係る事項である。上記の文科省通知によると、「学長等選考会議は、選考した学長又は機構長の業務執行の状況について、恒常的な確認を行うことが必要であること。業務執行の状況についての確認を行う時期については、各国立大学法人等の実情に応じて、学長等選考会議において適切に判断すべきものであること」としている。各大学は、それに合わせて、新たに「学長の業務執行状況の確認に関する事項」を盛り込んでいる。

これは権限の集中した学長の選考主体である学長選考会議が、学長の業務執行の「確認」を通じて、自らが選考した学長の資質・能力の適否を評価することであり、選考結果に責任を負う、フィードバック（自己点検）の意味をもつ仕組みともいえる。問題は、学長が任命した経営協議会から選出した委員を含む学長選考委員会が、任期中における学長の業務執行の状況を、実効的に「確認」し、評価する条件があるかということである。また、大学の自主性・自律性のもとに、選ばれた学長が文科省と対立した場合、果たしてどう評価するであろうか、学長選考会議自体の自主性・自律性と見識が問われることになる。

第七節　ガバナンス改革

一　法人化前後のガバナンス

一九九五年九月の大学審議会答申「大学運営の円滑化について」では、大学改革の進展等に伴い、大学が組織としての意思を決定し、実行する体制を整えることが必要との観点から、各大学が自主的に組織運営の改善を進めるに当たって参考となる方策を取りまとめている。また、大学審議会も答申「21世紀の大学像と今後の改革方策について」（一九九八年一〇月）の中で、現行の組織運営は学問の進歩や社会の変化に対応した改革を推進しにくくしているので、学長を中心とする大学執行部、評議会等の全学的な審議機関、学部長や教授会等の機能分担を明確にし、大学の意思決定の機動性や責任性を高める必要があるなどの提言を行っている。

そこでは、ガバナンスという言葉こそ使われていないが、大学運営のあり方が、法人化前から問題視されていたことが窺われる。しかし当時の大学は、大学のガバナンスのあり方や体制について、あまり問題を感じていないこともあって、本気で取り組んだという印象はなかった。経験的にも、学長以下、当時の大学執行部には、「経営・マネジメント」といった類の感覚がなかったことも事実である。

二　なぜガバナンスの声が高くなったのか

法人化により、大学の「自主性・自律性」が増したはずなのに、第二期目標期間に入っても、改革が目に見えてこないのは、大学の意思決定における権限と責任の所在が不明確な上、意思決定に時間がかかるためとみたのか、大学のガバナンス強化の必要が経済界等から声高に指摘された。これを受けて、教育再生実行会議・第三次提言「これからの大学教育等の在り方について」（一三年五月二八日）では、「意欲ある学長がリーダーシップを発揮して果敢に改革を進められるよう、大学のガバナンス改革を進めるとともに、改革を進める大学には官民が財政面の支援をしっかり行うことにより、経営基盤を強化する必要がある」とした。こうした動きを踏まえ、中教審大学分科会が先の「大学のガバナンス改革の推進について（審議まとめ）」（二〇一四年二月）を公表した。

そこでは、①学長のリーダーシップの確立、②学長の選考、業績評価、③学部長等の選考・業績評価、③教授会の役割の見直し、④経営組織等と教学組織との関係整理、⑦監事の役割の強化等、について提言がなされた。

これを受けて、政府・文科省は、一五年の法改正で、先述した学長補佐体制の強化、教授会の役割の明確化、学長選考会議の主体性の確保、経営協議会の構成の見直し及び監事機能の強化などを定めたのである。

一方、国大協は、それに先立つ一三年一一月、『第7期中央教育審議会大学分科会組織運営部会の素案について』に示された方向性は、国立大学においてすでに取り組んでいるガバナンス改革と軌を一にしており、賛同するものである」とし、中教審大学分科会「審議まとめ」が指摘している事項は、すでに取り組んでいることだとした。にもかかわらず、文科省は学校教育法や国立大学法人法の改正に動いた。なぜだろうか。おそらく、文科省は次のように考えたのかもしれない。

大学審議会が、これまで何度かの答申や報告を通じて、大学にメッセージを送ってきたが、ほとんど効果は表れなかった。法人化によって、学長がリーダーシップを発揮できるよう、補佐体制の強化や経費の配分を進めたにも拘らず、大学の改革は思ったほど進んでいない。本来、社会の期待に応える大学になるよう支援するには、金と人をつぎ込めば良いのだが、国にはそれだけの余裕はない。そこで安上がりで何とかするには、学長を中心としたガバナンス体制を強化して、改革を迅速に進めるしかない。しかし、従来の審議会答申などの手法では限界がある。ならば、それを法に盛り込んで義務づければ、大学は動かざるをえないはずだ、と。事実だとすれば、随分見くびられた話である。

文科省は、学長のリーダーシップの下で、戦略的な大学マネジメントを可能にするガバナンス体制を、自主的・自律的に構築していくことが不可欠だと判断し、第三期中期目標・計画の作成に間に合せて、迅速にことを進めたのであろう。文科省はこれまでの経験から、どうすれば大学を動かせるかを学び、それには予算をちらつかせて、文科省の方針に乗せるに如くはないと考えてのことと思われる。

要するに、文科省の政策方向に理解を示す学長が動き易いように、学長の権限を強くすればよく、それには、学長の補佐体制を強固にすると同時に、例えば教授会のような、学長にブレーキをかけそうな機関の権限を相対的に弱くすればよいと考えたのであろう。一方、経営協議会や学長選考会議の学外委員や監事は、学長が選ぶのだから、学長にブレーキをかけるはずはない。であれば、その権限を強くすることで、社会の納得も得られるとみたに違いない。とはいえ、資質に問題がある学長や国の方針に逆らって大学運営を行なう学長が現れて、文科省が求める大学「改革」が思うように進まないかもしれない。それを牽制できるように、学長選考会議や監事の機能強化を図るべく、学校教育法と国立大学法人法を改正し、それを具体化すべく発出されたのが「通知」であるともいえる。これが、文科省が思い描いた大学ガバナンス強化の構図なのだろうか。

三　経営と教学の一致とガバナンス

法人化をめぐる議論の中で大学側がこだわった点に、「経営と教学の一致」がある。「新しい『国立大学法人』像について」（二〇〇二年三月）では、「国立大学法人（仮称）については、①経営と教学との円滑かつ一体的な合意形成への配慮、②設置者としての国による大学への関与の存在、③従来からの国立大学の運営の実態、などを総合的に考慮し、効率的・効果的な運営を実現させる観点から、『大学』としての運営組織と別に、『法人』としての固有の組織は設けない」としている。しかし、最終的には、国立大学法人法（第二条および第四条２項）が、国立大学の設置主体を国立大学法人とすることで、経営を担う国立大学法人と教学を担う国立大学が分離されることになった。その上で、法人の長が学長を兼ねることで、外形的には経営と教学の一致を保つこととした。同様に、理事の多くが副学長を兼ねているのも一体化の表れである。肝心なことは、学長が、法人と大学のどちらに軸足を置いてガバナンスを行うかである。

法人化前は、経営（管理）は設置者たる文科省が、教学は大学が担っていた。法人化によって、制度上は、国立大学の設置者が国立大学法人となったことで、経営が文科省から国立大学法人に移ったことになる。それだけではない。学校教育法第五条で、設置者は自ら、「設置した学校を管理する」だけでなく、「その学校の経費を負担する」とあることから、いまや設置者でなくなった政府は、国立大学に対する財政上の責任を負う必要がなくなったことである。

ただし、政府は、法人化後も、準用通則法での「予算の範囲内において」、「その業務の財源に充てるために必要な金額の全部又は一部に相当する金額を交付することができる」（独立行政法人通則法第四六条）とある規定により、国立大学に対して「運営費交付金」を措置することとしている。この場合、交付金はあくまで、「予算の範囲内」で「必要な金額の全部又は一部に相当する金額」で措置「できる」だけである。この間の、財政難を口実とした運営費交付金の引き続く減額と、それによる国立大学の財政基盤の脆弱さと不安定さの根源はここにある。

とはいえ、収入の四割強を占める運営費交付金を措置する国・政府は、実質的に国立大学の〝生殺与奪〟の権を握っていることも事実である。その力が、法人化後も、国立大学に対する、抗しがたい万力となってのし掛かっている。こうした、財政的に自立しえない制度構造の上に、文科省は国立大学法人を事実上自らの出先機関とみなし、その長である学長を通じて、大学をコントロールすることを可能としたのである。

いわゆる「ガバナンスの強化」は、法人（経営）を通じた、文科省による大学（教学）支配の強化に他ならない。では、大学法人が「自主性・自律性」を確保すればよいのかだが、実質的に財政自主権をもたない法人は、基盤的経費たる運営費交付金等の措置・配分権を握る文科省に、経営的に自立し距離をおくのは事実上難しい。大学が真に自主性・自律性を確保するには、この制度構造は抜きがたい桎梏となる。こうして、文科省は、矢継ぎ早の「改革」圧力を通じて、法人の長・学長を介して、実質的に大学の教育研究に介入する道を開いたのである。

四　真のガバナンスを求めて

こうした、文科省主導の大学「改革」路線に、正面きって反対する学長はまずいないだろうが、ここまでされると、大学運営に苦しみ、居心地が悪くなる学長がいても不思議ではない。

国立大学財務・経営センターの行った学長アンケートをみると、法人化が「大学の自主性、自律性の向上」に大いにプラス、ややプラスと回答した割合は、〇五年ではそれぞれ三五・八％、五九・三％、〇八年では三八・三％、四五・七％と高い割合を示していたが、一四年の調査では、大いに進んだ、ある程度進んだと回答した割合は、それぞれ三・六％、五四・八％となっている。設問に違いはあるが、大いに進んだと回答した三・六％は、回答した八六大学のわずか三大学、おそらく旧帝大の一部であろう。一三年の「国立大学改革プラン」から急激に進行している大学改革が、多くの学長にとっても大学の自主性・自律性につながらないと判断した結果でもある。

それでは、どのようなガバナンスを目指すべきなのだろうか。その前に、そもそもガバナンス改革は何のためだったのか、原点に立ち返る必要があろう。

それに関しては、先の中教審大学分科会の「審議まとめ」(二〇一四年二月)が示唆に富んでいる。そこでは、まず「大学のガバナンス改革は、大学の目的である教育、研究及び社会貢献の機能を最大化するものでなければならない」としている。また、「本分科会からのメッセージ」として「一連の大学ガバナンス改革の議論に通底するのは、自主性・自律性が尊重される大学は、自ら率先して時代の変化に対応した自己改革を行っていくべきであり、また、そのために大学を内側から改革しようと努力している人々に対して、力強く支援すべきではないかという基本的な理念である」としている。まさに、正鵠を射た言である。

教育研究の質とその豊かな発展は、大学現場の担い手である教職員の当事者意識と力量に懸かっていることを忘れてはならない。大学ガバナンスも、教職員の意欲とエネルギーを引き出し、その成果を最大化するところにある。

教育研究と監事監査

監事が互いに交流する場に、全国規模の監事協議会やブロックごとの協議会がある。そこで気になったことは、大学運営に関わったことのない多くの監事が、この世界に不慣れだということもあってか、学問の自由や大学の自治との関係で、教育・研究にどこまで立ち入れるか躊躇している姿である。そのことは、監事協議会が全国の監事を対象に二〇〇九年七月に行なったアンケート調査でも示されている。「監事は教育と研究の具体的な方向、内容にまで関わるべきでない」との問に、「そう考える」と「どちらかといえばそう考える」と回答したのが六〇％で、「そう考えない」と「どちらかといえばそう考えない」は二〇％にしかすぎなかった。この傾向は、監事の出身・経歴や常勤・非常勤で違いはあるが、総じて、大学の教育研究に関する監事の認識である。

当時、監事業務の手引を作成しており、「参考指針の素案」に意見を求められていた。その中で「教育・研究業務に係る監査」の項目があり、「学問の自由の原則等に鑑み、監事は、基本的には各教員による教育・研究の個々の内容は監査の直接の対象としない」との記載があった。これは、「新しい『国立大学法人』像について」（二〇〇二年三月）の記述に近い。この書き方は間違いでないが、「対象としない」だけが独り歩きし、教育研究に関する監事の意識を委縮させるのではないかと意見を送った。大学の基本的業務である教育研究の状況を評価・モニターできないのでは、国立大学の監事として十分役割を果たしたことにはならないと考えてのことである。

たしかに監事監査では、個々の教員の教育や研究の中身を評価したりチェックすることは避けなければならないが、例えば、教育課程の編成や体制についてモニターし、意見を述べることは必要である。また、研究条件や体制、ときには大学のガバナンスについても同様である。

やがて完成した「監事監査に関する参考指針」（二〇一二年一月一七日）には、「監事は、学問の自由の理念を踏まえた上で、次に掲げる教育・研究業務に関する事項を調査し、必要があると認めたときは、意見を述べるものとする」と、前向きのイメージに変わっており、得心した。

（田原博人）

第六章　中期目標・計画、年度計画

法令上、もともと独立行政法人に適用された中期目標・計画を、業務の内容も性格も異なる国立大学に導入することがそもそも問題であった。この制度の下で、大学は六年間にわたって達成すべき業務運営に関する目標と、それを達成するための中期計画、およびそれに基づく事業年度ごとの年度計画を作ることになる。その上で、各年度末に作成する業務報告書を国立大学法人評価委員会に提出し、中期目標期間終了時には、六年間の諸業務の達成状況に関する評価が行われる。「目標―計画―実行―点検・評価」のサイクルからなる目標管理システムである。

こうしたシステムの下で行われる業務運営が、教育研究をコアとする国立大学の特性と相容れないことは言うまでもない。法人法では、中期目標の策定・変更に当たっては、「国立大学法人等の意見を聴き、当該意見に配慮する」とあるが、第二期、三期と年を経るごとに、盛り込むべき記載内容は、国・文科省が指示する方向や観点に従って目標・計画を立てることが常態化している。そこでは、事実上、大学の自主性・自律性は大きく制約されている。

第一節　大学における中期目標の位置づけ

一　中期目標・計画の意義への疑念

国立大学のほとんどは、法人化前から、それぞれの理念や大学憲章の下に自主的に目標を設定し公表していた。前述したように法人化後、国立大学は六年間で達成すべき目標を文科大臣が定め、それに基づいて大学が作成し、文科大臣が認可した中期計画と、それを各事業年度に落とし込んだ年度計画を届け出なければならない。当初は、大臣が中期目標を定めるといっても、もともと大学が原案を作るので、大学の自主性が損なわれることはないだろうと思い、このシステムのもつ実質的な意味にあまり理解が及ばなかった。

そうしたこともあって、法案が出される前は、中期目標・計画に関する仕組みや手続きばかりに注目していた。しかし問題は、六年間の中期目標・計画に基づいて年度計画を立て、年度末には、その業務実績に関する報告書を作成し、これを国立大学法人評価委員会に提出しなければならないという現実である。併せて、教育・研究および組織運営等の状況についても自己点検・評価を行い、その結果を公表することである。この場合、各年度末に諸業務の達成状況が評価されるため、肝心の教育研究についても、長期的な展望や発展の方向より、短期に成果が得られそうな目標・計画をどう立てるかなどに、意識が向かいがちになる。そのため、文科省が召集する国立大学長等会議で何度か意見や要望を述べた。

例えば、二〇〇二年六月の会議では、「目標や計画の達成度を中心に評価し、それに基づいて次期に資源配分をするとなると、無難な目標・計画を策定するようになる。大学は失敗をいとわない挑戦的な目標・計画を立てて努力することが大切ではないか。これについて文科省の考えはどうか」といった意見である。

さらに、同年一一月の会議では、「先行法人の情報や具体的な作業量を考えると、法人化に向けて事務的作業ばかり増え、本来の大学の目的である、教育研究や地域貢献への取り組みが十分できなくなるおそれがある。事務的な業務も含めて、作業を思い切って簡素化してほしい」と要望したこともある。

これらの意見や要望に対する文科省の回答は、意見はごもともだが、独立行政法人通則法に準ずるので仕方がないというものであった。法人化後、これらの指摘が現実の問題となり、膨大な事務量は大学、とりわけマンパワーの少ない中小規模の大学にとって多忙化を引き起こす要因となった。

二　法で明確になった中期目標・計画

国立大学法人法では、第三〇条に「文部科学大臣は、六年間において国立大学法人等が達成すべき業務運営に関する目標を中期目標として定め、これを当該国立大学法人等に示すとともに、公表しなければならない。これを変更したときも、同様とする」とあり、第2項で「中期目標においては、次に掲げる事項について定めるものとする」とし、以下の諸事項を挙げている。

一　教育研究の質の向上に関する事項
二　業務運営の改善及び効率化に関する事項
三　財務内容の改善に関する事項
四　教育及び研究並びに組織及び運営の状況について自ら行う点検及び評価並びに当該状況に係る情報の提供に関する事項
五　その他業務運営に関する重要事項

併せて、第3項には、「文部科学大臣は、中期目標を定め、又はこれを変更しようとするときは、あらかじめ、国立大学法人等の意見を聴き、当該意見に配慮するとともに、評価委員会の意見を聴かなければならない」ともある。国会審議でも問題になったのは、なぜ教育研究を中心とする大学業務の中期目標を文科大臣が定めるのか、ということであった。答弁に立った文科大臣は、「国立大学の意見に配慮することになっているので、大学の教育研究に介入することはない」というものであった。

しかし実際には、法令で定める上記五つの事項それぞれについて、文科省は、具体的に何を書くべきかの内容を国立大学法人評価委員会に諮って、各国立大学に指示し、各大学はこの項目ごとに目標をとりまとめ、文科省に提出する筋書きになっている。

いくら大学が「原案」を作成するといっても、中期目標に掲げるべき五つの事項は法で定められており、その上、目標全体の二〇項目にわたって「〇〇について記載してください」とあり、記載すべき内容がほぼ決められている。いくら自主的といっても、この構造が変わらない以上、大学ができることは、これらに合わせて、大学の目標を書くだけである。さらに、中期目標の提出前に文科省との事前打ち合わせもあり、「国立大学法人等の意見を配慮する」とはいえ、中期目標を提出する前からすでに、大学の自主性は大きく限定されている。

中期目標が示されると、その中期目標を達成するための中期計画を作成することになる。法第三一条では、国立大学は「中期目標を達成するための計画を中期計画として作成し、文部科学大臣の認可を受けなければならない」とした上で、そこに掲げるべき事項を、同条2項でおよそ次のように定めている。

一　教育研究の質の向上に関する目標を達成するためとるべき措置
二　業務運営の改善及び効率化に関する目標を達成するためとるべき措置

三　予算（人件費の見積りを含む）、収支計画及び資金計画

（以下、短期借入金、財産譲渡、剰余金などに関する事項で七号まで）

併せて、3項では、文科大臣がこれを「認可」しようとするときは、「あらかじめ、評価委員会の意見を聴かなければならない」ともしている。

中期計画は目標を達成するための計画で、何を書くかについては、文科省から二〇項目の目標に対応した、全体で七一項目にわたる「記載例」が示されている。大学はそれに沿って計画を作成して、文科大臣の認可を受けることになる。第一期中期目標期間はそれでよかったが、第二期、第三期になると、後述するように、中期計画に書くべき項目と内容について、文科省の意向と方向性が重くのしかかるようになった。

第二節　現場で見えたこと――業務の実際と評価

一　中期目標・計画、年度計画に向けて

法人化前年の二〇〇三年度は、新しい制度に間に合わせるため、諸規程の改訂をはじめ、会計・経理システム制度の変更、組織の見直しなど多様な業務とともに、中期目標、中期計画、年度計画の作成など待ったなしの状況であった。国会では、法案が成立する以前から、文科省が法人化に向けた作業を大学に指示していることが問題になり、国会軽視ではないかと、審議が中断するという事態もおこっていた。しかし、大学現場では、黙々とその作業に汗をかいていたのである。

宇都宮大学の場合、中期目標等の策定作業は、学部代表で構成する委員会で取り組むことにした。中期目標と

中期計画の関係は、目標を大臣が定め、それに基づいて大学が計画を立てることであるが、実際の作業はほぼ同時進行で進める必要があった。中期目標は項目の数も限られており、中期計画も「記載事項の例」が示されているので、それを参考に作成すればよい。記載されたものはあくまで例示なので、大学が取捨選択すればよいように思えるが、例示以外にも掲げたい項目があるため、結局事項は全体で一五二項目にもなった。

原案を学長が見直し、加筆修正するなど、何度も委員会とやり取りしながらの作業であった。素案の段階で、文科省と協議もしたが、大きな問題もなく、基本的には大学の作成したものが認められた。文科大臣が定める中期目標が提示されたのは五月二五日で、中期計画が認可されたのは六月三日のことである。「あらかじめ、国立大学法人等の意見を聴き、当該意見に配慮する」とあることもあって、この段階では確かに、大学が作成した中期目標に実質的な修正はなかった。

経営協議会では、項目が盛りだくさんで、何が重点なのか明確に伝わらないとの批判があった。確かに一五二項目は多いが、全国立大学法人平均の一九〇項目に比べれば、本学はまだ少ない方であった。また、マスコミなどでは、どの大学の中期目標・計画も似たりよったりで、大学の特色がみられないとの批判もあった。これはすべての大学が文科省の指示した書式と「記載例」にそって作成しているので、当然と言えば当然のことである。

次の段階は年度計画の作成である。中期計画をもとに年度計画を策定するのが順であるが、スケジュール上、これらもほぼ並行して進める必要があった。

年度計画は、六年間の中期計画を六年に割り振って書けばよいが、ある事項をある期間で成し遂げようとすれば、早め早めに手を打たなければならない。また、実現することが望ましいと考えるものであれば、六年を待たずなるべく早く実現しようとするのも当然である。ということで、初年度の計画はなるべく前倒しにと考えた。ところが、国立大学法人評価委員会の評価は、年度計画が予定通り進んでいるかどうかの達成状況であることを考えると、前倒しの計画はリスクが大きすぎる。となれば、あまり目標を高めに置いたり、数値目標など具体的すぎるのは避けた方がよいとなる。結局、実現が見込まれる内容にすればよいのだが、本当にそれでよいのだろうかと疑問や迷いを感じながら年度計画を仕上げ、六月八日に届け出た。

文科省に提出した年度計画はそれとして、実際に計画を進めるには、いつごろまでに何を終えるかといった、ロードマップをはっきりさせることが必要である。とりあえず、手持ちの記録として、途中経過がチェックできるような工程表を作成し、それに応じて進捗状況を確認していった。

二　業務実績報告書などの作成

年度が終わりに近づくと、業務実績報告書の他に事業報告書、財務関連書類の作成が待っている。業務実績報告書の書式によれば、まず「全体的な状況」や成果などをまとめなければならない。最初の年ということもあって、担当理事から上がってきたものにかなり手を加え、さらに、それぞれの項目について自己点検評価委員会に諮って自己評価し、各項目の達成状況を記載するとともに、その進捗状況を判定する。この判定には「年度計画を上回って実施している」場合はⅣ、「年度計画を十分に実施している」場合はⅢ、「年度計画を十分には実施していない」場合はⅡ、「年度計画を実施していない」場合はⅠとする基準をもとに評点を付ける。同時に、それを裏付ける膨大な証拠資料を揃えなければならなかった。また、事業報告書等は事務局が中心にまとめた。初めての業務ということもあり、大変な作業であった。

こうした作業を進めながら、次の年度計画を作成しなければならない。三月中に文科省に届けるには、二月中に原案が出来上がっていなければならないので、一年を顧みて、次年度の計画を立てるという余裕はない。

こうした、中期目標・計画、年度計画の策定、業務実績・事業報告書など一連の作業を体験し、業務の多さとそれにかけた時間の割には得るものが少なく、危惧していたとおり、多忙化と疲労感のみが残る作業であった。

とはいえ、全くむだだったかというと、そうでもない。大学の構成員の多くは、日頃、ともすれば自分の身近な範囲にしか関心をもたず、大学全体の動きには疎かった。その意味では、大学業務の目標・計画を全学で共有できるようになったことの意義は大きい。また、関心のある学外者には、大学が何を目標に、どんな計画で事を進めようとしているかが、具体的に見えるようになった意義は大きい。さらに、計画に挙げてある以上、その実現を先延ばしにはできず、業務の進行にはプラスになっていた。とはいえ、これら一連の作業に要した時間や労力とその効果を比較考量したとき、その「帳尻」は覚束ない、というのが実感である。

それにしても、参議院の附帯決議にあった、「法人に求める中期目標・中期計画に係る参考資料等については、極力、簡素化を図ること。また、評価に係る業務が教職員の過度の負担とならないよう、特段の措置を講ずること」には程遠いという実感であった。

三　年度計画の評価

あくる年の九月下旬になると、評価委員会から前年度に係る業務の実績に関する評価結果の原案が送られてきた。初めてということもあって、評価委員会は何を根拠にどのような評価を下すのかの期待と不安があった。

送られてきた原案を見ると、大学が提出した評価はほとんどそのまま認められており、特徴的な事業と評価された内容も、大学が記載した「全体的な状況」の中の一部を載せているだけで、評価された事項は分かるが、さらに改善していくという点ではとくに参考になるものはなかった。

進捗状況の評価は、①業務運営の改善及び効率化、②財務内容の改善、③自己点検・評価及び情報提供、④その他業務運営に関する重要事項、について大学が自己評価したものを、国立大学法人評価委員会がチェックして、「特筆すべき進捗状況にある」、「順調に進んでいる」、「おおむね順調に進んでいる」、「やや遅れている」、「重大な改善事項がある」の五段階で判定して大学に通知することになっている。

原案は、①〜④のすべての項目について、「年度計画を順調に実施している」または「年度計画を上回って実施している」とした大学の自己評価の結果は認められていた。そのこともあって、②と③は「計画通り進んでいる」と判断された。しかし、①については、大学院博士後期課程の学生収容定員の充足率が八五％を切っていたことだけで、進捗状況は「おおむね計画通り進んでいる」と、中位のランクに下げて評価された。また、④についても「防犯・防災対策の強化等」について速やかに検討・実施する必要があることが勘案され、進行状況は①と同様に判断された。①や④は、年度計画に記載した内容とは無関係に、評価委員会が別の基準で評価したものである。評価原案には意見の申し立てができるので、年度計画以外の観点での評価はおかしいのではと申し立てを行ったが、最終評価が変わることはなかった。

国立大学全体の評価概要や、各大学の評価も公表されており、そこから窺える範囲では、評価委員会の評価は基本的に、大学の自己評価と大きな違いがないことが分かった。しかし、年度計画の進捗状況がいくら目標を越えていても、評価委員会が設けた基準、例えば、入学定員の充足率や、大学の不祥事等があれば評価は下がるということである。このことから、次年度はそれに応じて対応を考えればよいことになるが、このような評価システムで、本当に大学の業務改善につながるのかと疑念が生じたのも事実である。

学長として経験したことはここまでであるが、その後他大学の監事や経営協議会委員を務めた経験からも、その疑念は晴れることはなかった。

第三節　中期目標の及ぼす影響

一　中期目標の推移

第二期中期目標は、第一期の反省もあって、いくつかの点で変更があった。例えば、「教育の内容等に関する目標」と「教育の成果に関する目標」を一つの項目にまとめる一方、「国際化に関する目標」と「人件費の削減」、「法令遵守に関する目標」の項目が追加され、文科省が新たに何を重視し、大学に指示しているかが分かってきた。また記載内容は、原則として全学的な視点からのものに限るとし、学部等より、法人としての全学的な視点をより重視する傾向になった。

中期目標の数は一九項目で一期とあまり変らないが、中期計画は大きく変わった。第一期は記載事項の例として多くの項目が挙がっていたが、第二期は「記載事項の例」を示さないなど、例示を簡素化し、最小単位の項目数の目安を一〇〇項目以下とした。

「記載事項の例」を省略したのは、大学の自由度を認めるというより、第一期中期計画に書かれているので、それを踏襲するよう暗に指示したのかもしれないし、大学もそう受け取ったのではなかろうか。その証拠に、新たに追加された中期計画の記載事項は、他とは違い、細かく書き方を指示していた。

一方、一〇〇項目以下とはいえ、少ない数ではないが、ある程度、大学が主体的に内容を精選できる点では一定の評価ができる。これによって、結果的には一期では平均一九〇項目あったものが、二期では七四項目と四割程度に減少した。

文科省は、それによって、「目標・計画や評価に関する作業量が大幅に減少する」と言っていたが、作業量を減らすというだけでは、改革には程遠かったのではなかろうか。

次の第三期中期目標・計画は、随所に大学改革に関連する事項が盛られた。例えば、「Ⅰ大学の教育研究等の質の向上に関する目標」の中の「1教育に関する目標」に新たに「⑷入学者選抜に関する目標」が追加された。また「2研究に関する目標」では、「⑶社会との連携や社会貢献及び地域を志向した教育・研究に関する目標」が新たに加えられ、「4その他の目標」にも新たに「⑴グローバル化に関する目標」が追加された。これらは、大学が自ら選んだ機能強化を図る観点を反映した変更とみられる。

さらに、「Ⅱ業務運営の改善及び効率化に関する目標」の中に、「2教育研究組織の見直しに関する目標」が新たに追加された。これはミッションの再定義に伴う事項で、文科大臣の通知「組織見直し計画を策定し、組織の廃止や社会的要請の高い分野への転換」に沿ったものである。

記載内容に関しては、第二期は「原則として全学的な視点からのものに限る」とあったものが、三期では、「各法人の強み、特色及び社会的役割を踏まえ、全学的な観点から重視又は見直しする事項については、特定の分野や個々の学部・研究科・附置研究所等に係る内容でも全学的視点から積極的にその具体的な内容を記載するもの」としており、学部等の再編・統合などの「改革」計画を積極的に記載するよう、求めていることが分かる。

多くの大学はこれに合わせて、具体的な組織の見直しを中期目標・計画に盛り込み、その実行を迫られることになる。事実、いくつかの大学について、第三期中期目標・計画の特色をキーワードで見ると、国の方針に合わせたかのように、いたるところに「学長のリーダーシップ」や「イノベーション」、さらに「グローバル」という言葉が盛り込まれている。こうして、大学の進める教育研究、社会貢献が、社会の要請の名で、その実国策に沿った目標設定と計画内容になっているのは異様ですらある。

二　中期目標の質の向上

第一節で述べたように、法人化前からの疑問は、教育研究を中心とする大学業務の特性からすれば、達成されたかどうかを前提とする目標・計画ではなく、高い目標・計画を設定し、それに向かって挑戦することが本筋ではなかろうかということであった。限定的ではあるが、現実には達成度評価から努力評価へ改善されているので、その動きをみてみよう。

法人化第一期の反省から、第二期における評価の在り方の中に、「各法人の質的向上を促す観点から、戦略性が高く意欲的な目標・計画等は、達成状況の他にプロセスや内容を評価する等、積極的な取り組みとして適切に評価する」とした新たな事項が大学とのヒアリングを通して導入・選定された。初年度の二〇一一年は二八大学であったが、翌一二年度には一〇大学、一三年度に二二大学、一四年度に三〇大学へと順次増えていった。

しかし、これは、年度計画の評価段階で、評価委員会が「新たに認定された戦略的・意欲的な計画」と認めるものに限るとした中期計画に後追い的に追加され、効果は極めて限定されたものであった。もともと中期目標や計画の多くの項目で、大学が意欲的と判断するものを自由に提出できるようにすべきと考えていたが、次に述べるように、第三期ではこれにかなり近くなった。

第三期には、中期目標・計画の策定段階から、各法人が「戦略性が高く意欲的な目標・計画」として申請したものを、国立大学法人評価委員会で審議し、その内容をほぼ認定することになった。長いスパンで「戦略性が高く、意欲的な計画」が、中期目標・計画の当初から記載できるようになったことは評価できる。具体的には、ほとんどの国立大学法人から、延べ七四五件の申請が出され、内七一九件が認定されていることから、各法人の申請内容が最大限尊重されていることが分かる。第二期とは比べられないが、その数は飛躍的に増加したのは事実である。ただ、法人から出された中期計画の総数が六、〇六七件であることを考えると、一割強と一部に過ぎないことも事実である。

なぜ限られた数なのかは、一六年一月の国立大学法人評価委員会が配布した資料「『戦略性が高く意欲的な目標・計画』の認定について」にみることができる。そこには、「各法人の中期目標・中期計画において、機能強化に向けた特色ある活動や高い目標が積極的に掲げられることを促し、ひいては各法人の質的向上を促すため」とあり、その認定の方針として次の三点を挙げている。

- ・法人の機能強化に向けて先駆的・先導的に取り組むもの
- ・取組の重要性を踏まえ、かなり高い数値目標を掲げて取り組むもの
- ・法人の機能強化に向けて法人の強み・特色を一層明確化するため、重点的に資源の再配分を行い、具体的かつ高い水準の達成目標を掲げ取り組むもの

これは文科省の狙う、大学の機能強化の方向や組織改革に誘導するように対象を絞っているようにも受け取れる。もっと多様な項目で、大学が自由に提出できるようにとの願いとはかけ離れている。

一方、評価との関連で、上記資料には、

> 認定された目標・計画については、評価が下がるリスクを考慮すると法人としては高い目標が立てにくいという事情を踏まえ、各法人の質的向上を促す観点から、中期計画または年度計画中の各項目についての達成状況のみを評価の対象とするのではなく、その状況にいたるまでのプロセスや内容を評価する等、積極的な取組として適切に評価することとしている。

と一定の配慮がなされている。この観点から、今後、果たしてどのような評価がなされるか注目したい。

こうした一連の動きを見ると、教育研究をはじめとする、国立大学の基本的業務に係る中期目標・計画、年度計画は、真に大学の自主性の下に策定・作成されたのではなく、さまざまな政策的関与のもとで、国や文科省の目指す方向に誘導されたものということができる。それは、随所で常套的に言われている、大学の「自主性・自律性」とは似て非なるものである。

国家財政の"ファクト"

年明け早々、安倍首相がフィリピンに一兆円規模の援助を約束したとの報道に目を見張った。地下鉄建設や電力供給などインフラ整備の支援だという。民間資金との抱き合わせで五年間にわたるとはいえ、一兆円といえば、国立大学全体に措置される、運営費交付金の年間総額に相当する。

政権発足以来、フィリピンやベトナムなど東南アジアをはじめ、インド、アフリカに対する財政支援は総額で七〇兆円を超えるといわれるが、その実態はアジア等地域の資源開発や原発、リニア新幹線の売込みなど、まさにトップセールの様相を呈している。ちなみに、一六年度の政府開発援助（ODA）は五、一六一億円、その七五%を技術協力と贈与（無償資金協力）が占める。

一方、一六年度の文教予算は前年比四億円減の五・三兆円余だが、とくに高等教育に対する公的支出のGDP比はOECD最下位で、国立大学の運営費交付金も、法人化の〇四年度比でマイナス一二%の一、四七〇億円減、総額一兆円ギリギリの水準である。この間、国の予算全体は一一・三%拡大し、なかでも四年連続増で過去最高の五兆円超となった防衛費などと比べて、文教予算はやせ細る一方である。一、〇〇〇兆円を超える借金漬けの国家予算をそのままにした、肥大化した国家財政のいびつな構造と、不健康な体質という他はない。

金額の多寡や、技術協力か無償贈与かに拘らず、ODAは民間資金を引き出すヘッジ効果をもち、インフラ整備の名の下に、巨額の援助資金が鉄道や道路、ダム建設、技術協力などのかたちで、日本企業の事業・販路拡大とのパッケージで、大手ゼネコンや機械・電機、自動車、商社などのマーケット拡大と海外進出の地盤づくりにつながっている。

投資効果としてはなはだ不透明な、目先の政治的パフォーマンスのための財政運営は、日夜、乏しい研究費と人件費の確保に苦しむ大学現場からは、この国の豊かな発展を支える〈知の創出・発信〉と人材育成に目を背けた、著しくバランスを欠く姑息なやり方にしか見えない。"背に腹はかえられぬと飛びつくな増えゆく大学の軍事研究費"（朝日歌壇）の一句が重い。

（佐藤博明）

coffee break

第七章　国立大学法人評価の制度と機能

国立大学法人の評価には、事業年度ごとの実績評価と中期目標期間を通した評価がある。中期目標の達成状況の評価は、社会への説明責任を果たすことにあるが、他方では、評価結果を、次期以降の中期目標・中期計画の内容とともに、運営費交付金などの算定に反映させる仕組みになっている。ただし、教育研究については、その性質上、国立大学法人評価委員会とは別に、大学評価・学位授与機構が行うこととしている。

評価の目的は、本来、大学の教育・研究の質の向上と、その成果を基に社会貢献の一層の充実を図ることにある。しかし現実には、多様な評価への対応で、関係文書の作成業務など、大学を多忙化に追い込み、本来業務そのものに支障を来す状況をもたらしている。さらに問題なのは、評価を通して、文科省が国立大学の業務運営をコントロールし、補助金の傾斜配分などを通じて、大学の差別化、格差の拡大を助長していることである。端的には、これが国立大学法人評価の現実である。

第一節　法人化と多元的な評価

二〇〇四年四月にスタートした、国立大学法人化の狙いは、国の機関としてのがんじがらめの規制をはずし、自由な発想と方法で大学が互いに競い合い、資源の有効な活用によって本来の教育研究や社会貢献活動を活性化させ、世界レベルの研究成果と、時代の変化と要請に応える人材育成が期待できるということにあった。

しかし、当事者の間では、かつて経験したことのない法人システムで大学が運営されることへのさまざまな懸念や戸惑いが広がった。その一つは、文科大臣が定め、認可する中期目標や中期計画、さらには評価情報に基づく運営費交付金の算定・配分といった国の関与のあり方であり、さらに、経営と教学の分離、「評価と効率」を駆動力とする諸業務の運営といった成果主義的な手法の導入である。とくに、六年を単位として中期目標・計画に掲げた業務の実施にあたっては、制度上、肝心の財源・財政面に「自主権」をもたない国立大学法人が、それぞれの規模や学部・研究科の構成、地域的特性などに応じた教育研究等において、「自主的・自律的」な意思決定と執行がどこまで実質的に可能かという疑念があった。いわば、「法人」という、外形的に独立した組織形態を通じての、大学業務（教育研究等）に対する主務省の間接統治への懸念である。

その上で、大学の諸活動に対する多元的な「評価」が、業務運営の経常的なチェック・検証としての「監査」とともに制度化されたことである。「評価」に関しては、法人化前から、大学自ら行う教育研究等に関する自己点検・評価があり、その報告に基づく大学評価・学位授与機構（以下機構という）の第三者評価があった。そこに、新たに学校教育法（第六九条の三第2項）に基づく大学の教育研究等の「質」保証に関する認証評価（大学の申請により七年ごとに実施）が重なる。さらに、法人化により文科省・国立大学法人評価委員会は、中期目標・計画に掲げる業務運営や財務内容の改善・効率化の達成状況と、教育研究面での大学評価・学位授与機構による評価情報とを併せて、大学の業務全般について年次進行で総合的評価を行うという。その「評価結果」は、次期以降、運営費交付金の算定・措置とも連動して、各大学の「改革」と業務運営に対する、文科省の有形無形の影響力と誘導機能を果たすことになる。いわゆる「事前チェック」から「事後チェック」への転換による大学業務・教育研究等に対する新しい牽制システムである。こうして、国立大学は、厳しい競争的環境と多重・多元的な評価システムにさらされることになった。

第二節　国立大学法人評価委員会

一　国立大学法人評価委員会の組織と任務

（一）国立大学法人評価委員会の組織

国立大学法人法第九条に、「文部科学省に、国立大学法人等に関する事務を処理させるため、国立大学法人評価委員会（以下「評価委員会」という）を置く」とある。評価委員会は文科省の諮問機関に位置づけられ、事務局は高等教育局高等教育企画課におかれている。

国立大学法人評価委員会令には、評価委員会は委員二〇人以内で組織し、必要があるときは臨時委員、専門委員を置くことが定められている。

二〇一六年度（七期）は委員二〇名の他、臨時委員八名で構成されている。委員会には「国立大学法人分科会」と「大学共同利用機関法人分科会」の二つの分科会があり、国立大学法人分科会は委員一二名と臨時委員五名で構成されている。

評価の具体的な作業に当たっては、「国立大学法人分科会」の下に、各事業年度評価および中期目標期間評価を実施する評価チームを置き、各国立大学法人の業務実績報告書を調査・分析し、評価結果の原案を作成する。

評価チームには「基本チーム」と「専門チーム」があり、「基本チーム」は国立大学法人の規模や特性に応じて区分けした八チーム編成で、各チームは国立大学法人六〜一三校の評価を担当する。チームの構成は、委員長の指名する委員又は臨時委員一名および専門委員二名からなり、委員又は臨時委員が主査を務める。「専門チーム」には、共同利用・共同研究拠点評価専門チームおよび附属病院評価専門チームを置き、原則として、委員長の指名する委員、臨時委員または専門委員で構成する。

評価の見方や考えは、評価委員会の構成によっても影響される。評価委員会の委員については、国会答弁の中で、「委員は、社会、経済、文化等の幅広い分野の有識者を含め、大学の教育研究や運営に関して高い識見を有する方々によって構成することを考えております」と答えている。しかし、実際のメンバーを見ると、半数近くが産業界関係者で占められている。具体的な評価作業に当たる専門委員には、高等教育に造詣の深い人が多く含まれているが、委員会の諸提言や評価結果には、産業界の視点がより色濃く表れ、国立大学本来の在り方の視点が後方に押しやられているようにみえる。

(二) 国立大学法人評価委員会の任務

評価委員会の任務については、国立大学法人法第九条の２項に、次のように定められている。

2　評価委員会は、次に掲げる事務をつかさどる
一　国立大学法人等の業務の実績に関する評価に関すること
二　その他この法律によりその権限に属させられた事項を処理すること」

国立大学法人等の業務の実績に関する評価については、評価委員会は、国立大学法人及び大学共同利用機関法人の各事業年度における業務の実績について、年度計画の実施状況等に基づき、業務運営・財務内容等の経営面を中心に行う。また、中期目標に係る業務実績に関しては、中期計画の達成に向けた業務の進捗状況の調査・分析を行い、総合的に評価する。

中期目標・計画には、「教育研究の質の向上に関する事項」、「業務運営の改善及び効率化に関する事項」、「財務内容の改善に関する事項」、「教育及び研究並びに組織及び運営の状況について自ら行う点検及び評価並びに当該状況に係る情報の提供に関する事項」、「その他業務運営に関する重要事項」の五事項があるが、そのうち教育研究に関する評価を国（文科省）が行うのは問題があるとして、「教育研究の質の向上に関する事項」については、独立行政法人大学評価・学位授与機構に評価を要請し、評価委員会はその結果を尊重して評価を行なうこととしている。

また、評価結果を当該法人及び総務省の政策評価・独立行政法人評価委員会に通知し、公表することになっている。

二　国立大学法人評価について

（一）年度計画の評価

各法人の中期目標・計画の達成に向けた、各事業年度の業務に係る年度計画の進捗状況については、自己点検・評価を含む実績報告書を評価チームが調査・分析し、業務運営や財務内容等について評価を行う。ただし、教育研究の状況については、全体的な状況を確認するのみで、教育研究に係る中期目標の達成度等についての評価は行わない。評価結果は、全体評価と項目別評価に分かれている。全体評価は、各法人の特性に配慮しつつ、中期計画の進捗状況について記述式により評価する。また戦略性が高く意欲的な目標・計画は、達成状況のほかにプロセスや内容を評価するなど、積極的な取り組みとして適切に評価するとしている。また、項目別評価は、教育研究の質の向上に関するものを除いた四項目について、年度計画の実施状況等に基づき、

「中期計画の達成に向けて特筆すべき進捗状況にある」
「中期計画の達成に向けて順調に進んでいる」
「中期計画の達成に向けておおむね順調に進んでいる」
「中期計画の達成のためにはやや遅れている」
「中期計画の達成のためには重大な改善事項がある」

の五段階で進捗状況を確認した上で、特筆すべき状況や遅れている点については、それぞれコメントが付される。なお、「教育研究等の質の向上」については、全体的な状況を確認し、注目すべき点にコメントを付すとしている。またこれらの評価は、各法人の計画に対するものであり、他と比較するものではないことに十分留意することを要するとされている。

年度評価はおよそ次のようなスケジュールで行われ、結果は各法人宛に通知するとともに公表することになっている。

六月末　各国立大学法人等から「実績報告書を作成し提出」
七月～八月　評価チームによる実績報告書の調査・分析
八月上・中旬　評価チームによる各法人へのヒアリング
八月～九月　評価チームによるヒアリングを踏まえた評価結果（骨子案）の検討
九月下旬　分科会において評価結果（原案）の検討。評価結果（原案）を送付し、意見申し立て
一〇月下旬　総会において評価結果（案）の審議・決定

（二）中期目標期間の評価

中期目標期間終了時の評価についての作業は、文字通り六年間の中期目標期間終了後に行うのではなく、次期中期目標期間に向けた準備の都合もあり、四年終了段階を基準に達成度を評価（暫定評価）する。

評価の方法は、各法人の自己点検・評価に基づき提出された中期目標の達成に向けた中期計画の進捗状況等を調査・分析し、

教育研究の三項目
・教育（教育内容及び教育の成果等、教育の実施体制等、学生への支援）
・研究（研究水準及び研究の成果等、研究実施体制等の整備）
・その他（社会との連携や社会貢献、国際化）

業務運営・財務内容等の四項目
・業務運営の改善及び効率化
・財務内容の改善
・自己点検・評価及び情報提供
・その他業務運営に関する重要事項

の七項目について、五段階（「中期目標の達成状況が非常に優れている」／「中期目標の達成状況が良好である」／「中期目標の達成状況がおおむね良好である」／「中期目標の達成状況が不十分である」／「中期目標の達成のためには重大な改善事項がある」）で評価する。

このうち、教育研究については、大学評価・学位授与機構に評価を要請し、前期の中期目標期間終了時点から四年後と比較した「質の向上」に関した評価を尊重し、評価委員会が前記五段階で達成状況を判定する。

なお、大学評価・学位授与機構の評価については次節で詳しく紹介するが、前記「質の向上」の観点の他、学部・研究科の現況を、教育（教育活動の状況、教育成果の状況）と研究（研究活動の状況、研究成果の状況）について、それぞれ学部・研究科が想定する関係者の期待に、どの程度応えているかの観点について四段階で判定する。

三　国立大学法人評価委員会の権限に属する事項

国立大学法人法第三〇条により、「文部科学大臣は、中期目標を定め、又はこれを変更しようとするときは、あらかじめ、国立大学法人等の意見を聴き、当該意見に配慮するとともに、評価委員会の意見を聴かなければならない」。また第三一条3項では中期計画を「認可をしようとするときは、あらかじめ、評価委員会の意見を聴かなければならない」となっており、評価委員会は中期目標・計画の策定などに大きな影響力を持っている。

特に重要なのは、中期目標の期間の評価結果に基づく、業務継続の必要性・改廃についての「所要の措置」と「勧告」に関する規定である。これに関しては、同法第三一条の四に、文部科学大臣は「当該国立大学法人等の業務を継続させる必要性、組織の在り方その他その組織及び業務の全般にわたる検討を行い、その結果に基づき、当該国立大学法人等に関し所要の措置を講ずるものとする」とある。この検討にあたっては、評価委員会の意見を聴かなければならない。また、文部大臣が上記の措置を講じた場合、評価委員会に通知することになっている。評価委員会は通知を受けた時は、「国立大学法人等の中期目標の期間の終了時までに、当該国立大学法人等の主要な事務及び事業の改廃に関し、文部科学大臣に勧告をすることができる。」となっており、大学の再編等も含め極めて重要な任務を負っている。

とはいうものの、いずれにおいても、原案は誰がどのように策定するのかが問題である。二〇一五年六月八日の文科大臣通知「組織の見直し」は、その先取りともいうことができる。

四　評価の効果

もともと、なぜ国立大法人評価委員会の評価が必要かという根本問題がある。国立大学法人の立場に立てば、評価によって、各大学は教育研究の継続的な質の向上に資するということであるし、評価を公表することで社会への説明責任を果たせることになる。しかし、大学の教育研究の質の向上につながっているかといえば、極めて不十分で、関連業務により多忙化を引き起こしただけといっても言い過ぎではない。社会への説明責任という点では、評価自体が業務計画の達成度におかれ、学外からは分かりにくいこともあって、公表に当たって、各大学は工夫を凝らしているが、それで説明責任を果たしているとは言い難い。法人化当初は、マスコミもこぞって、評価結果のランキングを公表していたが、評価は、個々の大学法人の達成度を評価したもので、大学間の相対評価ではないということが徹底したためか、その後あまり報道されなくなった。

一方、国・文科省の立場に立てば、評価結果を、運営費交付金の算定・配分や組織の見直しなど、次期以降の中期目標・中期計画の内容に反映させることである。特に運営費交付金への反映の仕組みは、次期中期目標計画に効果的に働き、まさに目標管理システムのエンジンとなっているといえる

これに関連して想起されるのは、国立大学法人法の成立時に、「本法の施行に当たって、特段の配慮」を求めた、国会の附帯決議である。衆議院では、全一〇項目におよぶ附帯決議のうち第5項で「中期目標等の業績評価と資源配分を結びつけることについては、大学の自主性・自律性を尊重する観点に立って慎重な運用に努めること」とあり、参議院でも、全二三項目のうち第八項で同趣旨の決議を行った。それは、「評価」がその本性において、評価主体の、対象に対する相対的な比較・格差づけを伴うことへの、当然の懸念と牽制を示したものと見なければならない。しかし、この間の経緯に照らして、これらの国会決議が「特段の配慮」をもって尊重されたとは到底いえない。現に行われているのは、競争的環境の下での、「評価」結果に基づく運営費交付金の傾斜的・重点配分であり、それらを通じて組織や業務の見直し・改革を競わせ、さらにはその「改廃」にもつながる道である。

第三節　大学評価・学位授与機構の「教育研究」の評価――一つの経験

第一期中期目標期間（〇四年四月～一〇年三月）の終了に先立って、二〇〇八年に実施した四年間（〇四～〇七年

度）の教育研究の暫定評価にあたって、大学評価・学位授与機構の達成状況判定会議委員（第二グループ）として、三つの大学の評価作業に関わり、評価の実際を経験した。法的には、「中期目標期間における業務の実績について、評価委員会の評価を受けなければならない」とする、準用通則法第三四条の規定に基づき、文科省・国立大学法人評価委員会からの要請をうけて、次頁図7-1の仕組みで行われる、機構の評価作業である。

前記の準用通則法の規定に基づく、教育研究の状況についての評価は、大学評価・学位評価機構の国立大学教育研究評価委員会の下に置かれる三つの組織、すなわち達成状況判定会議（八グループ）、現況分析部会（人文・社会科学系、理・工学系など分野別一〇学系）、研究業績水準判定組織（情報学、人間医工学、神経科学など六六の専門部会）の体制で行われる。

関わった達成状況判定会議の評価作業は、第一期中途段階（四年間）での教育研究等の実施・達成状況について行う暫定評価だが、そこでの評価結果は「各法人が自主的に行う組織・業務全般の見直しや次期中期目標・中期計画の検討に資するとともに、運営費交付金の算定に反映」させることを目的とするとしている（機構・「報告書」はじめに、および四ページ他）。その場合、中期目標の達成状況評価は、各大学が「教育・研究・社会連携」等で掲げた目標について提出された達成状況報告書等に基づき、中期計画の各項目の取り組みの実施の有無だけではなく、その取り組みが有効に機能しているかどうか、教育・研究の質の向上、あるいは高い質が維持されているかなどの視点で行われる。

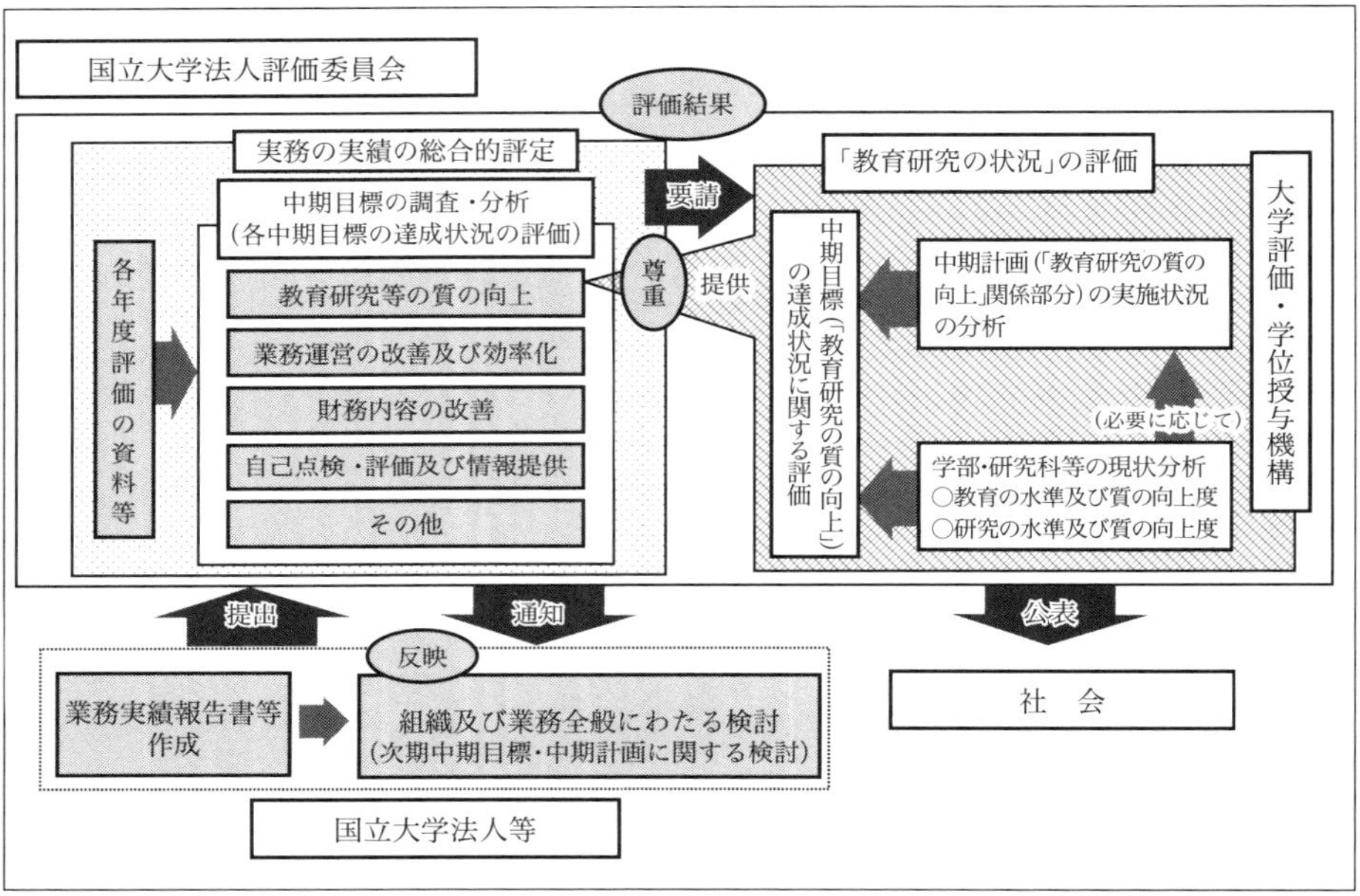

図 7-1　中期目標期間評価の全体像

(国立大学法人評価委員会総会第 17 回配布資料 2-5)

第四節　機構の評価作業と結果報告

上述のように、機構が行う教育研究等の状況に関する評価は、各大学が定めた中期目標の達成度を見る「達成状況評価」と、学部・研究科等での「教育・研究の水準」および「質の向上度」についての現況分析からなっている。うち、前者の評価作業は達成状況判定会議が、後者は現況分析部会が担当する。所属した達成状況判定会議では、国立大学・大学共同利用機関九〇法人を対象に、教育研究の実績・達成状況について、各二〇〜三〇名から成る八グループの専門委員（総勢一七一名）が、グループごとに、主担当・副担当他七名を一チームとする編成で、それぞれ各三大学を担当する形で作業が行われた。具体的には、各大学から提出された中期目標・計画における教育研究の「達成状況報告書」をもとに、書面（諸資料）による調査・分析と訪問調査の両方式で評価を行った。

達成状況の評価は、左記のように、三つの大項目（「教育」、「研究」、「その他」）と中項目、および中項目ごとに置かれるいくつかの小項目について行う。

大項目	「教育」	「研究」	「その他」
中項目	①教育の内容及び成果 ②教育の実施体制 ③学生への支援	①研究水準及び研究成果 ②研究の実施体制	①社会との連携・社会貢献 ②国際化

担当したのは関西、中国、四国の三大学で、うち一大学を主担当、二大学を副担当として関わった。作業はまず、

七月中旬から八月下旬までの一ヶ月半は、各大学第一期四年間の「達成状況報告書」の調査と関係諸資料の分析に取り組む。そこから大項目・中項目・小項目ごとに整理した評価内容を、九月上旬に開催の達成状況判定会議（第一回）における評価素案作成の審議に付し、そこでの検討・確認をへて、一〇〜一一月期の訪問調査に臨む形で進められた。訪問調査は、一〇月下旬は四国と中国地方の大学、一一月下旬は関西の大学で、それぞれ二日間行われた。各大学とも、あらかじめ用意した質問・確認事項について、学長はじめ担当者からの説明や意見聴取の他、六〜一〇人の学生・卒業生との面談、主要な研究施設・センターや教育・交流施設の整備状況など、キャンパスの視察を行った。

学長などとの面談では、達成状況報告書に記されている教育の成果について、例えば、「新司法試験合格者の分野別の数値・活動状況」や、学生の授業評価が「カリキュラムや教育方法の見直し・改善」にどうつながったか、あるいは研究活動における質の向上・改善に向けた「システム整備の具体的な取組状況」などについて担当者に質問して説明を受け、状況を確認する形で進めた。とくに、現役学生や卒業生との面談では、彼らのキャンパスライフのあれこれや、社会人としての経験を踏まえた大学教育への注文や期待など、受益者目線からの率直な意見や実感が吐露され、印象に残った。

主担当の作業の山場は、一連の書面・訪問調査にもとづく、項目ごとの「達成状況」の整理と五段階での「評価結果（原案）」の作成である。その際の評点区分は、「非常に優れている」／「良好」／「おおむね良好」／「不十分」／「重大な改善事項」の五段階からなり、「評価結果（原案）」では、評定とその判断理由、および優れた点、改善を要する点、特色ある点を示す形である。

例えば、大項目の「教育」については次のようである。

【K大学】

Ⅰ 教育に関する目標

1. 評価結果及び判断理由

【評価結果】おおむね良好

【判断理由】中期目標4項目の達成状況の結果、(4項目が「おおむね良好」）に加え、「学部・研究科等の教育に関する現況分析結果」を参照し、総合的に判断した。

2. 各中期目標の達成状況

（1）教育の成果に関する目標

［評価結果］おおむね良好

［判断理由］「教育の成果に関する目標」の下に定められている個々の目標（全10項目）の達成状況について、10項目が「おおむね良好」であり、学部・研究科等の現況分析の項目「学業の成果」「進路・就職の状況」の状況も参照して、総合的に判断した。

（2）教育内容等に関する目標

［評価結果］××××

［判断理由］××××

（上記（1）の要領）

（3）教育の実施体制等に関する目標

（同 上）

（4）学生への支援に関する目標

（同 上）

3. 優れた点、改善を要する点、特色ある点

（優れた点）

教育の実施体制等に関する目標

○ ××××

学生への支援に関する目標

○ ××××

（改善を要する点）

教育内容等に関する目標

○ ××××

学生への支援に関する目標

○ ××××

（特色ある点）

教育の成果に関する目標

○ ××××

教育内容等に関する目標

○ ××××

教育の実施体制等に関する目標

××××

各評価グループが作成した、大学ごとの「評価結果（原案）」を一二月中旬に開催の第二回達成状況判定会議で検討・審議し、これを取りまとめて「評価報告書（原案）」として国立大学教育研究評価委員会に提出した。委員会はこれと、現況分析部会による「教育の水準」（実施体制、内容など五項目）および「研究の水準」（研究活動、研究成果の二項目）、質の向上度について評価を示した「現況分析結果（原案）」とを併せて審議し、その結果を「評価報告書」として、年明けの二月中旬、文科省・国立大学法人評価委員会に送ることになる。ここで用いられる評価軸は、じつに多重・多岐である。

次頁の**表7―1**は、〇八年に行った暫定評価と〇八年度および〇九年度の大学諸業務の実施状況を踏まえて確定した、国立大学法人の「第一期中期目標期間に係る教育研究の状況（〇四〜〇九年度）」の評価結果（概要）である。

このようにして行われた評価・判定の精度や適否はおくとしても、例えば第一期の目標達成状況「評価」の結果としては、「研究」では「非常に優れている」と「良好」を合わせて三〇法人（三四・九％）とあり、「教育」の一一法人（一二・八％）を大きく上回っている。これは、二つの学部・研究科の現況分析における研究と教育の評価結果の〈水準〉および〈質の向上度〉でもほぼ同傾向である。この状況は教育活動と研究活動それぞれに固有の特性から、目標設定における〈成果〉の示し方や達成状況の把握の仕方の違いを反映しているのかもしれない。

また、〈成果〉に関する評価でも、期待される水準を「大きく上回る」と「水準を上回る」を合わせた割合が、「学業」の一一・一％に対して「研究」は四四・六％と、大きく開いている。この開きの大きさは、両者の特性の違いからくる、「期待される水準」の定め方の難易性と成果の補足性・見え易さのいかんによると思われる。とくに教育の場合、よく知られているように、現れる成（効）果の長期性・潜在性・複合性から、定量的評価とともに、〈成果〉の質そのものの評価の難しさにある。いずれにせよ、それらの指標から読み取れるのは、あくまで限定的で

表 7-1　第一期中期目標期間の達成状況の評価結果

1. 中期目標・計画の達成状況
・国立大学法人（86 法人）の評価結果

	教育の目標	研究の目標	その他の目標
非常に優れている	0 法人（0%）	3 法人（3.5%）	2 法人（2.3%）
良好である	11 法人（12.8%）	27 法人（31.4%）	36 法人（41.9%）
おおむね良好である	75 法人（87.2.%）	56 法人（65.1%）	48 法人（55.8%）
不十分である	0 法人（0%）	0 法人（0%）	0 法人（0%）
重大な改善事項がある	0 法人（0%）	0 法人（0%）	0 法人（0%）

2. 学部・研究科等の現況分析
(1) 教育の評価結果（817 組織）

	教育の実施体制	教育内容	教育方法	学業の成果	進路・就職の状況
期待される水準を大きく上回る	7 組織（0.9%）	6 組織（0.7%）	7 組織（0.9%）	6 組織（0.7%）	2 組織（0.3 %）
期待される水準を上回る	122 組織（14.9%）	169 組織（20.7%）	164 組織（20.1%）	85 組織（10.4%）	78 組織（10.0%）
期待される水準にある	686 組織（84.0%）	641 組織（78.5%）	645 組織（78.9%）	714 組織（87.4%）	683 組織（87.9%）
期待される水準を下回る	2 組織（0.2%）	1 組織（0.1%）	1 組織（0.1%）	12 組織（1.5%）	14 組織（1.8 %）

(2) 研究の評価結果

	研究活動の状況	研究成果の状況
期待される水準を大きく上回る	36. 組織（5.8%）	29. 組織（4.7%）
期待される水準を上回る	261 組織（42.2%）	247 組織（39.9%）
期待される水準にある	322 組織（52.0%）	342 組織（55.2%）
期待される水準を下回る	0 組織（0%）	1 組織（0.2%）

(3) 質の向上度の評価結果（教育 817 組織、研究 619 組織）

	教　育	研　究
「大きく改善、向上している」又は「高い質（水準）を維持している」	219 組織（26.8%）	235 組織（38.0%）
相応の改善、向上している	585 組織（71.6%）	378 組織（61.0%）
改善、向上しているとはいえない	13 組織（1.6%）	6 組織（1.0%）

（大学評価・学位授与機構「国立大学等の第 1 期中期目標期間における教育研究の状況の評価結果について」2011 年 1 月）

傾向的な偏差にすぎず、そこから単純に大学間のレベルの違いや優劣を、まして〔研究高位／教育低位〕とする判断は避けなければならない。

しかも、その後の各種調査やデータでも、法人化後、おしなべて研究水準の低下が指摘されていることから、教育に比べて単純に〔研究高位〕とみることが疑問視されよう。いずれにせよ、それぞれについてなお詳細な分析が必要だが、ただ言えることは、調査やデータに表れた「評価」と上記大学評価・学位授与機構による「評価」とでは、前提となる《評価軸》に違いがあるということである。とくに、後者は、あくまで設定された《目標》との対比でみた「達成度（状況）」であることを、念頭においておかなければならない。

ただ、教育の目標に関しては、文科省から教育改善についていろいろ言われていることもあり、それに合わせて、大学で実施すべきスタンダード的なものがあって、そのどこに目標を置いたらよいかは難しい。しかし、他の大学を意識し、あまり低い目標の設定はできず、結果として、自己評価が期待されている水準に達していないとされる。一方、研究のほうは、大学独自で目標が掲げられるし、成果も、探せば、結構挙がっているということかもしれない。さらに、教育はまだしも、研究で評価を下げられることの危惧も働いて、自己評価が甘くなったのではないかなど、その違いの原因分析はさらに課題とされよう。

さて、第一期全体に係る目標の達成状況に関する最終の「評価結果」は、全体評価とともに、「教育研究等の質の向上」と、「業務運営・財務内容等の状況」について、項目ごとの評定結果と合わせ、各大学に伝えられた。主査を務めたＫ大学の場合、第一期全体の「評価結果」は、ほとんどの項目で、前記「評価結果（原案）」と同じだが、大学によって最終評価が暫定評価と異なる場合があった。

例えば、次頁のＳ大学の場合のようである。この場合、業務実績の達成状況は、全体評価ではすべての項目で「良

【S大学】

Ⅰ. 教育研究の質の向上の状況

(1) 教育に関する目標

1. 評価結果及び判断理由

【評価結果】中期目標の達成状況はおおむね良好である

(判断理由)「教育の関する目標」に係る中期目標(6項目)の1項目が「良好」、5項目が「おおむね良好」であり、これらの結果を総合的に判断した。

(参考) 平成16～19年度の評価結果は以下のとおりであった。

【評価結果】中期目標の達成状況はおおむね良好である

(判断理由)「教育の関する目標」に係る中期目標(6項目)のすべてが「おおむね良好」あることから判断した。

2. 各中期目標の達成状況

① 教育の成果に関する目標

【評価結果】中期目標の達成状況は良好である

(判断理由) 平成16～19年度の評価結果は「教育の関する目標」の下に定められている具体的な目標(4項目)のうち、2項目が「おおむね良好」であったことから、「中期目標の達成状況がおおむね良好である」であった。

平成20、21年度の達成状況を踏まえた結果は、1項目が「非常に優れている」、1項目が「良好」、2項目が「おおむね良好」とし、これらの結果に加えて、学部・研究科の現状分析における関連項目「学業の成果」「進路・就職の状況」の結果も勘案して、総合的に判断した。

〔以下、教育に関する中期目標の達成状況での②入学者の受け入れ、③教育内容、④教育の実施体制、⑤学生への支援、およびⅡ. 研究に関する目標(全体評価・成果・実施体制)、Ⅲ. その他の目標(社会連携・財務内容の改善等)は略〕

(S大学ホームページより)

好」または「おおむね良好」であったが、項目別評価では、(1)の教育に関する目標のうち、2.の①は暫定評価の「おおむね良好」が、最終二年間の達成状況と分析の結果から、最終評価は「良好」に格上げされた。判断理由にもよるが、それぞれの項目が中期目標に達しているかどうかは、最後の段階でどうなっているかが肝心で、それ以前の暫定評価が変更されるのは当然といえば当然である。問題は、全体評価を引き上げた、「非常に優れている」や「良好」とされたものの具体的な内容である。ともあれ、中期目標の達成状況を、最初の四年間で評価し、残り二年の業績と併せて六年間全体の評価する仕組みの妥当性や精度にこそ問題があるといえよう。

第五節　「評価」の現実的機能

国立大学はいま、それぞれ保有する諸資源と体制の下で、中期目標・計画に掲げた事項の達成、とりわけ先進的で特色ある成果を目指して、教育研究等諸業務に日々取り組んでいる。留意すべきは、目標期間における大学業務の達成状況が、国立大学法人評価委員会など外部機関による多重の評価システムによって定期的に点検・評価され、その評価結果から、次期以降の諸業務の内容と目標がレビューされ、所要の財源措置が講じられるとした、相互に連動・循環関係にある仕組みが制度化されたことである。しかも、評価の主要なクライテリアが、競争原理の駆動を前提とした業務の「効率的」運営におかれたとき、そこでの評価結果は、「選別と淘汰」にむけた有意な標識として働くことになる。そうした制度的枠組みが国主導の統治手法として働くとすれば、大学の諸業務がそのシステムの中でコントロールされることの懸念は大きい。いまや「評価」は、中期目標・計画を通じた大学業務の統治のための、文科省によるＰＤＣＡサイクル推進の不可欠の〝環〟としてビルトインされているかのようである。

この場合、「評価」は、ＰＤＣＡサイクルの中ではＣにあたる部分だが、そのいかんによっては次のステップ・Ａ（改善）のあり方と、それに続く次サイクル全体に影響を及ぼす重要な継起的要素として働く。

ちなみに、ＰＤＣＡサイクルは、もともと民間企業がその機能を通じて、モノの生産やサービスの効率化を図る品質管理システムとして開発された手法だが、すぐれて人間的営みである教育研究の現場にこれを適用した場合、人の営みが、もっぱら管理の対象としての、無機的な「物象」として扱われることを意味する。企業におけるモノやサービスとは違い、教育の対象や研究の担い手は、それ自体、主体的な意思と感性、自律的な対応能力をもつ、有機体たる人間そのもののはずである。「評価」を重要な環とするＰＤＣＡサイクルは、効率性追求を至上とする人間疎外の世界につながる。

このように大学諸業務の達成状況に対する評価結果が、第二期目標期間以降の業務の見直しと中期目標・計画の検討、とりわけ運営費交付金の算定や配分にいかに反映され、これと結びついているかは、その後の経緯に照らして明らかである。とくに、教員養成系、人文社会系学部・大学院の組織の〈廃止や転換〉に関する二〇一五年六月の文科大臣通知・「国立大学法人等の組織及び業務全般の見直しについて」は、その前年八月四日の国立大学法人評価委員会の第四八回総会において同様の議題で審議され、了承された内容をほぼそのまま引き継いでいる。しかも、「見直し」通知そのものは、すでに提起されている大学改革プランにおける「ミッションの再定義」をキーワードとした、第三期目標期間における文科省・大学政策の基本方向に沿ったものである。この文脈の中で、運営費交付金の算定・配分方法の見直しと結びつけて、大学群のいわゆる機能別三類型（①地域貢献型／②全国的教育研究型／③世界卓越型の重点支援枠）が、それぞれの評価指標とともに提示され、新しい評価軸にそった教育研究と業務実績評価を可能にする大学評価システムの再構築が図られようとしている。

現に、第三期の初年度にあたる二〇一六年度から新たに、大学自ら選んだ機能強化の取り組みを支援・促進するためとして、教育研究組織等の「改革」の取組構想と達成状況を評価して、運営費交付金を再配分する「重点支援」制度が始まった。各大学はビジョンの実現に向け具体的な改革方針（教育、研究、社会貢献、組織再編構想、

表 7-2　機能強化促進経費の枠組みごとの分布状況（2016 年度）（出典　文部科学省）

反映率	110%以上 120%未満	100%以上 110%未満	90%以上 100%未満	80%以上 90%未満	80%未満
重点支援①（55 大学）	9 大学	15 大学	25 大学	4 大学	1 大学
重点支援②（15 大学）	1 大学	7 大学	6 大学	1 大学	0 大学
重点支援③（16 大学）	3 大学	7 大学	5 大学	1 大学	0 大学

ガバナンス改革、人事給与システム改革等）を戦略として掲げたが、その数は、機能別で分けると、重点支援枠組みの①と②の大学が三戦略、③の大学が四戦略となっている。

運営費交付金の中から機能強化促進係数として一％を拠出し、それを財源に、各国立大学法人の強み・特色を踏まえた大学の機能強化の促進経費として、三つの重点支援枠組みごとに再配分するもので、大学の業務全般について評価するのではなく、重点項目に限定して評価し、運営費交付金を配分するという新たな仕組みである。

評価も国立大学法人評価委員会とは別に、有識者で構成する「国立大学法人の運営費交付金及び国立大学改革強化推進補助金に関する検討会」の委員（一二名）による評価を下に、反映率を計算し、あらかじめ、拠出した運営費交付金に乗じて配分するものである。

初年度の一六年度は、第三期中期期間を通して、各大学が描く構想が戦略的になっているかを、組織整備の観点も含めて評価し、重点支援枠ごとに配分した。経費の申請をしない一大学を除いた八五大学の反映率の分布を重点支援枠ごとに示すと、**表7-2**のようになる。一一八・六％のU大学他八校から七五・五％のKK大学まで開きがあるが、多くの大学（六五校・七六％）は一〇％以内の反映率である。

配分額は、機能強化促進係数に対する反映率であるため、もともと運営費交付金の大きな大学は大きくなるが、予算額全体への影響はそれほど大きくない。それより、

表7-3　機能強化促進経費の枠組みごとの分布状況（2017年度）（出典 文部科学省）

反映率	110%以上 120%未満	100%以上 110%未満	90%以上 100%未満	80%以上 90%未満	80%未満
重点支援①（55大学）	3大学	25大学	22大学	5大学	0大学
重点支援②（15大学）	1大学	5大学	7大学	1大学	1大学
重点支援③（16大学）	0大学	7大学	6大学	3大学	0大学

この仕組みを通して、各大学の機能強化の取り組みを促進させるとする政策的な効果に意味がある。そのこともあって、三期中期目標として組織整備を挙げる大学は五〇校に及んでいる。

一七年度の評価は、前年の戦略構想の評価と異なり、各大学による実際の取り組み状況・進捗状況の適正さの評価がなされた。評価にあたっては、「数値目標等の水準の設定を主体的に行うことなどを通じた自己変革のサイクルを促進することが重要」とし、「目標として掲げる数値や、評価指標の測定方法、目指す水準の妥当性等をより明確にすることを『評価指標（KPI）の実質化』と位置付け、その確認を評価の中核に据えることと」としている。そして評価項目として、「評価指標（KPI）の実質化の状況」、「構想内容」、「取組実績等の進捗状況」の確認について七項目を挙げ、それぞれS、A、Bで評価し定量化している。

評価の結果、再配分率が最も高かったのは、F大学とHI大学の一一三・〇%。最低はKT大の七八・三%だが、**表7-3**に示すように、七二大学が一〇%以内の影響にとどまっている。配分される機能強化促進経費は、前年と同様、機能強化促進係数によって拠出した金額にこの反映率を掛けた金額である。一七年度の機能強化促進係数は、重点支援の枠組みや人件費の割合の違いを顧慮し、大学ごとに〇・七五%〜一・二%の範囲で幅がある。重点支援①の大学は、この係数の幅が狭いうえ、元々の運営費交付金が小さいこともあり、その影響は限定的である。ここでは、金額そのものより、達成目標を可視化するとして数値目標等を自ら掲げさせる意味が大きく、後の達成度評価に大きな影響を与えることになる。危惧されるのは、各大学が数値目標の実現にエネルギーをつぎ込むあまり、定型化・定量化できないが、大学業務としては肝心の目標・計画領域がおろそかになることである。

このように、第三期に入って、国立大学法人評価委員会等による、大学業務全般に関する評価とは別筋の、教育研究組織「改革」を促すための運営費交付金の再配分と結びつけた「評価軸」による、あからさまな財政誘導型の評価システムが新たに動き出したのである。これが、文科省が当初から、評価から得られた「情報」・評価結果を運営費交付金の措置・配分に反映させるとしてきたものの、今日的到達点であろう。多元的な評価情報が、予算措置・配分や大学「改革」の促進などに、政策的に利用される姿がここに如実である。その意味で、一連の評価システムが、大学業務の実施過程を通じてＰＤＣＡサイクル・目標管理システムを駆動させ、業務効率の最大化に向けて、「競争原理」を有効に作動させる基本装備として機能しているといえる。

こうした多元的な「評価」活動が、ＰＤＣＡサイクルと結びつき、資源配分や組織「改革」を通じて大学の「選択と集中」の先導的役割を担うことになる。法人化を機に本格化した教育研究等大学の諸業務に係る評価システムと評価結果のもつ現実的な機能はこの点にあるとみなければならない。

多元的な評価システムを駆使した、この国の大学改革の方向と「高等教育に対する国の財政的責任」（「国立大学の法人化についての基本的考え方」）のあり方に目を凝らさなければならない。

アラームの中の国立大学財政

法人化して一三年、いまや八六校となった国立大学は、この間の文科省主導の大学「改革」によって厳しく選別・淘汰され、過半の大学は、教育研究の自主的・自律的な展開でも、それを支える財政基盤の上でもアラームが鳴り続けている。各大学は、こうした危機的状況から脱出すべく、《カンダタの糸》にすがる思いでさまざまな大学改革と運営に知恵をしぼってきたが、三期目を迎えて、いよいよ救命・救急的措置すら必要とされる事態に立たされている。

いま大学を最も悩ませているのは、基本業務たる教育研究を支える基盤的経費・運営費交付金の連続的な減額である。経費の足らず前は、さまざまな競争的資金を自力で獲得して賄うという方針だが、その結果は大学間格差の広がりと、財政の不安定化、飢餓状態の常態化である。本来、国家予算の編成と措置は、税制の仕組みとともに、一義的には各般にわたる国民生活の安定的確保と社会の公正で持続的発展を可能にする、一国の核心的な政策マターであるが、この国の持続的で均衡ある発展を支える「知の集積・発信拠点」たる大学づくりを重要な国家戦略と位置づけたとき、それに相応しい財政措置が図られてしかるべきである。OECD加盟国の実態に照らしても、現実の事態はその逆である。

法人化以降、運営費交付金が年々減額されてきた中で、その影響はとくに常勤教職員の人件費と教育研究基盤の圧迫に顕著である。例えば、経常経費に占める人件費の割合は、法人化初年度を一〇〇とした場合、常勤教員が一〇年後の二〇一五年で八七・六、職員が同八二・九と、およそ一五%も減少している。それは、教職員の雇用形態の有期限・非正規化、若手研究者の減少から、肝心の教育研究現場の担い手の不安定化をもたらしている。その上、研究費の引きつづく減額や、研究支援体制の弱体化、多忙化からの研究時間の減少など、大学の教育研究を支える人的資源・ポテンシャルの低下は歴然である。

いま必要なのは、これ以上の運営費交付金の減額をやめ、法人法成立時の附帯決議をまず忠実に履行し、大学の財政基盤を、法人化前の仕組みとレベルで安定化させることである。

（田中弘允）

coffee break

第八章　財政構造と会計システム

法人化後十数年を経たいま、国立大学財政の危機的状況が広がっている。すなわち、国立大学の基盤的財源をなす運営費交付金が、この間、ほぼ一%ずつ削減された結果、法人化以降約一二%（金額で一四七〇億円）減少し、経常収益に占める割合も、法人化当初の四七・七%から二〇一四年度の三四・〇%（一六年度四三・九%）にまで低下している。とくに、教育・研究など大学業務を基盤的に支える「一般運営費交付金」の目減りが教職員の人件費を圧迫し、欠員不補充や採用・昇任の凍結とともに、外部資金等で雇用される有期限の不安定なポストが増え、若手研究者の持続的・安定的確保を困難にする事態が常態化している。これが、運営費交付金削減の下で進んでいる国立大学の「総人件費改革」の現実である。教育研究を担う人的ポテンシャルの脆弱化とあいまって、個人研究費の減少や教育研究施設の整備・更新の停滞などが、教育研究現場の疲弊をさらに加速させている。

加えて、前章でみたように、第三期が始まる一六年度から、三つの重点支援枠組みごとに、各大学の機能強化への取り組みを支援するとして、従来、基盤的経費として配分されてきた運営費交付金の約一%（一〇〇億円）をあらかじめ減額し、これを各大学が策定した改革「ビジョン」の実現にむけた具体的な「戦略」と達成状況を判断する「評価指標」に基づいて評価して、再配分額を決めるとする、運営費交付金の新たな配分システムをスタートさせた。こうして、大学「改革」の方向性の評価をフィルターとして、運営費交付金をさらに傾斜的・重点的に配分する仕組みが動き出したのである。

第一節　国大協の提言と現実の乖離

国大協は、二〇〇一年五月二一日、文科省に対して、「高等教育と学術研究における財政的責任を堅持すべきこと」などの意見を盛り込んだ「要望」（「国立大学法人化についての基本的な考え方・枠組み」）を提出した。そして、その数ヶ月後提示された、文科省・調査検討会議の「新しい『国立大学法人』像について（中間報告）」（二〇〇一年九月）を受けて、国大協は、独自の立場からこれを検討すべく、理事会内に「将来構想ワーキング・グループ」（理事会WG）を設け、その審議・検討の結果を取りまとめた「提言」を〇一年一二月一〇日に、文科省に提出した。うち財政問題に関する国大協の要望・提言は、およそ次の六点である。

① 中長期的な財政基盤の安定的確保のため、客観的な「外形標準」等によって算定した、基盤的・標準運営費交付金には評価をリンクさせないこと

② とくに基盤的運営費交付金は、各国立大学法人の業務内容、財務構造、規模等の違いが反映される算定方式・要素を用いて算定すること

③ 教育研究等を活性化させ、大学の個性ある発展を促す方法で、政策的・特定運営費交付金を措置すること

④　大学の自主性の観点から、運営費交付金の使途については、大学の裁量権を確保すること

⑤　中期計画期間終了時に、大学の経営努力と認定された剰余金は、教育研究の充実・発展のための自主財源として、その運用は大学の自主性に委ねること

⑥　奨学寄附金や共同研究費等の外部資金は、運営費交付金の算定に反映させず、自己収入として経理し、大学の裁量に委ねること

また、法人化後の国立大学財政の安定的確保については、法人法成立時に衆・参両院での附帯決議の中に、「運営費交付金等の算定に当っては、公正かつ透明性のある基準に従って行なうとともに、法人化前の公費投入額を十分確保し、必要な運営費交付金等を措置するよう努めること」、および「法人化前の公費投入額を踏まえ、従来以上に各国立大学における教育研究が確実に実施されるに必要な所要額を確保するよう努めること」が採択されている。

これら一連の意見や要望、提言、決議では、大学財政の基本をなす運営費交付金のあり方や算定ルール、運用における大学の自主性・自律性の尊重、措置額の十分性について、国に厳しく求めている。問題は、先の国大協の意見、要望、提言や国会決議が、その後の文科省の制度設計や法人化後の大学財政の中に、どう反映され、いかに生かされているのかである。

法人化に向けた具体的な措置については、おおむねこれらの提言や要望に沿うものと思われていた。事実、法人化初年の〇四年度の運営費交付金は、国立大学当時の教育研究が継続できるよう、基本的には法人化以前の配分実績をもとに諸経費が配分された。ところが、法人化翌年の〇五年度以降、財務省が運営費交付金削減の方針

を検討していることが分かった。

〇四年一一月一二日、国大協総会が開催され、国立大学関係予算の充実に関する国大協声明文について審議し了承された。引き続いて開催された文科省主催の国立大学長等会議では、遠藤純一郎高等教育局長から、独立行政法人と同様に二%のシーリングの噂があるが、まだ決まったことではなく、交渉中との報告があった。しかし、後日、佐々木毅国大協会長が財務省主計官に関係予算の充実を申し入れた際、運営費交付金に関して厳しい回答があったことから、各学長宛に事態を報告するとともに、国の動きの阻止に向け具体的な対策を検討するため、同二二日に急遽、学長臨時懇談会が招集された。参加した学長は限られていたが、そこでは、地元選出の国会議員等への要請活動をする一方、学長返上願いをもって当局との交渉にあたる覚悟も必要ではないかなど意見が出された。

引き続き、一二月一一日国大協臨時総会が開催され、独立行政法人に準ずる運営費交付金削減ルールに対して異議が続出し、衆・参両院での大学財政の安定的確保に関する附帯決議を無視した暴挙だとし、全国立大学長は辞任を覚悟の抗議をする趣旨の決意を表明した。佐々木会長は、各学長の辞職願を懐に入れて交渉することになった。会長のリーダーシップのもとで、国大協がこれほど本気で取り組んだことはかつて例がなかったといえる。

また、これと前後して、各学長は、地元代表の国会議員を訪問し、事態の重要性について訴える活動を行った。一八日になって文科省は国立大学長懇談会を開催し、財務省は二%のシーリングにプラスし一%の効率化係数の導入を主張しているとの説明とともに、一月まで結論を先延ばしにするとの報告があった。年が明けて一月に入り・各地区学長会議が開かれ、文部省から二%シーリングは取り下げられ、かわりに二〇一〇年度までの第一期は、対前年度比一%の効率化係数をかけるが、設置基準に基づいた教員の人件費は係数の対象にしないことで決着したとの報告があった。ただし、附属病院の運営費交付金には、毎年二%減額の経営改善係数をかけることにし、削減した経費はそれを財源に、競争的経費・「特別教育研究経費」として配分することになった。

教育研究を基盤的に支える運営費交付金に係る、このような削減方式はとくに中小規模大学の財政に致命的な影響を与えることになる。とくに、こうした「係数」を適用した場合、設置基準を大幅に超える定員を抱える教育系単科大学には、さらに大きな影響が及ぶことになる。

国大協が提言した「剰余金」の繰り越しは、次期中期目標期間のことであり、同一期間内での繰越金は、当然、大学の自主財源として活用できるものと考えていた。ところが、マスコミがこれを黒字あるいは利益であるかのように報じたこともあり、繰り越す場合も、「目的積立金」として使えるかどうかは、文科省と財務省の協議による許可が必要となった。その許可も、年度後半になるため、当初計画に組みこめず、効果的に使用できる財源とはいえなくなった。

第二節　デュアルサポートシステムの限界

一　運営費交付金の減少と競争的資金の増加

法人化後の国立大学の財政は、運営費交付金、学生納付金などの「自己収入」と科研費、受託研究、寄付金、補助金など「競争的・外部資金」とによるデュアルサポートを原則としている。前者は教育研究経費や人件費など大学の経常的・基盤的経費を賄うための財源であり、後者は競争的環境の中で、イノベーションの創出等につながる、個性的で先進的な研究を支える競争的・政策的財源とされている。この基盤的経費の確実な措置と競争的資金との有効な組み合わせ（デュアルサポートシステム）が機能することによって、大学における教育研究の多様

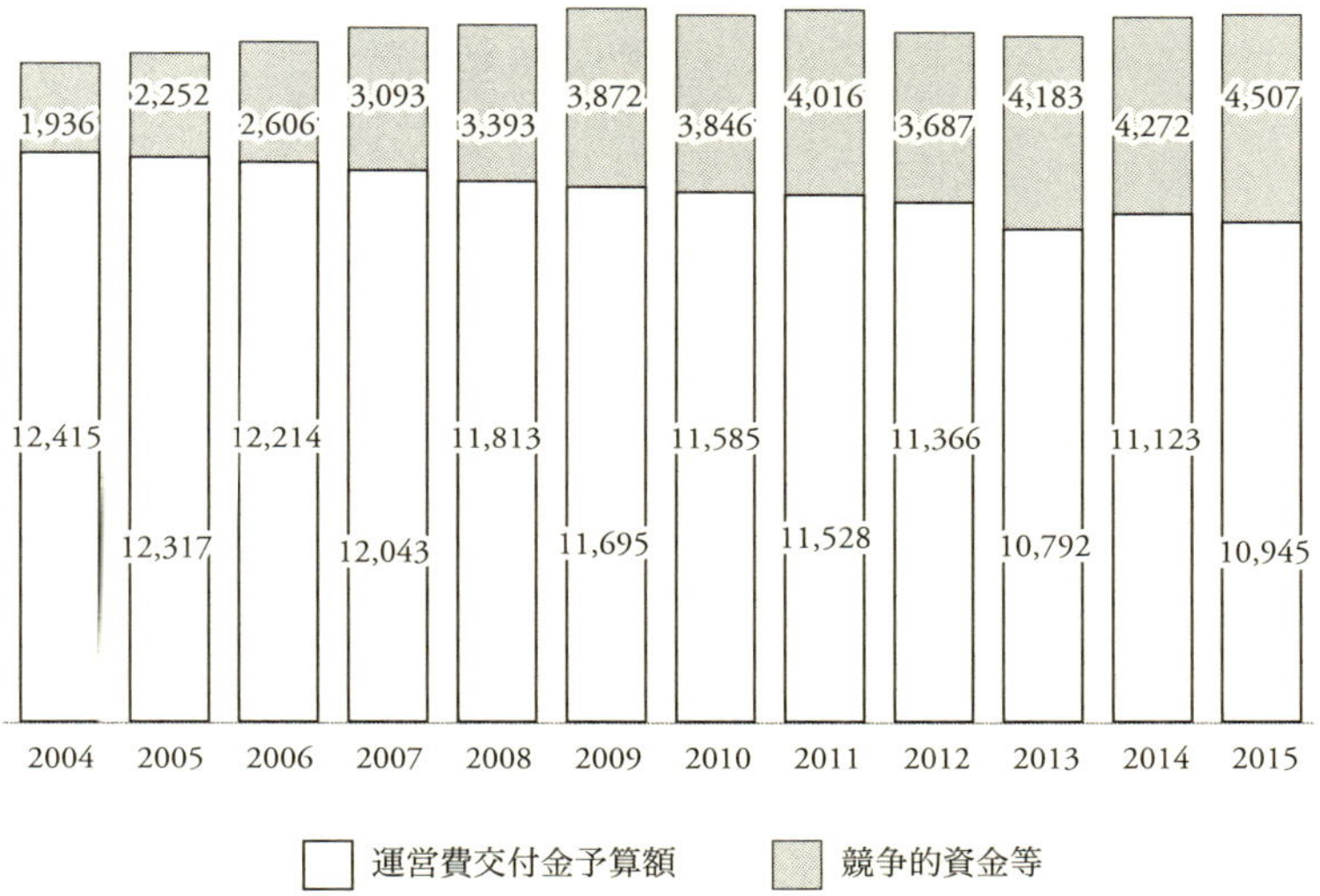

図8-1　運営費交付金と競争的資金の推移

（文科省のデータをもとに作成）

で特色ある、持続的な発展が可能になるという。果たしてそうだろうか。

図8-1は、法人化後の運営費交付金（予算）と競争的資金の推移を示したものである。

法人化初年度（二〇〇四年）の運営費交付金一兆二、四一五億円からすると、この間、年々ほぼ一％削減の結果、第二期目標期間後の二〇一五年度までの一二年間で一二％（一、六一三億円）減少している。その額は、教員養成系や工・医学・技術系、語学系などの単科大学をはじめ小中規模の下位四一大学（国立大学のおよそ半数）の一五年度交付額に相当する。

なお、一五年度運営費交付金の当初予算額は、前年度比一、七八億円減の総額一兆九四五億円だが、その中で、大学が自由に使える一般運営費交付金は九、〇二〇億円で、前年度よりマイナス一一〇億円、率にして一・二％の目減りとなっている。そこから新たな政策的課題への取り組みなど、機能強化分として特別経費等を差し引くため、一般的経費への充当分はさらに減額される。主財源の中に競争原理を持込み、経常的・基盤的経費がさらに目減りする仕掛けである。そこから、各大学に配分されることになるが、その配分は、絶対額で東京大学の八〇三億円（占有率八・一％）を筆頭に、八六国立大学の上位一〇大学で総額約四、二〇〇億円（四二・一％）を占めており、大学間での財政規模の格差を如実に示している。

一方、この間、科研費、受託研究、寄付金、補助金など競争的・外部資金は、運営費交付金とは対照的に、金額ベースで二、五七一億円、比率で一三三％増加し、受入総額に占める割合も二九・一％から三八・五％へと着実に上昇している。運営費交付金の減少は、国立大学の基盤的財源の持続的・安定的確保と運用を危うくする一方、目的と使途が限定された競争的資金の増加傾向は、短期的に成果が得られやすいプロジェクト型研究への偏りと雇用の不安定化をもたらし、そこから大学のいびつな発展と格差をもたらす。特に、競争的資金の獲得に強い旧帝大など大規模・総合大学や医・理工系分野と、競争的資金が得にくく運営費交付金への依存度が高い、教員養成系・文科系の大学・分野との格差は拡大するばかりである。競争的・外部資金への依存度の高まりは、大学の財政基盤をより不安定なものにし、学術研究における、分野相互間の知的交流と多様で均衡ある発展の可能性を損なうことになる。

これが、戦後国立大学発足以来、初期条件で格差があった上に、規模やセグメント、知的資源の歴史的蓄積などによる違いから、運営費交付金の交付額をはじめ、各種競争的資金の獲得力に表れた大学間格差の現実である。こうした財政規模そのものの絶対的な違いから、教員一人当たりの研究費や学生当り教育経費など、教育研究条件とサービスにおける、大学間の実質的な格差は当然の帰結である。

それはとくに、教育研究費において著しい。例えば、二〇一四年度の教員当研究経費では、東京大学など上位一三大学が六一六・三万円なのに対して、金沢、熊本など医有総大二五大学が二四一・二万円、埼玉、静岡など医無総大九大学が一八三・五万円（八六大学平均四〇九・八万円）と、格差は歴然である。同様に、学生当教育経費でも、上位一三大学の三二・五万円に対して、医有二五大学二六・四万円、医無九大学二五・〇万円（八六大学平均三〇・五万円）という状態である（文科省・「国立大学法人二〇一四事業年度決算等について」別紙資料）。

教育研究経費の学内における具体的な配分は、大学の自主的な判断によるとはいえ、そうした基盤的部分での格差は、現に受益者たる学生に対する教育サービスの質とレベルに影響することになり、一律に同額の授業料（五三万八、〇〇〇円）等を支払う学生からすれば、負担と受益の不均等との不公平感は否めない。つまるところ、こうした大学間の財政基盤における実質的格差は、研究活動のみならず、教育活動全体にも影を落とすことになる。

年々目減りする運営費交付金の足らず前を、さまざまな競争的・外部資金で穴埋めする構図は、もともと研究費等資源が相対的に豊かな大学により有利に働き、大学間の財源依存構造の偏りを増幅させるばかりである。基盤的経費たる運営費交付金に加えて、競争的資金の拡大によって「多様で自由闊達な研究」が可能となり、そこからの豊かな知的ストックの形成が期待されるのは、ごく限られた大学にとってのものでしかない。基盤的経費の確実な措置と、競争的資金との有効な組み合わせとしての「デュアルサポートシステム」の限界はもはや明らかである。

二　国からの収入と自己収入の比較

次頁の**表8－1**は、国立大学の収入のうち、運営費交付金および補助金等収入を「国からの支出」とし、授業料等収入および雑収入と、寄付金、受託・共同研究などの産業連携等研究収入を「自己収入」とする、法人化後

表 8-1　国立大学法人収入額の推移

（単位：億円）

年度	国からの支出	国から支出の内訳		自己収入	自己収入の内訳				合計	増減額
		運営費交付金	補助金等収入		授業料収入	雑収入等	寄付金	産学連携等研究収入等		
H16 年度	13,818	12,421	1,397	5,808	3,191	177	656	1,784	19,626	
H17 年度	13,946	12,382	1,564	6,052	3,604	214	725	1,509	19,998	372
H18 年度	14,050	12,389	1,661	6,234	3,519	296	701	1,718	20,284	286
H19 年度	14,020	12,293	1,727	6,730	3,513	329	870	2,018	20,750	466
H20 年度	14,024	12,211	1,813	7,109	3,507	437	985	2,180	21,133	383
H21 年度	14,882	11,759	3,123	7,063	3,494	530	876	2,163	21,945	812
H22 年度	13,990	11,372	2,618	7,138	3,493	488	941	2,216	21,128	▲ 817
H23 年度	15,082	12,255	2,827	7,030	3,443	448	927	2,212	22,112	984
H24 年度	15,057	12,169	2,888	7,082	3,396	545	955	2,186	22,139	27
H25 年度	15,322	11,774	3,548	7,370	3,345	617	966	2,442	22,692	553
H26 年度	14,865	12,002	2,863	7,477	3,347	580	902	2,648	22,342	▲ 350

（文科省：「国立大学法人収入額の推移」から作成）

一一年間の収入構造の推移を示したものである。

ちなみに、運営費交付金は、予算額・交付額と決算額とは年によって異なるが、それは東日本大震災に伴う補正予算による増額や人件費の増減、運営費交付金を財源とした資産の取得や翌年度繰越額の状況などによって生じた差額である。例えば、資産の取得額や繰越額が減ると、決算額としての「運営費交付金収益」が増えるといった関係である。一三年（平成二五年）は、予算額一兆七九二億円に対して決算額が一兆一、七七四億円、一四年（平成二六年）では、予算額一兆一、一二三億円に対して決算額が一兆二、〇〇二億円（資料によっては一兆六九億円）とあるのも、そうした要因によるものと思われる。

ここでは、国立大学収入の範疇を、〈国が措置〉した財源と、それ以外からの財源とに分けて捉えたものだが、一般に「外部資金」と呼ばれる寄付金、受託・共同研究などによる獲得分を「自己収入」

としたのは、それらが大学の〈自己努力〉によるものとみたことによっている。

ともあれ、表からは、法人化後の国立大学の収入構造の特徴と推移を見て取ることができる。すなわち、まず「国からの支出」のうち、基盤的財源たる運営費交付金が年々減額される一方、〈大学改革推進等〉や〈研究拠点形成費〉等の機関補助と〈科学研究費〉等の個人補助での政策的・競争的補助金を含めた補助金が急テンポで増加していることが分かる。それは、運営費交付金の「国からの支出」に占める割合が〇四年度の九〇％から一四年度の八一％に、収入総額に占める割合でも、同六三％から五四％に低下していることから明らかである。

他方、「自己収入」では、法人化後、大学は寄付金の獲得に力を入れたが、寄付に対する文化や制度の問題もあって、期待したほどの伸びになってないとはいえ、雑収入等（科研費補助金等の間接経費）や、その過半を占める産学連携等研究収入とともに、着実に増加している。すなわち、「自己収入」に占めるこの三費目の割合は、〇四年の四五％から一四年の五五％へと上昇しているのである。その結果、法人化直後、「国からの支出」に対する「自己収入」の比率が〇・四二であったものが、これら三費目の収入増によって、一〇年後の一四年では〇・五〇へと変った。

表は、年々拡大する事業規模（〇四年度比で総額三、〇〇〇億円余）が、この間着実に増加した「自己収入」（過半は外部資金）への依存を強めることで支えられていることを示している。

ところで、この自己収入の増加は国立大学の一般的な傾向であろうか。例えば、大学収入全体に対する自己収入の割合を、〇八年と一三年で比較すると、旧帝大は二五・七％から三五・八％と大きく増加しており、また、医学系総合大学の一三・九％から一八・一％の伸びに対して、その他の大学は割合も小さく（〇・五〜四・三％）、伸びもほとんどない（金子・IDE、五七四号、二〇一五年一〇月）。ここでも、自己収入は旧帝大など大規模大学ほど有利になっていることが分かる。

第三節　疲弊する大学財政と教育研究・雇用のひずみ

一　削減係数の意味

法人化のメリットは、競争的環境のもとで「渡し切り」の交付金を主財源に、大学が自らの判断と選択で、新しい業務分野の展開や組織改革、資源の戦略的配分を自由に行えるところにあるとされている。たしかに法人化後の国立大学は、学内組織の改編や新設、資源配分などで自由度が高まったように見える。各大学は、それぞれの特色・個性を磨きその魅力や価値を高めるために、先端分野への戦略的投資や時代のニーズに応える教育内容と教育力の開発、教育施設などキャンパスライフの充実で学生満足度を高め、地域社会との多様な連携・貢献に知恵とエネルギーを注いでいる。

しかし、もともと法人化の狙いは、大学を行財政改革の一環に組み込むことにあり、そのトリガーが国立大学の設置形態の変更であった。事実、第一期での〈効率化係数・経営改善係数〉と、それにつづく第二期の〈大学改革係数〉、さらには第三期での〈機能強化促進係数〉などによって、毎年マイナス一％程度の効率化係数をかける方式で、主財源たる運営費交付金は確実に目減りしてきた。すでに見たように、各大学はその不足分を各種の競争的資金や外部資金で補うべく懸命の努力を続けているが、大学の規模・分野によって、外部資金等の獲得力そのものに差があることから、その差がそのまま大学財政の規模と、そこからの〈大学力〉の優劣を決定づけることになっている。

二　基礎研究の衰退

そうした大学財政全体をおおう萎縮と格差が教育の質の確保を危うくし、短期に成果を出しにくい基礎研究や萌芽的研究への資源配分を停滞させている。すでにみたように、退職教員の後補充ができずに授業を閉鎖したり隔年開講でしのぐことで、若手研究者の常勤雇用が減少し、研究上のキャリアと成果の蓄積・継承が困難になるなど、教育と研究の現場が疲弊・衰退する事態がいまや構造化している。とくに、もともと財政の基礎体力が弱く、競争的資金の獲得や施設整備などで常に劣位におかれている小規模・地方大学は、財政力の低下がそのまま教育・研究力の致命的な劣化につながる。懸念されるのは、長期の研究計画のもとに、じっくり腰を据えて、地道に取り組むべき基礎研究が、短期的な成果が得にくいことや外部資金の獲得が容易でないことなどから、研究現場では次第に敬遠されていくことである。脆弱な基礎研究のもとでは、応用分野での豊かな研究や画期的なイノベーション創出につながる科学技術の研究は望むべくもない。丹精込めた土壌の上にこそ、豊穣の稔が期待できるの理を知らなければならない。

三　地域連携の低下の懸念

ともあれ、こうした財政基盤の脆弱化と体力差が、教育研究活動と改革のポテンシャルでも格差を広げ、大学間の格差スパイラルにさらに拍車をかける結果となっている。そうした大学の教育研究力の衰退は、とくに地方大学の地域社会との連携活力に支障をきたし、地域文化の発展や地場産業の活性化や創出などでの大学の貢献を次第に困難にしている。いまや「危険水域」にあるとすらいわれる財政の疲弊から、地域連携の広がりと質の低下が懸念される。

よく知られているように、地域に大学が存在することのシナジー効果の大きさは計り知れない。例えば、経済波及効果でみても、大学が教育や研究のために経費を投じることによる効果や、教職員の家族や学生が地域で行なう消費活動による効果、その他附属病院外来患者や学会、受験での来訪者による消費経済効果など、直接・間接の効果は枚挙にいとまがない。

ある地方大学が行なった経済効果の試算がある。東海地区に所在するM大学は、五学部と大学院、附属病院をもち、学生数七〇〇〇人余、教職員約三〇〇〇人を擁する中規模大学だが、地域（県内）に及ぼす直接効果は年三〇五億円、それに間接の誘発効果を加えると全体で四二八億円に上るとしている（二〇〇七年三月・文科省資料）。また、最新では、上記大学とほぼ同規模で東北地区所在のY大学の場合、その効果は全体で六六五億円と試算されている（Y大学広報・二〇一六年一月）。

もちろん、それだけではない。地方に所在する国立大学は、地域の人材養成や産業、教育・文化など市民生活の各般にわたり、地域社会の活力の源泉であり、分権化時代の基本装備・「知の公共財」である。そうした期待に応えるべく、国立大学はいま、全国各地で大学コンソーシアムなど、《知の創造・発信拠点》の構築とネットワーク化に力を注いでいる。事実、地域密着の社会連携を重要なミッションとして、自らの存在価値を高めつつ、集積された知的資源を社会に還元すべく懸命の努力を払っている大学は多い。地域社会のグローバル化や深刻な地域間格差、人口減少・少子高齢化が進展する中で、地方の再生と創生が強く求められているいま、地域社会の活性化とともに、わが国の均衡ある発展を支える推進力として、《知の創出拠点》たる地方国立大学の果たす機能と役割は大きい。そのためにも、やみくもな競争原理によるのではなく、安定的・持続的な財源確保を可能にする財政システムの構築こそ喫緊の課題であろう。地域における大学の存在感と役割、期待はますます高まっている。

四　不安定になる人的資源の確保

いうまでもなく運営費交付金は、教育研究等大学業務の基盤的経費を賄う大学財政の命綱であり、とくに自主財源に乏しく、競争的資金を得にくい地方国立大学にとっては、教育研究の質を担保するぎりぎりのセーフティネットである。とくに、競争的外部資金の獲得が思うに任せず、パイそのものが増えない小規模・地方大学では、業務費全体の六割前後を占める、固定費たる人件費の負担がそのまま教育研究費への圧迫要因となる。こうして、法人化後、公務員給与準拠を基本におく一方、毎年一％に及ぶ運営費交付金の削減がつづく中で、どの大学も人件費管理（抑制）が財政運営の最大の焦点となっている。そのため、組織改編や新規事業に伴う要員の採用・配置もままならず、退職教職員の後補充を抑え、有期限採用やアルバイト、派遣など非正規雇用の拡大が常態化する。教育研究の現場を担う、人的資源の確保と配置がいよいよ不安定化する現実である。

その実態は次頁の**図8-2**からも明らかである。すなわち、この間の運営費交付金の減少につれて、二〇〇九年に五万八千人に近かった常勤教員が一六年には五万六千人に減り、逆に外部資金で雇用の教員が五千人から一万人近く倍増している。しかもそのほとんどが有期限である。

このことは、内閣府調査資料（〇五年度～一〇年度）でも指摘しているように、運営費交付金以外の外部資金の獲得能力の差が、従来の恒常的な常勤教員ポストの削減につながっている。こうした人件費削減の影響は特に三五歳以下の若手教員層に強く反映される傾向がある。常勤教員給与総額の削減幅が大きい法人では当然若手教員数の減少も大きなものとなるが、総額を維持している大学でも一定程度の若手教員の減少を余儀なくされ、しかもその程度（増減率）は文科・教育系大学ほど著しい。運営費交付金はもはや、教育研究基盤となる人件費と物

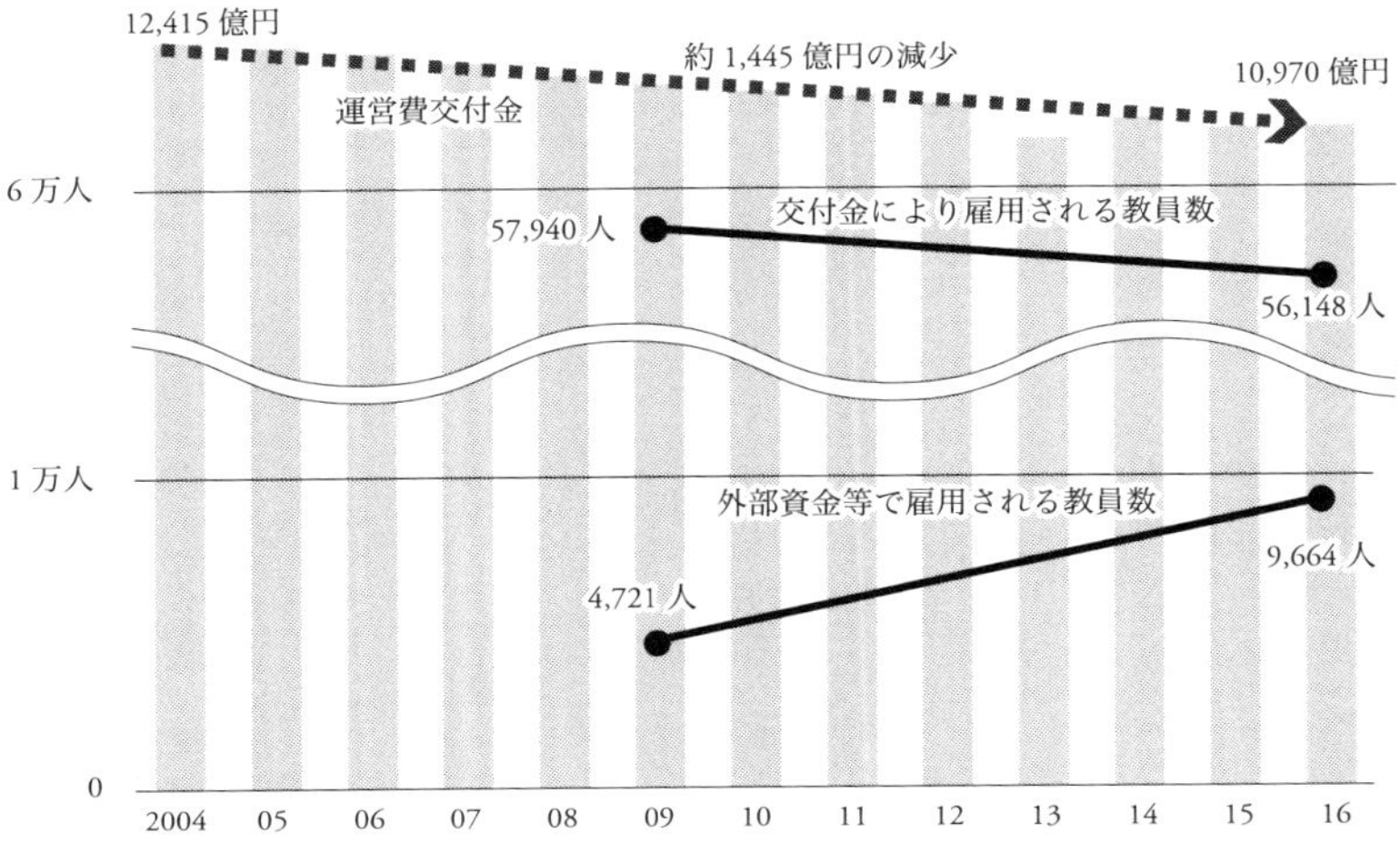

図 8-2　運営費交付金と教員数の推移（文部科学省調べより作成）

件費を安定的に賄いうる財源ではなくなっているのである。

こうした歪みは、財政制度等審議会財政制度分科会（二〇一六年一一月四日開催）に提出された資料についての文科省（高等教育局）の見解にも見られる。例えば、経常経費に占める、常勤教員の人件費の割合は、〇四年の四二・九％から一四年には三四・七％となっているが、その間、非常勤教員の人件費は一・六％から二・八％へと増加している。また雇用形態では、若手教員が、〇七年度には任期なしが一万八一四人、任期ありが六、八五三人であったものが、一六年度には任期なしの六、二七〇人に対して任期ありが一万六五〇人と逆転している。全体として若手教員の雇用が抑制される中で、六三％が任期つきの雇用で占められるといういびつな構造である。こうして、キャリアパスの不安定さや不透明さから、博士課程への進学者が減少し（二〇〇四年の一万二、二三〇人から一六年の九、八六二人に）、若手・中堅研究者の多くが任期付きで短期的成果が求められるプロジェクト型研究などのため、自由な研究テーマの設定や、新しいテーマへの挑戦など、独立して研究に取り組むことを困難にしている（文科省・高等教育局「財政制度等審議会財政制度分科会」等資料）。

メディアが報じた四〇歳未満の教員が六割強を占める「任期つき」雇用の実態がこれである。こうして大学現場では、若手教員の割合が相対的に減少し、人件費負担が比較的高い高齢層の比重が高くなっている。そこから、北海道大学の「教授二〇五名分の人件費（五五億円）削減」や、高知大学の採用・昇任の二年間凍結案が提起され、その他の国立大学でも欠員不補充などでの人件費削減計画をもつ大学がすでに三三校にのぼるという（『朝日新聞』二〇一六年一一月二四日付）。

こうして、教育・研究現場の疲弊と衰退は年とともに確実に進んでいる。いまや定員や人件費管理が、国立大学の業務運営の最大の課題とされている。

法人化後一貫した一般運営費交付金の削減と運営費交付金への成果主義的配分ルールの導入は、多くの地方国立大学を破綻に追込むのは火を見るより明らかである。これ以上の交付金の削減は、とくに地方大学の発展可能性をそぎ取り、地域社会への貢献力を衰退させるだけである。

第四節　第三期中期目標期間に向けて

一　機能強化の促進

文科省は、第三期中期目標期間にむけて「大学改革」を加速させる中で、学内資源の〈最適化〉にむけ、大学や学部の枠を超えた教育研究組織の再編成や統合、運営費交付金の配分方法の見直しを図ろうとしている。すなわち、「ミッションの再定義」を踏まえた、大学の強み・特色を生かした機能強化への取り組みを促すため、「機能強化経費」を一般経費・基幹経費化したり、国立大学改革強化促進事業として「改革推進補助金」等の予算化を図っている。

それは、二〇一五年度の運営費交付金の措置・配分にも如実に示されている。具体的には、総額で一兆九四五億円（対前年比▲一七七億円・▲一・六％）の運営費交付金のうち、上記機能強化等に一五六億円（支援大学を前年の一八大学から三〇大学に）を措置するほか、新規に一般運営費交付金の五％を下限に「学長裁量経費」を設定して、学内資源の再配分を促す仕組みを導入するとしている。また、それとは別枠で、「国立大学改革強化促進事業」として一六八億円（大学改革強化推進補助金一二六億円、同基盤強化促進費四二億円）を措置するともいう（財務省「二〇一五年度文教・科学技術予算のポイント」）。まさに、前述した大学群の機能別三類型に応じた傾斜的・重点配分と、成果至上主義からの教員養成や文系学部・大学院など社会のニーズが低いとする分野の廃止・転換など、国主導の大学改革を後押しする財政措置のオンパレードである。

第三期目標期間に向けて、運営費交付金の新たな再配分システムが動き出し、その一六年度分が三月九日、「運営費交付金の重点支援の評価結果」として公表された。すでに第六、七章でもふれたが、それは機能強化に、よりシフトした組織改革に取り組む大学を、きめ細かに支援するためとして、運営費交付金の一％相当額（一〇〇億円）を財源に、三つの重点支援の枠組みごとに配分する仕組みである。これは、機能強化にむけた改革「ビジョン」と、そのための具体的な「戦略」を、一定の「評価指標」に基づいて評価して、再配分額を決めるとする、運営費交付金の新たな配分システムであり、新たな大学間格差を加速させる仕組みである。

今は、機能強化促進に充てられた財源は一〇〇億円程度で、八六国立大学平均では一億円余に過ぎない。しかし、留意すべきは、今後、文科省が機能強化促進財源をどう捻出し、適用「係数」を変えながら、類型別の配分を通じた政策誘導を、どのように仕掛けるかである。三類型の固定化と機能強化にシフトした交付金の傾斜的配分と格差の拡大が懸念される（詳しくは、第七章第五節を参照）。

また、学長のリーダーシップをより強化するための基幹経費として、一五年度につづいて、毎年度四〇二億円の「学長裁量経費」を設定し、その活用状況を評価して、その結果を次年度の配分に反映させるとしており、その運用が注目される。

二　運営費交付金削減と授業料値上げの動き

第三期目標期間に向けた動きは、それればかりではない。例えば、財務省案（財務省「２０１６年度文教・科学技術予算のポイント」）は、二〇二〇年までに、寄付金受入額を二〇一四年比で一・三倍、民間からの共同研究資金受入額を二〇一三年度比で一・五倍など、自主財源の確保に向けた目標設定を求めている。

しかも、国はこれをさらに進めて、今後一五年間で運営費交付金を毎年一％減少させる一方、寄付金や民間資金の確保、授業料の引上げなどで自己収入を毎年一・六％増加させて、運営費交付金と自己収入の割合を同率にし、国費に依存しない財政体質に転換しようとしている（「財政制度等審議会財政制度分科会・財務省提案」二〇一五年一〇月二六日）。

こうした、経常的な基盤的経費に充当すべき財源としての運営費交付金をそぎ落とし、大学業務のための主財源の確保は大学の自主的努力・自己責任に帰すべきとする財務省の姿勢に、国大協や各国立大学をはじめ、多くの学術・教育団体や地域の経済団体、地方議会までもが危機感をつのらせ、一斉に批判の声を上げている。国大協はまず、運営費交付金に関する財務省の提案について、「国立大学の現状や自律的な取り組みに対してあまりにも配慮を欠き、改革の実現を危うくすると言わざるを得ない」とする、「疑念と危惧」を示した声明を発表し（二〇一五年一〇月二七日）、これを皮切りに、各国立大学の経営協議会学外委員（一二月末現在三六大学）や各地区大学連合・連携コンソーシアム、さらには福岡市議会などの地方議会や山口県経営者協会、商工会議所など経済団体にいたる、各地の広範な層からの反対や危惧の表明が相次いでいる。いずれも、国立大学を「知の創出・発信拠点」として期待する地域社会の熱い思いと、それに逆行する、財政誘導にからめた国主導の《大学の格差・窮乏化》路線に対する厳しい批判である。

先の財務省「提案」は、各方面からの強い反対を前に、その後、数値目標は取り下げたものの、「民間資金の導入など、今よりも国費（渡しきりの運営費交付金）に頼らず自らの収益で経営する力を強化していくことが必要」とトーンダウンしながらも、授業料の値上げについてはなお、一定の議論が必要との姿勢を崩していない（二〇一五年一一　財政制度等審議会・建議）。

今後さらに、目を凝らさなければならないのは、第三期中期目標期間での機能別三類型に従った、運営費交付金と各種補助金など国費の傾斜的・重点配分と、そこからの大学間・分野間格差の拡大の行きつく先であり、がんじがらめの政策・財政誘導を通じて、国立大学に改編・転換を迫る国の短兵急な大学政策の行く末である。これから起こるであろう事態を前に、これに毅然と対峙しうる国大協をはじめ、各国立大学・大学人の矜持と姿勢が期待される。

第五節　会計制度の形成

一　国大協の検討

文科省・「新しい『国立大学法人』像について（中間報告）」（二〇〇一年九月）では、国立大学の会計基準については、「独立行政法人会計基準を参考としつつ、大学の特性を踏まえた取扱いとすべきである」としている。独法会計基準は、通則法第三七条で「原則として企業会計原則によるものとする」とあり、つづく第三八条において、貸借対照表、損益計算書等を含む財務諸表の作成・提出を義務づけている。

国大協は、「最終報告」の策定に向けた文科省「調査検討会議」における検討に資することを期待して、「中間報告」に対する「提言」を二〇〇一年一二月にまとめた。その中で、会計基準は、大学の特性から「企業会計の方式をそのまま適用するのは不適切である」とし、「公的な財政措置に伴う説明責任や財務の透明性を適切に果たしうる形で、会計システムの構築が図られなければならない」としている。この提言は、理事会WGにおける次の意見を踏まえたものである。

1.　「大学の特性」と会計基準

大学法人に、企業会計の方式をそのまま適用することが不適切なのは、大学の「特性」が、教育・研究および地域社会へのサービスを結合的に行なう主体であることから、業務の内容を定量的に測定・評価することが困難だからである。

2.　会計（財務）情報の意味

大学法人の会計は、基本的には、法人に託された経済資源の運用状況（フロー）と財政状態（ストック）についての情報を開示することである。それは、将来にわたる高等教育の質的向上・充実と、研究活動の活性化等を図る上で有用な、意思決定に資する情報であり、それら教育研究等での活動（サービスの提供）に要した資源消費たるコストを把握し、管理する情報として意味をもつ。その場合、とくに留意すべきは、大学における教育研究等の業務・サービスの複合性、その効果の広範性・長期性・潜在性等から、単純に財務諸表上の〝損益〟数値（定量的データ）をもって、ただちにこれを業績評価に関わる情報として扱うのは適切ではないことである。

3．財務諸表の体系

大学法人の会計システムは、目的適合性、理解可能性、意思決定有用性、比較可能性等を原則とし、教育研究等でのサービスの提供のために、どれだけの資源を消費したのかの消費経済性を基本とする。したがって、より適合的な財務諸表としては、経済資源の流れを的確に把握できる収支計算書もしくはキャッシュフロー計算書、および提供されたサービスとそれに要した費用の対応関係を示す損益計算書、そして経済資源の有り高とその源泉を示す貸借対照表を基本とし、純資産の増減計算を行なう資産変動表などがある。

4．会計処理上の問題点と監査

独法会計基準では、企業会計での発生主義会計の適用によって、継続的組織体としての法人の効率的運用に資する情報が得られるとしているが、大学業務の特性と特有の財務構造、すなわち運営費交付金の経理や減価償却、引当金等の処理、資産の評価規準・方法などから、企業会計とは異なる特有の限界と問題点がある。

また、大学の予算が、基本的に国の財政支出に依存することから、資源管理の責任と透明性の観点からの厳正な会計監査と、監事による業務監査が不可欠である。

（国大協理事会・二〇〇一年一二月「新しい『国立大学法人』像（中間報告）に対する提言」―資料編・参考資料４―）


理事会ＷＧの意見は、国立大学法人における財務諸表の体系と会計処理、財務情報の意味など、「大学の特性」に沿った会計基準のあり方についての当を得た提言である。

二　文科省「調査検討会議」の考え

翌〇二年三月に公表された「新しい『国立大学法人像』について（最終報告）」では、財務会計制度の構築について、「視点一・教育研究等の第三者評価の結果に基づく資源配分」、「視点二・各大学独自の方針・工夫が活かせる財務システムの弾力化」、「視点三・財務面における説明責任の遂行と社会的信頼関係の確保」を検討の視点とし、とくに会計制度については、「中間報告」と同様、「独立行政法人会計基準」を参考としつつ、大学の特性を踏まえた、独自の会計基準を策定することとしている。併せて、財務規律の確保、資源の有効・適切な配分、対外的説明責任等の観点から、適切な内部監査体制の整備と会計監査人の監査、財務内容の公表・開示の必要を説いている。

本来、会計制度は貸借対照表、損益計算書などの財務諸表を通じて、諸業務の実施に係る運営状況と財政状態について、社会への説明責任を果たす有効な情報開示システムとされている。会計は一般に、数値情報を用いて、さまざまなステークホルダーに企業や法人組織の業務活動と財政状態を報告・開示する目的として、社会的に広く用いられている。

問題は、国立大学における会計システムが、いうところの「大学の特性」を踏まえて、営利企業や一般独立行政法人のそれとは異なる体系と仕組みで、いかに構築されたのかである。

まず大学の特性として考えなければならないことは、会計処理の対象となる収支構造では、基盤的経費を賄う運営費交付金と附属病院収入、学生納付金が収入額の主要部分を占め、経常的支出の相当部分が、教育研究経費と人件費で占められている点である。

調査検討会議の「最終報告」では、大学の主財源たる運営費交付金は、学生数等各大学共通の客観的指標に基づいて算出される「標準運営費交付金」と、特定の事業等の実施に当てられる「特定運営費交付金」との合計額としている。それに学納金や附属病院収入など自己収入と、寄付金、共同・受託研究など各種外部資金での収入が加わる。また大学業務に供される施設整備については、国が措置する施設費を基本的な財源としつつも、長期借入金や土地の処分などによる自己収入やＰＦＩを財源とすることも可能としている。

国立大学法人の会計システムは、こうした収入・支出での特有の財務構造に適合的な会計基準・処理法、財務諸表の体系的な仕組みでなければならない。

その点、先の理事会ＷＧの意見では、より適合的な財務諸表として、教育研究等諸業務の実施に必要な「経済資源の有高とその源泉」および「提供されたサービスとそれに要した費用との対応関係」や「経済資源の流れ」を的確に把握できる計算諸表を推奨した。具体的には、貸借対照表および損益計算書、キャッシュフロー計算書など各種の計算諸表において、それぞれ特有の処理法で、科目表示と金額計上がなされ、固有の財務情報が表示されることである。

ただ、理事会ＷＧは、大学業務の特性、すなわち教育研究等の業務・サービスの複合性、その効果の広範性・長期性・潜在性から、財務諸表上の損益数値を中心とした財務情報をもって、「ただちにこれを業績評価に関わる情報として扱うのは適切ではないこと」と指摘している。

それに対して、「最終報告」は、財務・会計情報を、アカウンタビリティに資する情報として位置づけつつも、これを大学業務のパフォーマンスを示す有意の数値情報として、成果主義的資源配分システムの一環として機能することへの期待を表明している。そこにあるのは、評価に基づく資源配分を通じた競争的環境の醸成とその下での機動的・戦略的な大学運営と業務の効率化への道である。このように理事会ＷＧと「最終報告」とでは、財務情報の意味づけの点で明らかに異なる。国立大学法人の会計基準は、明らかに「最終報告」をベースに設計されたものである。

三　国立大学法人会計基準の設計

会計基準の具体的な制度設計に当たったのが「国立大学法人会計基準等検討会議」である。検討会議は、およそ一年にわたる検討結果を、文科省・報告書「国立大学法人会計基準・同注解」として二〇〇三年三月に公表した。そこでは、会計基準全体の基幹部分をなし、個々の具体的な会計処理を支える共通の理論的基礎となる一般原則から、基本的な諸概念、資産・負債、費用・収益など諸項目の認識・測定におよび、以下、貸借対照表、損益計算書等の財務諸表の体系とその作成に関する所要の処理・手続きを示している。

「国立大学法人会計基準」は、独法行政法人会計基準に準拠して、概略次のような構造のものとされている。

1　一般原則：真実性、正規の簿記、明瞭性、継続性など七原則
2　概念：資産、負債、費用、収益など財務諸表上の諸項目
3　認識および測定：上記２の諸項目の計上と評価
4　財務諸表の体系：下記①～⑤の基本５表と⑥の構成と関係
①　貸借対照表
②　損益計算書
③　キャッシュフロー計算書
④　利益の処分または損失の処理に関する書類
⑤　国立大学法人等業務実施コスト計算書
⑥　附属明細書及び注記
5　国立大学法人等固有の会計処理
6　連結財務諸表

一方、大学の特性を踏まえた特有の会計処理として、
・運営費交付金の収益化の進行基準
・教育・研究の基礎となる資産の取り扱い
・授業料の負債計上
・共通するセグメント情報の開示区分の取り扱い

・たな卸資産等の評価方法の取扱い

などを挙げている。

「国立大学法人会計基準・同注解」は、会計に関する認識、測定、表示および開示など、会計処理上従うべき基準である。また会計監査人が財務諸表等の監査に当たって依拠すべき基準は、その後の会計基準に関する知見の発展や国際的調和などの動向を踏まえて、二〇一五年三月までの間、固定資産の減損をはじめ、注記・注解、資産除去債務、有価証券の評価等について、都合七回にわたる改訂を重ねた。いずれも、企業会計の基準改正の動向に同調したものである。

四　財務諸表の構造

国立大学法人は、法令上、各事業年度終了後三ヶ月以内に貸借対照表、損益計算書等財務諸表を文科大臣に提出し、その承認を得なければならない。また、提出される財務諸表には、当該年度の事業報告書および決算報告書を添え、監事と会計監査人の意見を付さなければならず、承認を受けたそれら財務諸表は、遅滞なく官報に公告し、大学内に備え置き、一般の閲覧に供しなければならないとされ、各大学は、ホームページ上でそれを公表している。

国立大学法人の財務諸表の体系を示せば、**図8−3**のようである。図から明らかなように、国立大学法人の一事業年度を通した諸業務の運営状況は、損益計算書およびキャッシュフロー計算書、業務実績コスト計算書で、また一定時点（期末）における財政状態は、貸借対照表と利益の処分または損失の処理に関する書類等、一連の財務諸表において示される。

期末決算としての貸借対照表、損益計算書等財務諸表は、対象となる事象を、複式簿記法による日常的な勘定

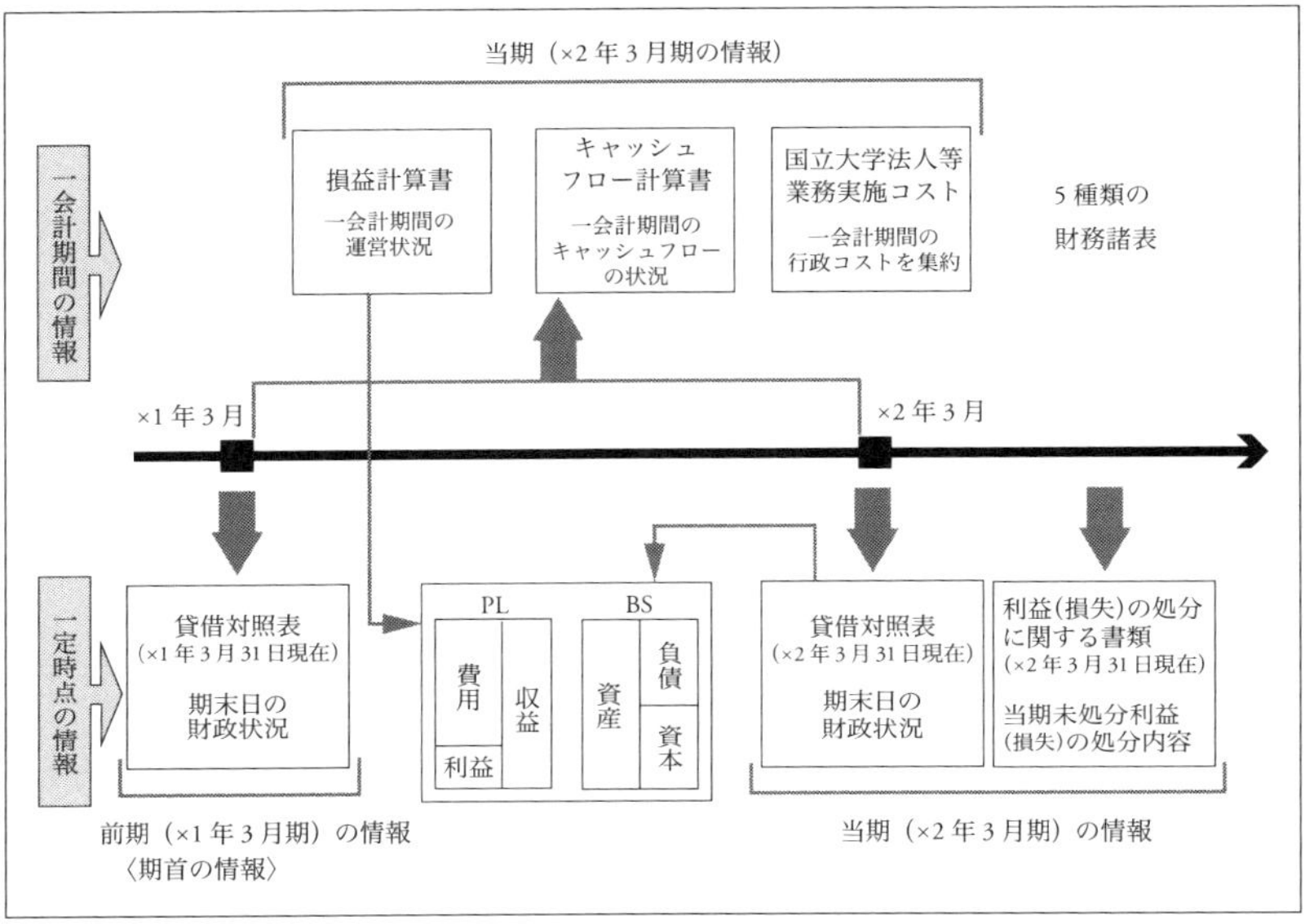

図 8-3　財務諸表の体系

〔中央青山監査法人公会計部・『国立大学法人における財務制度』〕

記録と処理をへて集約されることで、正確かつ合理的な数値で記述された文書記録であるとされている。しかし、その内容は、決算時に、会計方針として選択・採用する処理法によって、一つの会計事象について、いく通りもの科目処理・金額表示が可能となる。会計方針は、財務諸表の作成に当たって採用される会計処理の原則や手続き、評価方法など、各勘定科目の処理や金額について、その根拠や内容を説明し、開示された会計情報の理解を助ける重要な補足情報であるとされている。

そこでは、減価償却費の計算における定額法や定率法、特別償却が、また棚卸資産評価における原価法や移動平均法、時価法、あるいは減損や退職給付、資産除去債務などでの将来事象に係る見積計算など、多様な処理・評価法の選択が可能とされている。したがって、財務諸表上の科目・金額は、特有の処理システムの枠組みの中で、まさに決算上の「政策」判断として選択される会計方針によって、多分に政策的・作為的に決められる数値にすぎない。国立大学法人の場合もその例外ではない。

こうした選択的に算出可能な財務諸表上の会計数値が、業務運営に関する、一見「挙証力」ある指標とされ、現実には、大学業務のパフォーマンス・業績評価に資する財務情報として扱われ、財務管理の有用なツールとしてしばしば用いられる。例えば、人件費・定員管理や自己収入の獲得、教育研究費の学内・分野配分など、効率的経営に向けた「説得的」な根拠として利用されるなどがそれである。

第六節　国立大学の特性と会計処理

国立大学法人は、そもそも制度の前提や財務構造などの点で、民間企業や他の独立行政法人と異なるため、大学業務の特性を踏まえた固有の会計処理が求められている。典型的には、運営費交付金や学納金・寄付金等の処理、目的積立金の扱い、および国民負担の可視化などがある。

一　運営費交付金等の負債化・収益化

「国立大学法人会計基準」第七八によれば、運営費交付金は国から負託された業務の財源であり、授業料など学納金も学生から負託された教育の経済資源であるため、受入れ時にはいったん「債務」として、貸借対照表負債の部（流動負債）に計上し、業務の進行に応じて「収益化」（損益計算書・経常収益の部に振替え）する。すなわち、運営費交付金や学納金は、当初、貸借対照表の上で「現金・預金」／「負債」として処理し、業務の進行につれて順次、損益計算書の上に「収益」として振り替えていくことになる。収益化の基準には、「期間進行基準」、「業務達成基準」、「費用進行基準」がある。

うち、原則とされている「期間進行基準」は、教育研究活動などの場合、一般に運営費交付金や授業料等の財源が、業務の実施と期間的に対応しているとして、一定期間ごとに収益化する。これに相当するものが、人件費や教育・研究経費、水光熱費等一般管理費など、大学業務実施上の基盤的経費として措置される一般運営費交付金である。「業務達成基準」は、業務等との対応関係が明らかな財源（債務）で、当該業務の達成度に応じて収益化される。特定のプロジェクト研究や財源措置上、新たな政策課題への対応を支援する寄付金や特別運営費交付金がそれに当たる。また「費用進行基準」は、退職給与のように、特定の支出のために運営費交付金が措置されている場合に、支出額に応じて収益化される処理法である。

二　利益の性質と目的積立金

会計処理上、中期目標期間の終了時点で、期間中に交付された運営費交付金等は清算されなければならない。期間終了時に、なお運営費交付金債務が残る場合、これを次の中期目標期間に自動的に繰越すことはできず、その残額の全てが収益として振替処理される。

国立大学法人会計では、業務を計画通り行えば、基本的には損益が均衡して、「利益」は発生しない仕組みになっているが、経費の節減や自己収入等の増加により、損益計算書上、貸・借差額として「当期総利益」（剰余金）が生じる場合がある。その中には、「運営努力で発生した現金を伴う利益」と「資金の裏付けのない帳簿上の利益」の二つがある。この「資金の裏付けのない帳簿上の利益」とは、収益の発生年度が費用の発生年度より先行するために生じた利益で、次年度以降に発生する損失に当てられる、経過的な「剰余金」である。ローンで得た利益が後の負担になるのと似たもので、例えば、附属病院では、国立大学法人化の際に国から譲り受けた資産費用を法人化後返済しなければならないなどである。

「当期総利益」のうち、現金を伴う一定額を「目的積立金」として算定・申請し、財務大臣との協議を経て、文科大臣が経営努力の結果として認定・承認すれば、次期以降にこれを繰越し、自らの裁量で目的の事業に充てることができる。準用通則法第四四条3項に準拠した措置である。

三　経営努力の認定と使途

何をもって経営努力の認定とするかは、文科省「通知」（二〇〇四年一〇月二八日）によると、主要業務たる教育研究の特性から、在籍者の対学生収容定員比九〇％の充足をもって「経営努力に係る説明責任」を果たしたとしている。認定された「目的積立金」は、教育研究の質の向上や組織運営の改善に充てる財源として、次期の中期計画期間に繰越される。この仕組みは、引き続く中期目標期間での、さらなる効率的な業務運営にむけた、経営努力に対するインセンティブとして制度設計されたものである。

しかしその認定と承認の実際は次のようである。二〇一四年度の国立大学法人事業決算書では、人件費や減価償却費が増加した反面、受託研究費等収益の増加や一般管理費の節減などによって、「当期総利益」（剰余金）は二五九億円（費用総額の〇・九％）となり、うち目的積立金として繰越承認された額は四一億円である。ちなみに、この繰越承認額は、一〇年度では三九九億円であったが、一一年度には一二四億円、一二年度四五億円、一三年度三〇億円へと急減している。年を追うごとに、大学の裁量で事業の用に供しうる額（「目的積立金」）の認定が厳しくなっていることを示している（文科省・「国立大学法人等平成26事業年度決算について」）。

しかも、これら目的積立金については、その計上および使途に関して、会計検査院から厳しい指摘を受けている（会計検査院・「国立大学法人における目的積立金について」一〇年九月二九日 文科大臣あて）。それは次のような事態である。会計検査院はまず、その実績額について、〇四年度から〇八年度までの剰余金四、二二二億円のうち、その約五四％に当たる二、二八一億円余りが目的積立金として経理され、そのうち約五〇％の一、一四四億円余が〇九年度までの五年間に取り崩されている。しかも、二四国立大学法人について行なった、目的積立金の計上や使途に関する実地検査では、業務の効率的実施から生じたと認められない剰余金が目的積立金として積み立てられていることや、その目的について詳細に定められていないなど、適切な情報が国民に開示されていないと指摘している。例えば、一定数の定員をもとに措置された人件費について、実員がそれを下回ったことで生ずる差額を利益として目的積立金に計上していたなども指摘されている。

また、その使途についても、「教育・研究・診療の質の向上および組織運営の改善に充当する」とあるのみで、それ以上の具体的な使途や目的を定めていないとの指摘もある。例えば、使途が具体的に特定されていないため、その取崩しから得た資金が、消耗品費、修繕費、委託費等として、事業年度を通じて日常的に支出されており、年度を超えたプロジェクトに計画的に使用されたとは言い難い、といったケースである。

これらの事例から、会計検査院は、目的積立金の取り扱いが、「本来の趣旨」に即していないとみて、文科省に対し目的積立金の計上や使途の実態を把握した上で、「自主的な努力の成果の範囲」や使途の基準を明確にすること、承認に当たって審査を十分に行うなど、趣旨の徹底を図るよう求めている。

ここでも、国費の適切な運用を求めるとする立場から、会計検査院の「検査」を通じて、経営努力や効率的な業務運営との理由で、資金運用面でも大学の自主性・自律性が厳しく抑制される様子が窺われる。

四　業務実施コスト計算書―国民負担の可視化

国立大学法人固有の会計文書に、「業務実施コスト計算書」がある。これは、運営費交付金など国が措置する財源で賄われる「業務費用」部分で、国民の負担に帰するコスト情報を示したもので、大学業務に対する納税者たる国民の評価・判断に資する書類とされ、社会に対する説明責任の一環として、貸借対照表、損益計算書、キャッシュフロー計算書と並んで、主要な財務諸表の一つとされている。

この計算書は、損益計算書上の費用から、学納金や受託研究等収益、寄付金収益等の自己収入分を差引いた業務費用と、損益計算書には計上されないが、大学が業務を行う上で国等の負担に帰している額を集約した内容となっている。

例えば、国から出資された建物・施設等固定資産に係る減価償却費等相当額、教職員の退職給与が財源措置額を超えるため国の財源で追加するコスト、国等の出資や財産を利用することから生じる、無償（免除）または減額された使用料に相当する潜在的コストなどがある。

ちなみに、この間の業務実施コストは、法人化初年度（二〇〇四年）の一・六二兆円から二〇〇六年度の一・三八兆円、同一〇年度一・三一兆円、一二年度一・二七兆円、一四年度の一・三六兆円などと推移している（文科省・「国立大学法人等の財務諸表の概要」）。なお、経常費用に対する業務実施コストの割合は、二〇〇四年度の六九％から一〇年度の五〇・八％、一二年度四七・〇％、一四年度の四六・四％へと年を追うごとに低下している。それは、年々増加する業務運営に伴うコスト（経常費用）のうち、国が財源措置をして賄うべきコストが年々減少していることを示しており、この減少を諸経費の節減や自己収入の獲得などの経営努力でカバーしている大学の姿がある。

第七節　会計数値の意味―ツールとしての「役立ち」

一　財務情報をどう読む

国立大学財務・経営センターが行なった国立大学法人・財務経営担当者調査（二〇一二年二月）によると、「財務諸表は経営判断に役立っているか」の質問には、そう思うが二六・七％、ある程度そう思うが六四・〇％、思わないが九・三％とあり、また「事務職員は財務諸表について基本的に理解しているか」では、そう思うが二四・四％、ある程度そう思うが五五・八％、思わないが一九・八％、さらに「経営協議会の議論の基礎となっているか」では、そう思うが二〇・九％、ある程度そう思うが五五・八％、思わないが二三・三％となっている。調査対象が理事・副学長、事務局長であることを考慮すれば、これらの質問に、ほぼ肯定的に答えるのは当然といえば当然であるが、否定的な回答も少なくないのはなぜだろうか。

一方、NUPS（大学プロスタッフ・ネットワーク二〇一一年設立）は、財務情報の経営のツールとしての「役立ち」の観点から、会計基準のあり方を厳しく問うている。例えば、財務諸表の数字が国立大学の業務活動の実態を反映していないため、そこから有意の情報を引き出すことができないことや、記載されている数字の意味が分かりにくいため、決算の全体像が把握しにくく、さらには教育研究等のコスト計算がキチンとできていないため、決算情報がPDCAサイクルに基づく経営に役立たない、などである。その上で、そうした実態を作り出している要因・構造的な問題点を指摘し、さらにその解決策と限界についての提言も行なっている（NUPSパンダブログ・

二〇一三年七月一七日／二〇一四年三月三〇日）。

いま、NUPSブログの指摘や提言の当否はおくとして、問題は、期待されている財務情報の「役立ち」とはそもそも何かである。会計数値として表れる財務情報から、いま国立大学がおかれている業務運営の実態と問題を分析的に把握することなのか、それとも大学業務のマネージメント・ツールとしての実効性・「役立ち」なのかである。肝心なのは、得られた財務情報から、何をどのように読み解き、それをどう利用するかである。

すでにみたように、国立大学の会計システムは、企業会計原則を基本としつつも、大学の特性を踏まえた仕組みと処理法をもって制度化されたものである。事実、国立大学は、所定の国立大学会計基準に従って作成した財務諸表を通じて、大学に託された経済的資源の運用状況と財政状態を定期的・体系的に説明している。国立大学の会計制度は、一義的には財務情報の提供を通じて、ステークホルダーに対する説明責任（アカウンタビリティ）と財務の透明性を確保するための開示システムとされている。一方ではまた、会計数値としての財務情報は、各大学の業務運営に関する、一つの有用な評価指標となっている。

本来、国立大学の業務は、運営費交付金など、基本的に国の財源措置に依存して実施されることから、損益計算書での「収益」・「費用」としての情報も、大学の教育研究等が、定められた業務計画に従い、いかなる財源をいかに要費して実施されているかを示すものであり、その差額も企業会計での、業務活動から生み出された成果としての「利益」を意味するものではない。国立大学の場合、財務諸表上の数値情報・指標は、基本的には中期目標・計画に沿って、各年度の諸業務がいかに進捗・達成されているかを示すことであり、その限りで大学業務の運営状況の把握と計画の達成状況を測る有意の財務情報とみられる。

各大学は毎年度、ウェブ上で各種財務諸表の概要と、そこから見えるさまざまな財務情報・指標を「財務レポート」として公開している。それらから、各大学のさまざまな実態と問題を読み取ることができる。そこでの主な財務指標としては、財務の健全性、教育研究の活動性、発展性、効率性、収益性などが用いられる。

〈財務の健全性（安定性）〉

本来、国立大学の財政基盤は、国が措置する運営費交付金によって、安定的に確保されることが望ましい。その指標として運営費交付金比率（運営費交付金÷経常収益）からその安定度が読み取れる。しかし、運営費交付金は年々減少し、国立大学全体では、法人化直後の四〇％台後半から、いまや三〇％台半ばまで低下しているが、現実には大学の規模や構成によってもその比率は異なる。つまり、大学改革等推進や研究拠点形成、科学研究費など各種補助金（競争的資金）をはじめ、寄付金や受託研究等、産学連携による外部資金の獲得力が強い旧帝・大規模大学や病院収益が多い医科系単科大学は、運営費交付金への依存率が低い。一方競争的外部資金の獲得が弱く、財政基盤の不安定な教員養成・人文社会系大学では比率が高くなり、年々その差は広がっている。

もう一つは、よく使われている指標に流動比率（流動資産÷流動負債）がある。これは、当面（一年以内）決済すべき債務の支払予定の流動負債が同じ期間に現金化される予定の流動資産でどの程度まかなわれているかという、財源確保の状態を示す。通常、一〇〇％を超えていれば健全性が高いとされている。ほとんどの国立大学は、一〇〇％を超えているが（二〇一四年度国立大学平均は一〇九％）、七二・二％の東京工業大学をはじめ、リース設備などを多く抱える工学系単科大学のほとんどは一〇〇％を下回っている。

〈教育研究活動性〉

資金が教育研究にどの程度配分しているかという、教育充実度の指標として、教育経費比率（教育経費÷業務費）、研究充実度の指標として研究経費比率（研究経費÷業務費）が用いられる。これらの比率が前期より高かければ、それだけ活動性が高まったとみる。二〇一三年度では、教育経費比率が国立大学平均の六・七％（旧帝大五・一％に対して、文系大学は一七・〇％）であり、研究経費比率は同一〇・八％（旧帝一六・九％に対して文系大学八・〇％）となっている。

しかし、これらの比率が、そのまま教育や研究の「充実度」を示すものではなく、あくまで財政規模によって異なる母数（業務費）に対する相対的な割合であって、そこから単純に教育・研究の活動性や質を読みとることはできない。

教育研究費全体の指標だけでなく、学生当たり、あるいは教員当たり経費がどのように配分されているかの指標として、学生当教育経費（教育経費÷学生数）や教員当研究経費（研究経費÷教員数）が用いられている。その実額では、財政規模（パイ）の大きい大規模大学と規模の小さい単科・地方大学とでは、学生一人当たりの教育経費はさほど変わらないが、教員一人当たりの研究経費では開きが大きい。例えば、一四年度では、大規模大学（Aグループ一三大学）と文系大学（Cグループ七大学）では、学生当教育費は三三万円と二八万円でさしたる開きはないが、教員当研究費は六一六万円と一八一万円と、そこには三倍以上の開きがある。

〈発展性〉

財源確保の多様性や規模とともに、産学連携にシフトした研究分野や応用研究での活動状況と成長性を判断する指標とされているものに、外部資金比率（受託・共同研究・寄付金収益÷経常収益）や外部資金伸び率（外部資金伸び÷前年度外部資金額）がある。外部資金の獲得力は、規模や構成など大学の類型によって著しく異なり、例えば一三年度で、旧帝大の一四・三％に対して文系大学では四・五％という状態である（国立大学平均九・一％）。

〈効率性〉

大学業務のために資源がいかに効率的に要費され管理されているかを示す、人件費比率（人件費÷業務費）や一般管理費比率（一般管理費÷業務費）があるが、いずれも比率が低いほど効率性が高いとされている。前者の人件費比率は、国立大学平均で、法人化直後（〇五年）の五八・二％から一三年度の五三・一％に低下しているとはいえ、多くの大学が五五％前後（文系大学五八・三％、旧帝大四五・六％）を維持しているのは、大学の教育研究活動が人・教職員に大きく依存している（労働集約的）ことから当然である。人件費比率の低下は、大学の規模や類型によって差があるが、どの大学もコスト節減のターゲットを人件費（定員管理）においている姿が読み取れる。またこの傾向は一般管理費比率でも同じである。

いずれにせよ、指標化された財務情報から教育研究活動を単純に評価したり、大学業務の効率的運営のツールとしての「役立ち」を、過度に期待することは避けなければならない。すでに見たように、国立大学の財務諸表が統一的な会計基準によって作成されるとはいえ、会計数値そのものは、選択される会計方針のいかんで決まるからである。会計数値としての財務情報は、必ずしも事柄の真実の姿を示すのではなく、せいぜい対象となる事象の、ある種の趨勢を示す傾向的標識にすぎない。まして、会計処理の方法が、大学によって、また期間によって異なることがありうるので、他大学との比較や期間比較での、情報の有意性は限定的とみなければならない。財務情報によって、国立大学の業務運営の実態を分析的に捉えようとする場合、会計数値のもつ相対性と限界を十分理解することである。

二　経常収益・費用の推移から見えるもの

国立大学法人の会計では、運営費交付金や学納金、競争的資金などでの受入額を「収益」とし、それらを財源に教育・研究、社会貢献など業務実施のために要費した額を「費用」として経理する。

運営費交付金等を財源とした経費の運用は大学の裁量に任されているが、果たしてその現実はどうであろうか。**図8-4**および**図8-5**は、国立大学の収支決算からみた、二〇〇四、一〇、一五年度の一二年間における「経常収益」と「経常費用」の推移を示したものである。

教育研究を中心とした大学業務の基盤的・経常的費用の財源となる、運営費交付金や学納金、競争的資金などの「経常収益」は、この間、六、八三九億円余（三〇・〇％）の増加だが、その主な要因は、附属病院の事業規模拡大にともなう収益である。その他大幅に伸びているのは競争的資金等で、一二年間で二・三倍に達する。一方、これらを財源とした「経常費用」の構成と推移は、図8－5のようになっている。

この一二年間で、「経常費用」は、総額で七、二七九億円の増だが、診療経費（人件費を含む）の伸び（金額で四、三〇七億円増）が全体の六割を占めている。教育研究経費も一、七四二億円、率にして五二％の増加であるが、伸びているのは、教育研究の高度化以外には光熱水料・消費税等の上昇や電子ジャーナルの高騰の影響が大きい。金額的には、人件費の割合（附属病院を除く）が大きいが、公務員給与準拠をベースに増減を繰り返しつつも一二年間では大きな変化はない。これを経常経費全体に占める割合でみると、この間で四三％から三三％と大きく減少している。研究費は、選択と集中による影響もあって、数字に現れない基盤研究の部分では明らかに減少している。

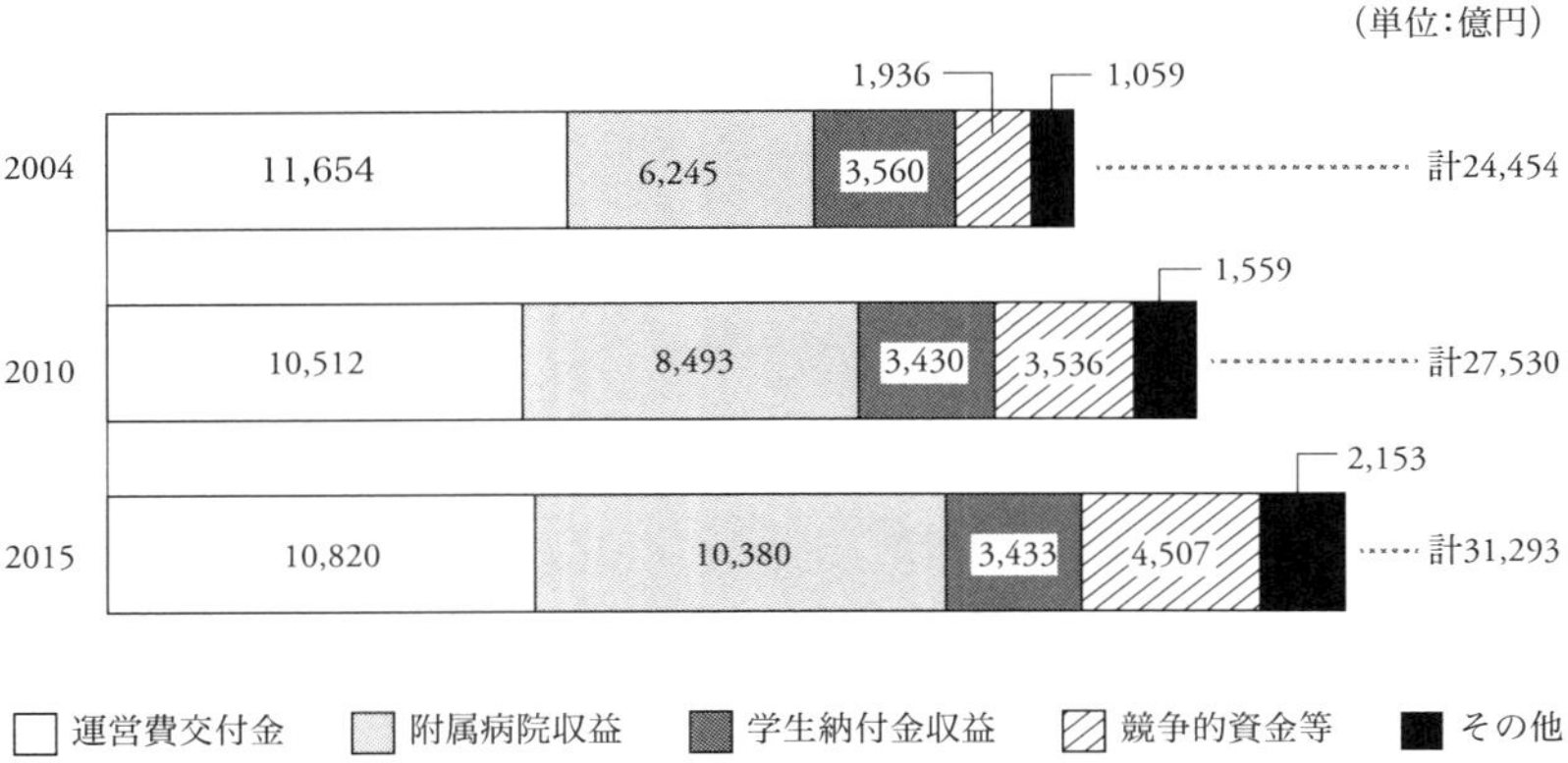

図 8-4　経常収益の推移

(国立大学法人等の年度決算（文科省データ）より作成)

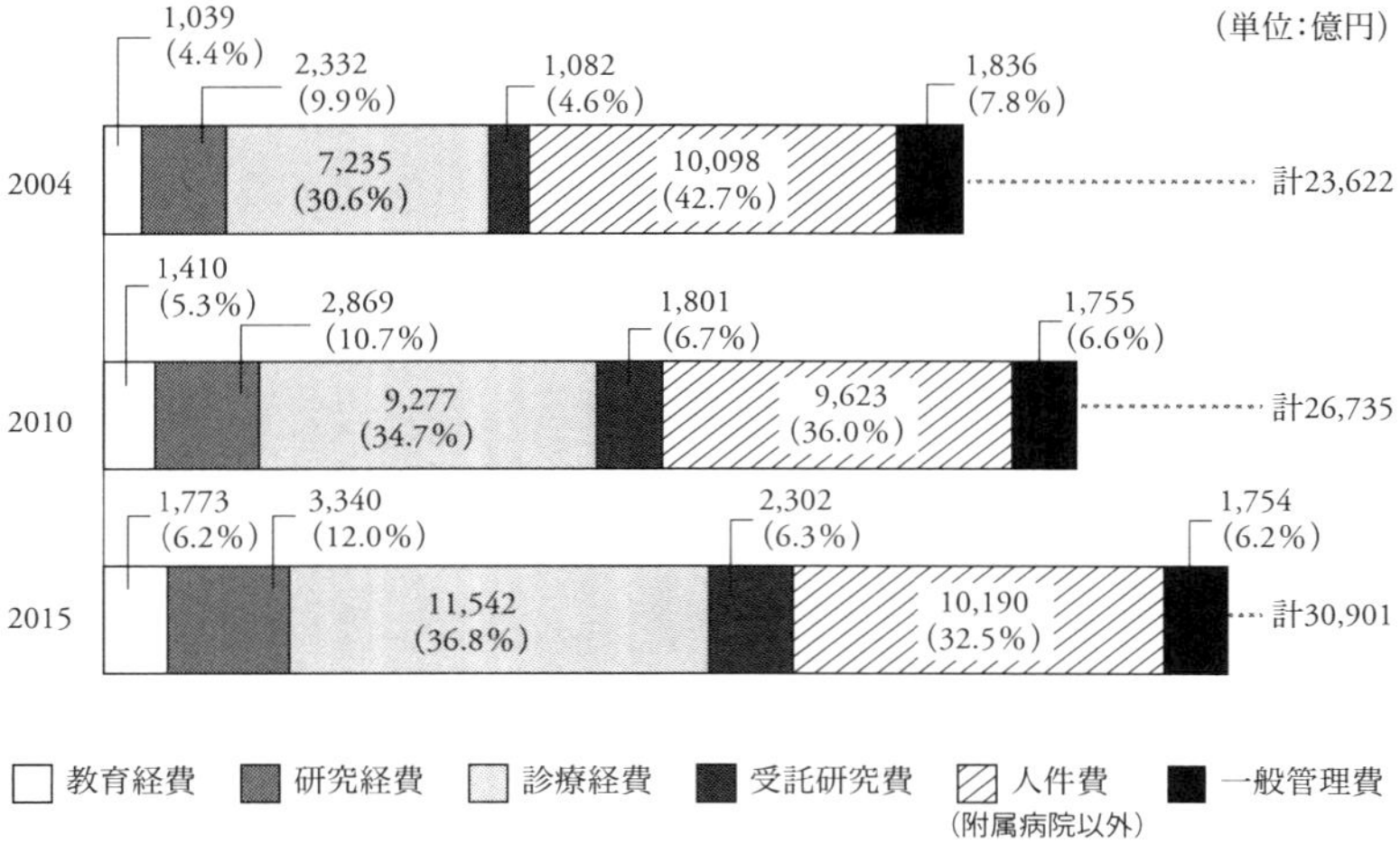

図 8-5　経常費用の推移

(国立大学法人等の年度決算（文科省データ）より作成)

これら二つの図が示す数値はあくまでも国立大学法人全体の数字であり、附属病院関連の数字による変動が大きく、ここから大学の実体を読み取るのは困難である。例えば、競争的資金の獲得が伸び、それが教育費や研究費の増加に反映していたとしても、それはあくまで旧帝大を中心とした限られた法人に過ぎない。そこには、全体からは見えない、格差の更なる拡大が隠れていることを見失ってはならない。

ここで、注目すべき点は、各年度の人件費が、同年の運営費交付金とほぼ同額で、大学の教育研究等を基盤的に支えるはずの運営費交付金が、人件費を辛うじて賄う程度でしかなく、肝心の教育研究は、学生納付金と競争的資金で辛うじてカバーされている構造である。

第八節　いま何が起きているか

各大学の財務諸表に表れた収支構造と数値の上でも、引き続く運営費交付金の減少が、人件費や基盤的教育研究経費を圧迫し、教育研究環境・条件の悪化を加速させている。厳しい人件費管理の下で、教職員の雇用形態や年齢構成での歪みが年々拡大し、教育研究の質の確保を危うくする深刻な事態が進んでいる。現に研究現場では、長い目でじっくり腰を据えた、それだけに性急な成果が出にくい基礎研究が敬遠され、反対に、比較的短期の成果を目指すプロジェクト研究にシフトした、「期間限定」の研究者の採用が常態化している。

その実態は、前掲の図8-2ですでに明らかなように、運営費交付金によって安定的に措置される教員数が減少し、外部資金で雇用される任期つきポストの増加に表れている。不安定雇用の常態化が進んでいる。

事実、医学系・大規模大学を除くほとんどの大学で、当面新規採用を凍結するなどのため、常勤教員の採用が困難になり、開設科目やゼミがなくなったり（新潟大学）、全職員一万人のうち三、二〇〇人を超す非常勤職員を順次雇い止めにする（東北大学）といった事態が相次いでいる。とくに教員採用の歪みは、「知の基礎体力」を育むべき一般教育科目の相当部分が、非常勤講師によって担われていることが如実に物語っている。教育研究の現場は、明らかに疲弊し、荒廃に向かっている。

こうした研究環境の劣化と不安定さは、若者の研究者離れと博士課程への進学率の低下を招き、教育と研究との跛行化を生み、教育研究の持続的発展と、多様で豊かな知の創出につながる基礎体力を次第に衰退させている。この国の高等教育と科学研究の将来を担う、若手研究者の喪失は深刻と言わざるを得ない。

さらには、実験機器や電子ジャーナルなどの値上がりによる諸経費の高騰から、財政面での教育研究条件の圧迫も深刻である。文系学部のかつての同僚は、いまや年間の個人研究費は二〇万円台になり、必要な文献やジャーナル、資料の入手に困窮していると訴えている。

また、教育研究上欠かせない施設整備費の確保もままならない。この間、施設整備費補助金が低い水準に抑えられてきたことから、経年二五年以上の施設や建物の改修も進まず、教育改革のためのアクティブラーニングの場やイノベーション創出のための先端研究施設、国際化に対応するための留学生や外国人研究者の宿舎などの整備が進まない状態が続いている。近年、ことあるごとに強調されるグローバル化やイノベーションに対応するため、海外の学生・研究者を惹きつける、国際的にも魅力のある教育研究環境の整備を図ろうとしても、必要な資金の手当てが覚束ない状況にあるという（国大協・「国立大学法人が直面する問題点」二〇一五年五月）。

加えて、大学現場はいま、組織改革や「評価漬け」などからの業務量の増加と多忙化に苦しんでいる。そのため、さまざまな「改革」課題に取り組もうにも、必要な要員の配置や組織作りもままならない。おまけに新規プロジェクトの企画・申請や評価対応での書類づくりや、補助金や受託研究など外部資金獲得のための雑多で膨大な書類づくりに、日夜多くの時間とエネルギーを費やさざるを得ない。その結果、肝心の教育・研究にふり向ける時間は減るばかりである。

財務諸表に表れるあれこれの会計数値と財務指標は、本来、大学経営の健全化に資する判断材料を得るためのものであろうが、皮肉にもそこから読み取れることは、教育研究現場での疲弊と困窮である。

鷲田清一氏が、奈良本辰也の作品に寄せて記した次の言葉は重い。

「大学の研究者は今、資金獲得のための作文、「評価」のための資料作りに明け暮れている。専門的な論文を小出しするかのように書くだけで精いっぱいだ。本末転倒ではないか。学者が労力と時間をつぎ込むべきはそこではない」と。（『朝日新聞』・「折々のことば」二〇一六年三月一五日）

coffee break

現代の「貧困」

いま、六人に一人といわれる子どもの貧困が大きな社会問題となっている。厚労省の調査では、一七歳以下の子どもの貧困率は一六・三％、ＯＥＣＤ加盟国中最悪の水準にあるという。問題は、こうした世帯で育つ子どもが衣食住など日常の生活や医療、学習・進学の面で不利な状態に置かれ、将来も「貧困のスパイラル」から抜け出せない傾向にあることである。

ある推計調査（日本財団）によると、子ども時代の経済格差が教育格差を生み、将来の所得格差につながるとの想定で、現状を放置した場合を、格差の連鎖を断ち切る改善策を講じた場合と比較して、その社会的損失（一五歳時点・約一八万人として）は、生涯所得で二・九兆円、国の税・社会保障負担で一・一兆円に達するとしている。つまり、教育格差が生み出した最終学歴（大卒か中・高卒か）のいかんが、就業形態の違い（正規か非正規か）につながり、そこでの所得格差が生涯所得に大きく影響するという構図である。

さて、国立大学の場合、一般家庭での基本的生活費に当たる基盤的経費が、運営費交付金によってどこまで賄われているかである。運営費交付金は、法人化以後一二年間で約一・五千億円減額され、二〇一六年度では八六大学の配分総額が一兆一五三億円で、その平均額は一一八億円、最低額が一二億円である。大学により、規模や分野構成の違いがあるとしても、現に、東京大学の八〇四・六億円を筆頭に上位一〇大学が総額の四二％を占め、対して平均額以下の大学は六一校（七一％）にのぼるが、その配分総額は三六％余に過ぎない。

加えて、三つの機能別類型・重点支援枠が、機能強化促進や国際競争力強化をはじめ多種・多様な政策的資金の傾斜的配分に連動し、大学間の財政格差・二極化をさらに加速させている。まさに子どもの「貧困」と相似の構造である。「知の世界」の劣化につながるこうした大学版「貧困」を放置した場合の、質・量にわたる社会的損失は測り知れない。基盤的経費の確保をすら危うくする、大学財政の〝酸欠〟状態をそのままにしてはならない。それは間違いなく国力の喪失につながる。

（佐藤博明）

第九章　大学の教育・研究、社会貢献

法人化に当たってしきりに言われていたことは、学長の権限とガバナンスの強化によって、多様で特色ある教育研究の進展が期待でき、その成果を活かした社会貢献がより可能になるとされた。本当にそうなったであろうか。法人化後、確かに、学長だけでなく学部長や教員も、教育や社会貢献が進んだと肯定的に捉えている。とくに社会貢献については、大学が社会の期待と厳しい目に応えようと、法人化前から取り組まれてきたことであり、それを支援する国の諸政策もあって、国公私立を問わず、大学共通の使命となった。

一方、研究面では、学長も含め研究現場に近い教員ほど、法人化の影響の厳しさを実感している。もちろん、その原因をもっぱら法人化に求めることはできないが、効率優先の組織運営を基本とする法人制度の下で、その仕組みからくる多忙化や基盤研究費の大幅な減少・削減等が大きく影を落としたことは確かである。

第一節　教育・研究、社会貢献に及ぼす法人化の効果

法人化によって、大学の使命である教育と研究及び社会貢献がどのように変わったのだろうか。第一期中期目標期間を終えて、文科省がまとめた「国立大学法人化後の現状と課題について（中間まとめ）」（二〇一〇年七月一五日）の中で、法人化は大学の教育研究、社会貢献にプラスの効果があったと述べている。その根拠とされたのが、国立大学財務・経営センターが実施した学長のアンケート調査である。

同センターは、その後も含め、学長を対象に二〇〇四、〇八、一四年と三回にわたって調査を実施している。その中の教育・研究活動や社会貢献活動に法人化が及ぼした影響についての回答をまとめたものが下の表である。この表では、いずれも肯定的に評価されているが、とりわけ社会貢献での評価は際立っている。ただ、研究活動は「大いにプラス」は年とともに下がる傾向があるが、それでも「ややプラス」を合わせると、かなりの割合で高い評価となっている。

同センターは〇八年には学部長を対象に同様の調査を実施している。それによると、国立大学法人化を肯定的に評価（大いにプラス＋ややプラス）している割合は、「学部の教育活動の活性化」が三九・〇％、「学部の研究活動の活性化」が二二・七％、「学部の社

表 9-1　法人化プラスの効果の推移

	調査年度	大いにプラス	ややプラス
教育活動の活性化	2005 年度	22.5	53.8
	2008 年度	12.3	59.3
	2014 年度	15.5	75.0
研究活動の活性化	2005 年度	21.3	52.5
	2008 年度	18.0	48.1
	2014 年度	7.7	67.9
社会貢献活動の充実	2005 年度	35.0	53.8
	2008 年度	27.2	59.3
	2014 年度	38.9	53.6

（2014 年度は「大いに進んだ」、「ある程度進んだ」）

会貢献活動の活性化」が六五・五％であった。その一方、否定的な評価（マイナス＋ややマイナス）は、「学部の教育活動の活性化」が二九・六％、「学部の研究活動の活性化」が五〇・六％、「学部の社会貢献活動の活性化」が七・五％である。肯定的評価と否定的評価を比べてみると、学部長は法人化が、教育活動や社会貢献活動に良い効果をもたらしたとみているが、研究活動ではむしろ否定的に働いているとみており、学長のそれとは大きな違いがある。

また、規模は小さいが、筑波大学産学リエゾン共同研究センターによる理系教員を対象とした調査がある（二〇〇九年四月ＩＬＣ研究報告書）。回答率が低いという点を差し引いても、研究状況が悪くなったと回答している教員が八割にも達している。また、教育への影響をプラス評価している割合が一四％であるのに対して、マイナス評価をしている割合が五一％にも達していた。

教育研究や社会貢献を担っている当事者に近い

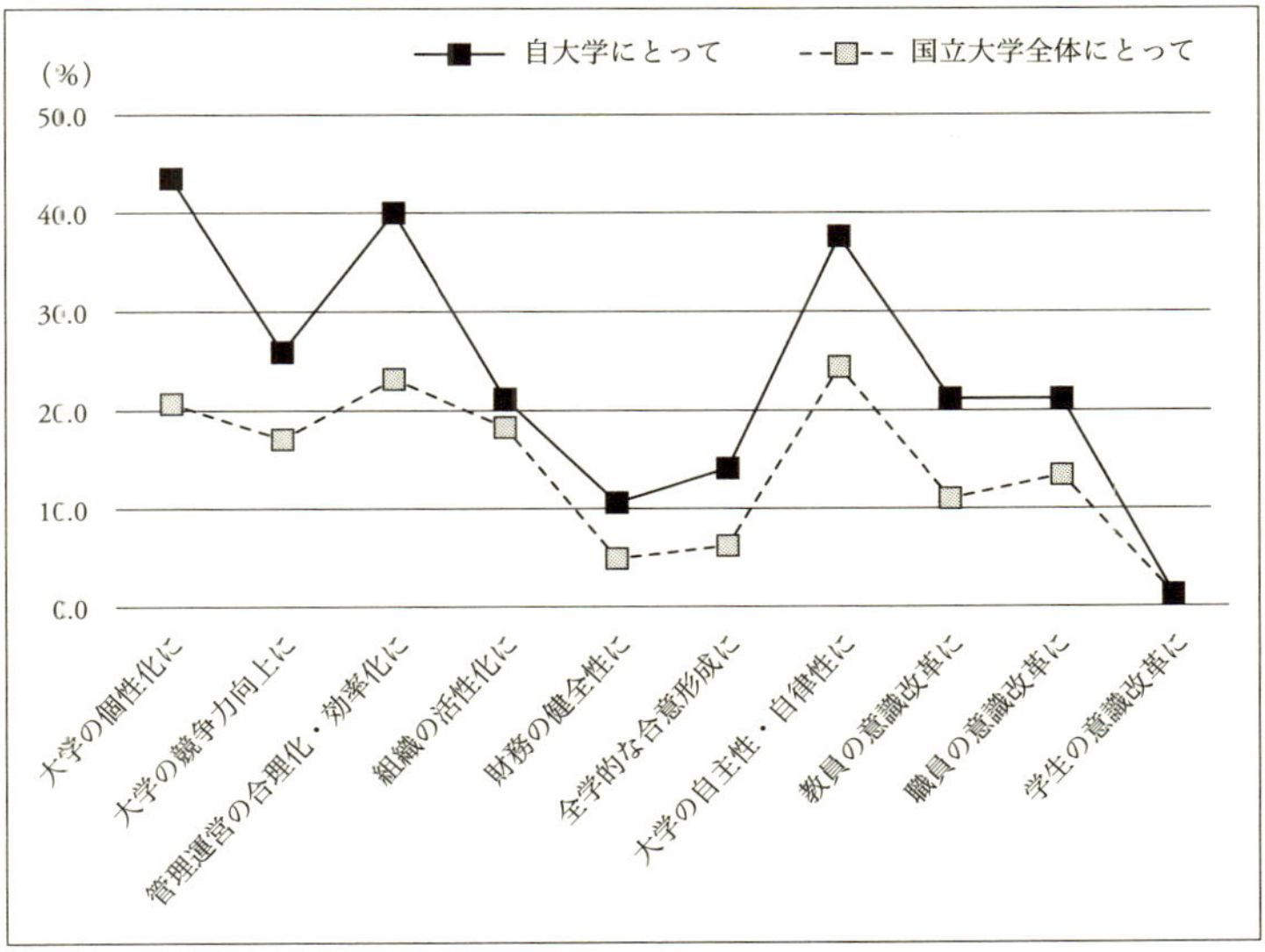

図 9-1　法人化の影響　自大学と全国全体との比較

水田「IDE 現代の高等教育」（2015 年 10 月）のデータから作成

のは学長より学部長だが、実感しているのは直接の担い手である教員であり、それを支える事務職員である。誰が実情を正しく見ているかは別として、責任ある立場の学長は、法人化の成果を低く評価すると、学長自身にも跳ね返ってくることを案じ、法人化がプラスに働いたと評価せざるを得ないのかもしれない。そのことは、同センターの調査（二〇〇八年）の中にも見ることができる。調査は多様な項目について法人化の効果が「自大学にとって」と「国立大学全体にとって」とで、それぞれどうであるかを尋ねている。学長が「大いにプラス」と肯定的に回答した割合を、自大学と国立大学全体別に示したものが前頁の**図9－1**である。この図から、すべての項目で国立大学全体より自大学にとってを高く評価していることがわかる。法人化の評価としては、「国立大学全体にとって」に回答した数字がより実情を反映しているのではなかろうか。

それにしても、学部長も含め、教育と社会貢献では法人化がプラスに働いたとしている。本当にそうなのだろうか。それは以下の節で述べるように法人化の効果というより、法人化前から進みつつあった傾向が、法人化後の国の諸政策と相まって、さらに高まったためではないかと考えられる。研究面では、教員が法人化による煩瑣な事務的業務の増加と大学運営に研究時間が奪われる一方、人員の削減により、研究現場を担う研究者が手薄になったことも、大きな要因と考えられる。

第二節　教育重視は時代の流れ

ここでは、学長や学部長が回答しているように、教育の活性化は法人化の効果なのかどうかについて、さらに検討してみることにする。

教育に関しては、一九九八年の大学審議会答申「21世紀の大学像と今後の改革方策について」で、「質の確保を重視したシステムへの転換」、「課題探求能力の育成」、「教育内容を再検討」、「教員の意識改革、責任ある授業運営と厳密な成績評価の実施」を打ち出した。それを受けて大学は、教育の見直しを進め、学生による授業評価や教員による授業改善に組織的に取り組むＦＤ（ファカルティ・ディベロップメント）活動、学習意欲の向上や修学指導を目的としたＧＰＡ制度、一年間に履修できる単位に上限をおくキャップ（ＣＡＰ）制の導入に取り組んだ。

さらに、この答申を受けて、〇〇年六月、文部省（当時）の調査研究協力者会議が「大学における学生生活の充実方策について―学生の立場に立った大学づくりを目指して―」という報告書（いわゆる「廣中レポート」）をまとめ、研究に重点を置く「教員中心の大学」から、学生の教育・指導に重点を置く「学生中心の大学」への転換を提言している。このような流れに合わせて、〇四年には認証評価制度が導入され、教育の質の向上と改善の観点での評価が義務付けられるようになった。

法人化後も、〇五年一月の中央教育審議会答申「我が国の高等教育の将来像」で教養教育や専門教育等の総合的な充実、多様で質の高い学士課程教育を実現することが謳われている。また、〇八年三月二五日、中央教育審議会大学分科会・制度・教育部会の「学士課程教育の構築に向けて（審議のまとめ）」では、教育の質保証の観点から、大学に対し、明確な「三つの方針」①学位授与（ディプロマ・ポリシー）、②教育課程編成・実施（カリキュラム・ポリシー）、③入学者受入れ（アドミッション・ポリシー）に貫かれた教学・経営とＰＤＣＡサイクルの確立を要請している。

このように、大学教育の改革は、法人化前から始まり、その流れは法人化後も引き継がれた。大学教育の改善に取り組むようになったのは、公私立大も共通で、国立大学だけがとくに教育に力を入れたわけではない。

筆者の経験でいえば、例えば、今ではほとんどの大学でキャリア教育が重視されているが、法人化前ではあったが、これからはキャリア教育が重要と考え、その推進を図る方針を示した。そのときは、学部長ですら、キャリア教育とは何かとか、授業の中に就職の話を入れるのは反対だという雰囲気があった。確かに、当時の国立大学では、キャリア教育はまだまだ重視されておらず認知度も低かったが、説得の結果、担当の新規教員も採用でき、それが後のキャリアセンターの設置にもつながった。

また、最近はグローバル教育が盛んに言われているが、これに関連しては、学外からの支援も受け、他大学学生にも参加を呼びかけ「国際キャリア合宿セミナー」を開催した。その後、これが単位認定され、現在引き継がれている。こうした動きは、法人化前からのことであり、時代の要請とみるべきである。

一方、文科省は、「特色ある大学教育支援プログラム（特色ＧＰ）」（〇三～〇七年）、「現代的教育ニーズ取組支援プログラム（現代ＧＰ）」（〇四～〇七年）、「質の高い大学教育推進プログラム（教育ＧＰ）」（〇八年～）など、教育に関する競争的資金の支援を強化したこともあって、各大学はこの獲得を目指し教育に力を入れるようになった。こういった事情は大なり小なり国公私大学共通のことである。

このような時代の流れに伴い、教員の教育にかける時間も増え、その割合も高くなった。文科省科学技術・学術政策研究所の調査報告（一五年四月七日）によると、国立大学の教員の勤務時間に占める教育の割合は、〇二年の調査では一六・一％であったが、法人化後の〇八年は一八・三％、一三年一七・五％と着実に増加している。この増加が法人化による影響であるならば、法人化と関係ない私立大学は変化しないはずであるが、私学教員の場合も、〇二年の調査では二六・八％であったものが、〇八年は三〇・三％、一三年には三一・〇％と国立大学以上に増加している。

国立大学の教育が活性化されたのは、時代の要請とそれを支える政策誘導によるもので、法人化とは直接関係なく、いまや国公私立を問わず教育・学生重視の大学が時代の趨勢になったのである。

第三節　法人化で崩れる研究環境

学長はなぜ、法人化で研究がより推進されたとみているのだろうか。確かに法人化により、研究費の使い勝手は良くなった。例えば、旅費の枠を気にしないで、調査研究とか研究交流ができるようになった。あるいは、学長裁量経費による、重点的・戦略的な経費の配分もあって、学長の目の届く範囲では研究活動が進んでいるようにみえた。また、法人化直後は運営交付金削減の影響を実感することがなかったこともあって、法人化が研究にとってプラスと評価したのかもしれない。

研究の活性度を示す指標の一つに研究論文の数がある。前国立大学財務・経営センター理事長で、元三重大学長の豊田長康氏によると、次頁の**図9－2**に示すように医学部を持たない中小規模大学での論文数の減少が著しい。法人化後は、両者で、常勤教員数や基盤的収入で開きが拡大し、論文数の増減がそれとほぼパラレルに推移していることを示している。大規模大学では、運営費交付金削減に伴う基盤的収入の減少を、外部資金の獲得でカバーできているが、中小規模大学では、十分カバーできていないということである。

こうした状況を、法人化に結びつけるのは早計かもしれないが、主要因が研究費の削減と研究時間の減少であることはほぼ間違いない。文科省は研究費の削減は「同時期に進行した運営費交付金の削減や学内の資源配分方法の変更の結果としての各研究室等への配分額の減少の影響による可能性があり、法人制度そのものの課題とは区別して考えるべきものである」（「国立大学法人化後の現状と課題について（中間まとめ）」平成二二年）としている。

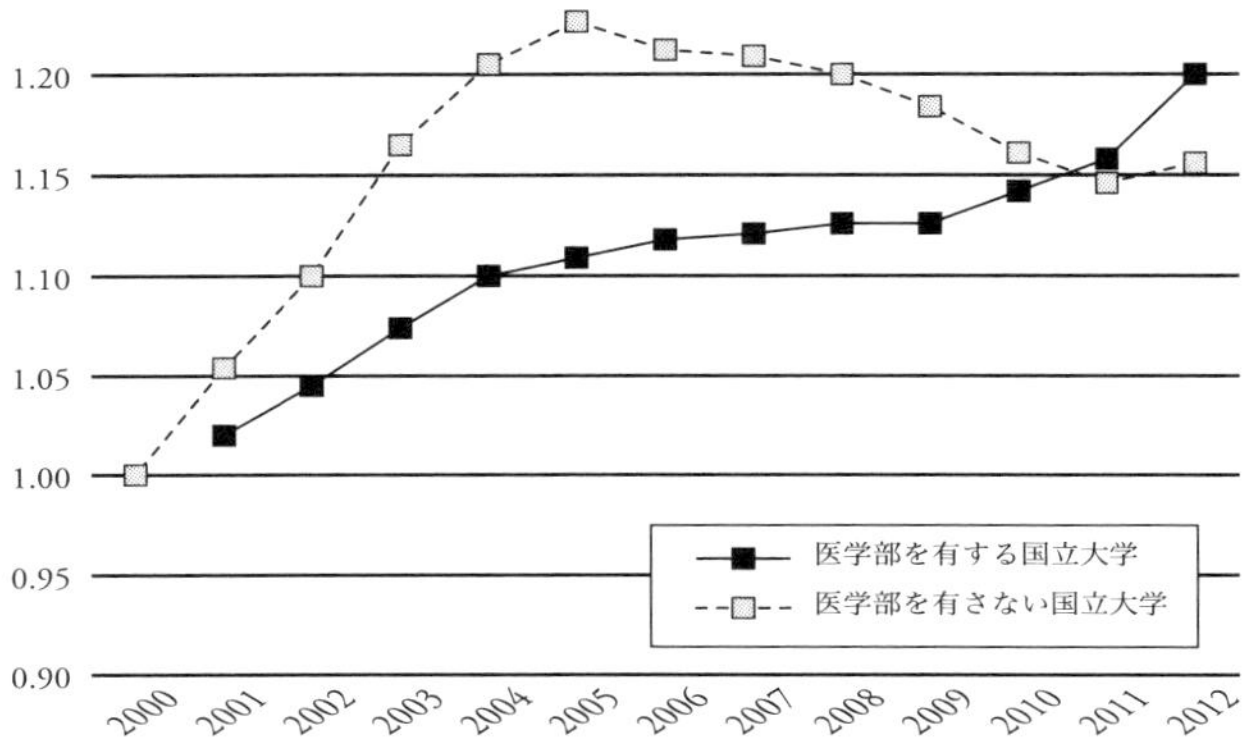

図 9-2　医学部を有する国立大学と有さない国立大学の論文数の2000年を基点とする推移

豊田（http://blogos.com/article/94481/）より引用

たしかに、法人化がそのまま、研究費の減少につながったとは言えないが、法人化の仕組みに起因する影響は少なくない。

例えば、運営費交付金は、大学の裁量の中で、学長のリーダーシップのもとに重点的に運用するよう求められている。研究費も例外ではなく、「選択と集中」が進む中で、教員に配分される基盤的研究費が大きく減少した。また、学長補佐体制等、ガバナンス強化の流れの中で、大学運営にかかわる教員の負担増加が、研究現場を担う教員層の減少にもつながっている。この影響は規模の小さい大学ほど顕著に表われ、深刻である。加えて、毎年一％削減される運営費交付金とは別に、〇六年度以降五年間で五％の人件費削減に取り組まざるをえない状況の中で、教員も削減せざるを得なくなった。その結果、研究の活性化と革新を期待しうる若手教員の採用が困難になってきたのである。

研究費の大幅ダウンを補うため、各大学は競争的資金を中心に外部資金の獲得に力を入れてきた。しかしそれも、受入れ易い研究分野に限定されており、人的・財政的に恵まれている研究環境をもつ大規模大学ほど有利になる。

現実問題としてより深刻なのは、法人化に関連して増加した事務的作業のために、研究時間が大幅に削られることである。例えば、前出の科学技術・学術政策研究所の調査結果によると、研究に占める時間の割合は法人化前の〇二年には四六・五％であったものが、法人化後の〇八年、一三年には、それぞれ三六・五、三五・〇％と大きく減少している。この減少を、旧七帝大とそのほかの大学とで比較すると、〇二年から一三年にかけて、旧帝大は五六・〇から五〇・七％と九％の減少率にとどまるのに比べ、そのほかの大学では四八・七から三九・三％へと二倍の減少率となっている。これと法人化で進んだ教員の大幅削減が重なって研究の低下を招いたといえる。規模の違いによる、研究面での「体力差」は歴然である。このような持てるものと持たざるものとの格差の広大が、法人化の仕組みの中に端的に表れていることは間違いない。

研究の低下は、法人化の仕組みである年度計画にも起因している。教育研究は六年間の中期目標・計画を通して行われるが、業務運営の改善及び効率化、財務内容の改善、自己点検評価・情報提供などの業務実績の評価は毎年行われる。もちろん年度計画の中には、教育研究の質の向上も挙げられているが、それは向上のための仕組みや政策である。大学執行部は、常に毎年評価される年度計画の達成に努力を注ぎ、六年間を通して評価される教育研究そのものは劣悪な教育研究条件下にある教員任せになりがちになる。

第四節　大学の新たな任務となった社会貢献

一　地域貢献は時代の要請

法人化後、大学の地域貢献が進んだとの評価は学内だけでなく、学外からも良く聞かされるが、本当に法人化で地域貢献が進んだといえるのだろうか。

大学における地域貢献は、産業界の期待もあり、法人化前から産学官連携を中心に進められるようになった。国立大学では、一九八七年ころから地域共同研究センターの整備が行なわれ、そこを拠点に地域社会との連携のウイングが広がった。さらに、それを推進するため産学官連携コーディネーターが配置されるなど、連携の推進体制が強化された。

また、大学審議会答申「21世紀の大学像と今後の改革方策について」(一九九八年)でも、地域社会や産業界との連携・交流の推進を掲げ、「大学は、今後、その知的資源等をもって積極的に社会発展に資する開かれた教育機関となることが一層重要となる」と述べている。当時、多くの大学は産学官連携から地域社会との連携・交流も含めた、いわゆる地域貢献・連携の必要性を自覚して、すでにさまざまな活動を展開してきた。

このような地域貢献・連携に弾みをつけたのは、〇二年から始まった、地域貢献特別支援事業である。初年度は七五大学から申請があり、うち選定された一五大学は、社会貢献活動に先進的に取り組んでいた大学として以前から知られていた。翌年の募集には、七四大学が応募し、本学を含め二六大学が選定された(なお、初年度に選定された一五大学は継続)。当時、応募する大学が多かったことからみても、法人化前からすでに、多くの大学で地域貢献・連携事業に積極的に取り組み、実績を積んでいたことが窺える。この事業がきっかけで、各大学は地方自治体との連絡協議会を設けるなど、その取り組みをさらに広げていった。

一方、全国的には、法人化の流れに抗して、地方国立大学の二八学長有志による「国立大学地域交流ネットワーク」の動きがあった。第一章でも紹介したように、この構想は、当時、地方国立大学に間で、法人化後の大学のあり方や役割を視野に、地域社会との交流・連繋の大切さが共通認識となっていたことを示している。

法人化後の〇七年六月、学校教育法が改正され、同八三条2項に、新たに「大学は、その目的を実現するための教育研究を行い、その成果を広く社会に提供することにより、社会の発展に寄与するものとする」との規程が付け加えられた。大学が果たすべき役割として、教育研究に加えて、社会の発展に寄与すべく、社会貢献活動が法令上、明示的に位置づけられたのである。

これに合わせたかのように、日経グローカルによる大学の地域貢献ランキングが公表され、以来、現在に至るまでそれが続いている。こうしたマスコミの動きも、大学の地域貢献を後押しする要因の一つとなっている。

社会貢献の推進が、必ずしも法人化の効果とはいえないもう一つの根拠は、教育重視と同様、国立大学法人化とは関係のない、公・私立大学も社会貢献に力を入れるようになった点である。例えば、先の科学技術・学術政策研究所の調査結果をみると、国立大学の教員の勤務時間に占める地域貢献の割合は、〇二年の調査では六・六％から一三年は九・八％へと増加している。しかし、私学教員の場合は〇二年の五・八％から一三年の一〇・一％と倍増しており、その伸びは国立大学よりはるかに大きい。いまや、地域社会との連繋・交流・貢献活動は、国公私立を問わず、大学共通のミッションとなったのである。

これらのことを総合すると、国立大学の社会貢献は、法人化によって進んだというより、法人化以前からその歩みは始まっており、地域社会の期待に応えようとする大学の努力が、年とともに実を結んできたものとみることができる。

二　現場での実践―地域貢献から地域連携へ

かねて、筆者は国立大学といえども、地域の信頼や期待がなければ、地方国立大学の存在意義はないと考えていた。ただ、「地域貢献」という言葉にはなんとなく違和感があった。大学は高みに立ち、上から目線で貢献しますといった、地域社会を見下すような語感からである。そこで、地域貢献の理念として、「地域に学び地域に返す、地域と大学の支え合い」をスローガンに、地域を大学キャンパスの延長と捉え、大学も地域もともに発展することが肝心と考えた。法人化になろうがなるまいが、それは取り組むべき課題であった。

二〇〇二年八月には地域連携協議会を設置し、「宇都宮大学に蓄積している知的資産を地域振興のために活用し、地域住民の教育、文化生活、福祉の向上と産業の振興」に貢献することを表明した。その後、〇三年には地域貢献特別支援事業が採択され、自治体との連携が飛躍的に進んだ。それまで、自治体は教員個人との連携では実績があったが、大学との組織的な連携は初めてのことで、戸惑いもあった。当初は国からの補助もあって、大学が全面的に支援をしていたが、事業には期限があり、期間中でも予算が削減される。こうなると大学が支援するというより、自治体が実施する企画は自治体が予算を準備し、大学は事業に協力する教員に研究経費を補助し、事業を支援するといった関係に変える必要を感じた。また、こうした新たな関係を維持発展させるには、連携の在り方も変える必要があると考え、自治体と「包括協定」を結び、市の事業と全面的に連携する試みを開始した。

従来から進められていた産官学連携をさらに発展させるためにと、学外に「とちぎ大学連携サテライトオフィス」を設置（〇三年三月）し、相談窓口として、産業界と本学以外も含めた研究者とのマッチングを進める一方、こうした連携を学生にも広げる目的で、企業や自治体に向けた学生の企画発表会を開き、他大学等の学生も積極的に参加してもらった。それは、期せずして学生のキャリア教育を実質化する上で、大きな役割を果たすこととなった。また、〇三年二月には高大教育連携協議会を発足させ、栃木県内の公私立高等学校との間に、入試改革、高校生の大学での単位取得、出前授業、授業公開など高大連携を進めた。さらに〇六年には、地域連携の拠点として県下の私学を含む二〇の高等教育機関が参加する「大学コンソーシアムとちぎ」を設立し、本学が世話役を引き受けながら、連携を強めた。社会貢献の諸活動に、私立大学の参加を求めるのは当然のことと考えたからである。

第一回の日経グローカルの調査結果が〇七年に発表され、宇都宮大学が地域貢献日本一と報道された。それはそれとして喜ばしいことではあったが、なんとなく忸怩たる思いがあった。確かに、当時、学長として多岐にわたり連携の強化に努めたが、いずれも大学の視点からである。真の連携は、市民が実感し、市民から大学が信頼され支持されてこそ日本一だとの思いがあったからである。

三　「国立大学地域交流ネットワーク」の動き

学長に就任する前から、「国立大学地域交流ネットワーク」の考え方に強い関心を持っていた。ネットワークは、国立大学法人化の流れの中で、〇一年九月に二八大学の学長たちの連繋から始まったもので、新しい時代状況の中で大学の在り方を模索し、目指すべき方向を示した提言活動でもある。参加は全く自由だったはずだが、なぜかこのネットワークには、関東地区の大学は一つも加わっていなかった。不参加の理由は定かでないが、大学法人化の流れの中で、これに参加することで、法人化反対のグループと思われたくなかったのかもしれない。うがって言えば、関東の大学は虎ノ門に近いメリットを生かしたいため、あまり文科省から目をつけられたくない、との思惑があったのかとも思える。

学長就任後、すぐネットワークに参加することに決め、〇二年八月八・九日に熱海市で開催された第一回シンポジウム（静岡大学・鹿児島大学共催）に参加し交流を深めた。初日冒頭、文科省高等教育局大学課長合田隆史氏の来賓挨拶に続いて、天野郁夫氏が「国立大学と地域交流」をテーマに基調講演を行った。シンポジウムには、一五大学・八〇名余りが参加し、〔地域おこし〕分科会では、鳥取、鹿児島など五大学が、また〔産官学連繋・教育研究〕では、長崎、宇都宮など七大学が、それぞれ多彩な活動事例を発表し、熱のこもった意見交換と討論が行われた。二日間のシンポジウムの様子は、地元メディアをはじめ、各紙で大きく報道された。

代表を務めておられた鹿児島大学の田中弘允学長が〇三年一月で退職されたこともあって、その後の世話役のバトンを渡され、第二回高知市（〇三年：高知大学・宇都宮大学共催）、第三回鳥取市（〇四年：鳥取大学）でシンポジウムを開催し、三〇校に近い大学の参加を得て、地域と連携した大学の多彩な事業活動を中心に交流を深めた。ネットワークの意義は、地域が抱える課題をネットワークを通して共有し、共同で解決を図ることにある。

もう一つの試みが、学術情報ネットワークを使って、五大学（鹿児島、愛媛、鳥取、静岡、宇都宮）の学長室をつないだ意見交換である（〇三年一月八日）。この成果を踏まえ、前記の鳥取シンポジウムの全体会議で、「地域交流ネットワークシステムの構築の可能性とその必要性」について意見の交換を行った。

その後、〇五年七月二〇日には、当時の道上正規鳥取大学長と一緒に文科省高等教育局大学振興課を訪ね、小松親次郎課長をはじめ四名の職員に、「国立大学地域交流ネットワーク」の意義について説明し、大学連携の重要さと、その機能を果たすため大学間を結ぶネットワーク構想への予算措置を要望した。そのときは、かなり長い時間、熱心に耳を傾けてもらった。当時、文科省は、「地域連携支援事業」を進めており、地域と大学の連携には関心があったが、大学間のネットワークを通じて、地域連携を進めることの意義を理解していた人は極めて少なかった。

第四回シンポジウム（〇五年九月一五・一六日）は、近隣の福島大、茨城大、群馬大と共催し、宇都宮大学で開催した。参加した国立大学機関は四一校、参加者は一四〇人に及び、分科会を設けるなど、広く地域社会との交流の実績と経験交流を深め、大きな成果を得ることができた。そこにはさきの小松親次郎国立大学支援課長も参加され、メッセージをいただいた。

四　ネットワークを今後にどうつなげるか

この構想が提起された当時は、国立大学の法人化をめぐって喧々囂々の議論が交わされた時期であったが、第四回シンポジウムが行われたころはすでに法人化され、状況は大きく変わっていた。法人化後の新しい状況の中で、地域との交流のあり方については、大学の意識・姿勢も大きく変り、地域の活性化や課題の共同解決への取り組みは、より切実な問題となっていた。

第四回シンポジウムの全体会議では、「国立大学地域交流ネットワークの今後のあり方」について協議した。そこでは、この先、個別大学の学長が中心になって地域連携交流ネットワークを世話するのは難しいと思われる学長が多く、今後は新国大協が推進する事業ではないかという意見が強かった。これを受けて、共催した四大学の学長名で、国大協会長宛に以下のような趣旨の申入れを行った。

> 今回開催した経験からすれば、こうしたシンポジウムは、従来の大学主催の方式によるより、事業の内容

と成果をさらに発展させるためにも、国大協の責任のもとに行うのがより適切ではないかと考えます。
国大協が担当した場合の進め方には多様な可能性がありますが、具体的には、例えば、協力いただける大学を選んで交渉し、事業を委託することなどが考えられます。それは、国大協にとってさほど大きな負担にならないはずです。
国大協加盟の多くの大学が地域との連携・交流に積極的に取り組み、大学がもつ知的資源をもって地域活性化に貢献することは、国立大学に対する国民的な支援に通じると考えますし、国大協が国民に見える、分かりやすい活動を行うことは、国大協にとっても大きな成果となり、その存在感を示すことでも意義のあることと考えます。

国大協からは何の返事もなく、この申し入れがどのように扱われたかは定かでないが、その後の動きを推察するに、これを積極的に受け止めてはいなかったように思う。

一方、〇二年に金沢大学と広島大学が中心になって、文科省の地域連携支援事業に採択された一五大学で構成する「国立大学地域貢献ネットワーク」を発足させ、〇四年にはシンポジウムを開催するなどの動きがあった。〇五年度から金沢大学が中心となり、「全国大学等地域貢献ネットワーク」に衣替えして、引き続き活動を進める計画であったが、この「ネットワーク」も尻すぼみとなり、〇七年七月三一日をもって活動を停止した。

法人化により、個々の大学は、新しい制度に合わせた組織運営や文科省主導の「改革」課題への対応に追われ、自大学の課題に取り組むのに精一杯で、大学同士の連帯感や連携の意識が次第に薄れていったのかもしれない。大学間の連帯に背をむけ、自ら孤立・分断への道をたどる大学の姿は、法人化がもたらした、「負の成果」というべきものであろう。

第三期中期目標期間が動き始めた今日、国立大学が、そこで創出され、蓄積された知的資源を活かして、地域社会との連繫・交流を強め、「グローバルな課題の、ローカルな現場」として、課題の共同解決を図るべく、役割を果たしていくところに、大学の再生と活性化の可能性が開かれていくとみなければならない。改めて、「国立大学地域交流ネットワーク」構想の、今日的実質化が期待されるところである。

軍事研究と大学

日本学術会議は、二〇一七年四月一三日、「学術の健全な発展と緊張関係」にある軍事研究は、学術研究の自主性・自律性と研究成果の公開性を基本とする「学問の自由」を脅かしかねないとして、過去二回（一九五〇年、六七年）の、軍事研究を禁じる「声明」を継承し、これと同じ立場に立った「新声明」を発表した。

　事の発端は、防衛省が一五年度の三億円、一六年度の六億円に続いて、一七年度には一挙に一一〇億円と、巨額の軍事研究資金を予算化し、大学をはじめ研究機関をこれに巻き込もうとしたことにある。この二年間で一五一件が応募し、うち九大学を含む一九件が採択された。

　近年の、大学などに対する、こうした触手と囲い込みの動きを見るにつけ、かつての、戦争と科学者の忌わしい関係が改めて想起される。例えば、優生学の名において民族浄化を唱え、ナチスのホロコースト政策に加担した、人類遺伝学のフェアシュアーや「死の天使」・メンゲレ、原爆の開発と使用に道を開いたマンハッタン計画での物理学者オッペンハイマーやシラード、そして生物兵器の開発と三、〇〇〇人を超える〝マルタ〟を人体実験にさらした、七三一部隊の石井四郎など枚挙に暇がない。科学者の、忌むべき「歴史的汚点」である。

　しかしいま、そうした「過去に目を閉ざし、現在に盲目となっている」かの研究者集団が、欺瞞的な「デュアルユース」論や、自衛隊の存在と個別的自衛権をタテに、自衛目的の装備研究は許されるとして、軍事研究への参加を容認・推進する声を公然と上げている。なぜか？

　ここにいま大学が置かれている状況の深刻さがある。国立大学は、法人化後、引きつづく基盤的運営費交付金の削減で、不安定な財政基盤と基礎研究分野を中心に研究費不足に苦しみ、潤沢な軍事研究予算による、研究資金獲得への歪んだ期待が、現に起こっている。歴史に対する科学者の責任を忘れた、致命的な病巣の広がりというほかはない。研究者はいま、〝滑りやすい坂道〟の淵に立たされ、自らの矜持と倫理が厳しく問われている。

　「大学の基礎研究費削られて 着膨れていく防衛予算」（朝日歌壇）の一首が鋭い。

（佐藤博明）

coffee break

第三部　損なわれた大学の自主性・自律性

第一〇章　追い込まれる大学の現実

法人化に限らず、国の大学政策一つで、大学現場は計り知れない影響を受ける。その一つが、法人化前の二〇〇一年六月に突然出された「大学（国立大学）の構造改革の方針について」（いわゆる「遠山プラン」）である。その中で、いまなお中途半ばで終わっているものに、「国立大学の再編・統合を大胆に進める」がある。法人化前から、医科大学と総合大学の統合を中心に国立大学の再編・統合が進められ、〇三年当時の九九校から〇八年には八六校となったが、その後表立った動きはなくなった。再編・統合の流れはどうなっているのであろうか。

一方、第三中期目標期間に間に合わすかのように、一四年ごろから、「国立大学改革プラン」（一三年一一月）に基づく国主導の改革が急激に進んだ。あたかも大規模な再編・統合の下地作りかのように、ミッションの再定義、大学の機能別分化へと続く。果たして国立大学はどこに向かおうとしているのであろうか。

第一節　大学の再編・統合の流れ

一　行政改革としての再編・統合の動き

法人化前の国立大学は、「遠山プラン」に示された大学の再編・統合への対応に忙しかった。プランには、教員養成系の規模を縮小・再編、単科大（医科大など）を他の総合大学と統合、県域を越えた大学・学部間の再編・統合などが記されていたからである。

遠山プランそのものは簡潔なものだが、〇三年三月の中央教育審議会大学分科会に提出された資料「国立大学の再編・統合の現状と今後の取組」には「学部、学科等のさまざまな単位・レベルでの再編・統合」と「大学間の組織的な連携・連合」に関して、次のように書かれている。前者については、

> 教育研究基盤を強化して個性と特色ある大学づくりを進める観点から、複数の大学間において学部、学科等の様々な単位・レベルでの機能分担を図ることも有効である。
> 具体的には、①全国的な観点から特定分野の教育研究基盤を強化することと②ブロック単位や隣接する大学の連携・連合の枠組みの中で、それぞれの特色に応じた機能分担を行い、個性ある大学づくりを進める観点からの検討が考えられる。

また、後者については、

大学としてはそれぞれの独立を保ちつつ、複数大学が連合して組織的な連携・協力の枠組みを構築することは、教育研究内容の充実や資源の有効活用の観点から意義があり、積極的に支援・推進する。

とあり、附属病院は地域の医療機関との連携、法科大学院は複数の大学が連携・連合して設置することや、公・私立大学との連携協力としてコンソーシアムの形成などが示された。

大学の再編・統合は、すでに同一県内にある総合大学と医科大学とを中心に統合が進み、〇二年に二大学、〇三年に一〇大学で実現した。法人化後も〇四年と〇七年にそれぞれ一大学で行われ、いまや国立大学は八六校になった。

国立医科大学を対象にした大学の再編・統合は実現したが、〇三年時点では、上記大学分科会の資料にあるような大学間の統合ではないが、複数大学が連合して組織的な連携・協力の枠組みを構築しようとする動きもあった。

一方、遠山プランで掲げた、教員養成系の縮小・再編にさきがけ、前年の八月に文科省は「国立の教員養成系大学・学部の在り方に関する懇談会」（いわゆる「あり方懇」）を設けて、教員養成の在り方と教育学部の再編統合に向けた審議を進め、〇一年一一月に「今後の国立の教員養成大学大学院の在り方について（報告）」をまとめた。

「あり方懇」の設置と同じころ、文科省の幹部職員から国立大学側の立場から教員養成の在り方や統合について意見を求められ、教育学部長経験者で積極的に意見を述べておられた方に声をかけ、自称「裏方懇」という四名による検討グループを発足させ、文科省とも忌憚のない意見交換を行い、〇一年一〇月に報告書も提出した。当初から、教育学部にとって統合のメリットはない、あるとしたら鳥取大学と島根大学くらいだろといった意見を伝えた。一方、マスコミはどこから得た情報かは定かでないが、各地区ごとに統合の形として、例えば山形大学が教育学部を統合、廃止するとか、埼玉大学と群馬大学の教育学部を統合するといったことを報じたが、結局、我々が予想した以上の進展はなかった。

二　再編・統合を巡る大学の現場

学長就任直後の〇二年のころは、法人化に対応する学内改革に向けて取り組まなければならない課題が山積していた。法人化への対応は、国大協の執行部等で進められていたが、その検討作業にかかわる立場でもないので様子をみるしかなかった。当時、多くの大学では再編・統合に向け模索していた。その一例として、筆者が関わった再編統合の動きについてふれてみる。

宇都宮大学では、農学部が統合の方向で検討していたが、私は統合ありきではなく、大学間で互いに連携し、切磋琢磨することが必要ではないかと考えていた。そのこともあり、就任直後、近隣の大学に挨拶廻りに出かけた折に連携の可能性を打診してみた。学長に就任する前から四大学（茨城、宇都宮、群馬、埼玉大学）の学長が集まって情報交換を行っていたので、それを発展させることは可能ではないかと考えたからである。しかしいずれの大学も自大学のことで手一杯ということもあって、連携の動きには消極的だった。ところが、間もなく埼玉大学と群馬大学の統合の話がマスコミをにぎわした。私が訪れて連携の話を持ちかけたときには、すでに両大学の執行部段階で、統合の話が進んでいたようである。

後になって、「先生が来られたときは、まだ公表できなかったので、話せなかった」と聞かされた。しかし、両大学の統合の話が進んでいても、四大学の連携を進める必要性はあるということで、学長間の話し合いの場は継続されたが、そこから具体的な成果は得られなかった。例えば、企業等へ大学の知を移転する技術移転機関（ＴＬＯ）

の共同設置の検討を進めたが、研究内容は各大学の戦略もあるので、競争関係にある中では、連携は難しいのではないかとなり、ついにまとまらなかった。その後、工学部では学部長同士で連携が模索されたが、学長に話が届いていなかったこともあって、頓挫してしまった。

教育学部の統合問題については、学内ではほとんど動きはなかったが、マスコミが大きく取り上げたこともあって、教育学部同窓会を中心に統合反対の動きが高まり、その旨の要望書も頂き、地域にとって教育学部の存在がいかに重要であるかを改めて知らされた。教育学部の統合に反対する地元教育界の動きは、他の地域でも同様であった。

第二節　財務省が主導権を握った大学改革

一　大学改革に向けた財務省と文科省の合意

法人化後、大学の動きを見るかのように表立った国の動きはなかった。国が動き出すきっかけになったのが、二〇〇七年の経済財政諮問会議での議論である。「経済財政改革の基本方針２００７」の中には、「グローバル化、世界のトップレベルを目指す大学院教育の改革、国公私立大学の連携による地方の大学教育の充実、時代や社会の要請に応える国立大学の更なる改革、競争的資金の拡充と効果的な配分、国立大学法人運営費交付金の改革」等が揚げられていた。その底流には大企業を中心とする財界の意向が働いていたと思われる。特に、大学では、運営費交付金を各大学の努力と成果を踏まえたものにするという見直しの方向が、大きな議論となった。

その後しばらく経った一一年度予算案策定時の一〇年暮れ、当時の神田財務省主計官と文科省との間で、大学改革について一つの合意がなされた。その内容は、「時代の要請に応える人材育成及び限られた資源を効率的に活用し、全体として質の高い教育を実施するため、大学に於ける機能別分化・連携の推進、教育の質保証、組織の見直しを含めた大学改革を強力に進めることとし、そのための方策を一年以内を目途として検討し、打ち出すこと」というものであった。

この合意の結果、一一年度国立大学運営費交付金と施設整備費補助金予算は前年度とほぼ同額が認められたが、大学改革があまり進んでいないと判断されたのか、一二年度予算案策定に関して、文科大臣と財務大臣との間で、「今後の国立大学の改革について（基本的考え方）」（二〇一一年一二月一九日）とする合意が交わされた。その中には次のように書かれている。

> こうした施策を効果的に推進するためには、必要な財政措置の確保に加え、『大学群』のスケールや求められる機能、大学間の連携協力促進のための支援方策、それらを踏まえた多様な制度的選択肢の考え方（例えば、一法人複数大学方式（アンブレラ方式））、国立大学運営費交付金の配分基準などについての更なる整理が必要である。

それを受けて、文科省内に大学改革タスクフォースが設けられ、すみやかに国立大学改革に着手することになった。そのためか、一二年度の運営費交付金は前年度比マイナス一・四％の削減となる一方で改革推進のため新たな誘導財源・「国立大学改革強化推進事業補助金（一三八億円）」が計上された。

二　大学改革実行プランとアンブレラ方式

こうした動きに合わせて、文科大臣は、一二年六月四日の国家戦略会議に、資料「社会の期待に応える教育改革の推進」を提出し、翌五日、「大学改革実行プラン」として公表され、その後の大学改革の方向性を示すものとなった。この中の柱の一つ目に「激しく変化する社会における大学の機能の再構築」として、①大学教育の質的転換、大学入試改革、②グローバル化に対応した人材育成、③地域再生の核となる大学づくり（COC（Center of Community）構想の推進）、④研究力強化（世界的な研究成果とイノベーションの創出）が、さらに二つ目の柱「大学のガバナンスの充実・強化」として、⑤国立大学改革、⑥大学改革を促すシステム・基盤整備、⑦財政基盤の確立とメリハリある資金配分の実施、⑧大学の質保証の徹底推進が掲げられた。

この中の「⑤国立大学改革」では、ミッションの再定義のロードマップと合わせ、多様な大学間連携（制度的イメージ）が紹介され、その中に、「一法人複数大学方式」（アンブレラ方式）による国立大学の再編が例示されていた。これを受けて、マスコミ各社は「文科省は、一つの国立大学法人が複数の国立大学を運営できる制度導入の本格検討を始めた」と報じた。

当時、非常勤監事の職にあったので、その年の全国監事協議会に招待された浜田国大協会長の講演の後、「国はアンブレラ方式を考えているようだが、その方針を出される前に国大協としては、アンブレラも含め、どのような連携が望ましいのか、あるいは望ましくないのか検討しておかないと、法人化の時のように受け身にまわってしまう」と意見を述べた。それに対して「国大協として表だって検討をすると混乱がおきかねないので、表には出さないものの検討は行っている」と慎重な返事であった。

文科省は、一二年から始まった国立大学改革強化推進事業に掲げた三つの柱の中の一つに、「新たな教育研究組織の整備に必要となる基盤の整備と海外や産官学との人的連携強化を抜本的に推進する経費を総合的に支援」を打ち出し、大学間連携推進のイメージとして、「互いの強みを活かした学部・研究科の共同設置」、「地域の大学群の連合・連携」、「大学の枠を超えた大学間連携による教育研究の活性化」の三つを挙げ、関連して競争的事業の募集を始めたことで、多くの大学は補助金の獲得を目指して、これに飛びついた。

こうした一連の動きを踏まえ、二〇一三年六月一四日に閣議決定された教育振興基本計画の中に、「国立大学の機能強化に向けた改革の推進」を掲げ、次のように記している。

> 地域別・機能別の大学群の形成、大学・学部の枠を越えた連携・再編成等の促進等、機能強化に向けた国立大学改革を推進するため、全大学のそれぞれの専門分野ごとに強みや特色、社会的役割を明確化（ミッションの再定義）するとともに、国立大学改革プランを策定し、改革の工程を二〇一三年夏を目途に示す。また、大学間連携の多様な制度的選択肢の整備（国内大学と海外大学の本格的連携、一法人複数大学（アンブレラ方式）、国公私立大学等の共同による教育研究組織の設置等）等の制度的整備を含めたシステム改革等を検討・提案する。

まさに、ミッションの再定義を含む大学改革は、大学・学部の枠を越えた連携・再編成等の促進のための下地と読み取れる。

第三節　国立大学改革プラン

一　運営費交付金による組織改革の誘導

法人化当初から始まった「効率化係数」及び「経営改善係数」は二期には廃止され、それに代わって新しく「大学改革促進係数」として対前年度一％の削減は引き継がれることになった。文科省は、この削減相当分の経費を活用して、改革に積極的に取り組む国立大学法人に対して「特別経費」の名目で重点配分することにした。この特別経費は、文科省が提示する次の六項目、

① 国際的に卓越した教育研究拠点機能の充実
② 高度な専門職業人の養成や専門教育機能の充実
③ 幅広い職業人の養成や教養教育機能の充実
④ 大学の特性をいかした多様な学術研究機能の充実
⑤ 産学連携機能の充実
⑥ 地域貢献機能の充実

から最大四項目を大学が選択（中期目標期間中は固定）し、それに応じて支援を行う仕組みである。

この背景には、二〇〇五年の中教審答申「我が国の高等教育の将来像」で言及されていた「大学の機能別分化」があり、それに向け、予算配分を通して誘導させる狙いがあったと思われる。ちなみに、この答申では、大学の機能別分化について次のように書かれている。

高等教育機関のうち、大学は、全体として
・世界的研究・教育拠点
・高度専門職業人養成
・幅広い職業人養成
・総合的教養教育
・特定の専門的分野（芸術、体育等）の教育・研究
・地域の生涯学習機会の拠点
・社会貢献機能（地域貢献、産学官連携、国際交流等）
等の各種の機能を併有する。各々の大学は、自らの選択に基づき、これらの機能のすべてではなく一部分のみを保有するのが通例であり、複数の機能を併有する場合も比重の置き方は異なるし、時宜に応じて可変的でもある。その比重の置き方がすなわち各大学の個性・特色の表れとなる。各大学は、固定的な「種別化」ではなく、保有する幾つかの機能の間の比重の置き方の違い（＝大学の選択に基づく個性・特色の表れ）に基づいて、緩やかに機能別に分化していくものと考えられる。

これが、大学が自らの手で機能分化を選ぶ第一歩となった。

二　機能強化は大学の区分化

すでにふれたように二〇一二年に「大学改革実行プラン」が出された後、内閣府の教育再生実行会議や中央教

育審議会などの審議を踏まえ、文科省は「今後の国立大学の機能強化に向けての考え方」（一三年六月、一四年七月改訂）を示し、国立大学改革プラン（一三年一一月）をまとめた。このプランは第三期中期目標に向けた文科省の考えと覚悟がうかがえる。特に大学の組織に関わるものとしては、大学としての機能強化の方向性として具体的に、

・世界最高の教育研究の展開拠点
・全国的な教育研究拠点
・地域活性化の中核拠点

の三つの類型を提示したことである（これに関連しては序章を参照）。

大学の機能分化は、二期の特別経費に際して、「六項目のうちから最大四項目を選択」とするのでは選択の幅が広すぎ、結果的に各国立大学の強み・特色をより伸ばすことにつながらない。そこで、三期の運営費交付金を再配分する「重点支援」制度では、この機能別三類型の中から一項目を選択することで、「国立大学改革プラン」で示した大学の機能分化の実現を図ろうとしたのである。こうして機能別強化をテコに、大学群を三つのグループに類型化し、それを運営費交付金等の傾斜的・重点配分の枠組みとしたのである。

先行したミッションの再定義が学部の機能強化であるのに対して、大学の機能強化は、国立大学をこの三つの類型に区分することであった。ミッションの再定義のとき感じたのは、学部の再定義はよいとして、これを各学部の視点だけで進めた場合、大学の一体性はどうなるのだろうかという疑念であった。しかしそれは、上記三つの枠組みでの機能強化の方針が先にあり、それに向かってミッションの再定義を先導させたとすれば、辻褄が合う。

かつて新国大協発足総会（〇四年四月）のおり、「国立大学は当たり障りのない議論ばかりしている。互いに共通の課題を持つグループ同士で議論できる場を設けたらどうか」と提言したことがあった。その時の会長の反応

は「国大協を割るような意見は慎んでほしい」と、私の真意は伝わらなかったが、学長の中には同じ考えをもっている方も少なくなかった。この考えはその後も持ち続けていたので、最後の国大協総会（〇五年一一月）で、「国大協活性化への提言」を事務局に提出するとともに、各学長宛にもそれを送付した。その中の一項目「大学の活性化につなげる国大協の意見集約のあり方について」の中で、次のように書いた。

「規模や性格等類似性の高い大学同士で組織されるグループによる議論の場をもうけ、そこでの提案を国大協に反映できるよう努めることが必要と考える。例えば、法人化後の地方大学は大学の運営や経営の面で極めて多様な課題を抱えている。こうした課題の多くは個別大学固有のものだけでなく、地方大学にとって共通の極めて重要な課題が多い。地域における国立大学の役割を考えるとき、それぞれが個性をみがき、発揮しつつ、各大学が地域社会との交流の面で連携・協力することは当然として、より広く共通的な課題に対しても積極的に情報や意見交換を行う場が必要である。こうしたグループ別の議論の場が実現すれば、グループごとに大学が抱える具体的な課題に関して議論が深まり、その中で競争と連携が働き、国大協自体の活性化につながると考えられる」

当時想定したグループ分けは、「大学改革実行プラン」で三類型化が示される六年前であるが、国立大学の機能を大きく分ければ、誰が考えても同じような考えになるであろう。しかし結果は同じでも、大学が主体的に選んだものと、追い込まれて選んだものとでは大きな違いがある。もちろん、当時の考えでは運営費交付金等の傾斜的・重点配分は論外である。真の意味での、大学の自主性・自律性が保たれているか否かである。

いずれにしても、大学のとるべき道は、この選択をどう生かし、いかに教育研究の発展につなげるかである。文科省は各区分内で互いに改革を競って欲しいということだろうが、大学は競争を煽られるのではなく、類型化された大学群の中で互いに連携をとり切磋琢磨することである。もちろん、この連携の場の設定は、国大協のリーダーシップに期待するところであった。

三　大学の教育研究の変質

文科省が大学改革に言及する文書の中には、「少子高齢社会、財政状況の悪化、地方の過疎化、グローバル化、新興国の台頭による国際競争の激化」といった現在わが国が直面している諸課題を大学改革推進の建前の一つに掲げている。

教育基本法第七条には「大学は、学術の中心として、高い教養と専門的能力を培うとともに、深く真理を探究して新たな知見を創造し、これらの成果を広く社会に提供することにより、社会の発展に寄与するものとする」とあり、さらに第2項には「大学については、自主性、自律性その他の大学における教育及び研究の特性が尊重されなければならない」とある。しかし、文科省が言及している内容は、こうした理念より、社会の課題解決に役立つ教育研究を進めるということを優先させているのである。

文科省が随所で掲げ、強調する「社会的要請への対応」や「課題解決」は、実質的には産業界の要請に応えることであり、それに沿った財務省の政策方向でもある。端的には、国家戦略として、大学は企業が求める先端技術の研究や人材養成をすればよいということであり、それは戦前の大学が戦争に役立つ教育研究に向かった論理に通じる。いまや大学は、本来の理念を推進できないまま、受け身に回った結果、現実対応の論理に巻き込まれてしまったかにみえる。

学長時代は、大学の目的に社会貢献が組み込まれることに賛同し、それに向けた努力を払った。しかしここに至って、考え直す必要がある。それは大学が主体的に考え模索する社会貢献ではなく、産業界の要望に沿うことが社会貢献とされ、外から押し付けられた「貢献」に変質したからである。そこには大学が追い詰められ、教育研究が変質させられている姿がある。もし法人化以前に、文科省がこれと同じことを進めようとすれば、国家権力の大学への介入と映ったであろうが、いまやそれが、大学が自主的・自律的に選択したこととされている。政策的財源・資金を使って大学を誘導し、自ら選ぶ形をとれば、国が押しつけたことにはならないからである。法人化の真の狙いはここにあったのだろうか。

法人化すると、大学の自主性・自律性がより保証されるとしていたが、その実、法人化後は、国の介入に対する大学側の抵抗感が弱まり、逆に、従属性がより強まったようにさえ見える。いわば「自発的従属」ともいうべき事態である。

いまこの国が抱えている諸課題に目をつむるということではなく、現場で教育研究を支え担っている教職員が自らの判断と意志で、時代の課題に応えうる改革を進めることこそ肝要である。もし、その意味での主体性をなくしたことに気付かないまま、文科省版の改革メニュを受売的に進めるとすれば、事態は深刻であり、大学は「理念なき改革」の渦にほんろうされるばかりである。

第四節　狭まる選択の幅

一　姿を変えた遠山プランの再現

「遠山プラン」は昔の話だと思う向きがあるかもしれないが、そこで言われている三つの内二つは、法人化によって実現している。残りの一つが「国立大学の再編・統合を大胆に進める」である。そこには各大学や分野ごとの状況を踏まえ、再編・統合を進めるとあった。例えば、

・教員養成系など→規模の縮小・再編（地方移管等も検討）
・単科大（医科大など）→他大学との統合等
・県域を越えた大学・学部間の再編・統合など、

だが、それとともに、競争的環境の下で競争的資金を拡充し、評価結果に基づいて資金を重点配分することで、国公私「トップ三〇」大学を世界最高水準に育て上げるともしている。

まさに、今進められようとする動きと瓜二つではないか。遠山プランでの「各大学や分野ごとの状況を踏まえ」はまさに、ミッションの再定義のそれである。では、再編・統合は今後どのように進むのであろうか。

すでにみたように、二〇一六年度から各大学は、機能強化促進経費の申請枠とされている三つの重点支援枠である地域貢献型／全国的教育研究型／世界卓越型のいずれかに属している。今は、競争的経費の申請枠であるが、そのうち、各大学が担うべき機能の枠組みとなり、国立大学が三つに分別・分断されていくとみなければならない。

事実、産業競争力会議「新陳代謝・イノベーションWG（第九回）（テーマ：大学改革・イノベーション）」（二〇一五年五月二二日）において、藤井文科副大臣は「大学の将来ビジョンに基づく機能強化を推進する。国立大学法人運

営費交付金の中に、三つの重点支援の枠組みを新設し、それぞれの枠組みの方向性に応じた評価を行い、メリハリある配分を実施する。これにより、新研究領域の開拓や、地域ニーズ、産業構造の変化に対応した人材育成等を行う組織へ転換を促す」と述べている。文科省が描く青写真は、いまや明らかである。それは三つの重点支援枠ごとの、資源の差別的配分であり、自主性・自律性に名を借りた大学組織の解体的再編である。

二　追い込まれる大学

いまは機能強化促進経費配分のための重点支援枠だが、今後、文科省主導の大学改革のシナリオに従い続ければ、大学はますます追い込まれていくだけである。試みに、区分の先に予想される大学のストーリーを描いてみよう。

〈地域貢献型大学〉

地域貢献を選んだ大学の教育研究は大きく変質していく可能性がある。おそらく教育は職業教育に専念する専門学校化し、研究も地域の産業界に奉仕する、応用中心の研究に進むのではなかろうか。これは安倍総理が二〇一四年五月のＯＥＣＤ閣僚理事会の基調演説で、大真面目に「私は、教育改革を進めています。学術研究を深めるのではなく、もっと社会のニーズを見据えた、もっと実践的な、職業教育を行う。そうした新たな枠組みを、高等教育に取り込みたいと考えています」と発言をしている。おそらく新たな専門職業大学が念頭にあったのかもしれないが、それに留まらないのではなかろうか。

地域貢献型大学を待ち受けているものに、再編・統合がある。再編・統合のあり方にはさまざまな可能性があるが、その一つは県に移管され、同じ県内の公立大学と統合するか、周辺の私立大学を吸収することで、新しい方向を模索していく道である。もう一つは、近隣の国立大学同士が連携して一法人になるアンブレラ方式の可能性である。

もし将来道州制になれば、一挙にこの方式が進むかもしれない。

再編・統合といっても、大規模なインフラ整備を要するものは財政的な困難さもあることから、それぞれはキャンパスとして残しながら、ミッションの再定義で共通のものは統合される可能性が高い。分かりやすい例が、教育学部の進む道である。新課程（ゼロ免）を廃止して教員養成に特化した学部は、将来の教員採用の減少で、さらに規模の縮小が予想される。そうなれば、複数の大学の教育学部を統合するのが効率的となる。残った教職大学院は、県等に移管され現職教員の再教育にあたるとともに地域教育の研究機関になる。これは、かつて「在り方懇」の報告書「今後の国立の教員養成系大学学部の在り方について」（二〇〇一年一月）で示された再編・統合の姿に近い。

〈全国的教育研究型大学〉

この方向を選ぶ大学は、その特徴をさらに発揮し、全国的な視点で高度専門教育にあたり、その分野のエリート養成を目指すことになろう。我が国に一つしかない、音楽・美術など芸術系や医系の専門教育研究を担う大学は、単独で持続・発展が可能だが、分野が似たような大学は、地理的に離れていても姉妹校的かキャンパス校の形をとって一法人に集約される可能性がある。その前例は「法人化」を機に全国の四分野・一七の国立研究所を一括した大学共同利用機関法人にある。

〈世界卓越型大学〉

これを選んだ大学は「今後10年で世界大学ランキングトップ１００に10校ランクイン」の目標を課されて、手厚い保護がなされる一方、激しい競争を強いられる。さしあたり、国の方針に従って、特定研究大学（指定国立大学法人）を目指していくことになろう。

こうして単独で生き残るのは、旧帝大プラスα程度であり、残りの大学が、その機能に応じて発展しようとするなら、他の可能性を模索することになろう。その一つが、アンブレラ方式の基幹校としてより機能強化を進めていく可能性である。しかし、そのためには、世界に伍して頑張ろうとするだけでなく、普段から近隣の大学との連携を強化し、他大学からも信頼される大学になることが前提になるだろう。

法人化をめぐる議論の際にもった危惧の一つが、法人化によって格差が一層広がるのでは、ということであった。そして、それが現実になった。しかし、いまや、格差という量の問題を越えて、差別という質の問題に変わっていくのではという危惧である。それは、国立大学が学校教育法でいう設置目的とは異なる大学に変質するということでもある。例えば、研究は自己の知的関心の下に進められる多様でロングレンジの研究と、短期的成果が得られる、すぐに役立つ応用研究に分かれる。また教育も、組織を動かし、人を使う人間に育てるのか、実践的スキルを叩き込まれた即戦力としての人間を育てるかの違いである。

まさかそこまではならないし、そうなるまいと頑張る大学も多いだろう。しかしそれなら、一〇年先、三〇年先に向けて、どのような大学を目指すのか、その構想力と明確なビジョンが試される。大切なことは、大学が真の自主性・自律性を、どう取り戻すかである。それがなされなければ、国の方針のままに、自らを存亡の淵に立たしめるだけである。単なる希望的観測や楽観は許されない。この国の持続可能な将来を視野におさめた、大学の豊かな長期ビジョンとグランドデザインが待たれる。

教員養成はこれでよいのか

「大学改革実行プラン」が出された同じ年に、私は「教員養成系大学学部は何を目指すべきか」（教職課程平成二四年一〇月）と題して書いたことがある。その中で、次のように教員養成の多様性に触れた。

「地方国立大学の教育学部が教員養成に特化する傾向がみられるが、私は教育学部も免許を卒業条件に課す制度は止めたらどうかと思う。理由は大学受験の段階で教師を目指すより、大学の学びの中で、教師を志望するようになった学生の方が優れた教師になるのではと思っているからである。その点で，従来の教員養成系大学・学部のように、入学時から学生を画一的に教育するのではなく、キャリア教育の中で真に教師を目指そうとする学生を対象にして、大学院進学への一貫教育も含め徹底的に育てる仕組みを組み入れたらどうだろう。今こそ、大学の真の自主性や自律性が試されるのではなかろうか。」

この考えは、かつて教育学部長を務めた時期に、教員採用の減少への対策として、当時の文部省が、教育学部に新課程の設置を指導した際の私の反論であった。

その後、本文でもふれたように、教員養成大学・学部については、組織編成の抜本的見直し・強化するとし、教職大学院への重点化と新課程の廃止を打ち出した。

結局、大学は自主性の名の下に文科省の方針に従わなければならなくなり、今まであった新課程を廃止するとともに、文理融合型の新学部を設置する動きが進み、国立大学の教育学部に教員養成以外は排除し、学校現場で必要とする資質能力を育てることに特化するという、戦前の師範学校化に向かうことになった。

私はこうした動きを全否定するものではないが、とくに地方の国立大学にあっては、学校の中の世界に閉じた教育を考えるのでなく、地域社会とも連携の取れる、多様な資質を持った人材の育成が重要で、そのためにも、大学における教員養成にはもっと多様性を持たせることが大切と今も考えている。

（田原博人）

coffee break

第一一章　大学の「自主性・自律性」を問う

大学の「自主性・自律性」は、本来、学問の自由、大学の自治に由来し、その全面展開こそ、大学を大学たらしめる組織・秩序原理であろう。それが法人化の経緯と、それに続く一連の大学「改革」推進の過程で、国や文科省が、「自主性・自律性」をどのような意図でどう用い、大学がそれにどう対応したのか、その変容の姿を今日の国立大学の諸状況に照らして検証しなければならない。すでに各章で自主性や自律性に関して触れてきたが、にもかかわらず、本章のテーマを、あえて大学の「自主性・自律性」としたのも、本書が国立大学法人の歴史的検証を試みる上で、これを大学の存立に関わる核心的フレーズとみたことにある。すなわち、「自主性・自律性」がその実質においていかに確保され、法人化の経過の中でそれがどう変容せしめられているのか、大学の根源的なあり様を問い返すよすがと考えたからである。

第一節　法人化の経緯と自主性・自律性

一　「特例措置」にみる自主性・自律性

第一章で見たように、一九九九年四月、小渕内閣は、「国立大学の独立行政法人化については、大学の自主性を尊重しつつ大学改革の一環として検討し、平成一五年までに結論を得る」とし、行財政改革の枠組みの中で、国立大学を法人化する方針を確認した。これを受けて、同年八月、有馬文部大臣は今後の国立大学等の在り方に関する私的懇談会（「在り方懇談会」）を発足させ、九月中旬まで計五回にわたる会議で有識者の意見を聴取した結果を、同年九月二〇日召集の臨時国立大学長等会議において、「国立大学の独立行政法人化の検討の方向」として提示した。その際、文部大臣は、国立大学の教育研究の特性を踏まえて、独立行政法人制度に「特例措置」を講ずることで、大学の自主性・自律性を拡大し、個性化のさらなる進展が可能となると表明した。

具体的には、大学の組織編成、教員配置、給与決定、予算執行等の面で国による諸規制が解かれ、大学の自主性・自律性がより拡大するとしている。それによって、教育研究や教職員の配置等大学運営全般にわたり、より自由な制度設計が可能になるとし、主務大臣による中期目標の策定と中期計画の認可や、学長を含む教員の人事においても、大学の自主性・自律性が確保されるとした。なお、評議会や教授会、運営諮問会議（法人化後の経営協議会）は、大学の自主的・自律的な意思決定に不可欠の組織として法令に規定し、中期目標を定める際、文部大臣に各大学からの事前の意見聴取義務を課すなどを明示するとしている。そこでは、独立行政法人制度を基本的枠組みとしつつも、大学の特性を踏まえた「特例措置」を講ずることで、大学の自主性・自律性の拡大と組織運営上の自由度が確保できるとしたのである。

その後、国立大学の法人化に向けた政府・文部省の強い姿勢を前に、国大協は、〇〇年六月の総会で、独立行政法人通則法を、そのままの形で国立大学に適用することには、今後とも「強く反対」するとの姿勢を堅持した。しかし、その一方、国大協内に「設置形態検討特別委員会」を設けるとともに、文部省の調査検討会議にも積極的に参加し、政策提言していくことを確認した。国立大学法人化に対する国大協の姿勢は、この時点で、事実上、大きく転換したのである。

二　法人格による自主性・自律性への期待

「新しい『国立大学法人』像について（最終報告）」は、冒頭、「知」の時代といわれる二一世紀において、「大学の責務は極めて重大である」という書き出しで、法人化を契機とした改革と新生こそ、新しい世紀の要請に応え、わが国の「知」を支える国立大学の姿である、と述べている。

その上で、最終報告は、「大学改革の推進」／「国立大学の使命」／「自主性・自律性」の三つを《前提》として、国立大学法人化の検討を進めるとした。とくに注目すべきは、国立大学が法人格を得ることによって、大学の自主性・自律性と運営上の裁量が拡大されるとしている点である。すなわち、大学の教育研究活動は、「教育研究者の自由な発想や、大学人自身による企画立案が尊重されることによって、初めて真に実りある展開と発展がみられる」とし、法人化後の新しい国立大学像の設計に当っては、「大学としての自主性・自律性が十分に尊重される制度であることが、当然の前提である」というものである。そして、今後、大学改革を推進していくためには、財務、人事、組織編制などで、大学の円滑な運営に障害となるような規制はできるだけ緩和し、運営面での大学の裁量を拡大することが必要だとしている。今後、大学の特色や個性を一層伸ばすよう、大学独自の工夫や方針を活かした柔軟な制度設計を可能にすることで、法人化が国立大学の多様な発展に途を拓くことになる、というのである。

この最終報告を受けて、〇二年四月一九日、国大協の長尾会長は次のような談話を発表した（詳しくは第一章参照）。その中で、大学の自主性・自律性に関しては、「国の予算による所要の財源措置を受けつつそれぞれの自己責任を一層明確にし、その自主性・自律性によって教育研究の高度化と国際的なレベルにおける発展を可能にしようとするものである」とし、「中期目標は、文部科学大臣が定めるとはいえ、大学側がその基本的な目標に基づいて提出した原案を十分尊重して定めるための制度的な担保が加えられている。（中略）さらに、組織業務、人事制度でも大学の意向を尊重するなど、多くの重要な部分で、実質的に大学の自主性・自律性が確保されている」と明言した。その上で、長尾会長は「国大協はこの最終報告の制度設計に沿って、法人化の準備に入ることとしたい」との意向を表明した。加えて、法人への移行に際して、大学の意向と自主性・自律性を十分尊重することや、関係法令の策定に当っては、大学の自主性・自律性を殺ぐことのないよう、政府に特段の配慮を求めていくともした。ここでは、自主性・自律性の確保が、国大協の法人化容認への方針転換の重大な拠りどころとされたのである。果たしてそうなったのであろうか。

三　自主性・自律性をしばる二つの「プラン」

すでに第一章で見たように、〇一年六月、文科省は同時に二つの「プラン」を提示した。すなわち、「遠山プラン」と「大学を起点とする日本経済活性化のための構造改革プラン―大学が変わる、日本が変わる―」である。前者は、①国立大学の再編・統合を大胆に進める、②国立大学に民間的発想を導入する、③大学に第三者評価による競争原理を導入する、の三つの柱からなる「国立大学の構造改革プラン」であり、後者は、民間的経営原理の導入による法人化が、国立大学の教育研究の成果を新産業の創出や先端分野で活躍できる創造力ある人材の育成などで、産業経済の活性化につながるとする、大学改革の方向性である。

とくに後者は、「大学を核とした三つの改革」として、「世界最高水準の大学づくり／人材大国の創造／都市・地域の再生」を大枠とし、それに向けた「改革の方向性」と、期待される達成の「具体的プラン」から成っている。例えば、「改革の方向性」の一つ、「大学発の新産業創出の加速」では、〈大学発の成果の産業化の目標〉として、特許の取得・企業化や大学発ベンチャーの創出が、また〈目標達成のための大学の取り組み〉として、全理工学部にビジネス講座を設置し起業家人材を育成、企業人を積極的に受け入れた共同研究の推進等による研究に企業ニーズを反映、学内施設の利用促進と共同研究センターの機能強化、などを掲げている。そこには、理工系分野を核に、大学の資源と成果の、経済・産業企業への取り込みを可能にする、「大学改革」への期待があふれている。

まさに、「日本が変わる」⇕経済活性化を、「大学が変わる」⇕大学改革に直結させた、リニアな思考回路からの構想である。その意味で、この二つの「プラン」は、産業界の要請に沿った、相互補完的な政策パッケージという他はない。法人化につながる、大学改革の狙いがここに如実に示されている。そこには、「学問の自由」、「大学の自治」に根ざした大学の自主性・自律性は、その余地を見出すことができない。

四　国会審議から見える自主性・自律性

文科大臣は法案提出に当たり、「大学改革の一環として、国立大学法人等を設立」し、「自律的な環境の下で国立大学をより活性化し、優れた教育や特色ある研究に積極的に取り組む、より豊かな魅力ある国立大学を実現することをねらいとするもの」と述べている。さらに、法人化に当たっては、「日本国憲法第二三条に定める学問の自由及びその精神に由来する大学の自治の趣旨を踏まえ、大学の自主性・自律性等の特性へ配慮しつつ、高等教育・学術研究に対する国の責任を果たす観点」が堅持されているとし、⑴学長の任命は大学法人の申出に基づいて行い、⑵文科大臣が中期目標を定めるに当っては、大学法人から意見を聴取・配慮し、⑶業務評価については、別に国立大学法人評価委員会を設け、また特に教育研究に関しては大学評価・学位授与機構が行う専門的な教育研究評価の結果を尊重する、などとしている（文科省資料・二〇一三年一〇月二九日文科省国立大学法人支援課）。

すでに第二章でも触れた国会審議の過程でも、大学の特性を踏まえた大学の自主性・自律性が、随所で繰り返し確認されている。例えば、〇三年四月三日の衆議院本会議で、国立大学法人法案に対する野党議員（山口壮）の質問に、遠山文科大臣は、国立大学が「教育研究を自律的に推進する知の拠点であるという特性を踏まえて」、大学が「教育研究の高度化や個性豊かな大学づくりに取り組む上で、その自主性・自律性を尊重し、活性化を図ることは極めて重要である」と答え、「国が責任を持って予算措置を行うため、中期目標の策定など必要最低限の関与」は必要としつつも、中期目標の作成においては大学の意見に配慮するなど、「大学の自主性・自律性を十分尊重することが必要である」としている（一五六回衆議院本会議第二〇号）。文科大臣による同趣旨の発言は、文部科学委員会や参議院でも繰り返されている。例えば、「学長の任免や中期目標の策定等については、大学の自主性に配慮した仕組みを定めている」（衆議院文部科学委員会第八号）ことや、中期目標を大臣が定め、指示するに当たって、「大学の教育研究の特性への配慮義務」や「事前の聴取義務」は法律上明確だとし、そこから「中期目標の実際上の作成主体は国立大学法人とも解せられる」と述べている（同委員会第一二号）。

両院での法案採決に当たり、衆議院で一〇項目、参議院では二三項目にのぼる附帯決議が採択なされた（一八二

〜一八六頁参照)。

ここでは、国会審議で表明された自主性・自律性の尊重が、集約的に確認されている。例えば、衆議院附帯決議では、冒頭1において、「国立大学の法人化に当っては、憲法で保障されている学問の自由や大学の自治の理念を踏まえ、国立大学の教育研究の特性に十分配慮するとともに、その活性化が図られるよう、自主的・自律的な運営の確保に努めること」としている。同様に、2の学長、役員会、経営協議会、教育研究評議会等での自主的・自律的な意思決定や、4の中期目標の作成、中期計画の認可と、5の中期目標等の業績評価と資源配分を結びつける際にも、大学の自主性・自律性を尊重する観点に立って、適切かつ慎重に行うことを求めている。参議院の附帯決議もほぼ同様である。大学の自主性・自律性の尊重を求める附帯決議は、衆参両院合わせて九項目にのぼる。

国立大学法人法をめぐる一連の国会審議の中で、大学の自主性・自律性の尊重・確保が、憲法原理（第二三条）に由来するものとして、さまざまな場面で語られ、強調されている点に、改めて留意しなければならない。

第二節　自主性・自律性の現実

国立大学は、法人化によって、いうところの《自主性・自律性》が果たして確保・拡大されたのかである。法人化後の、一連の大学「改革」推進の過程で、確認・検証されなければならない。

一　自ら定めたのか「ミッションの再定義」

ミッションの再定義は、〈社会変革のエンジンとなる大学づくり〉を掲げて登場した、二〇一二年六月の「大学改革実行プラン」の中で、大学改革推進の柱として提示された。つづいて、文科省は、第三期中期目標期間に向けて国立大学改革を加速させるため、一三年一一月、大学の自主的・自律的な改善・発展を促す仕組みの構築に向けたとする「国立大学改革プラン」を策定・提示した。そこでは、大学の自律性は社会制度としての大学の本質であり、国立大学が自主的・自律的に自らの機能の再構築により機能強化を図ることが求められている、としている。狙いは、第三期における国立大学の運営費交付金や評価の在り方について検討し、抜本的に見直すことによって、とくに「教育研究組織や学内資源配分を恒常的に見直す環境を、運営費交付金の配分方法等において生み出す」ところにあった。つまり、大学機能の再構築、学内組織と資源配分の見直しを、運営費交付金の配分をテコに進めていくという仕掛けである。

「ミッションの再定義」は、各国立大学が、自らの強みや特色、社会的な役割を明確化し、同時に学内外の資源の有効な活用や教育研究組織の再編成などの実現のための戦略と結び付けられ、大学機能再構築のプロセスとして位置づけられた。その場合、国立大学全体の機能強化の政策的方向性と、それぞれの専門分野の振興、各大学の戦略を支援するための財政的・制度的な工夫、充実の在り方を検討・明確化し、その実現を図るとした。しかも、こうした各大学の強みや特色等を踏まえた機能強化のための戦略は、第三期の中期目標・計画の立案・策定の際の前提ともされている。

一二年一〇月、都内会場で文科省主催の「国立大学のミッションの再定義に関する説明会」が開かれ、坂東高等教育局長、芦立国立大学法人支援課長、合田企画官がそれぞれ、その意義と提案説明に当たった。そこでは、大学の各専門分野（学部教育・研究科ごと）に係る教育研究組織の設置目的、全国的または政策的な観点から、それぞれの大学がもつ強みや重視する特色、社会的な役割を明確化すべく、自らが「ミッションの再定義」を行い、それらに関するデータ（一〇月三一日締切り）を基に、文科省との意見交換を通じて、一二年度末を目途に各大学は各分野のミッションを取りまとめていくこととした。

文科省は「ミッションの再定義」に当たって、策定上の目安として、教育、研究、地域貢献について、それぞれいくつかの方向性を提示した。例えば、教育では、論理的・独創的な思考力や問題発見・解決能力の養成、コアカリキュラム、GPA制度の導入など。研究では、大学独自の重点的研究領域の創出や地域社会・文化の振興に寄与する研究の発展、国際的な研究ネットワークの形成。また地域貢献では、自治体や地域住民と協力した公開講座や地域文化の再興、心のケア活動などである。

各大学は、こうした教育・研究・地域貢献ごとの取り組みの方向性・指標に従って、それぞれの「強みや特色、社会的役割」を盛り込んだ、分野ごとの「ミッションの再定義」を策定し、文科省との意見交換に臨んだ。

例えば、人文・社会科学、学際・特定分野では、〔有為な人材育成を目指した特色ある教育〕として、「実践的な語学教育、アクティブラーニングを取り入れた実学重視の人材育成」（小樽商科大学）を、また〔地域振興・社会貢献に資する取り組み〕としては、「空間放射線量の測定及び地図化により、風評被害対策に取り組み、地域経済の復興を支援」（福島大学）が、そして〔大学の強み・特色ある研究〕では、「スラブ・ユーラシア地域及びアイヌ文化振興に寄与する研究」（北海道大学）等々である。こうして各大学は、文科省が示す策定上の目安・方向性に沿って、教員養成・工学・理学・農学・医学・薬学など他の専門分野でも、それぞれ各様の「ミッションの再定義」を策定・提示したのである。

文科省が敷いた路線の上を、限られた時間の中であわただしい作業を強いられて走る各大学の「ミッションの再定義」は、苦心と懸命さがにじみ出たアイディアの結晶であり、あたかも大学版〔ビジネスモデル〕総覧の趣である。

二　選択の余地の少ない機能別類型化

文科省は、二〇一三年六月、「ミッションの再定義」を、第三期中期目標期間を通じて、各大学が機能強化に取り組むための出発点と位置づけた「今後の国立大学の機能強化に向けての考え方」を公表した（一四年七月改訂）。すなわち、「ミッションの再定義」を通じて明確にされた、それぞれの専門分野の強みや特色を伸ばし、その社会的な役割を一層果たしていくため、ガバナンス機能の強化／人事・給与システムの弾力化／グローバル化に対応する世界トップレベルの拠点形成／イノベーション創出のための教育・研究環境の整備／理工系人材の育成強化などにより、機能強化を図るべきこととした。

同時に、そうした機能強化を具体的に進める上での「各分野における振興の観点」として、専門分野ごとの改革方向についてのガイドラインも示している。

例えば、人文・社会科学等分野では、強み・特色をもとにした教育・研究の質の充実、競争力強化を図るため、養成する人材の一層の明確化や、身に付ける能力の可視化に取り組み、全学的な機能強化の観点から、定員規模・組織の在り方を積極的に見直し、また教員養成分野では、実践型のカリキュラムへの転換や組織編成の根本的見直し・強化（いわゆる「新課程・ゼロ免コース」の廃止等）を推進するなどである。他方、理学系分野では、新しいイノベーションの基盤的要素を生み出す研究の推進や理学的思考力・実験技術の方法論を活かした高度専門職業人の養成などであり、工学系分野では、エンジニアとしての汎用的能力の獲得を支援する国際水準の教育の推進などで、グローバル化に対応した人材養成に注力する、などである。

その上で、文科省は、第三期に目指すべき機能強化の方向性として、「国立大学改革プラン」が示した三つの機能別拠点形成の類型を提示したのである。

すなわち、地域ニーズに応じた人材育成拠点の形成や地域社会のシンクタンクとしてさまざまな課題解決に貢献する地域活性化機関としての「**地域活性化の中核拠点**」／大学や学部を越えた連携による日本トップの研究拠点および世界に開かれた教育拠点の形成などとしての「**全国的な教育研究拠点**」／世界トップレベルの人材育成や最先端の研究成果の実用化によるイノベーション創出拠点としての「**世界最高水準の教育研究を展開する拠点**」の三つの類型である（関連して序章参照）。

これに応じて、各国立大学はいっせいに、機能強化に向けた自らの「取組構想」を策定し提示した。

例えば、岩手大学は『地域活性化の中核拠点』として、地域の再生・活性化を担う人材を育成するための教育研究組織の再編や学部横断教育プログラム」とともに、「グローバル化に対応した国際的な研究者養成のため、植物科学分野でサスカチュワン大学（カナダ）とのデュアル・デグリー・プログラム」の導入を検討するとし、また、横浜国立大学では、「ミッションの再定義を踏まえ、理工系人材のさらなる強化を目指し、工学府および環境情報学府を平成27年度に改組」し、「教育人間科学部人間文化課程について第二期中期目標期間末までに廃止、全学的な観点から資源を再配分する」などとしている。

こうした文科省流の、機能強化・機能別類型論に対する国大協の意見は次のようである。すなわち、「知識基盤社会において、大学力はまさに国力そのものである」とした上で、大学が自主的・自律的に、教育・研究、地域・国際貢献などで多様な機能を果たし、時代が求める諸課題に応えていくとき、「規模や組織形態により種別化し、機能を分化し固定化する方向で解決しようとする発想や手法は執るべきではない。短絡的な役割分担論は国立大学総体の縮小を招き、結果として国立大学総体が有する多様性を失わせるだけである」としている（国大協「国立大学の機能強化―国立大学の自主的・自律的な機能強化を目指して」二〇一三年五月二日）。けだし卓見である。国立大学の総意を集めた、この毅然とした姿勢と見識に、文科省は真摯に耳を傾けるべきであろう。

一方、文科省は、「第三期中期目標期間における国立大学の運営費交付金の在り方について・審議まとめ」（二〇一五年六月）において、「機能強化促進係数」により確保した一定額を財源に、機能強化に向けて「先駆的な改革を進める大学」に重点配分する仕組として、三つの重点支援の枠組を新設した。しかも、この「重点支援枠」は、先の機能別三類型の枠組みをそのまま転用したものである。すなわち、さきに明確化された各大学のミッションが、そのまま三つの機能別類型の枠組みに整理・区分され、そこから運営費交付金の「重点支援」（①～③）の枠組に読み替え、選別される構図である。こうして、八六の国立大学は、自ら選択した形をとって重点支援①に五五大学、②に一五大学、③に一六大学へと振り分けられたのである（序章五頁参照）。

こうして、各大学は、自らが策定した「ミッションの再定義」に沿って、三つの機能別類型のいずれかを自ら選ぶかたちで、ほぼ自動的に交付金配分の「重点支援枠」に組み入れられる経路を辿ることになる。これら一連の経過は、外形上は確かに、大学の自主的・自律的な判断と選択によるものであるが、その実質は、文科省主導の大学改革路線に沿った、ミッションと機能強化を名分とした、大学の《選別と格差づけ》への道に他ならない。

三　管理された大学の方向性

文科省はかねて、大学改革推進のフェーズとして、二〇一二年を改革始動期、一三、一四年を改革集中実行期、一五～一七年を改革検証・深化発展期とし、なかでも一六年度から始まる第三期中期目標期間を、改革実行の仕組みと支援措置の実施をへて、取組の評価・検証を進め、改革の一層の深化を図る段階と位置づけている。

さきの「審議まとめ」（二〇一五年六月）では、各国立大学はまず、機能強化の方向性や第三期を通じて取り組む内容を踏まえ、選択した重点支援枠に従って取組構想を提案することとしている。ただ、その場合、大学が支援の枠組みを複数選択することは、機能強化の方向性をあいまいにするので「適切ではない」とし、複数にわたる枠組みの選択にクギを刺し、枠組みの固定化を図ったのである。

こうして、大学自らが選択した「いずれか一つの枠組み」に従って、重点支援を受ける取組構想を中期目標・計画に書き込み、年度ごとにその進捗状況を確認・管理するための、大学独自の指標（ＫＰＩ・重要業績評価指標）を設定し、併せて支援の観点から、文科省が提示する指標で向上度を評価し、その評価結果を予算配分に反映させる仕組みが動き出したのである。

ここでも文科省は、中期目標・計画への書き込みに当たって、重点支援の枠組みごとに、踏まえるべき「観点例」を示している。例えば、重点支援枠①では、「全学的・組織的な体制の下での社会ニーズを捉えた人材育成」や「地域の政策課題の解決に向けた産学官や大学間のネットワークの構築」、「強み・特色ある分野をさらに伸長させる新興・融合分野の形成」などである。その上で、設定される評価指標についても、例えば、「地域教育への貢献」や「インターンシップの実施状況」、「共同研究・受託研究の実施状況」、「自治体の各種審議会等への教職員の参画」、「著書・論文の被引用数や研究成果の受賞状況」など、その例示はじつにきめ細かで、念が入っている。

しかも、文科省が提示する指標の選択に当っては、例えば、重点支援枠①または②での、専門分野の特性に配慮した、強み・特色ある分野に関する取り組みでは、「当該分野の教育研究における取組の卓越性や、世界的・全国的なネットワークの中核的な機能などの観点を重視」して設定する、としている。こうして中期目標期間中での、各大学の取組構想と内容も、その成果の検証・評価も、文科省が設定した観点例や指標に沿っていることが求められている。

事実、「国立大学の第三期中期目標及び中期計画の概況について」（国立大学法人評価委員会 二〇一六年三月二三日）に見える、第三期中期目標・計画における各大学の取組構想は、次のようである。

例えば、『教育研究組織の見直しに関する計画』として、「学部と大学院が一体となって教育を行う大学院体制の導入とともに、「科学技術創成研究院を中心として、新分野や融合領域等を推進する研究組織の構築」（東京工業大学）、「地域社会のニーズを踏まえ、地域包括ケアシステムのリーダーとなりうる人材を養成するため、『福祉健康科学科』を平成28年度に設置する」（大分大学）などである。こうして、第三期の中期目標・計画においては、「学部段階」で組織の見直しを計画している大学が四四法人、「大学院段階」では六六法人にのぼる。

また、『教育の質の向上に関する計画』では、例えば、「国際化に対応した全学的な教学マネージメントシステムの確立」（北海道大学）をはじめ、八二法人が「教育の質的転換を図るための新たな手法（アクティブラーニング等）」の導入を、七三法人が「教育課程の体系化に関する取組（ナンバリング・カリキュラムマップ等）」などであり、同様に『研究に関する計画』では、「異分野融合による新たな学術領域の創成」（大阪大学）をはじめ、八三法人が「特定分野の重点的推進」、七八法人が「学際的研究の推進」などである（国立大学法人評価委員会資料・「国立大学の第三期中期目標及び中期計画の概況について」二〇一六年三月二三日）。

こうして、第三期の中期目標・計画も、重点支援を受けようとする枠組みを、大学の自由な意思で「自主的」に選択した形をとりながら、現実には、文科省が設定した「方向性」や「観点」、「枠組み」、「例示」といった、文科省版の、余白の少ないデザインとシナリオを下敷きに書き込まれた、業務内容と組織運営の「改革構想」で多くが占められている。

文科大臣は、二〇一六年三月一日付けで、国立大学の第三期中期目標を提示し、それを受けて各法人が作成した中期計画を同三月三一日付で認可した。

四　本当によいのか、教員養成系・文系学部廃止路線

「教員養成系、人文社会科学系学部・大学院組織の廃止・転換」を求めた文科大臣「通知」（二〇一五年六月八日）は、その前年八月の国立大学法人評価委員会「国立大学法人の組織及び業務の見直し構想」をそのまま踏襲したものだが、そこでも、組織や業務全体の見直しに当っては、「憲法で保障されている学問の自由や大学の自治の理念を踏まえ、国立大学の教育研究の特性への配慮や自主的・自律的な運営の必要性等の観点に十分に留意する必要がある」と述べている。

第三期の中期目標・計画で、各大学は、すでに見たミッションの再定義、機能強化、重点支援などを組み込んだ「大学改革」の流れの具体化として組織の見直し・改廃を打ち出しており、二〇一六年度において、すでに学部・学科改組・再編はラッシュの様相を呈している。もちろん、その大勢は人文・社会科学系と教員養成系の学部・大学院での縮小や廃止、理・工系拡大の方向である。

例えば、岩手大学では、人文社会科学部の四課程を二課程に統合し、定員を一五人減らして二〇〇人に、教育学部は生涯教育・芸術文化の二課程を募集停止、工学部を理工学部に改組して五学科から三学科に再編し、定員を四〇増やして四四〇人に、農学部は四課程一学科を六学科に再編し、二〇人の定員増で二三〇人としている。まさに廃止を含む、全学的な再編・統合、改組のオンパレードである。

また名古屋工業大学では、工学部第一部を従来の七学科から五学科（定員一〇〇人）の創造工学教育課程（学部・大学院一貫教育課程）に再編するなどであり、高知大学では、人文学部の三学科を一学科に統合して「人文社会科学部」とし、理学部で定員を二七〇人から二四〇人に、農学部を「農学海洋科学部」に改組して、一学科から三学科に再編して定員を一七〇人から二〇〇人に増員する、などである。全体として、文系縮小、理工系拡大の方向であり、八大学が学部増設の予定であるという（NAVER―「国立大学の文系学部廃止最新まとめ」二〇一六年三月二八日）。

外形的にはたしかに、これら中期目標・計画での、廃止を含む一連の教育研究組織の改組や再編は、大学の特性と「ミッションの再定義」を踏まえた、自主的・自律的で、自由な選択と意思決定によるものとされているが、その実態は、明らかに「大学改革実行プラン」（二〇一二年）から「国立大学改革プラン」（二〇一三年）へとつづく、文科省主導の奔流のような大学改革路線に沿ったプロセスと到達点である。すなわち、機能強化にことよせた機能別類型や「六・八通知」は、運営費交付金の配分と結びつけた重点支援枠を通じての、がんじがらめの改革圧力・政策誘導の結果に他ならない。この場合、大学の自主性・自律性は、もはや形骸でしかない。

第三節　自主性・自律性の歪曲と虚構

すでにみたように、《自主性・自律性》は、法人化に向けた政府当局の発言や国会審議での言説と、その後の大学「改革」推進の過程で、文科省が随所で強調してきた常套のフレーズであった。字義通りにいえば、国立大学は法人化によって、行政機関の一部ではなくなったことで、国のさまざまな規制から解き放され、組織体としての《自由度》が増し、業務運営における《自主性・自律性》はより拡大するはずである。確かに、国立大学当時、大学の自主的・自律的な組織運営の前に立ちはだかったのは、国の規制や法であった。しかし法人化後は、それらに代わって、文科省が、法人制度に組み込まれた、目標管理システムを基軸とした、新たな統治システムを駆使して、大学の自主性・自律性を事実上形骸化せしめたのである。この、一見ソフトパワーの仕組みは、その点運営費交付金の配分や許認可権と結びついて、大学にとっては、あたかも〈万力〉のごとく働く装置として振る舞うことになる。

国・文科省は、この間、着実に進めてきた一連の大学改革を「社会変革のエンジン」に見立て、大学における知の創出機能を最大化し、持続的な〝競争力〟のもとに、高い付加価値を生み出す国立大学づくりを目指す、としてきたのである。そうした文脈の中で策定された国立大学のミッションは、一八歳人口の減少やグローバル化の進展、イノベーションの創出といった、この国が直面する大状況を前に、社会の負託に応えて、大学自らその使命を明確にすべきとした名分によったものである。各大学が掲げ、表明したミッションは、教育研究機関としての規模や組織編成、地域性、成果・実績などでのパフォーマンスを踏まえて、自らの改革方向を選択し、自ら策定したはずのものである。外形的には、たしかにそうである。

しかし、現実にミッションの再定義につづく、機能別類型・重点支援枠の選択では、大学改革推進のさまざまな「プラン」や「通知」によって敷かれた文科省路線の上で、〈観点〉や〈方向性〉、〈例示〉、〈留意点〉などをガイドポストとした、行政上設えられた所与の選択肢の中での、限定された「選択」でしかない。そうした中にあって、それぞれの大学は、能うる限り自らのよりよい発展を目指して、さまざまな検討を重ね、進むべき方向を選択したに違いない。しかし、そこには、文科省が示唆する選択肢以外に、可能な道は残されていないと判断せざるをえなかったはずである。ミッションの再定義の段階で、選択の多様性は狭められ、いずれかの選択を迫られた大学の苦渋が目に見える。多くの場合、限られた選択肢の中で組織の見直しが行われるとき、そこにはもはや、大学の真に自主的・自律的な判断も、自由な意思決定による選択も許される余地はない。例えその道が妥当にみえても、そこにあるのは、作為的で歪曲された、いわば「管理された自主・自律」の姿である。そうした事態はどうして起こったのかである。

一つには、大学にとって、組織運営上の生命線ともいうべき財政基盤・運営資金の確保・措置における《自主権》の所在である。今日、国立大学の財政は、三つの重点支援枠を基本に、概算要求を通じて、運営費交付金や補助金等の配分・交付によって措置される形である。大学に実質的な《財政自主権》はなく、大学の組織運営にとって死活的な予算の確保と配分は、文科省（実質的には財務省）の政策判断に委ねられている。そこから、現実には、予算配分の政策判断と一体化した、ミッションの再定義や機能別類型・重点支援枠の全体が、教育研究組織の再編や教育研究システム改革を駆動させる力として働いているのである。文科省は、常々、国立大学に対する財政措置（国民の税金）を理由に、大学に対するあれこれの「関与」の当然性を公言して憚らない。

事実、各大学は、二〇一六年度の概算要求においても、文科省が三つの枠組みごとに提示した、支援の観点や留意点を受けて、それぞれの枠組みを選択し、組織改編など、機能強化のための具体的な工夫や方策・取組構想を盛り込むことが求められている（「審議まとめ」二〇一五年六月）。

法人化後、十余年を経た今日、国立大学は、文科省による財政誘導や許認可、評価をテコとした、巧みな間接統治の網の目の中で、大学本来の自由で多様な教育研究・社会貢献において、期待されている《知の創出拠点》としてのポテンシャルを次第に衰退させつつある。そうした現実は、真の意味での大学の自主性・自律性に基づく、自由な発想からの息の長い研究や、多様かつ汎用性の高い「知の力」と豊かな感性に裏打ちされた「人間力」をはぐくむ教育、さまざまな課題を抱える地域社会への教育研究機能の還元・貢献などに取り組むべく、国立大学に託された本来のミッションとはほど遠い。

法人化は、戦後、憲法原理を支えとし、時代の変化の中で、この国の《知の拠点》として発展をとげてきた国、い、い、い、い、立大学レジームを、大きく転換させたと見なければならない。いまや国立大学は、財政的に不安定で、脆弱な体質と化し、研究費の慢性的な飢餓状態と枯渇に苦しみ、外部資金の獲得に結びつく、短期的な「成果」の発信に汲々としている。近年、研究成果の〈デュアルユース〉を掲げた、政府・防衛省の「軍事研究」への応募も、こうした研究費の絶対的不足と飢餓に苦しむ研究現場からの、起こるべくして起こった悲痛な現実であろう。

大学自身、国の敷いた改革路線に乗り、つぎつぎと繰り出される政策課題に機敏に応えることを生き残る条件とし、効率と成果を一義的価値とする組織運営に徹しつつあるように見える。それは、文科省主導のがんじがらめの大学行政に対応する国立大学の「擬態」なのか、それともいまやそれが、現実を生きる知恵として体質化し、習性化した姿なのかである。

法人化後、文科省が推し進めてきた大学「改革」は、ほぼ工程どおりの進捗を示しているかに見える。しかし、こうした《改革》の現実が、教育研究の現場を担う大学教職員の目線と、そして何より受益者たる学生の期待と満足度を高める大学づくりにつながっているのかは疑問である。

それにしても、目に付くのは、肥大化した行政権を手に、自己肯定力の旺盛な政策デザイナー集団としてのこの国の官僚の振舞いである。彼らの前で、大学の自主性・自律性はいよいよ形骸化され、虚構のものとなるばかりである。しかし、二一世紀に生起する複雑で困難な解決課題を前に、真に自主的・自律的な大学の再生を果たし、人類社会の存亡を懸けた、時代の切実な期待に応えうる、大学づくりへの責任は大きい。

以上みたように、大学の《自主性・自律性》は、法人化の過程で、あたかもポジティブな意味をもつタームとして随所で用いられてきたが、矢継ぎ早やの大学「改革」の下で進んでいる事態は、その名分とは裏腹の現実である。

ここでは、改めて、言葉・用語のもつ両義性に思いを致さなければならない。すなわち、日常用語がもつ字義通りの「一般的な意味」（名分）と、それを特定の意図の下に、「特別の意味」を託して用いる場合での、語用法上の両義的で背反的な意味関係である。法人化をめぐる議論や今日の大学改革の中で、そのもつ「一般的な意味」とは別儀の、背反的意味関係を担って、政策的に多用されたタームの典型が、かの《自主性・自律性》である。

言葉は、時には「何かを隠すためにも使われる」とした、日本語の碩学・大野晋の指摘は重い（二〇一六年九月五日付『朝日新聞』）。

〝李下に冠…〟考

文科省の組織的天下りをめぐる世論の批判は厳しい。かつて国立大学に籍を置き、文科省とも比較的至近の距離にあった一人として、その成り行きに目を凝らしている。社会的公正を期すべき国家公務員としてはもちろん、教育行政を司る責任省庁として到底許されることではない。

現在、国立大学への現役出向は八三校、二四一人にのぼるといわれ（『東京新聞』二〇一七年一月二七日付）、いくつかの国立大学では、幹部ＯＢの受入れと、それにまつわる補助金の交付等も報じられている。文科省からの、事務局長、部・課長クラスの現役出向は、法人化前もほぼ慣習的に行なわれていたが、いま問題視されているＯＢの理事など大学役員としての天下りは、法人化後の象徴的な現象である。

問題は、これら理事役員としての人的シフトが、運営費交付金や補助金・競争的資金の配分をはじめ、組織改革・統廃合に権限をもつ文科省の、大学に対する間接統治の装置として働くとみられている点である。法人化後、基盤的経費たる運営費交付金が年ごとに減額され、多くの国立大学が競争的資金の獲得に努めながらも、必要な研究費や人件費に事欠き、慢性的な飢餓状態にあえぐ中で、これら幹部スタッフが、自らの情報ルートや手がかりによって、各種補助金の獲得と一体の「改革」プログラムへのアクセスに主導的な役割を果たしているからである。文科省の意を体した出向・天下り人事による、がんじがらめのガバナンス体制の下で、自主・自律的な大学運営は大きく損なわれている。

文科省は、天下りスキャンダルによって、自らの教育行政に信を失い、大学の価値を損ねるかの「改革」圧力となる、〝瓜田に履を納れず〟の愚は厳に慎しむべきである。手にした権限を駆使して、大学を自在に統制する仕組みと本庁的人事の「慣行」は、自ら「行政を歪める」以外のものではない。そうした社会の指弾を受ける所業は、官僚世界の中での、文科省の存在感と発言力を低めるだけであろう。対する大学は、近視眼的な成果主義と閉塞感に囚われるあまり、憲法第二三条の精神を見失い、自らを貶めることは避けなければならない。

（佐藤博明）

終　章　これからの国立大学―ポスト法人化を目指して

近年、国立大学をめぐる諸改革の基調は、ミッションの再定義のもと、教育研究等の一層の深化を期して、自らの強み・特色を生かす方向で、さらなる組織の見直しと機能強化を進めようとする点にある。しかしそれが、「人類社会にとって真に豊かな未来の創造」に資する、「多様で新しい価値観や文明観の提示」につながる、『知』の再構築」（一九九八年一〇月、大学審答申）に相応しい道なのかが問われなければならない。

一方、二一世紀世界は、効率化と市場原理に駆動された、経済優先のグローバル資本主義の進展がもたらした、世界的規模での富の偏在・格差と貧困、飢餓、国際間の緊張関係と排外主義など、随所で深刻な歪みと社会システムの機能不全を引き起こしている。現に、欧米諸国では、内外での矛盾と逆流が表面化し、「自国ファースト」を掲げるアンチ・グローバリズムの嵐が吹き荒れている。人類はいま、かつてないカオス状態の中で、これを乗り越えるべく、国連の「２０３０アジェンダ・持続可能な発展目標」（ＳＤＧｓ）を達成しうるか否かの問いの前に立たされている。

こうした混沌とした時代状況の中で、大学も新たな世界に向けた長期展望のもと、教育研究の在り方とその発展に向けたシステムの構築を迫られている。そのためには、法人化後その実質において大きく損なわれてきた、大学の自主性・自律性をどう取り戻し、教育研究の新しい地平を切り拓く道筋と確信をいかに手にするのかである。人類的課題に直面したいま、大学に対する期待は大きい。大学こそが、自然界・人間界を統べる事物の本質を解明し、透徹した「知の力」をもって、持続可能な地球と人類社会の調和ある発展を支える「普遍的価値」を提示し、その発展方向を指し示す叡知の源だからである。

考えるべき課題は多岐・多様である。ここでは、いま現に取り組まれている「改革」課題を超えた、新たな視点からの選択肢の提起を試みたい。いずれも容易な道ではないが、大学がその負託に応えて何を選び取り、教育研究や社会連携の充実・深化と、みずからの再生にどうつなげるのか、それを構築し、実行するのは挙げて大学の主体的意志と力量に懸かっている。そうした期待を込め、とりわけ、将来を担う中堅・若手の大学人に、「大学再生」のよすがとなるメッセージを送りたい。

第一節　真の自主性・自律性を目指して

一　中期目標管理システムの見直し

すでに述べたように、国立大学が抱えている問題の根源は、国立大学法人の仕組みに、大学の基本業務たる教育研究にはそぐわない、独立行政法人制度の枠組みを取り入れた点にある。効率優先の新自由主義の流れにのった行政改革の中で、安易に適用した異質の制度的枠組みが、自由と自律を原点とする、学問の府としての大学の在りようとは相容れないからである。さまざまな問題点を包含する国立大学法人制度に大学の業務を合わせるのではなく、本来の業務を最大限発揮できるよう制度の見直しを求める必要がある。

（二）中期目標は精選し届け出制に

法人制度の中で、教育・研究等を基本業務とする大学に相応しくない最たるものが、目標管理システムである。この仕組みがもつ問題の核心は、業務運営に関する中期目標を文科省が「定め」、目標達成に向けた中期計画を「認可」し、それら目標・計画の達成状況と業務実績を国の機関（評価委員会）が「評価」して、その結果を運営費交付金など資源配分に反映させるところにある。要するに、そこでは一連のPDCAサイクルを作動させて、国・文科省が大学業務の全過程をコントロールする仕組みになっている。それは、大学の教育研究に対する権力的でパターナルな介入の核心部である。

まず、取り組むべきは、教育研究に係る業務を最大化する観点から、この目標管理システムを見直すことである。新たな財政負担を伴うような中期目標・計画上の事業は別とし、基本的・経常的業務に係る目標・計画は大学が自主的に定め、文科大臣にこれを届け出ることにすべきである。これは、法人化後失った、大学の実質的な企画・立案機能を回復する第一歩でもある。

目標は、大学の強みや特色を発揮し、教育研究をいかに充実させ、もって社会との共創的な連携関係をいかに構築するかの観点で精選することである。目標に掲げる項目を絞ることで、どのような大学を目指しているのか、そこに至る戦略や計画がどのように立てられているかがより明確になる。また、精選することで、中期目標に関連する事務的作業の大幅な簡素化も可能となる。当然のことであるが、目標を精選することで、大学が責任を負うべき教育研究の過度の偏りや劣化を招くものであってはならない。

目標の重点化は、項目を精選することで可能だが、わかりやすい目標にこだわり、過度に数値目標を掲げると、その数値が達成されたかどうかの評価を意識するあまり、数合わせに走り、結果として大学の基本的業務が二次的になるといういびつな経営になりかねない。

文科省はもっと大学を信頼し、目標の設定については大学の自主的判断に任すことである。大学にとっては、自主・自律的な判断領域が増える分、責任も重くなるが、それは自ら選んだ道として、担う価値のある責任である。

(二) 学内用の中期計画・年度計画

文科省に提出する中期目標・計画が精選されたとしても、それをどのように実現していくかの、具体的できめ細かな計画が必要である。そのため、学内用には、数値目標も含む具体的な計画のもとに、達成に向けたロードマップを作成し、これを学内で共有することである。

文科省向けと学内用とで、二重の作業になるとの懸念もあろうが、すでに多くの大学で作成されていると考えられるし、例え二重であっても、それはあくまで、目標達成のための業務を遂行するプロセスを明確にするための作業である。目標が具体的になっていれば、ＰＤＣＡサイクルを自律的かつ効果的に回すことで、目標の着実な実現にも効果を発揮するであろう。要するに、目標達成に向けた進捗状況を大学が管理し、達成度を、払われた努力とともに、そのプロセスにおいて大学自らが点検・評価することである。

(三) 年度計画の原則複数年度化

現行システムで看過できないのは、それに伴う膨大で過重な事務的作業のため、大学が本来注ぐべき、教育研究へのエネルギーを殺がれ、肝心の〈知の創出・集積・発信〉のポテンシャルが低下することである。とくに、毎年策定する年度計画に伴う一連の作業は、負担の大きさに比べ、得られる効果が乏しい。これを避ける方法が年度計画を単年度ではなく、二年あるいは三年の複数年度に変えることである。

単年度計画の弊害は、目先の実現しやすい事項に重点が置かれる点にもあらわれる。計画が複数年度にまたがることで、短期では立てにくい、より高いレベルで目配りのきいた計画に取り組むことができるので、実現した時の達成感も高く、次につなげる活力ともなる。

またこの間、運営費交付金も安定的に確保・運用でき、年度繰り越しも自由となれば、より長期的視点に立った効果的な運営が期待できる。「労多くして、益少ない」作業は、能うるかぎり避けることであり、それこそが効率的な業務運営である。

(四) 評価制度の見直し

毎年の業務実績報告書の作成・提出も含め、評価に対応するさまざまな業務が大学を疲弊させている。いわゆる「評価疲れ」である。国立大学法人評価委員会の評価への対応が複数年度化となればある程度緩和されるが、評価にはその他、大学設置基準・学校教育法による「自己点検・評価及びその公表」に加えて「外部評価」があり、さらにはこれに「認証評価機関の評価」、「大学評価・学位授与機構の実施する評価」が加わる。その作業は、内容的に重なるものも少なくない。このように錯綜している評価の在り方を根本的に見直すことが必要である。

また、評価情報を資源配分につなげて、大学の機能や「改革」の方向を政策的に誘導する文科省のやり方は、大学の「自主性・自律性」を殺ぎ、「知」の創造的ポテンシャルを喪失させることになる。評価結果と資源配分との連動は、目の前の「実利」的な獲得物を意識させるあまり、大学の基本的な業務をいびつにし、教育研究の自由で豊かな発展を損ねかねない。必要なことは、評価システム自体を、教育研究への取り組みをエンカレッジし、大学業務の公正で活力ある発展につながるよう、実効的に運用できるようにすることである。

(五)国立大学法人評価委員会の役割の見直し

まず、中期目標は、大学の特性が教育研究にあることから、高い目標を掲げることができるようにすべきである。その上で、中期目標に係る評価を「達成度評価」から「努力評価」に変えることである。より高い目標を掲げ、その実現に向けて自ら注いだ努力が真っ当に評価されることが、大学に相応しい評価だからである。必要な観点は、達成できなかった原因をどう分析し、次のステップにいかにつなげていくかである。

評価委員会の評価は、監事の業務と重なる部分も多く、監事の定常的なモニタリング機能・業務監査を充実させれば、大学にとっては、評価委員会の評価よりはるかに現実的かつ効果的である。監事監査では、大学業務に関する意思決定から運用・執行の過程を、その現場でほぼ日常的にフォローしモニタリングできるからである。国立大学法人評価委員会に期待されることは、評価の自己目的化ではなく、委員会の業務を通して大学の教育研究や社会連携を充実させるための適切な助言である。そのためには評価委員には高い専門性が要求される。

大学にとって貴重な指摘は、目標が達成されなかったケースについて、他大学の優れた事例を参考にしての助言である。助言した内容に関しては、一年後にどうクリア(改善)され、前進したかを別途、評価すればよい。助言にもかかわらず、改善がなされない場合は、なぜそうなのかの客観的な分析が必要であろう。評価委員会の目的は評価でなく、あくまでも大学の機能を強化するための適切な助言者であることが望ましい。

真の評価は、評価委員会によってではなく、究極の受益者たる国民によるものであろう。その観点に立てば、大学が意を用い力を注ぐべきは、国民に向けて、大学の現実の姿や社会との連携の姿をいかに分かりやすく発信するかであろう。これが、真の意味での、大学に課せられたアカウンタビリティである。

二　安定した運営費交付金と主体的裁量の拡大

法人化後、十数年を経て、運営費交付金が年々減額される中で、国立大学の財政は窮乏を極め、多くの大学は基盤的経費の確保に汲々としている。その上、各種補助金を「短期的成果」にシフトした競争的資金とし、大学をその獲得競争に駆り立て、翻弄している。そうした中で、特に基礎研究や人文・社会科学系分野は、財政的に衰退の一途を辿っている。国立大学にとって大きな課題は、運営費交付金の安定的措置と強化への道をどう開くかである。

よく知られているように、わが国の高等教育への公財政支出は、対GDP比においても、その伸びにおいても、OECD諸国の中で最低水準である。ちなみに、OECD加盟国の対GDP比は平均で一・四％だが、わが国は〇・八％と最低位であり（二〇一四年）、その伸びも二〇〇〇年から一〇年にかけ五％にとどまるのに対して、OECD平均は四〇％伸びている。この国の、高等教育・大学に対する期待とは裏腹の、公的財政措置の貧しさが如実である。

しかも、現実には事態は改善されるどころか、悪い方向に動いている。改めて想起されるべきは、国立大学法人法の成立時に、「法人化前の公費投入額を十分確保し、従来以上に、各国立大学における教育研究が確実に実施されるに必要な運営費交付金等を措置する」ことを求めた、衆・参両院の附帯決議である。国会決議を反故にして恥じない、この国の政治風土の貧しさである。これを確実に履行する責任は国にあるが、その必要性を社会に理解してもらう努力は大学が担うべき責任でもある。

高等教育に係る予算の拡大は、国公私立大学に共通した課題であることを考えれば、単に国立大学だけでなく公私立大学とも連携し、高等教育予算枠の拡大に取り組む必要がある。容易な課題ではないが、考えうるあらゆる可能性を検討・追求し、一歩でも前進すべく力を尽くして取り組まなければならない。

そのために必要なことは、国家予算の配分と運用を、高等教育に対する適正かつ安定的な財政基盤確保の観点から見直すことである。各省庁の縦割予算の中ではなく、国家予算全体の透明性を確保しその使途を精査した上で、将来にわたる日本社会の豊かな発展に資する、高等教育予算強化の重要性について、説得力のある論理をもって国民的合意を広げ、実現に向けた実効的措置を求めていくことである。国大協は、そうした調査研究に通暁した専門家・研究者に人を得て、組織的な財政分析の上に、的確な提言活動を精力的に進めることである。その意味でも、国大協への期待は大きい。

次の課題は、教員が置かれている現状を分析し、どこに問題があるかを明らかにし、改善に向けた適切かつ具体的な提言活動を行うことである。かって、国大協第6常置委員会の下に置かれた「国立大学財政基盤調査研究委員会」で、国立大学の財政問題の調査研究を担当したことがある。そこでは、国立大学の教員が置かれている現状と問題点について悉皆調査を行い、劣悪な研究環境にあることを明らかにし、文科省の協力も得て、マスコミや国を動かした経験がある。

この時の国立大学財政基盤改善への提言（①国立学校特別会計の予算規模の拡大、②科学研究費補助金の飛躍的拡大と採択率の引き上げ、③外部資金の積極的導入、④他省庁との連携の強化、⑤地方自治体との連携の強化、⑥大学間交流による財政の効率化、⑦国立大学財政制度運用等の弾力化の再検討）は、当時（一九九二年）は現実離れしたものと思われたかもしれないが、今では、①、⑥を除きかなり改善が進んでいる。

この調査研究では、関東圏の一地方大学が事務局を引き受けたが、今は強化された国大協が中心になって取り組むべき課題である。可能な限り、公・私立大学が連携して、大学の設置形態や規模の違い、あるいは研究分野別に、社会貢献も含めた教育研究の現場が、今、どのような問題を抱えているか、調査・分析を行って現状を明らかにし、大学における教育研究の危機的状況を社会に訴えることである。

三つめは、納税者たる国民の理解が欠かせない点である。そのためには、国民の期待する教育研究の質の向上とその成果の還元が、具体的に目に見えることである。大学の広報は、ややもすれば一方的で、受け手の側に立ったとは言い難いものが多い。大事なことは、送り手の意図とコンテンツが受け手に確実に届くことであろう。そうした工夫は、個々の大学の努力によることは勿論だが、優れた広報の事例は、経験交流などを通じて大学間で共有し、さらなる向上につなげてほしい。ＩｏＴ時代に相応しい、効果的なプレゼンス・広報への期待である。

加えて、大学の財政基盤にとっては、運営費交付金の安定的措置は勿論のこと、多様な外部資金の獲得に向けた努力も必要である。最近、民間からの寄付制度の改善がなされたので、これを活用して、募金活動を進める必要があるが、寄付文化を醸成するためには、さらに税制の在り方を検討すべく、積極的に働きかける必要もあろう。また、間接経費を十分措置された競争的資金の獲得への努力を惜しんではならない。

肝心の運営費交付金ついては、近年、「選択と集中」の名の下に、基盤的経費から天引き的に競争的資金や学長裁量経費に振り替えるなど、結果として文科省のコントロールの下での、使途限定の配分と運用が際立っている。長期的観点でみたとき、大学を構成する諸分野の均衡ある発展を見据えて、大学の強みや特色に光を当てたものだけでなく、教育研究にとって真に必要なものは何かを考え、そこに行き届く、効果的な使い方になっているのか、財政運用における自主性の確保こそ肝要である。

三　これからの大学のガバナンスの在り方

（一）何のためのガバナンスか

いま進められている大学のガバナンス改革は、迅速な意思決定と効率的な運営を可能にするため、法令上、学長の権限と学長補佐体制を強化する一方、教授会を諮問機関と位置づけ、その権限を縮小して、学長がリーダーシップを発揮しやすい、トップダウンの体制を敷くことにある。

こうした手法は、国や文科省の方針に沿って大学を動かすには効果的だが、大学運営に対する教職員の考える力や参画意欲を低下させ、主体的に大学を発展させていく力を殺いでしまう。それは、明らかに大学の自主性・自律性に逆行する道であり、学内に閉塞感を広げるだけである。

本来、大学ガバナンスの目的は、学長の適切なリーダーシップの下で、大学の基本的業務たる教育・研究、社会貢献を発展的に充実させ、国民の期待に応えることである。ところが、現実には、組織運営の手段であるはずのガバナンスが、それ自体が自己目的化され、大学の主体的・自律的な活力を殺ぎ、本質とは離れた「改革」に向けて機能しているかのようにみえる。

今年（二〇一七年）五月に、国大協は「国立大学のガバナンス改革の強化に向けて（提言）」を発表した。その内容は、現行のガバナンス体制の問題点と改善点を提言したもので、従来の発想の域を超えるものではない。そこでは、提言の実質化に向けどう具体化していくかは、各大学の主体性にまかされた課題としている。国大協としてはせめて、ガバナンス改革に関する、国立大学としての基本的な立脚点と共通項となる枠組みを提示してしかるべきである。

ガバナンスにとって大切なことは、まず教員の意欲・能力の向上を図り、幅広い分野でより高い研究成果を追求できる環境を目指すことであり、教育の質の確保に持続的に取り組むことを通して、学生の成長を促すことである。同様に、職員は、組織の目標と自らの役割をしっかり理解し、他の職員や教員と協働しながら新たな課題に挑戦し、よりクリエイティブな活動が可能となる環境を作りだすことである。真の大学ガバナンスとは、学生をも巻き込んだ「教・職・学一体」の地に足の着いた、キャンパス全体にわたる大学運営と改革への道である。

確かに、国の政策的指示に沿ってなされる、外形的な組織再編や規則改正は、大学「改革」として文科省からは評価されるかもしれないが、大学の組織運営全体からすれば、本来的業務に関わる改革とは言いがたい。大学はむしろ、文科省目線というより、本来進めるべき改革課題に光を当て、大学内に潜在する発展可能性を引き出すことである。こうした主体的なガバナンス力こそが評価されなければならない。そうした、主体的な改革こそが、国や文科省の政策をより豊かなものにする一因ともなろう。

(二) ボトムアップを活かす

学長のリーダーシップを強調するあまり、トップダウン的な経営が評価されがちになる。その場合、ボトムアップではなかなか意見がまとまらず、意思決定が遅れて、社会が期待する改革につながらない、とマイナス面が強調されている。

そもそも大学に企業と同様のスピード感や「効率性」が必要なのだろうか。企業の場合、厳しい市場競争の中で、素早い意思決定と的確な対応を欠くと、ときには組織の存亡に関わる重大な不利益を被ることはあるだろうが、教育研究は上からのトップダウンで動いたり、短期間で成果が得られたりするような世界ではない。「知の共同体」ともいわれる大学は、構成員たる教職員の理解と協働、持続的な意思力を欠いては、本来の役割も改革も成しえないはずである。

いま、学長のリーダーシップ強化として語られているガバナンス改革は、多分に文科省主導の大学統治を容易にする道であり、それは逆に教職員や学生、市民・地域社会の声に疎くなり、大学の自主性・自律性を大きく損ねることになる。必要なのは、構成員の合意形成と行動を引き出す、健全で主体的なボトムアップ・フォロアップの力を鍛えることであり、これこそが大学自治の原点である。

(三)　教職員削減を見直そう

大学の経営にとって重要なことは、教育研究等を支える財政基盤の確保と人材活用である。しかし現実には、財政健全化の名の下で、人件費や教職員の削減が進められている。現に、教育研究分野、事務分野を問わず、有期限・非正規の教職員は年々増えている。さまざまなデータが示すように、そのことが、近年の大学における教育・研究力の深刻な低下をもたらす要因となっている。

大学は企業以上に、人材こそがかけがえのない資源である。その意味で、企業流のコストパフォーマンスに囚われた、安易な人件費の削減や非正規化は極力避けなければならない。その一方、教職員の能力・資質を高め、その力を最大限に発揮できるよう適所に活かし、教育研究の発展につなげることである。とくに教員の場合、個々の資質・能力が、教育研究のみならず、社会連携、大学運営のどの分野で最も力を発揮できるかを見極め、それを適材適所に活かすことであろう。その点でこそ学長の「目利き」・ガバナンス力の確かさが試される。

併せて、人件費の弾力的活用の面からも、定年制度の柔軟な運用の検討が必要となろう。六五歳以前での退職を容易にする一方、六五歳を超えても第一線で活躍が期待できると判断できれば、勤務を継続できるよう制度を見直すことである。その場合、教育研究を担うに足る基盤的研究費は保証した上で、給与等は充足した生活を維持できる水準で、年金制度との調整を図りつつ、そこから捻出された人件費で若手研究者を採用し、活性化につなげるなどの工夫が必要である。

四　大学間の連携と大学の再編・統合

（一）大学間の連携の強化

個々の大学が真に自主性・自律性を発揮するには、小手先の組織いじりでなく、大学本来の教育・研究、社会貢献をどう推し進め、社会の期待に応えるかに力を注ぐことであろう。いま現実に求められているのは、大学間の連携と協働・共創関係を強め、地域社会と大学がともに活力を取り戻す、知のネットワークを広げることである。国大協は、二〇一四年一二月に、会長声明「地域と国の発展を支え、世界をリードする国立大学」を発し、翌一五年九月にはそれを具現化するための「国立大学の将来ビジョンに関するアクションプラン」を公表した。そこではまず、「国立大学は全都道府県に設置され、地域や経済条件にかかわらず高度な学びの場を提供するとともに、次代を切り拓く研究成果を創出し、我が国の均衡ある総合的な発展に貢献する」ことを、国立大学の基本機能として確認し、そのための取組のポイントを、

○大学間等の連携・共同による教育を推進する、

○大学間等の連携・共同によるネットワーク形成により研究を推進する、
○学生、研究者の高い流動性を確保する

など、大学間の連携と共同の必要を強調している。いずれも重要なポイントだが、問題は、これをアクションにどうつなげていくのか、具体的な手立てと覚悟が見えにくいことである。

しかも、現実には、国立大学をとり巻く諸状況が、そうした連携・共同を困難にしている点である。すなわち、国立大学は法人化後、矢継ぎ早の「改革」圧力と厳しい競争的環境の下で、あからさまな財政誘導による《選別と淘汰》にさらされ、「ラストベルト」の恐怖に怯える状況に置かれているからである。

とくに最近は、機能別類型の枠組みの中で、いたずらに大学間の競争をあおり、個々の大学は自分にとって有利かどうかをたえず天秤にかけ、他大学との連携に及び腰になっている。あたかも、生き残りをかけて他者を蹴落とすかの、《カンダタの糸》の世界であり、その愚は避けなければならない。大切なのは、仮に競争相手の大学を利するとしても、総体として国民の期待に応えることになれば良しとするぐらいの覚悟をもつことである。競争を、《優勝劣敗》の世界に矮小化するのでなく、互いの切磋琢磨を通じて「知の協創」につなげることに価値をおくことである。

(二) 再編・統合は大学主導で

連携の行き着く先には、大学の再編・統合の問題がある。いまは鳴りを潜めているが、政府の政策枠組みの中では、まだ再編・統合のシナリオは消えているわけではない。現に、財務省「経済財政運営と改革の基本方針2015」(一五年六月三〇日)の中でも、「国立大学法人運営費交付金等の重点配分による大学間の連携や学部等の再編・統合の促進を図る」としている。同様に、経済財政諮問会議（二〇一七年四月二五日開催）でも、国公私立の枠を超えた経営統合や再編、一つの国立大学法人が複数の大学を運営する新しい枠組みづくりなど、経営基盤の強化に向けた大学改革の提言がなされている。また最近では、文科省は、「①総合大と教育大、教育大同士で教員の養成機能を統合する、②同じ県内や近くの国公私立大で連携して教員養成を分担するなどの方向で、今後、大学側と話し合う方針を固めた」との報道（二〇一七年七月一三日『朝日新聞』）もある。（＊現に、本原稿脱稿後に、東海、北海道、静岡で法人統合の動きが伝えられている。（二〇一八年五月三〇日『朝日新聞』））

一方、政府や日銀が掲げる、デフレ脱却とインフレ誘導政策に合わせて賃上げが進み、消費税率が上がれば、さらなる人件費圧力も強まる。法人化後常態化した人件費の抑制・教職員の削減は、基本的業務である教育研究そのものを危うくし、大学は自らの存立に関わる厳しいゼロサムの淵に立たされる。

第三期が始まって間もないが、第四期の各国立大学法人の組織は、三期の四年目（一九年）までの業務実績をもとに、二〇、二一年度にかけて、文科大臣による中期目標期間の終了時の検討が行われる。この時期は、大学組織の在り方をめぐる大きな節目となる可能性がある。それは決して先の話ではない。

今後、大学をめぐる厳しい環境変化の中で、再編・統合が避けて通れないとすれば、そうした機会をむしろ、大学の新しい発展の可能性と活性化につなげるエネルギーに転化させるくらいの覚悟が必要であろう。あたかも、常に動きながら分解と結合・再生を繰り返す《動的平衡》の、サスティナブルな大学への道である。そうした激動に備えた、豊かで堅固な体力をいかに鍛えるかである。

肝心なのは、再編・統合を国主導でなく、国立大学自らが攻めの姿勢で取り組むことである。しかもそれは、国立大学に閉じたものではなく、公私立も視野に入れて取り組む課題でもある。前述した国大協の「アクションプラン」

にも、「今後、組織の数や規模、学生数などにも踏み込んだ国立大学の大胆な組織再編等の必要性や可能性も視野に入れておく必要がある」とある。問題は「視野に入れる」だけでなく、主体的にどう検討し方向性を示せるかである。そのためにも、「豊かな未来の創造」につながる、高等教育におけるグランドデザインが必要である。

五　高等教育のグランドデザインと大学の責任

すでにふれたように、法人化と、それに続く一連の大学「改革」では、大学は常に受身の対応に終始した。そうした経緯からも、高等教育のグランドデザインづくりを国に任せるのではなく、大学が自らの責任で、自主的・主体的に取り組むべき課題とみなければならない。

かつて、国大協・第一常置委員会で、法人化後の新国大協の役割にふれて、「国大協のやっていることの多くが場当たり的で、ほとんどが受け身な対応しかできなかった。法人化を契機に、我々の手で高等教育のグランドデザインを考え、国に提言したらどうか」と意見を述べたことがある。しかし現実には、法人化後、大学は互いの競争にさらされる中で、自大学にとっての損得に関心が向きがちになり、国に先んじて、長期的・大局的な観点から、我が国の高等教育の在り方をデザインする機運が高まるには至らなかった。

その後、国大協は「国立大学の目指すべき方向―自主行動の指針―」（二〇〇八年三月）を示したが、それは、会員である国立大学が第二期中期目標期間に対応するための「自主行動計画策定のためのガイドライン」としてのものであって、長期展望に立った高等教育のデザインとは言い難いものであった。

グランドデザインの必要性については、国大協は、一五年九月の「国立大学の将来ビジョンに関するアクションプラン」の中で、「国立大学の構造改革に向けては、国公私立大学のみならず各方面の幅広い関係者による議論を行い、我が国の高等教育のグランドデザインを描くことがその前提として不可欠である。国立大学はこのような議論を先導する重要なステークホルダーである」と述べている。

その延長線上で、国大協は、今年（一七年）六月一四日、「高等教育における国立大学の将来像（中間まとめ）」を公表した。そこでは、国立大学のグランドデザインを視野に、「将来の方向性」を提示し、国公私立を問わず、広く社会各方面との意見交換と、提言の深化・発展を図るべく検討を呼びかけている。国大協の「提言」が、今後、グランドデザインの策定に向けて、実のある議論をどう深め、最終的にどう取りまとめられるかが注目される。

「中間まとめ」では、現行の国立大学法人制度そのものの見直しには触れていないが、教育・研究、社会貢献の全般にわたり、大学間の連携・協働の必要性を強調している点は当を得た指摘であり、本書の随所で指摘・言及した基本的な方向と一致するところが多い。

問題はそれをどう実現するかである。それには、大学の経営形態を抜きには考えられない。「中間まとめ」では、「全都道府県に少なくとも1つの国立大学を設置するという戦後の国立大学発足時の基本原則は堅持する」とし、その一方、国立大学の経営形態については、例えばとして「全都道府県に独立性・自律性を持った国立大学（キャンパス）を維持しつつも、複数の地域にまたがって、より広域的な視野から戦略的に国立大学（キャンパス）間の資源配分、役割分担等を調整・決定する経営体を導入することも検討すべきである」としている。これはかねて言われてきた、いわゆるアンブレラ方式である。

「中間まとめ」が示す、ロードマップをみるかぎり、「第3期（２０１６～２０２１）には国立大学の機能の最大化のための具体的な改革を進めるとともに、将来に向けて十分な準備を開始し、第4期（２０２２～２０２７）では我が国の大学の全体像を念頭に置いた国立大学のマネジメント・ガバナンス体制の改革を進め、第

5期（2028～2033）以降の高等教育の展開に資する」とされている。

拙速は避けるべきだが、これでは、国のペースに後れを取るのではないかと危惧される。法人化が行財政改革であったにもかかわらず、国立大学の教育研究のための大学改革とした轍を踏まないことである。何をどう検討するかは、大学の規模やおかれている地域性にもよるが、自ら信ずる道を模索するためにも、各大学の体力が残っている間に、アンブレラ方式の是非も含め、早急な検討（シミュレーション）が必要ではなかろうか。ともあれ、この国の将来を託しうる、大学版ＳＤＧｓに適うグランドデザインの策定が待たれる。そうした期待に応えうる、五〇年あるいは一〇〇年先を見通した高等教育をデザインするとしたら、国大協のもとに全国から有能な研究者と大学現場の知見を集め、設置形態や制度設計も含めて、英知を傾け、自らの責任でそれを描き、提示することである。その場合、国・文科省と大学側が、互いの構想を突合せて議論を交わし、共同の責任でこれを作り上げていくくらいの覚悟と柔軟性が必要であろう。

第二節　これからの教育研究の在り方

一　教育研究と社会とのかかわり

（一）変化する大学の機能

ところで、これまで大学と社会とのかかわりは、どう位置づけられていただろうか。かつて文部省が編集・監修した『学制百二十年史』（一九九二年九月）では、「社会的要請への対応」について、大学の学術研究の本来の使命は、研究者の自由な発想による創造的な研究の展開と優れた人材の養成にあり、この使命を果たすことにより広く人類・社会の発展に貢献することが、大学に対する社会の期待にこたえる基本である。他方、特に昭和五十年代に入ると、それに加えて社会の各方面から個別的・具体的な諸問題の解決等のためにも協力することに関する多様な期待と要請が、大学の学術研究に対して寄せられるようになった。

と、「創造的な研究の展開」と「優れた人材の養成」を通じて人類・社会の発展に貢献することとしたが、時代の変化の中で、地域社会の多様な期待・要請に応えることが、果たすべき教育研究の使命とされた。

さらに、大学審議会は、前掲の答申「21世紀の大学像と今後の改革方策について」（一九九八年）において、国立大学の果たすべき社会的責任として、

国費により支えられているという安定性等を踏まえ、

・社会的な需要は少ないが重要な学問分野の継承、

・先導的・実験的な教育研究の実施、

・各地域特有の課題に応じた教育研究とその解決への貢献、

などの社会的責任を果たす必要がある。

と述べ、地域の課題解決に応えることが強調されるようになった。

こうした「社会的要請」の視点は、法人化後、産業界を中心に一段と高まり、〇六年一二月の教育基本法の改正で、新たに次の文言をもった第七条が設けられた。

> 第七条　大学は、学術の中心として、高い教養と専門的能力を培うとともに、深く真理を探究して新たな知見を創造し、これらの成果を広く社会に提供することにより、社会の発展に寄与するものとする。
> 2　大学については、自主性、自律性その他の大学における教育及び研究の特性が尊重されなければならない。

これに合わせて、改正学校教育法では、大学は学術研究とともに、「教育研究の成果を広く社会に提供することにより、社会の発展に寄与すること」（第八三条第2項）がその目的とされた。

こうして、「社会貢献」が法令上明示的に謳われたことで、教育研究の目的を、社会の要請に応えることにシフトさせる文科省の動きも顕著になった。例えば、文科省「新時代を見据えた国立大学改革」（二〇一五年九月一八日、日本学術会議幹事会説明資料）によると、次のように書かれている。

> 国立大学に対する社会の要請とは何か。今、我が国は、世界規模で急激に変化する社会の中で、いくつかの大きな課題に直面している。世界における日本の競争力強化、産業の生産性向上、我が国発の科学技術イノベーションの創出、グローバル化を担う人材の育成、震災の経験を活かした防災対策、地球温暖化等の環境問題への対応、今後ますます進行する高齢化と人口減少の克服、活力ある地方の創生、そして、こうした

現代社会に飛び立っていく若者の育成。これらは、国民一人一人が生きがいを持ち、豊かに安心して生活を送ることができる持続的な社会を形成していくために避けて通ることができない課題である。

そこにあふれているのは、まずは産業競争力の強化やイノベーションの創出、グローバル人材の育成など、経済界の要請があたかも社会全体の要請であるかのように装われ、大学における教育研究の役割を、経済の論理に取り込み、矮小化した言説である。こうした「社会貢献」論の前に、上述の教育基本法第七条2項で謳った「自主性、自律性その他の大学における教育及び研究の特性が尊重されなければならない」とした規定の趣旨がどこまで整合的に実質化されうるのか、その後の大学「改革」の経過に照らして検証されなければならない。

（二）主体性をもった社会との連携

大学にとって社会との関わりは、これからもますます強まることになろう。そこでは、産業界の下請けと化して、矮小化された「社会貢献」ではなく、社会の活性化と大学の活性化が共進関係に立つという連携の視点が重要である。それは単に、教育研究の成果をもって社会貢献とする考えではなく、教育・研究そのものの中に、社会発展の契機と活力を組み込むことである。いまや地域社会は、地球規模の諸問題が集約的に現れる、いわば《グローバルな問題のローカルな現場》である。大学は地域社会と課題を共有し、その共同解決を通じて、相互・相乗的な活性化に向けた連携関係を築き、教育や研究の発展に結び付けることを目指すべきである。その意味で、地域社会は学生の成長にとっても教員の研究にとってもかけがえのない「現場」である。

こうした社会と大学との共進的な機能関係を広げ、より豊かに発展させるには、単に大学が所在する地域との関係に閉じるのでなく、大学同士が広く互いに連携をとり、地域社会の課題に向き合うことである。それは、かつての「国立大学地域交流ネットワーク」(第一章第三節参照)の精神であり、現にいま、広く各地に配置されている国立大学のグローカルな存在価値をより高めることにつながる。

二　教育の抜本的な強化に向けて

(一)　教育改革は学生のためか

大学現場はいま、「教育の質」の確保が強調される中、多種多様な教育方法の開発と教育システムの改革に取り組んでいる。まさに百花斉放の感がある。問題は、果たして、それらが学生にとって、有意義な教育改革につながるのかである。肝心なことは、こうしたあれこれの多彩な教育の「メソッド」や「教育システム」論以前に、基本をなす「大学教育」論そのものを明確にし、共有することであろう。それを欠いた、単なる「教育方法・システム」論は、大学教育を「技法」の世界でもてあそび、学生のもつ、多様で豊かな知の可能性を殺ぐ結果になりかねない。心すべきは、「教育の質」の確保が、教育の方法やシステムの次元に矮小化されて、事足りることではないということである。それを取り違えた時、最大の犠牲者は学生である。

その点、新しい大学教育観としては、中教審答申「新たな未来を築くための大学教育の質的転換に向けて～生涯学び続け、主体的に考える力を育成する大学へ～」(二〇一二年八月)に象徴的である。そこでは、「従来のような知識の伝達・注入を中心とした授業から、教員と学生が意思疎通を図りつつ、一緒になって切磋琢磨し、相互に刺激を与えながら知的に成長する場を創り、学生が主体的に問題を発見し解を見いだしていく能動的学修(アクティブ・ラーニング)への転換が必要である」、と受動的な学びから能動的な学びへの転換を説いている。

とはいえ、近年の大学教育の方法・あり方をめぐっては、必ずしも疑問なしとはしない。例えば、アドミッション・カリキュラム・ディプロマの三ポリシーを学部課程教育の大枠とし、キャリア教育をコアとしたカリキュラム編成とシラバスで厳格に管理された授業で、形式化されたアクティブラーニングを多用し、ナンバリングやポートフォリオで教育効果を追跡するといった、鋳型にはめた、多分に管理された教育が、多様な個性と発達可能性をもつ学生の、豊かな成長に適合した教育のあり方なのかである。そこでなされる教育は、さまざまな規制の中での業務の一環となり、学生個々の育ちの支援とはならないであろう。いま必要なのは、困難にみちた次代を担いうる人材をいかに育てるかの視点に立った「大学教育」論の上に、有意の教育法を開発することにこそ時間とエネルギーを注ぐべきであろう。

そのためにも、大学教育の視点を、「何を教えるのか」から「何を修得したのか」に移し、常に学び続ける能力を自ら養い、そこからの学習の成果が、個々の学生にとって、いかに「伸びた」かが実感できるものとなっていることが肝要である。学生の主体的な学習能力が育まれ、学生が「伸びた」と実感することが、自己への肯定力につながる。そうした実感や自己肯定力が、さらなる主体的な学習を促し、そこから自ら課題を見つけ、解決する力をより高めていくことにつながる。

大学は、優れた学生の入学を期待して、さまざまな入試戦略や選抜方法を工夫している。しかし、その前にまず考えるべきは、大学が学生から「伸びた」と実感できる教育・環境を提供していると評価されることである。この「伸びた」という自信が、結果的に出口（就職）での良好なパフォーマンスにつながり、その後の人生においても、さまざまな事柄や問題に積極的に取り組む力になる。そのことが、自らの大学に誇りをもち、アイデンティティを高めることにもなる。それがめぐりめぐって、意欲のある受験生の確保につながるであろう。

問題は、「伸びた」と実感し判断できる、妥当で客観的な物差し・評価軸をどう定めるかである。その際、何が「伸びた」かの判断には、「自ら深く考え、豊かな想像・創造力」を紡ぎ出す、多様で柔軟な《知の力》を目安にすることである。それが「汎用性」の高い、《知の基礎体力》を育てることにつながる。

(二) グローバル教育とは

近年とくに、グローバル人材の育成が強調されている。そのこと自体を否定はしないが、グローバル教育の視点が、やや短絡的に、企業のグローバル展開を担いうる即戦力への期待に偏っていないかである。つまり、国際的な市場経済で活躍できるとする能力が、留学経験や英語力など、実用的なスキルの習得に重きをおく教育に矮小化されていることである。

いま、世界各地で起こっているさまざまな困難の根源は、相互理解の欠如と排他的な意識の高まりにあると見たとき、まず文化や宗教、歴史の違いなどの多様性を互いに認め合い、異なった価値観をもった人々とのコミュニケーションを可能にする資質・能力を育てることである。

大学はグローバル対応として、留学生の受け入れに努力しているが、問題はその数だけでなく、多様な国からの留学生と日本人学生との交流マインドを醸成するなど、内なる国際化に努めることに力を注ぐ必要がある。

グローバル教育の価値は、物事を広角的に捉え、ボーダーレスに問題解決の道を指向するマインドと行動力を育てるところにこそある。いずれにせよ肝心なのは、地球的規模で現実に生起している、人間社会と自然界のさまざまな出来事に目を凝らし、解決を要する諸課題に主体的に立ち向かい、他者との協働を視野に、俯瞰的・長期的にものを考える力を育てることであろう。

(三) 教養教育の充実

大学設置基準の大綱化(一九九一年)以降、大学現場でも教養教育の形骸化・軽視の傾向が強まっている。こうした状況から、二〇〇二年の中教審答申「新しい時代における教養教育の在り方について」以降、相次ぐ答申の中で繰り返し危機感が表明され、教養教育の再構築への要請が表明されてきた。こうした動きに合わせ、各大学は、教養教育にさまざまな工夫を凝らしてきたが、最近とくに、「役に立つ教育」が強調される中で、再び教養教育を軽視する風潮が強まっている。これは、組織見直しで打ち出された、人文・社会科学系の廃止・転換と軌を一にしているが、いま一度教養教育の重要さに思いを致す必要がある。

大学は本来、個々の専門知識だけでなく、批判的・論理的でクリエイティブな思考力や判断力、表現力など、広い視野と人間性豊かな人材を育てることが期待されている。いわば、リニアな「専門知」だけではなく、物事を相互の関係性においてとらえる俯瞰的で総合的な「人文知」を育むことである。

いま世界は価値観が激しく対立し、多様化・複雑化・流動化の進展が時代の潮流をなす状況の中で、人々は一筋縄ではいかない困難な課題に直面している。こうした、解決困難な諸課題に立ち向かい、俯瞰的・総合的な目で解決の糸口をさぐりだす、優れた「叡知」を育むところに教養教育への期待と可能性がある。それは、ホモ・サピエンスの発生以来、人類が辿った波乱と激動に満ちた歴史と社会、文化に目を凝らし、その中で育まれた感性や精神性が紡ぎ出した、汎用的な「人間知」を身に付ける道でもある。とりわけ、専門教育で得られた「知」と社会との関わりや他分野の考え方と照らし合わせて、自らを相対化する力を、教養教育を通じて育てることである。多様な文化や価値観を背景としたグローバル社会を生きる上でも、豊かな感性と人間力、高い文化力に裏打ちされたスペシャリストであることが求められよう。

(四) 大学院教育の充実

「教育の質」保証・向上の観点からは、学部だけでなく、大学院教育も含めて考えるべきである。大学院は、「研究大学院」に任せるだけでなく、すべての国立大学が、これまで以上に大学院教育に力を注ぐ必要がある。

前段の「学士課程教育」についての問題提起と改善方策を提示した、中教審答申「学士課程教育の構築に向けて」(二〇〇八年)に次いで、大学院が抱える課題については、中央教育審議会大学分科会の「未来を牽引する大学院教育改革～社会と協働した『知のプロフェッショナル』の育成～(審議まとめ)」(二〇一五年)がある。そこでは、大学院の重要さを指摘する一方、学生の受け入れが減少傾向にあることに警鐘を鳴らしている。事実、一九九〇年代の大学院改革で定員が倍増しながら、課程修了後のオーバードクターや任期付きポストの常態化など、研究の継続や就職先の不安定さから、若い世代の大学院離れが進んでいる。例えば、修士から博士課程に進む院生や、博士課程修了後の就職率はいずれも一桁台(前者九・三%、後者六%・『朝日新聞』一七年八月八日付)という状態が続いている。求められるのは、博士人材に対する企業の評価や受け入れ体制とともに、高度な専門知識を十分生かしきる社会風土・雇用構造そのものの改革であろう。

この問題の解決は一筋縄にはいかないが、大学院教育の抜本的な見直しと同時に、教育の質の確保をいかに継起的・体系的に発展させるかといった、学部教育と大学院教育との接続・連携の仕組みを検討することである。こうした点では、理系はある程度進んでいるが、文系はまだ課題を残している。それは多分に、取り扱う対象の混在性・複合性・多義性など、人文・社会科学系分野のもつ特性から、学部・大学院教育のリニアな接続と連携を可能にする、順次性ある体系的な教育課程の構築の困難さにあると思われる。そうしたことから、現に文系大学院の主流が、修士課程から専門職学位課程に移行しつつある現状を考慮するものの、新たな「知の体系」の創出を目指した、魅力ある大学院教育をどう構築していくのかが、今後の課題であろう。「知識基盤社会」に相応しい、高度知識人材の活用と活躍への期待は大きい。

（五）社会人入学の拡大

中教審・大学部会（二〇一六年一一月）の資料「社会人の学び直しに関する現状等について」によると、大学入学者のうち二五歳以上の割合は、ＯＥＣＤ平均の二割と比べ、わが国は、わずかその一〇分の一の二％と極端に低い。

大学における社会人の学びの場は、学士入学、大学院の他に、放送大学や通信制大学、科目等履修生、あるいは生涯学習センター等の公開講座と様々である。その中で、今後さらに力を入れるべき課題は、大学や大学院への社会人の受け入れ、いわゆる「学び直し」の機会の提供と拡大である。

先の文科省の資料によると、一四年度の大学院における社会人入学者は、全体の一八・二％に当たる一万八千人で、その多くは通学生（一万六千人）である。一方、大学（学部）に入学する社会人は全体の一・六％の一万人に過ぎない。しかも、その多くは、放送大学（五千人）や通信制大学（四千人）で、通学生は一千人に過ぎず、全体に占める割合は〇・二％にも満たない。

大学院は専門職大学院もあって、社会人の受け入れも増えているが、大学に進学する社会人は少ない。その原因は、勤労者の勤務体制や企業等の人材育成の中に大学教育の活用が位置づけされていないことにあるが、拡大に向けた大学側の努力と工夫も必要である。

その拡大を実現するためには、従来のように、一般学生用の教育課程の下での受け入れには限界がある。社会生活の経験がある社会人が期待しているのは、学ぶことで何が達成でき、身につくのかが明確になっていることである。そのためには、現行の一八歳人口にシフトした大学教育を、社会人のニーズに対応した教育内容を含むカリキュラムに転換するとともに、修学環境・システムの整備が必要になろう。また、学習成果が社会的に評価される環境づくりに向けた、大学側の一層の工夫や努力も必要となる。

社会人のニーズと結びついた教育の一つに、地域社会と連携した教育がある。地域の課題に取り組み、現場から学ぶ教育を通した、地域との相互・相乗的なシナジーへの期待である。その際、地域の各分野で活躍する優れた人材を受け入れ、教授陣の幅を広げるなど、より効果的な内容へ工夫することも、社会人を引き込む大切な要素となるだろう。

教育体制が整った大学には、現行の入学定員にさらに上乗せした社会人学生の定員枠を設け、その分の学納金収入に見合った運営費交付金で教授陣の充実を図れるよう、国も支援を惜しんではならない。

とはいえ、社会人が置かれている職場環境を考える時、現状の通学方式には限界がある。アイディアの一つとしては、社会人を数多く受け入れて、実績のある放送大学と連携し、それぞれの特性を生かして、新たな学習形態を共同して開発することである。一八歳の若者を中心とした大学から、若者と社会人が「共学」する場を作り広げることで、新たな学習の可能性と知的刺激の広がりをつくり出し、これを大学教育の在り方自体を変えるきっかけにすることである。

いまや、一八歳人口が一〇〇万人を割る時代を目の前にして、仮に進学者数の減少があっても、国立大学は定員を欠くことはないと、あぐらをかくのではなく、発想を転換して、社会人入学の道を広げ、新たな入学者を掘り起こす知恵と工夫が求められている。それは、国立大学の社会的責任でもある。

（六）学生の流動性の確保

各大学はミッションの再定義に基づき、学部の強み・特色・社会的役割をさらに発揮することに力を注いでいくであろう。ところが、大学が特色を出せば出すほど、選択の自由度は狭まり、学習の多様性は損なわれてくる。学生は、大学を選ぶ際、そのことが分かって受験するはずだが、いざ入学してみたら、自分が期待したものとは異なっていることに気づくこともある。こうした状況の中で、学生の期待を満たし、学習意欲を維持していくためには、学生の流動性をいかに高めるかの観点が必要である。

流動性の一つに留学がある。留学といえばすぐ外国の大学ということになるが、それ以外に国内の他大学への留学（国内留学）をもっと容易にできる仕組みを考えることである。

もう一つが転入学である。この場合、すぐ問題になるのが、受験テクニックとして、入学しやすい、いわゆる難易度の低い大学・学部に入学し、その後別の難易度の高い大学・学部に転入・転部する問題である。いわゆる「バイパス入学・転学部」といわれるものだが、それを理由に学生の流動化の道を閉ざしてはならない。

国大協の提言「国立大学の将来ビジョンに関するアクションプラン」（二〇一五年九月）では、「大学間等の連携・共同による教育の推進」を求めながら、その実「大学は、各自の強みをさらに強化し、自身の教育力の向上を図るのみならず、他大学等との連携・共同により教育内容を互いに補完する」こととあり、あくまで学生の抱え込みが前提になっている。もっと開放的に考えたらどうか。

（七）二学期制等の見直し

すでに実施している大学や予定している大学も増えているので、新しい視点とはいえないが、さまざまな教育課題に対応して、教育課程を柔軟に組めるようにするには、従来の二学期制を四学期制にすることが考えられる。四学期制で一週に一科目二コマの授業となれば、一週間に一〇科目程度の授業が五科目に半減され、集中して予習・復習や課題に取り組むことで、密度の高い学習が期待できる。また、現行の九〇分授業が、アクティブラーニング等の新しい授業形態の導入に適切かどうかも検討すべき課題である。現に、一コマ一〇〇分授業を取り入れた大学も増えている。いずれにしても、これを効果的に機能させるためには、ティーチングアシスタントなど授業の支援体制にしっかり取り組む必要があろう。

また、四学期制は教員にとっても、週当たりの担当授業科目数が半減することになり、その分集中して教えられるため、教育効果が高まることも期待できる。逆に、授業を担当しない学期を夏休みなどの長期休業期間とつなげれば、まとまった期間、地域社会や国外に出て、研究等に専念することも可能となる。

以上さまざまな観点から、大学教育の在り方述べてきた。大学教育は、その取り組み方次第で、さまざまな選択肢と可能性を秘めた「知の営み」の世界である。こうした改革に取り組む真摯な姿勢は、学生の学びの姿勢にもつながるはずである。夢をどのように描くかは、まさに大学の主体性であり、大学同士の切磋琢磨の中で、その本気度が試される時代に入ったと見なければならない。

三　研究の向上を目指して

（一）研究環境の改善

すでにみたように、法人化後、基盤的研究費の激減や事務的業務の増加に伴う研究時間の減少により、研究環境は大きく損なわれてきた。これに関連して、佐藤勝彦科学技術・学術審議会学術分科会長は、声明（二〇一六年一一月九日）の中で「個々の研究者に目を向けると、さまざまな制約の下、研究時間が減少する中で、『短期的な成果』を挙げることを急いだり、すぐに役立つかどうかに過度にとらわれたりする反面、長期的な展望を持ち、未踏の領域への大胆な挑戦が少なくなっていることが危惧されている」と指摘している。この声明は、近年の、「役に立たたない研究」はムダと言わんばかりの近視眼的で歪んだ科学研究に対する警鐘に他ならない。いうところの「役に立つ研究」の矮小性は、近年のわが国ノーベル賞受賞者の業績の多くが、数十年にわたる地道な基礎研究の成果であることからも明らかである。「役に立つ」とは、誰にとってどう役に立つのかである。

もちろん、研究環境は大学の規模や分野にもよるが、このままで推移すれば一部の大学を除いて、多くの大学は改善を見込めないまま、ジリ貧に陥る他はなく、コミュニティの研究意欲とパワーがさらに低下していくだけである。こうした状況からいかに抜け出し、研究の質の向上をどう図るかが、これからの大きな課題である。その場合、まず基盤的研究費を安定的に確保することが基本だが、それとともに、研究者を多忙にしている雑多な実務から解放することである。また、法人化後、基盤的研究費が大幅に削減された原因の一つに、学長のリーダーシップの下に重点化を推し進めたことにもある。比較的潤沢な特定の分野や研究者を除けば、多くの教員にとって基盤研究費は大幅に削られ、新たな研究の芽を育てることを難しくしている。

研究者の多忙化には、法人化に伴う業務以外にも、基盤的研究費の足らず前を、各種補助金など競争的外部資金の獲得で補うため、ほぼ日常的に申請書類の作成に追われることにある。しかも、補助金が特定のプロジェクト研究に限定された場合、研究者の自由な発想に基づく独創的な研究が、テーマの上でも体制的・時間的にも制約されることになる。そうした「研究の自由」の喪失は、研究者と研究現場にとって死活的なジレンマとなる。

(二) 共同研究のすすめ

問題は、基盤的研究費はもとより外部資金の獲得すらままならない、研究分野の厳しい現実である。個々の研究者の研究スタイルも、個人研究か共同研究か、その内容も基礎研究か応用研究かで違いがあり、その特性は互いに尊重しなければならないが、厳しいと言っているだけでは何事も始まらない。そのためには、研究室を飛び出し、広く他学部、他大学との連携を図るなど、共同して研究を深める仲間を求める道も考えたらどうだろうか。

国際的に卓越した大学や全国的な教育研究を進める大学だけでなく、地域貢献型大学にあっても、分野によっては優れた研究環境がある。そうした環境を互いに開放し、他大学・研究機関の研究者を積極的に受け入れ、連携を強めることで、少ない研究費を補い合うだけでなく、互いに知を磨き合い、相乗的に大きな成果につなげることができるはずである。

これに類するものに、クロスアポイントメント制度があるが、これはもともと、イノベーション創出のため、大学や公的研究機関、企業等の壁を越えて研究を進めることから案出されたもので、広く研究者の共同研究等を推進することには適していない。個々の大学で、より柔軟な運用ができる制度を工夫することが必要である。また、連携を推進するためには、共同研究経費を予算化することも考えられる。これを大学に任せるだけでなく、国の責任で、別途支援策を講じることである。

（三）人文社会科学と自然科学の融合

確かに、現在のような市場優先のグローバル経済の世界では、新産業の創出・産業競争力の強化につながる科学技術・イノベーションが重視され、人文社会科学が軽視されがちになるのは想像に難くない。しかし、いま世界では、深刻な環境問題や気象変動、地域紛争からの難民問題、貧困と飢餓など、地球規模で解決が迫られている難題が山積し、これに加えて我が国も、経済的停滞や不安定雇用、地域間格差・過疎化、少子・高齢化など解決すべき課題は枚挙にいとまがない。これらのいずれをとっても、複雑に絡み合い、相互の矛盾と対立の中で、容易に解が得られ難い問題ばかりで、まさに文・理を超えた総合知が求められる時代である。そこから、狭い分野を深く究めるリニアな自然科学と、問題を関係性において俯瞰的・総合的にとらえる、人文社会科学との「知の融合」が期待されている。

自然科学が、自然界に生起する諸現象を対象にする研究世界であるのに対して、人文・社会科学は、人間社会に生起する、それぞれの時代の経済や政治、思想・精神性や感性、地域的風土や文化といった、人の営みに起因する歴史的・社会的事象を対象とする世界ということができる。しかし、事柄はそれほど単純ではない。人間社会の営みが、自然界のあり方や諸現象に深く影響を及ぼす関係にあるからである。その典型が今日の地球環境問題である。この両者は、完全に隔絶された世界ではなく、温暖化や異常気象、生物多様性の撹乱は、明らかに人間社会の営みが自然界に及ぼした地球規模の深刻な影響の結果である。だとすれば、いま求められているのは、これら諸問題の解決のための、自然科学と人文社会科学が連携した、共同解決の力である。大学が社会の期待に応えるべき矜持と置くべき価値は、まさにその点にある。大学人の多くはいま、そうした視野と時間軸で大学に期待され課せられている使命に、思いをめぐらすゆとりすらなくなったのであろうか。
いまこそ、大学間や分野間の枠を越え、あるいは国を越えた連携を通じて、環境問題や生命倫理、人工頭脳など今日的諸課題の解決に向けた、アカデミック・コミュニティの構築が期待されるところである。

（四）地域の課題研究を普遍化

今日、大学の研究に対する社会的要請として、しきりにイノベーションがいわれている。その多くは、産業界に役立つ技術革新の意味に用いられ、研究資金の獲得もあって、産業界との共同研究や受託研究に目が向けられる。こうした場合、多くは個別課題の解決に特化した下請け的研究になりがちとなる。その場合にあっても、研究成果の一般化や体系化に努めることである。例えば、蚕の病気やワインの品質低下に苦しむ地域産業の課題解決に乗り出し、細菌学の基礎を作ったパスツールの研究のように、単なる下請けに終わらせないで、新たな研究分野を切り開いていく研究者魂の大切さである。

とりわけ、地域貢献型大学にあっては、地域に課題を求め、実践を通して現場から学ぶ機会が増えるであろうが、これらを個々の課題解決に終わらせるのでなく、より普遍的なものに発展・昇華させて、その成果を教育に反映させることである。それこそ、社会が大学に期待することであろう。

国はしばしば、社会的「要請」に応えるとして、大学の役割を目の前の経済・産業界からの現実的要請にシフトしがちだが、大学の真の役割は、数十年、数百年のスパンで、人類社会の持続可能な発展に貢献することである。そのためには、常に自由で多様な発想から、教育研究に打ち込むことができる環境条件を整えることである。それができれば、大学は「再編・統合」に右往左往することなく、将来にわたる人類社会の持続的発展と人々の豊かな生活を支えうる「知の基盤」を創りだすため、存分に力を発揮できるはずである。これこそが、憲法にいう「学問の自由はこれを保証する」に応える大学の姿であり、大学人の衿持が貫かれる世界ということができる。

四　二一世紀社会に生きる大学

（一）大学に課せられた使命

かつて大学審議会は、答申「21世紀の大学像と今後の改革方策について—競争的環境の中で個性が輝く大学—」（一九九八年一〇月二六日）において、二一世紀を「流動的で複雑化した不透明な時代」、「地球規模の協調・共生と一方で国際競争力の強化が求められる時代」とし、そうした時代状況の中で、大学は人類の「豊かな未来を拓く原動力」となる独創的な学術研究の進展を通じて「人類社会の発展に貢献」し、社会をリードしていくことが期待されるとした。その上で、人類の生存を脅かしかねない「地球環境問題、エネルギー問題、人口問題」など「諸問題解決への貢献、人類共通の知的資産の創造、新たな文化や価値観の創造等」において、大学が「国際社会で知的リーダーシップを発揮できる国」として積極的な役割を果たし、独創的で新しい知の領域を拓くべく、「人文・社会科学と自然科学の調和ある発展を図る科学技術創造立国」として、「知」の再構築が求められるとしている。これらの基本的な視点は、21世紀世界の諸状況を見据えた、大学像としては至極当然である。

問題は、そうした時代認識の上で、「答申」が示す大学改革の方向である。例えば、「地球規模での競争が激しくなる」状況の中で、「国際競争力の強化」が重要な課題となるとし、その文脈で大学は、グローバル市場でせめぎ合う「産業界の要請に積極的に対応」すべきこととし、自らも「競争的環境」（答申副題）を掲げた上で、競争原理・市場原理、効率主義による業務運営の必要を説いている。また、予算・資源配分との関係では、「第三者機関による評価を参考資料」として活用し、さらには「評価に基づき大学の実情に応じた改組転換」や、「成果を挙げている大学等を重点的に支援していく」など、財政誘導を通じた大学の選別・重点化に道を開いている。しかも、「国立大学の大胆な改革」、組織運営体制の整備が焦眉の課題だとし、国立大学の独法化については、「今後、さらに長期的な視野に立って検討することが適当である」と述べるなどである。

これら一連の言説は、いずれもその後の「行財政改革」の政策展開の過程で、法人化とそれに続く大学「改革」の中で現実となった、国立大学の諸状況を先取的に提示した内容のものである。そこでは、大学審答申が掲げた「総論」としての大学像と、国・文科省主導の大学「改革」を通じて現実化された「各論」との乖離は鮮明である。

大学審議会答申が説く二一世紀世界の基本的な状況認識と大学像から、今日にいたるいびつな大学政策がなぜ生まれたのかである。その経過と実態は、本書の各章で詳細に辿った、国立大学の法人化にいたる過程と大学「改革」の諸相に如実である。その実相は、世紀の転換期前後の、「規制緩和」論を旗じるしに、新自由主義的構造改革路線をベースに推し進められた、一連の行財政改革・行政スリム化政策からの必然的な帰結とみなければならない。そこでは、大学がもつ知的資源と人材養成の果実が、グローバル企業の世界戦略に取り込まれ、その機能はあげて経済優先主義の国家政策に就縛される様相を呈している。例えば、大学の知的営みから創り出される、さまざまな分野での先端的な科学技術・イノベーションは、人類社会の「豊かな未来」をきり拓き、国民生活の安定的な発展にではなく、世界市場での競争的優位と「利潤」獲得の最大化を至上価値とするグローバル企業に囲い込まれ、使い尽くされようとするという現実である。近年の、文科省主導の大学「改革」も、類型化による大学間の格差と重点支援を伴いながら、大学の「知的資源」と機能の主要部分をそこに収斂させるべく誘導され、仕組まれている。しかも、最先端の科学研究の成果を、ついには軍事研究に絡め取ろうとすらしている。

そうした状況は、大学を含む社会生活の広範な領域を市場競争にさらし、そこで創出された豊かな果実を、あげてグローバル資本主義の持続的発展に供する、新自由主義的改革路線がたどり着いた結果に他ならない。

(二) 長期的展望に立とう

いま、我々が立つ二一世紀世界に目を凝らしたとき、大学の「知」が応え、期待さるべき役割は何かを改めて問わなければならない。この場合、国・文科省と大学が深く心し、力を尽くして負うべき共同の責任は、次の諸点にあろう。すなわち、いま現実に人々の生活を脅かす、地球温暖化に起因する異常気象や自然災害、国際的規模で広がる経済的な格差と貧困、制御不能に陥ったグローバル市場と社会システム、収束を見通しがたい地域紛争と国際政治の混迷など、人類社会が解決を迫られている地球規模の諸課題であろう。それだけではない。《ダモクレスの剣》に喩えられる核・原発の現実的脅威、政治的不作為に起因する富の再配分機能の不全、巨大企業の相次ぐ不正やリスク管理にみる「企業倫理」の退廃など枚挙にいとまがない。まさに、現実の事態は、政治的にも経済的にももはや臨界状態と言わなければならない。そのいずれもが、地球そのものと人類社会の存亡にかかわる死活的な問題である。にもかかわらず、現実には、先進諸国のいずれもが、世界規模で広がる混沌と、構造的な社会的矛盾と相克を前に、根本的・長期的な解決の手立てを見出せないまま、立ちすくんでいるかのようである。あるのは、こうした事態をせいぜい対症療法的に回避するだけの、小手先の彌縫策かそれを逆手にとったわれ勝ちの開き直りである。

世紀の転換期をはさんで進められた、文科省主導の一連の大学政策も、この文脈の中で選ばれた諸方策とみなければならない。大学の「知」が、時の政治的潮流の中で、法制、財政、経済・産業などの諸政策を通じて、グローバル企業のほしいままに動員・駆使され、この国の大多数の構成員の、豊かで持続可能な社会の発展に生かされることなく、不公正で格差に満ちた社会の拡大につながることは許されない。

大学がその営みを通じて常に心し、希求すべきは、すべての国民が「平和に生きる権利」を人類共通の至上価値とすることであろう。まさに、日本国憲法前文に刻印された、《平和的生存権》のそれである。その意味で、平和の対極にある、破壊と殺戮、不条理以外のものではない戦争に対して、大学が毅然と対峙する姿勢を堅持することである。かつての時代、中国大陸を舞台に、非人道的な生体実験を繰り返し、細菌兵器の開発に力を注いだ、かの七三一部隊の医学者たちの轍を踏んではならない。同様に、人々に理不尽な死と破壊、恐怖をもたらした、原爆・核兵器の開発に手を貸した、多くの科学者の歴史的汚点を心に刻まなければならない。人類を滅亡の淵に立たせ、地球文明の持続可能性を妨げる、一切の行為に科学は手を貸すべきではなく、それを容認し誘い込む、あらゆる社会的・政治的風潮に警戒心を高めなければならない。科学者が負うべき社会的使命と責任は、究極の殺傷・破壊力を目指す兵器や装備の開発だけにあるのではなく、国民の「平和に生きる権利」の実現にこそある。

かつてホロコーストの恐怖を体験し、ノーベル化学賞を受賞したR・ホフマンの、次の言葉は教訓的である。

「科学が戦争に利用される危険はつねにあります。注意を払い、拒否する姿勢が必要です。科学者は倫理観を持たねばなりません。(しかしそれは)、生まれながら身につけているものではなく、学ぶものです。他の人と語り合い、過去の事例を研究し、知ることが大切です」、と。(『朝日新聞』二〇一七年八月一九日付)

二一世紀社会に存在し、生きる大学が、そこに集積・継承された「知の力」を尽くすべきは、将来世代に引き渡す豊かで持続可能な地球環境と社会であって、経済至上主義の欲しいままにされた、荒涼とした地球と疲弊した人類社会ではなかろう。

いま必要なのは、大学の「知」を理不尽に縛りつける《プロメテウスの鎖》を打ち砕くことである。それを可能にする大学人の矜持と「社会的理性」が、その真価を試されている。

文系と理系

今、国立大学は厳しい改革の嵐にさらされている。国や財界がさまざまな課題を大学に突きつけ、大学はそれに応えようと懸命になっているためである。学長の権限を強化すれば、さらに大学が期待通り動いてくれることを敏感にかぎ取っているからでもある。この「真面目さ」はどこから来るのだろうか。

国大協でさまざまな機会に学長たちと意見交換したり、学内外で多くの方々と議論して分かったことは、例外はあるものの、総じて理系（とりわけ応用分野）発想は、目先の損得に機敏に反応し、むだなことはやっても仕方がないと考え、妥協してでも、その課題を果敢に進めるある種の「功利主義」の傾向がある。一方、文系的発想は、大局的な立場にたって熟慮し、簡単には譲らない頑固さのために、決断が遅く解決のスピード感に欠けるきらいがある。それぞれ一長一短である。

私は教育学部に席をおいていたので、教授会などを通して、文系教員の考え方にも慣れていた。簡単にいえば、文系の場合、理屈は述べるが行動に結びつかないということである。そのときは、それが欠点に写っていたが、現在のように外圧で大学が動かされるときには、文系のもつ一種の頑固さは貴重で、改めて見直す必要があると感じている。

国の方針に対峙することは、個々の大学では限界がある。国立大学の総意を発揮できる場は国大協である。ただ、その構成員である学長の専門分野をみると、いわゆる総合大学では、理系の学長が九割を占め、その半数は医学系で、文系の学長は極めて少ない。文科省から見れば、実に扱いやすい集団ではないか。

今は、国は国立大学を理系重視の方向で動いていることもあり、国大協も理系の学長の論理に引きずられ、文系の良さが発揮されていないようにみえる。理系の学長も含め、広い視点でものごとを考え、安易に国の方針に従うのでなく、大学らしい自主性と節度を大切にしてほしいと願っている。

（田原博人）

coffee break

【特別寄稿】
戦後七〇年の夏に想う

福島大学名誉教授　吉原泰助

私が福島に赴任した一九六〇年代初頭には、まだ「経専」という呼び名が生きていた。とっくに新制福島大学の経済学部となっていたのだが、年輩の市民にとって、烏が崎の麓・森合のキャンパスは依然「経専」であった。街では、経済学部の学生が、親しみに若干畏敬の念をまじえて「経専さん」と呼ばれることさえ、まれにはあった。福島高商創立九〇周年の記念講演でも触れたが、「福島高等商業学校」が「福島経済専門学校」に改称されるのは、アジア太平洋戦争末期の一九四四年（昭和一九年）三月のことである。それは、前年一〇月に出された「教育ニ関スル戦時非常措置方策」に基づいている。この「方策」に即して関連事項を見てみると、旧制高校に関しては、「昭和十九年度ノ入学定員ハ文科ニ在リテハ全国ヲ通ジ概ネ従前ノ三分ノ一ヲ超エシメズ、理科ニ在リテハ所要ノ拡充ヲ行フ」と、また、大学専門学校に関しても、「理科系大学及専門学校ハ之ヲ整備拡充スルト共ニ文科系大学及専門学校ノ理科系ヘノ転換ヲ図ル」とある。戦時体制下での「理系偏重・文系軽視」である。

戦争遂行上、理系は役に立つが、文系はそうではないと。なかでも、商科系への風当たりは殊のほか強かったであろうことは、「方策」の旧制中学校の項で、「男子商業学校ニ就テハ昭和十九年度ニ於テ工業学校、農業学校、女子商業学校ニ転換スルモノヲ除キ之ヲ整理縮小ス」とあること、それから推して想像に難くない。非常時にあたり、簿記・算盤の類は女子に委ね、男子たるものは直接であれ間接であれ戦争遂行に役立つ分野に携われという国家意思が鮮明である。

かくて、高岡・彦根・和歌山の三高商は工業専門学校に転換する（このうち、高岡は戦後経専への再転換を果たせなかった）。また、長崎・横浜・名古屋高商は工業経営専門学校を併設した上で、経済専門学校となる。福島高商をはじめその他の高商は、カリキュラム上の配慮を加えたかも知れぬが、ひとまず経済専門学校への改称ですんだ。

大学も例外ではなかった。東京商科大学は東京産業大学へ、神戸商業大学は神戸経済大学へと改称を余儀なくされたのである。多くの大学・専門学校で「商業」が「経済」となったのは、経済は生産と流通を含み、「非生産的な」商業プロパーよりはまだマシだという発想であったのだろうか。この時代を牛耳ったミリタリズムの思考回路、その隙間をすり抜けんとした先人たちの苦肉の策であったかも知れない。

だが、これを戦時体制下の特異な出来事とたかを括ってはいられない。先頃、文部科学省は、「曲学阿世」ならぬ「曲学阿政」の有識者会議に提示した〈国立大学法人の人文社会科学や教員養成の学部・大学院の規模縮小や統廃合を促す素案〉を、各大学に通知したという。背景には少子化の流れのなかでの私学救済の思惑もあると聞く。しかし、それ以上に、その根底には、理系は役に立つが文系は役に立たないという戦中さながらの発想がある。

先の「戦時非常措置方策」の〈カタカナ〉書きを〈ひらがな〉書きに書き直しただけと見紛うばかりの中身には呆れるほかない。財界を始め支配層の要求を「社会的要請」という名で高等教育に押しつけ、国益や実益が知の世界を蹂躙する構図は、我が国を覆いはじめた反知性主義の極致である。結果、日本社会は奥行きと深みを喪い、知的劣化は避けられない。

もっとも、権力は、それによって批判的精神の衰退を狙っているのかもしれない。そうであるとすれば、もはやファシズムである。また、この理工系重視の外縁で、軍学共同（大学における兵器の研究等）の話がちらつく昨今の状況も気になる。

それだけではない。文部科学省が最近提起した「ミッションの再定義」（各大学の強み・特色・社会的役割の整理再評価）の動きは、高等教育の戦後レジームからの脱却、戦前のようなピラミッド型／複線型高等教育への回帰という底意すら感じさせる。旧制専門学校の流れを汲む新制大学などは使い勝手のよいサラリーマンや技術者の養成に徹すればよく、政官財学界を問わず、国や社会の指導者・頭脳の育成、ないし世界的水準の研究は、選ばれた旧制以来の大学に特化するという高等教育における戦前レジームの復活、これである。

ところで、先の「戦時非常措置方策」は、その年同じ一〇月に出された勅令「在学徴集延期臨時特例」と対であった。この時点で、〈理工科系および教員養成学校の理系を除く〉文科系高等教育学校在学生の徴兵猶予措置が停止されたのである。ここでも「理系偏重・文系軽視」。多くの若者が本を閉じ、ペンを棄てて死地に駆り立てられていった。もちろん、理工系の学生とて無事では済まなかったが。東条英機の獅子吼を背に、強い雨の降る神宮外苑競技場のぬかるみを、銃を肩に行進する出陣学徒、スタンドでそれを見送る女子学生、あの映像は、何時見ても涙なしには見られない。

福島大学経済学部同窓会六〇周年の折り、たまたま学部長であった私は、お願いして信陵公園を造っていただいた。この信陵公園には、高商・経専の戦没学生の刻名碑が建立されている。そこには、二百数十名にのぼる戦没卒業生・学生の名が—戦没年月日と場所とともに—刻まれている（他に、教員・職員各一名）。この数は、当時の福島高商・経専一学年の定員数を遙に超えている。しかも、その三分の二は、経専発足の年＝一九四四年以降に斃れているのである。

彼らは、異境の海や空で、南海の孤島で、密林の奥で、あるいは大陸の砂塵にまみれて、敵弾に仆れ、さもなくば飢餓や病の果てに非業の死を迎えている。逆に、アジア太平洋全域に散らばる戦没場所は、はからずも日本軍による侵略と加害の拡がりを物語っている。さらに、元祖アイドルともいうべき松島トモ子の父親＝高橋健氏（高商一一回、松島は母方の姓）のように、戦後、極寒のシベリアで絶命した卒業生たちや、「学徒動員」先（日立）で艦砲射撃の犠牲になった在校生たちの名前も見出せる。

戦時中、高商・経専の教授であった小林昇*先生は、当時、次の歌を遺しておられる。

餞（はなむけ）に自愛をせよといふに慣れ
　年々（としどし）を経きいま言葉なし
　　（出征をするＴＫに）

ちなみに、こう詠まれた先生ご自身が、その夏、学生を引率して出向いていた千葉松戸の「学徒動員」（陸軍飛行場建設）先で召集の報せを受け取る。戦地に向かう途中、乗っていた輸送船が南シナ海で撃沈されるも、九死に一生を得てベトナムに辿り着き、戦後、経専の教壇に戻られたのである。

戦争は、若者たちを有無を言わせず戦場に引っさらっていった。そして、少なからぬ人々が帰らぬ身となる。戦後七〇年、戦争さえなければ、若き戦没者たちは安らかに天寿を全う出来た頃合いである。この節目に、心ならずも未来を絶たれた卒業生や在校生の方々に痛惜の想いを馳せ、心から哀悼の意を表したいと思う。あわせて、国や世代等を問わず全世界の戦争犠牲者を悼み、不戦・反戦の決意を新たにしたい。

信陵公園の戦没学生刻名碑の裏面には、高商発足時から高商・経専・経済学部とずっとフランス語を教えて来られた川村重和先生の筆になるジャン・タルジューの短詩が、日仏両文併記で刻まれている。その日本語訳は、仏文学者渡辺一夫先生が自ら訳され、『日本戦没学生の手記／きけわだつみのこえ』のまえがき「感想」で紹介されたものである。

タルジューは、私たちに問いかける……

《死んだ人々は、還ってこない以上、
　生き残った人々は、何が判ればいい？
死んだ人々は、嘆く術もない以上、
　生き残った人々は、誰のこと、何を、嘆いたらいい？
死んだ人々は、もはや黙ってはいられぬ以上、
　生き残った人々は沈黙を守るべきなのか？》、と。

軍靴の高鳴りが迫り、硝煙の臭いが漂い始めた今こそ、私たちは、フランスのレジスタンス詩人タルジューの問いかけに応えなければならない。

＊小林昇先生：のち日本学士院会員・立教大学・福島大学名誉教授

（福島大学経済経営学類同窓会機関誌『信陵』第八八号・二〇一五年より転載）

参考文献

序章

細井克彦 他編『新自由主義大学改革』東信堂、二〇一四年二月
室井尚『文系学部解体』株式会社KADOKAWA、二〇一五年一二月
吉見俊哉『「文系学部廃止」の衝撃』集英社、二〇一六年二月
「新自由主義大学構造改革と大学の自治(1)」中島茂樹、『立命館法学』二〇一四年三号(三五五号)
「大学のガバナンス改革の推進について(審議まとめ)」中央教育審議会大学分科会、二〇一五年二月
〔特集〕「国立大学文系不要論を斬る」『中央公論』、中央公論新社、二〇一六年二月号
〔特集〕「大学のリアル―人文学と軍産学共同のゆくえ」『現代思想』、青土社、二〇一六年一一月号

第一章

岩崎稔他『激震 国立大学』、未来社、一九九九年一月
国立大学協会事務局『国立大学法人化の経緯と国立大学協会の対応』資料集 第一部・第二部、二〇〇七年一月
国立大学法人法制研究会『国立大学法人法 コンメンタール』ジアース教育新社、二〇一二年四月
「国立大学法人制度論」羽田貴史、『広島大学高等教育研究開発センター大学論集』第三五集二〇〇五年三月

第三章
ジャック・デリダ　西山雄二訳『条件なき大学』月曜社、二〇〇八年三月
芦部信喜『憲法第六版』岩波書店、二〇一五年三月

第四章
飯尾潤『日本の統治構造─官僚内閣制から議院内閣制へ』　中央公論新社、二〇〇七年七月
苫野一徳『[自由]はいかに可能か 社会構想のための哲学』ＮＨＫ ブックス、二〇一四年六月
ポール・クルーグマン、山岡陽一訳『良い経済学　悪い経済学』日本経済新聞出版社、二〇〇〇年一月
ビル・レディングズ著、青木健／斎藤新平訳『廃墟のなかの大学』法政大学出版局、二〇〇〇年六月
会田雄次『決断の条件』新潮社、二〇一三年五月
アルフィ・コーン　田中英史訳『報酬主義をこえて』法政大学出版局、二〇〇一年一月
丸山真男『政治の世界他十篇』岩波書店、二〇一四年二月
「国立大学と独立行政法人制度」藤田宙靖『ジュリスト』、一九九九年六月一日号、一一頁

第五章
山本健慈『地方国立大学 一学長の約束と挑戦』株式会社 高文研、二〇一五年三月
佐藤誠二『国立大学法人　財務マネジメント』森山書店、二〇〇五年一月
「大学法人化10年」『ＩＤＥ 現代の高等教育』ＩＤＥ 大学協会、二〇一四年六月号
「大学のガバナンス改革の推進について（審議まとめ）」中央教育審議会大学分科会、二〇一五年二月

第七章
『「国立大学法人及び大学共同利用機関法人における教育研究の状況についての評価」に関する検証結果報告書』大学評価・学位授与機構、二〇〇九年一二月
「国立大学法人第三期を考える」『ＩＤＥ 現代の高等教育』ＩＤＥ 大学協会、二〇一五年一〇月号

第八章
佐藤誠二『大学評価とアカウンタビリティ』森山書店、二〇〇三年一月
新日本監査法人『国立大学法人の会計と実務』ぎょうせい、二〇〇四年一〇月
「国立大学財務システム改革の課題―会計システムを中心に―」国立学校財務センター、二〇〇一年五月
「国立大学論―格差構造と法人化―」天野郁夫、『大学財務経営研究』国立大学財務・経営センター、二〇〇六年八月第三号

第九章
「国立大学法人化後の財務・経営の実態に関する研究」国立大学財務・経営センター研究報告、第一二号二〇一〇年九月
「国立大学法人の財務経営担当者調査」国立大学財務・経営センター研究部、二〇一二年三月
「国立大学の活路」金子元久、『ＩＤＥ現代の高等教育』、二〇一五年一〇月
「国立大学長の機関運営に関する実態調査結果―過去の調査結果との比較を中心として」水田健輔、『ＩＤＥ現代の高等教育』、二〇一五年一〇月

第一一章
「〔特集〕「文系不要論」を問う」『民主文学』、日本民主主義文学会、二〇一六年六月号
「〔特集〕「大学のリアル―人文学と軍産学共同のゆくえ」『現代思想』、青土社、二〇一六年一一月号

終　章
佐和隆光『経済学のすすめ―人文知と批判精神の復権―』岩波書店、二〇一六年一〇月
吉見俊哉『大学とは何か』岩波書店、二〇一一年七月
光本滋『危機に立つ国立大学』クロスカルチャー出版、二〇一五年一二月
山田宣夫『大学教育の在り方を問う』東信堂、二〇一六年九月
江原武一『大学は社会の希望か―大学改革の実態からその先を読む』東信堂、二〇一五年一二月

「新自由主義大学構造改革と大学の自治（一）」中島茂樹、『立命館法学』二〇一四年三号（三五五号）
「国立大学財政基盤の現状と改善」国立大学協会第六常置委員会・国立大学財政基盤調査研究委員会、一九九二年三月
学制百二十年史編集委員会『学制百二十年史』文科省 http://www.mext.go.jp/b_menu/hakusho/html/others/detail/1318221.htm

全体を通して

古沢由紀子『大学サバイバル―再生への選択―』集英社、二〇〇一年二月
中井浩一『徹底検証　大学法人化』中央公論新社、二〇〇四年
黒木登志夫『落下傘学長奮闘記―大学法人化の現場から』中央公論新社、二〇〇九年三月
天野郁夫『国立大学法人化の行方　自立と格差のはざまで』東信堂、二〇〇八年四月
中井浩一『大学「法人化」以後　競争激化と格差の拡大』中央公論新社、二〇〇八年八月
大﨑仁『国立大学法人の形成』東信堂、二〇一一年
永井道雄、山岸駿介編『未完の大学改革』中公叢書、二〇〇二年
草原克豪『日本の大学制度―歴史と展望―』光文堂、二〇〇八年
山口裕之『「大学改革」という病』二〇一七年七月、明石書店
「新しい『国立大学法人』像について」文科省・調査検討会議、（中間報告）二〇〇一年九月、（最終報告）二〇〇二年三月
「国立大学法人法案関係資料(1)、(2)」文部科学省
「緊急特集：国立大学・研究所の独立行政法人化」『科学』、岩波書店、一九九九年一月号、VOL.69 NO.11
「国立大学の『独立行政法人化』について」藤田宙靖、他連載『文部科学教育通信』（創刊号）、教育新社、二〇〇〇年四月号
「国立大学法人論」蟻川恒正、『ジュリスト』二〇〇二年五月、No.1222

その他

文部科学省、財務省、国立大学協会、旺文社・教育情報センター、国会議事録など、各種報告書・資料
地方国立大学長二八名：地方国立大学地域交流ネットワーク構築の提言、鹿大広報 no.161, 18-20, 2003

田中弘允、田中邦夫：国立大学地域交流ネットワークが目指すもの―元気の出る大学と変化に強い地域社会を求めて― Between no.191, 2003
「国立大学法人化の自己矛盾―行革の論理の暴走が大学を滅ぼす」、田中弘允『日本の論点　２００１』、文藝春秋

あとがき

本書は、かつて国立大学に籍を置いた三人の執筆者が、三年越しに取り組んだ全三部からなるドキュメント風の論考である。法人化後一四年が経過したいま、国立大学は、この国の持続的で均衡ある発展に資する〈知の拠点〉として、重大な岐路に立たされているかにみえる。懸念は、国立大学が、法人化を機にそれまでとは異なるシステムと運営原理によって変容し、二一世紀社会を支える学術研究と高等教育の拠点として、その役割を十全に果たしうるのかにある。

戦後、国立大学は、その質と量において、この国の知的・文化的発展を支える拠点として、計り知れない貢献と存在感を示してきた。戦後一連の学制改革でスタートした、新制の国立大学は七〇校を数えたが、戦後社会の復興と経済の高度成長、一八歳人口・進学率の上昇を背景に改組・新設を繰り返し、二〇〇三年にはピークの一〇〇校に達しながら、法人化後の統合も含めいまや八六校となった。

いうまでもなく、転機は九一年の「大学設置基準の大綱化」以来一〇年余りの曲折をへて設置形態を変更し、二〇〇四年四月、国立大学法人が誕生したことにある。国立大学の法人化は、もともと大胆な規制緩和や撤廃を進め、徹底した行政スリム化を求める、かの英国・サッチャリズムにおけるエージェンシー制度の「日本版」ともいうべきものである。すなわち、一九九〇年代末以降、歴代内閣のもとで最重要の政策アジェンダとして取り組まれた、「行財政改革」の大学バージョンのそれであり、大学業務の運営を市場原理の駆動に委ねて、「効率性」を最大化するシステムに転換する新自由主義的構造改革の推進に他ならない。

とはいえ、一義的に業務の効率化を求める法人化は、学術研究と高等教育を担う大学本来のミッションとは明らかに矛盾し、その存立と発展をより不安定なものにしている。その不安は、第三期目標期間に入ったいま、いよいよ現実のものとなっている。事実、法人化後すでに、国立大学は、市場経済上のタームであるグローバル化やイノベーションを改革推進のキーワードに、市場メカニズムが作動する厳しい競争的環境の下で、基盤的経費たる運営費交付金の引き続く減額をはじめ、教員養成系・人文社会科学系学部の廃止・転換、資源の傾斜的・重点配分に結びつけた大学の機能別類型化などにより、自らの存立を危うくする深刻な事態にさらされている。大学の教育研究が、そうした「改革」至上主義の潮流の中で、文科省主導の「改革」圧力に押されて、偏頗なモノトーンの分野に傾斜を強めたとき、大学の生命ともいうべき創造的活力は減退し、知の多様な創出と発展への道を自ら閉ざすことになろう。現に、多くの大学は、疲弊する財政基盤と人件費・定員管理に苦しみ、外部資金の獲得に躍起となり、研究費の枯渇から、これまで「禁忌」とされた軍事研究に手を染めようとすらしている。教育研究の現場は、いまや「禁断の木の実」を貪りかねないところまで追い詰められているのである。研究者倫理を蝕む病巣の浸潤と、奈落の淵に立つ大学の危うさである。

これら一連の大学「改革」は、そもそもどこから来たのかである。端的には、産業競争力の強化につながる即効性ある研究やイノベーション創出とともに、グローバル競争を勝ち抜く即戦力としての人材養成を求める産業界の要請であり、その達成に向けて、大学のもつ知的資源の動員を可能にする仕組づくりに由来すると見なければならない。それは、まさに国家戦略としての、総ぐるみの大学「改革」路線に他ならない。問題は、その実現に向けて政策を組み立て、これを先導・推進する担い手やプレーヤーの存在と役割である。この場合、現実には、経済財政諮問会議や産業競争力会議、教育再生実行会議、中教審大学分科会、さらには総合科学技術・イノベーション会議など、時に応じて要衝にセットされた官邸主導の諸組織が、文科省を媒介にさまざまな「検討」や「提言」、「戦略」の提示を通じて、重層的・多元的に大学「改革」プランを構想・推進してきたことにある。それは、効率主義・成果主義を基軸とした、大学の教育研究と組織運営の「市場化」、「営利化」への道でもある。そうした市場の論理と経済的成果の最大化のために、大学の知的資源と機能を動員し従属させることが、果たしてこの国と人類社会の公正で豊かな発展に資する、いわば「国家百年の計」に値する道なのかである。いま国立大学を覆っているのは、市場原理主義に蝕まれた脱アカディミズムと、大学の企業化とすらいわれる事態である。

人々の目の前にあるのは、富の偏在と、他方では格差と貧困、制御不能な経済運営など、「市場の失敗」とすら言われる、グローバル資本主義の矛盾とほころびである。現代社会が抱える構造的矛盾と歪みは深刻である。これが「市場万能」を掲げ、競争と効率優先の新自由主義的政治・経済手法がもたらした、今日の到達点である。いま人々はこのような社会システムの変調に疑義をもち、随所で異議申立ての声を上げている。

大学もその埒外ではない。機能別類型化を枠組みとした資源の傾斜的・重点配分や、スーパーグローバル大学や指定国立大学法人など、グローバル化やイノベーションをキーワードとしたプロトタイプの大学「改革」の行きつく先は、大学間の格差拡大と、競争劣位におかれた地方・弱小大学の切捨てへの道である。そこにあるのは、たえず《ラストベルト（さびついた地帯）》に追い込まれることへの恐怖におびえ、その危機的状況を回避すべく懸命にあがく大学群の希望なき姿である。大学はいま、かつてない厳冬のさ中に立たされている。

いま、大学に期待されるのは、複雑かつ困難な未来を切り拓く透徹した知と、長期的・俯瞰的な視野から、時代の変化にしなやかに対応する、豊かな「汎用性」を備えた、持続可能な〈知の体系〉の創出と集積であろう。そこに人々が将来世代に希望を託し、ポジティブに生きる力とエネルギーを手にすることである。その意味でこそ、文系・理系、基礎・応用を問わず、多様で自由な発想に価値をおく、大学ならではの知の営みから生み出される《統合的な知」》への期待がある。そのためにも、国立大学は、競争原理が支配する組織運営の仕組みから、字義通りの自主性・自律性を組織原理とする〈知の世界〉を取り戻すことである。研究者の自由な発想・創意に基づく自律的な研究と、その成果に立った教育活動の生き生きとした展開こそ、大学の原点であり生命線であろう。そこに、学問の自由と大学の自治を保証した、憲法原理深化への道がある。

いま必要なのは、競争的環境の中で、大学が過剰適応を繰り返し、自ら力を消耗・衰退させ、負のスパイラルに陥ることではなく、それぞれの大学が互いの特色と持ち味を生かした緊密な協働関係の中で、共創を通じて《知の総合力》を高めることである。大学間や地域社会とのゆるぎない信頼関係の上に、堅固で有機的なネットワークの構築を急がなければならない。

期待されるのは、国・文科省が用意した、政策誘導型の「改革」プログラムの呪縛から解き放され、自らの《責任倫理》（マックス・ヴェーバー）を全うしうる、真に自主的・自律的な大学改革への道である。それは、さまざまな困難を乗り越える、勇気と知恵を必要とする作業ではあるが、それだけに、大学コミュニティの担い手たちの自信につながる価値ある道であり、そこで手にした自信は、より豊かな教育・研究、社会貢献の営みにも反映されるはずである。いま、大学現場の担い手である教職員に期待されるのは、内向きの閉塞感や無力感に囚われて、差し迫った現実に目を背け、傍観者として立ちすくむのではなく、大学本来の知的使命を貫く強い意思に根ざした、将来世代・社会に責任を負う毅然とした態度であろう。あたかも、憲法原理での立憲主義に通底する、主体者としての自覚と責任ある行動である。大学に向けられている、時代の眼差しと期待は熱い。それは同時に、本書に託した三人の執筆者の満腔の思いでもある。

この三年余り、それぞれの生活条件と事情の中で、たがいの論稿を読み合い、ひんぱんなメールや何度かの合宿を通じて、率直な意見交換と闊達な議論を重ねながら、かつての大学人としての思いと使命感をバネに、ようやくここまで辿り着き、一書にまとめ上げることができた。この間の、時には折れそうな気持ちを奮い立たせ、膨大な文献や資料と格闘しながら、ねばり強く筆を執りつづけたのも、三人の間に共通する、大学コミュニティに対する愛着と期待で結ばれた信頼感である。

いま三人の脳裏を去来しているのは、かつての時期、法人化に異議申立てをしながらも、ついにはこれを食い止めることも、そしてその後の、国・文科省主導の大学「改革」路線に対峙する有効な方途も見出せないまま、今日、多くの国立大学が逢着する、がんじがらめの苦渋にみちた大学運営への道を許したことへの、ある種の慙愧と悔恨である。

非力という他はないが、それにしてもかつての法人化にむけた事態の中で、国大協と国立大学、大学人の多くが、これに対抗する意思と行動の強さにおいて、省みて自らを問わなければならないとの思いは深い。その一つが、法人化をめぐる経過を通じて、大学が真に担うべき使命とその存在を懸けた根源的問いを前に、正面切った大学論と明確なグランドデザインを欠いたまま、受身の対応に終始したことである。いまさらながら、「志を立てて、もって万事の源となす」（吉田松陰）の精神を欠いた、現実対応的処世が悔やまれるばかりである。

そうした自省を込め、何がしかの解を求めて、本書では国立大学の法人化をめぐる経緯と、法人化後の国立大学の制度と運営、そして今日国立大学が直面している厳しい現実と解決課題に光を当てようと努めた。しかしそれは、すでに現職を退いた者にとって、予想以上に難渋を極めた作業であった。その困難な作業を牽引したのは、退職後も法人化の推移と大学の現実に終始厳しい眼差しを向け、その成否を検証すべく関係文献と資料・記録を丹念に渉猟し、膨大な論稿を書き貯めてきた田中弘允先生である。私たち二人は、そうした先生の熱い思いに吸い込まれるように、この壮大な構想に魅せられ、執筆の一端を担ってきた。たしかに、本書は三人共同の成果ではあるが、この間の困難で粘り強い作業を経てここに上梓しえたのは、何より田中先生の執念と渾身の努力に負うところが多い。三人は、いま、競争原理と効率化優先の組織運営のもとで、多くの国立大学をかってない困難と試練の淵に立たせている、法人化の経緯とそれにつづく大学「改革」の適否を問う「証言者」としての思いを共にしている。

このささやかな一書が、国立大学が本来の生気と矜持を自らのものとし、豊かで持続可能な発展を期す、この国と人類社会の負託に応えるよすがとなることをひそかに念じている。

田原　博人
佐藤　博明

二〇一八年　浅春

年　表（本書関連事項）

1995年

9月18日　大学審議会答申「大学運営の円滑化について」（各大学が自主的に組織運営の改善を進めるに当たって参考となる方策を取りまとめた）

1996年

11月7日　第2次橋本内閣発足

11月21日　行政改革会議発足（国立大学の独法化も含めて審議）

1997年

3月3日　国大協・理事会「国立大学の在り方と使命に関する特別委員会」設置

6月7日　国大協「行財政改革の課題と国立大学の在り方（報告）」（国立大学の設置形態を変更することは、大学本来の使命である高等教育・学術研究を崩壊させ、この国の将来を危うくすることにつながると言明）

6月30日　文部大臣、総務庁長官、行政改革会議事務局長と面談し、「行財政改革と国立大学の在り方について（要望）」を提出

9月3日　行政改革会議・中間報告（肥大化した政府組織を改革し、規制緩和を断行するため、独立行政法人化

10月15日　水野行政改革会議事務局長試案（東大、京大の独立行政法人化）

10月　町村信孝文部大臣「国立大学の独立行政法人化について」（大学の教育研究には長期的視点と多様性を必要とするので独法化はなじまない）

10月18日　自民党行政改革推進本部、国立大学の民営化又は独立行政法人（エージェンシー）化検討を打ち出す。

10月21日　国大協緊急常務理事会、国立大学の独法化に反対の意思を内容とした「国立大学の独立行政法人（エージェンシー）化について」公表（国立大学の独法化に反対の意思を表明）

10月31日　大学審議会に諮問「21世紀の大学像と今後の改革方策について」

11月12・13日　第１０１回国大協総会（大学審議会答申に沿った大学改革に向けた検討と国家公務員定員削減、独法化問題など審議。独法化反対の声明を決議）

12月３日　行政改革会議・最終報告（「国立大学の改革については長期的に検討すべき問題であり、独法化もその際の改革方策の一つの選択肢となり得る可能性はあるが、現時点で早急に結論を出すべき問題ではない」と明言）

１９９８年

6月12日　中央省庁等改革基本法制定

6月16・17日　第１０２回国大協総会（大学審議会で検討中の「21世紀の大学像と今後の改革方策（中間まとめ）」について審議）

7月30日　小渕内閣発足

8月7日　小渕内閣総理大臣所信表明演説（20％の国家公務員定員削減を打ち出す）

10月26日　大学審議会答申「21世紀の大学像と今後の改革方策について―競争的環境の中で個性が輝く大学―」を公表（国立大学の独法化に対抗しうる大学改革の方向性を模索）

11月11・12日　第１０３回国大協総会（大学審議会答申に沿った大学改革に向けた検討と国家公務員定員削減、独法化問題など審議）

12月16日　中央省庁等改革推進本部は、中央省庁再編に伴って導入する独立行政法人については国立大学を対象とすることは見送り、５年後を目途に結論を得ることとした。

1999年

1月26日　中央省庁等改革推進本部「中央省庁等改革に係る大綱」決定
3月18日　国大協理事会、蓮實会長提案（独法化反対の姿勢を保ちつつ、独法化についてある種の検討に入りたい）
4月27日　閣議決定「国の行政組織等の減量、効率化等に関する基本計画」（国立大学の独立行政法人化については、大学の自主性を尊重しつつ大学改革の一環として検討し、平成15年までに結論を得る）
6月15・16日　第１０４回国大協総会（「松尾レポート」は、万一の場合には遅滞なく適切に対応するための一助になることを願って、問題点を整理することにあったとしているが、これで、国大協が事実上独法化に向けて具体的な準備に入ることになる。）
6月　国立大学長会議（文部大臣、国立大学の独立行政法人化問題について「できるだけ速やかに検討を行うと表明」）
7月16日　独立行政法人通則法が成立
8月12日　有馬文部大臣、「今後の国立大学等の在り方に関する私的懇談会」（「在り方懇談会」）公表
9月13日　国大協臨時総会（第1常置委員会「国立大学と独立行政法人化問題について（中間報告）」を報告。それぞれの大学で独法化問題を検討するよう会長から要請）
9月20日　国立大学長等会議（文部大臣「国立大学の独立行政法人化の検討の方向」公表、特例措置等を講じた国立大学の独立行政法人化の検討）
10月19日　経団連「産業競争力強化に向けた提言―国民の豊かさを実現する雇用・労働分野の改革―」
10月―11月　全国７地区別国立大学長会議開催（各国立大学長と文部省と意見交換）
11月17・18日　第１０５回国大協総会（「国立大学の独立行政法人化問題の議論を超えて、高等教育の将来像を考える」とする会長談話）
12月8日　国大協会長・文部大臣会談（通則法の適用には反対等申入れ）
12月14日　独立行政法人機関個別法成立

2000年

1月　国立大学協会第1常置委員会（「大学が具備すべき基本的用件」に関するアンケート結果集約）

2月　自由民主党・教育改革推進本部・高等教育研究グループ発足
2月27日　第1回学長研修会（「国大協会長への申し入れ」を合意）
3月6日　23大学学長連名の文書「国大協会長への申し入れ」を蓮實国大協会長に手渡し懇談
3月2日　自民党政務調査会・高等教育研究グループ主査からの要請で、3学長が国立大学の独法化についての意見を述べる。
3月18日　第2回学長研修会（国立大学学長有志44名による文書「地方都市に位置する国立大学の在り方について（要望）」を自民党文教部会主査と同教育改革実施本部長宛に提出）
3月30日　自民党文教部会・文教制度調査会教育改革実施本部高等教育研究グループ（いわゆる麻生委員会）「提言　これからの国立大学の在り方について」
5月11日　自由民主党・政務調査会「これからの国立大学の在り方について」を提言（通則法の枠組みに調整法（または特例法）を規定し、早期に国立大学法人に移行）
5月21日　第3回学長研修会（「国立大学の法人化に対する意見表明」をまとめ、文部大臣並びに「今後の国立大学等の在り方に関する懇談会（いわゆる賢人会）」に提出
5月26日　国立大学長等会議（文部大臣は「国立大学の独立行政法人化の問題について、文部省としての考え方と今後の方針」を提示・説明。「調査検討会議」の設置を提示）
6月13・14日　第106回国大協総会（「調査検討会議」に積極的に参加する用意があることを確認。独立行政法人通則法を、そのままの形で国立大学に適用することには、今後とも「強く反対」するとの姿勢を堅持。設置形態特別委員会の設置を提案・了承）
6月　文部省・調査研究協力者会議「大学における学生生活の充実方策について―学生の立場に立った大学づくりを目指して―」（いわゆる「廣中レポート」）
7月1日　国立大学協会「設置形態検討特別委員会」発足
7月18日　閣議決定「新たな府省の編成以降の定員管理について」（平成22年度までの間に、少なくとも10%の計画的削減を行うとともに、独立行政法人への移行、新規増員の抑制等と併せて、25%の純減を目指した定員削減に最大限努力する）
7月31日　文部省「国立大学等の独立行政法人化に関する調査検討会議」設置

8月　文科省「国立の教員養成系大学・学部の在り方に関する懇談会」（「あり方懇」）を設置

11月15・16日　第１０７回国大協総会（設置形態検討特別委員会から検討状況の報告）

12月1日　行政改革大綱が閣議決定（国立大学等の独立行政法人化については、平成15年までに結論を踏まえ、大学等の自主性を尊重しつつ、大学改革等の一環として検討するため、平成13年度中に有識者等による専門的な調査検討の結果を整理する）

2001年

1月6日　中央省庁が再編統合（1府21省庁から1府12省庁に再編、文部省は文部科学省）

2月7日　設置形態検討特別委員「国立大学法人の枠組みについての試案」（いわゆる「長尾私案」）をまとめ、各国立大学長に送付

4月1日　各省庁の研究所など84の事務事業が整理統合され、57の独立行政法人が誕生

4月26日　小泉内閣誕生

5月11日　第１５１回国会参議院本会議（小泉首相「国立大学でも民営化できるところは民営化、地方に譲るべきものは地方に譲る視点が大事」と答弁）

5月21日　国大協・設置形態特別委員会「国立大学の法人化についての基本的考え方」および「国立大学法人化の枠組」（案）の二つの文書を取りまとめる

5月21日　国大協、文科省に要望「国立大学法人化についての基本的な考え方・枠組み」を提出

6月8日　長尾真会長及び常置委員会委員長等が町村文部科学大臣と面談

6月11日　第10回経済財政諮問会議（遠山文科大臣、「大学（国立大学）の構造改革の方針」（仮称：遠山プラン）及び「大学を起点とする日本経済活性化のための構造改革プラン」を提示）

6月12日　学長研修会参加の学長22名連名で、設置形態特別委員会の「2つの文書」に関して疑義と意見を提出

6月12・13日　第１０８回国大協総会（設置形態検討特別委員会報告をめぐって議論。会長が設置形態検討特別委員会の報告を「受け取った」という趣旨で記者会見に臨むことを了解）

6月14日　国立大学長等会議（文科大臣遠山プラン等について説明）

6月21日　経済財政諮問会議「今後の経済財政運営及び経済社会の構造に関する基本方針」（いわゆる骨太の方針）を答申
6月26日　閣議決定（「骨太の方針」）
7月5日　国大協臨時理事会（理事会の中に「将来構想ワーキング・グループ」設置）
7月15日　第4回研修会（提言「国立大学地域交流ネットワーク構築の提言―地方国立大学と地域社会の活性化のために―」をまとめる」
9月11日　地方国立大学長28名連名の提言「国立大学地域交流ネットワーク構築の提言―地方国立大学と地域社会の活性化のために―」を文科省に提出
9月27日　国立大学等の独立行政法人化に関する調査検討会議『新しい「国立大学法人」像について』（中間報告）公表
10月16日　経団連意見書「国際競争力強化に向けたわが国の産学官連携の推進―産学官連携に向けた課題と推進策―」
10月19日　文科省記者クラブで「国立大学地域交流ネットワーク構築の提言」を発表
10月29日　国大協臨時総会（「新しい『国立大学法人像』（中間報告）」に対する意見」を提案）
11月22日　「今後の国立の教員養成大学学部の在り方について（報告）」
12月10日　国大協「新しい『国立大学法人』像（中間報告）に対する提言」を文科省工藤高等教育局長宛に提出

2002年

2月21日　中教審答申「新しい時代における教養教育の在り方について」
3月26日　文科省・調査検討会議「新しい『国立大学法人』像について（最終報告）」を公表
3月―4月　臨時地区学長会議の開催（「最終報告」の内容について、文科省の担当官から説明を受け質疑）
3月27日　九州地区国立大学長一同、国大協会長に要望書を提出
4月1日　国大協・設置形態検討特委、「最終報告「新しい『国立大学法人』像について」の検討結果」を取りまとめる。
4月3日　国立大学長等会議（遠山文科大臣「最終報告」への所感）
4月19日　国大協臨時総会（「今回まとめられた国立大学法人像は、国立大学の進むべき方向としておおむね同意できる。国立大学協会は、この最終報告の制度設計に沿って法人化の準備に入ることとしたい」との会長談話の承認を強行採決。「国立大学法人化特別委員会」等を設置）

6月11・12日	国大協第１１０回総会（法人化特委の検討状況と今後の課題について報告、政府における法制化作業に対して、五項目を重要論点とし、その実現を目指す）
6月21日	国立大学長等会議（遠山文科大臣「独法化に向けて作業を進める過程において、国大協や各大学との連携を密にとっていきたい」）
6月26日	「経済財政運営と構造改革に関する基本方針２００２」が閣議決定（文部科学省は国立大学の法人化と教員・事務職員等の非公務員化を平成16年度目途に開始する。（「人間力戦略」関係）
8月8・9日	国立大学地域交流ネットワーク第1回シンポジウム（熱海）
8月	文部科学省に国立大学等法人化準備推進本部設置
11月13・14日	第１１１回国大協総会（法人化特別委員会「国立大学の法人化に関する法制的検討上の重要論点」）
11月	国立大学長等懇談会

2003年

1月8日	学術情報ネットワークを使い5大学意見交換
1月27日	学長４名による国立大学長会議等の開催を要求
1月31日	法人化特別委
2月15日	文科省の「国立大学法人案の概要」に対し、24大学から国大協に意見が提出された。
2月20日	法人化特委（『国立大学法人法案の概要』に対する見解」をまとめる）
2月24日	国大協理事会（「『国立大学法人法案の概要』に対する見解について」
2月28日	国立大学法人法案が閣議決定
3月6日	中央教育審議会大学分科会（資料「国立大学の再編・統合の現状と今後の取組」）
4月3日	衆議院、国立大学法人法案審議に入る
4月17日	法人化特委（法制化対応グループがまとめた「『国立大学法人案』に対す見解」を承認）
4月24日	国大協理事会（法人化法案については、当面、国会における審議を見守る）
5月7日	第１５６回国会衆議院文部科学委員会（参考人として意見表明）

5月23日　参議院、国立大学法人法案の審議に入る
6月10・11日　第112回国大協総会（新国大協（仮称）の組織運営・事業及び会費などの審議で、国立大学法人法案にふれることはなかった）
7月9日　国立大学法人法案、原案通り可決・成立

2004年

4月1日　国立大学法人が発足、第I期中期目標（2010年3月31日まで）
4月　新国大協発足総会
10月28日　文科省「通知」（在籍者の対学生収容定員比90%の充足をもって、「経営努力に係る説明責任」を果たしたとする）
11月12日　国大協総会（国立大学関係予算の充実に関する国大協声明）
12月11日　国大協臨時総会（独立行政法人に準ずる運営費交付金削減ルールに、全国立大学長は辞任を覚悟の抗議をする趣旨の決意を表明）

2005年

1月28日　中央教育審議会答申「我が国の高等教育の将来像」（教養教育 や専門教育等の総合的な充実、多様で質の高い学士課程教育を実現）
7月20日　2名の学長、文科省高等教育局大学振興課において、「国立大学地域連携ネットワーク」の意義を説明
9月15・17日　国立大学地域交流ネットワーク第4回シンポジウム（宇都宮）

2006年

12月25日　教育基本法の改正

2007年

6月20日　学校教育法が改正（大学の役割として、教育研究に加えて、社会貢献活動が法令上、明示的に位置づけられた）

２００８年

3月25日　中央教育審議会大学分科会・制度・教育部会の「学士課程教育の構築に向けて（審議のまとめ）」
3月　国大協「国立大学の目指すべき方向―自主行動の指針―」（国立大学共通の役割に加え、各国立大学が自主的な行動計画を策定するための基本的な方向性を示す）
12月24日　中央教育審議会「学士課程教育の構築に向けて」

２００９年

5月21日　政策評価・独立行政法人評価委員会、文書「経営協議会の機能の発揮状況の明確化」を文科大臣に提出

２０１０年

4月1日　第Ⅱ期中期目標（２０１６年3月31日まで）
7月15日　文科省「国立大学法人化後の現状と課題について（中間まとめ）」
9月29日　会計検査院「国立大学法人における目的積立金について」

２０１１年

12月19日　文科大臣と財務大臣と合意「今後の国立大学の改革について（基本的考え方）」

２０１２年

1月17日　全国監事協議会「監事監査に関する参考指針」
6月4日　国家戦略会議に於いて、文科大臣「社会の期待に応える教育改革の推進」を提出
6月5日　文科省「大学改革実行プラン」公表（大学改革推進の柱を提示、「ミッションの再定義」開始）
8月28日　中教審答申「新たな未来を築くための大学教育の質的転換に向けて―生涯学び続け、主体的に考える力を育成する大学へ―」
10月11日　文科省主催で「国立大学のミッションの再定義に関する説明会」開催

2013年

1月23日　産業競争力会議、「新陳代謝・イノベーションWG」（主査・橋本和仁東京大学大学院教授）を設けた。WGは、２０１４年10月21日の第1回を皮切りに、15年5月21日まで9回開催

5月2日　国大協：『国立大学改革』の基本的考え方について―国立大学の自主的・自律的な機能強化を目指して―」

5月28日　教育再生実行会議・第三次提言「これからの大学教育等の在り方について」（大学のガバナンス改革を推進／グローバル化に対応した教育環境づくりを進める（スーパーグローバル大学／理工系分野の強化など））

6月14日　閣議決定・教育振興基本計画（国立大学の機能強化に向けた改革の推進）

6月20日　文科省「今後の国立大学の機能強化に向けての考え方」（14年7月改訂）提示（「ミッションの再定義」、第3期中期目標期間を通じて、各大学が機能強化に取り組むための出発点と位置づけ）

11月29日　国大協中教審大学分科会組織運営部会の「大学のガバナンス改革の推進（素案）」に賛同するとの意見表明

11月　文科省「国立大学改革プラン」策定・提示（大学の自主的・自律的な改善・発展を促す仕組みの構築に向け）

2014年

2月12日　中教審大学分科会「大学のガバナンス改革の推進について（審議まとめ）」

4月　文科省スーパーグローバル大学創成事業を打ち出す

6月27日　「学校教育法及び国立大学法人法の一部を改正する法律」公布、２０１５年4月1日から施行

7月3日　教育再生実行会議・第5次提言（「実践的な職業教育を行う高等教育機関の制度化」）

7月24日　文科省「今後の国立大学の機能強化に向けての考え方」改訂

8月4日　国立大学法人評価委員会・「国立大学法人の組織及び業務全般の見直しに関する視点について」

8月29日　文科省高等教育局長・研究振興局長「学校教育法及び国立大学法人法の一部を改正する法律及び学校教育法施行規則及び国立大学法人法施行規則の一部を改正する省令について（改正法施行通知）」

11月19日　第3回新陳代謝・イノベーションWG（「大学改革・イノベーションにかかる制度設計上の方向性・留意点について」）

12月15日　文科省「国立大学法人の組織及び運営に関する制度の概要について」

12月16日　国大協会長声明「地域と国の発展を支え、世界をリードする国立大学」

12月17日　第4回新陳代謝・イノベーションWG（イノベーションの観点からの大学改革の基本的な考え方）

2015年

3月27日　実践的な職業教育を行う新たな高等教育機関の制度化に関する有識者会議「実践的な職業教育を行う新たな高等教育機関の在り方について（審議のまとめ）」（専門職業大学の創設）。これを受けて、2016年5月30日に中教審「個人の能力と可能性を開花させ、全員参加による課題解決社会を実現するための教育の多様化と質保証の在り方について」（答申）

4月14日　中教審諮問「個人の能力と可能性を開花させ、全員参加による課題解決社会を実現するための教育の多様化と質保証の在り方について（諮問）」（専門職業大学の制度設計）

5月21日　新陳代謝・イノベーションWG（第9回）（大学改革・イノベーションについて）

6月8日　文科省通知「国立大学法人等の組織及び業務全般の見直しについて」（教員養成系・文系学部・大学院の廃止、転換）

6月15日　文科省「第3期中期目標期間における国立大学法人運営費交付金の在り方について」（機能別分化・3類型）

6月16日　文科省「国立大学経営力戦略」

6月19日　「科学技術イノベーション総合戦略2015」（国立大学法人運営費交付金等の改革による国立大学の機能強化の推進、特定研究大学の創設他）

6月30日　財務省「経済財政運営と改革の基本方針2015」（国立大学法人運営費交付金等の重点配分による大学間の連携や学部等の再編・統合の促進を図る）

6月30日　「日本再興戦略（改訂2015）」―未来への投資・生産性革命―（イノベーション創出のためには国立大学改革が不可欠、運営費交付金の重点配分導入による大学間競争の促進等）

9月14日　国大協「国立大学の将来ビジョンに関するアクションプラン」

9月9日　経団連「国立大学改革に関する考え方」（文科省文系軽視に反論）

9月11日　下村文科大臣、記者会見で「誤解を与える文章だった」と釈明

9月18日　文科省高等教育局「新時代を見据えた国立大学改革」（「6・8通知」について釈明）

10月20日　文科省「各国立大学の第3期中期目標・中期計画の素案」公表

10月26日　財政制度等審議会における財務省提案（国立大学の運営費交付金を平成28年度から毎年1％減額し、その減額分に見合う自己収入を毎年1.6％増やすことを提案）
10月27日　国大協、財政制度等審議会における財務省提案に関する声明

2016年

1月27日　国立大学法人評価委員会「『戦略性が高く意欲的な目標・計画』の認定について」
1月22日　閣議決定・「5期科学技術基本計画」
2月26日　閣議決定・「国立大学法人法の一部を改正する法律案」―指定国立大学法人制度（2017年4月1日施行）
3月23日　国立大学法人評価委員会「国立大学の第3期中期目標及び中期計画の概況について」（第3期の中期目標・計画における各大学の取り組み構想）
3月30日　中央教育審議会・実践的な職業教育を行う新たな高等教育機関の制度化に関する特別部会「社会・経済の変化に伴う人材需要に即応した質の高い専門職業人養成のための新たな高等教育機関の制度化について（審議経過報告）」
4月1日　第Ⅲ期中期目標（1922年3月31日まで）
5月12日　国立大学法人法改正法成立（指定国立大学法人関係）
5月30日　中教審答申「個人の能力と可能性を開花させ、全員参加による課題解決社会を実現するための教育の多様化と質保証の在り方について（答申）
11月17日　科学技術・学術審議会学術分科会長「学術研究の持続的発展と卓越した成果の創出のために（声明）」

2017年

3月6日　文科省諮問「我が国の高等教育の将来構想について
4月25日　経済財政諮問会議、国公私立の枠を超えた経営統合や再編
5月23日　国大協「国立大学のガバナンス改革の強化に向けて（提言）」
6月14日　国大協「高等教育における国立大学の将来像（中間まとめ）」公表

12月28日　中教審大学分科会将来構想部会「今後の高等教育の将来像の提示に向けた論点整理」

2018年

1月26日　国大協「高等教育における国立大学の将来像（最終まとめ）」

2月8日　文部科学省「今後の高等教育の将来像について」（「人生１００年時代高層会議」における文科大臣の説明資料）

は行

ま行

や行

ら行

わ行

な行

た行

さ行

索　引

著者紹介

田中弘允（たなか・ひろみつ）

1934年生まれ／鹿児島県・奄美市／元鹿児島大学長（1997年〜2003年）・同名誉教授／文科省「調査検討会議」目標評価委員会協力者（2002年〜2003年）／地方国立大学長研修会代表世話人／第156国会文部科学委員会参考人／内科学／医学博士

佐藤博明（さとう・ひろあき）

1935年生まれ／北海道・八雲町／元静岡大学長（1997年〜2003年）・同名誉教授／第1期中期目標期間暫定評価・達成状況判定会議委員（2008年）／宇都宮大学監事（2004年〜06年）／福島大学監事（2006年〜10年）／会計学／商学博士

田原博人（たばら・ひろと）

1936年生まれ／島根県・益田市／元宇都宮大学長（2001年〜2005年）・同名誉教授／福島大学監事（2010年〜12年）／福島大経営協議会（2008年〜10年、12年〜現在）、福島大学学長選考会議（2008年〜10年、13年〜現在）／電波天文学／理学博士

検証 国立大学法人化と大学の責任―その制定過程と大学自立への構想

2018年7月20日　初　版第1刷発行　〔検印省略〕

＊定価はカバーに表示してあります。

著者／田中弘允・佐藤博明・田原博人　発行者／下田勝司　印刷・製本／中央精版印刷株式会社

東京都文京区向丘1-20-6　郵便振替 00110-6-37828　発行所 株式会社 東信堂

〒113-0023　TEL 03-3818-5521（代）　FAX 03-3818-5514

Published by TOSHINDO PUBLISHING CO., LTD.

1-20-6, Mukougaoka, Bunkyo-ku, Tokyo, 113-0023 Japan

E-Mail：tk203444@fsinet.or.jp　http://www.toshindo-pub.com

ISBN978-4-7989-1446-6　C3037